伝統的中立制度の
法的性格

戦争に巻き込まれない権利とその条件

和仁健太郎［著］

東京大学出版会

NEUTRALITY IN INTERNATIONAL LAW:
From the 16th Century to 1945
Kentaro WANI
University of Tokyo Press, 2010
ISBN 978-4-13-036138-5

目　次

凡例
略語一覧

序章 …………………………………………………………………………… 1
　　1　現代の中立に関する学説の対立　3
　　2　伝統的中立制度に関する従来の学説の認識　8
　　3　本書の視点・目的・構成　13

第1章　中立観念の起源（16〜18世紀）……………………………… 21
　第1節　中立条約：16〜18世紀の国家実行における中立　23
　　1　国際法における中立概念の起源　23
　　2　中立条約の内容　27
　　3　中立条約の位置づけ　31
　第2節　18世紀の学説における中立の「制度化」　38
　　1　先行学説の状況　39
　　2　18世紀の学説における中立論　45
　第3節　いわゆる「中立通商」の位置　62
　　1　いわゆる「中立通商」をめぐる歴史の概観　63
　　2　戦時における交戦国向け通商と「中立」の関係　66

第2章　伝統的中立制度の成立（1793〜1918年）………………… 71
　第1節　伝統的中立制度の成立過程　73
　　1　フランス革命戦争におけるアメリカの実行　73
　　2　19世紀初頭における国内中立法制定の一般化　80
　　3　国内中立法の適用を通じた国家実行の集積　87

  4　中立国が行うべきその他の行為類型　119
  5　1907 年ハーグ条約の成立　133
 第 2 節　「中立にとどまる権利」とその条件　147
  1　「中立にとどまる権利」　148
  2　「中立にとどまる権利」を享受するための条件　152
  3　「中立にとどまる権利」の条件を満たさない国　159
  4　「中立にとどまる権利」の理論的基礎　166

第 3 章　戦間期および第二次大戦における伝統的中立制度の継続的妥当（1919〜1945 年） … 185

 第 1 節　戦間期と第二次大戦における中立制度の利用と不利用　187
  1　集団安全保障システムの利用　187
  2　ヴェルサイユ体制の崩壊と伝統的中立への復帰　196
  3　第二次大戦における中立制度の利用　199
  4　第二次大戦における中立制度の不利用　212
 第 2 節　戦間期の学説：現代につながる混乱の起源　224
  1　横田喜三郎，ボーチャードおよびオッペンハイムの中立論　225
  2　第二次大戦後の通説の起源　230

終章 … 245

 1　本書の結論　245
 2　今後の課題　247

主要参考文献　253
あとがき　289
索引　293

凡　　例

① 引用文中の［　　］は筆者が付け加えたものである．
② 条約文を引用する際，奥脇直也編集代表『2009 年版国際条約集』（有斐閣，2009 年）に収録されているものについては特に出典を示さず，それ以外のものについてのみ出典を示した．
③ 日本語の旧字体は原則として新字体に改めた（条約文は除く）．
④ 欧文の綴りは原典によったため，現在の正書法と異なる場合がある．

略語一覧

ADAP	*Akten zur deutschen auswärtigen Politik 1918–1945*
AJIL	*American Journal of International Law*
Argument of the United States	Argument of the United States, Delivered to the Tribunal of Arbitration at Geneva, June 15, 1872, in *Papers relating to the Treaty of Washington*, vol. 3
BDFA	Kenneth Bourke and D. Cameron Watt, eds., *British Documents on Foreign Affairs: Reports and Papers from the Foreign Office Confidential Print*
BFSP	Foreign Office, *British and Foreign State Papers*
BYIL	*British Year Book of International Law*
Case of Great Britain	The Case Presented on the Part of the Government of Her Britannic Majesty to the Tribunal of Arbitration, Constituted under Article 1 of the Treaty Concluded at Washington on the 8th May 1871, Between Her Britannic Majesty and the United States of America, in *Papers relating to the Treaty of Washington*, vol. 1
Case of the United States	The Case of the United States, Laid before the Tribunal of Arbitration, Convened at Geneva, under the Provisions of the Treaty between the United States of America and Her Majesty the Queen of Great Britain, Concluded at Washington, May 8, 1871, in *Papers relating to the Treaty of Washington*, vol. 1
Counter Case of Great Britain	Counter Case Presented on the Part of the Government of Her Britannic Majesty to the Tribunal of Arbitration Constituted under Article 1 of the Treaty Concluded at Washington on the 8th May, 1871, between Her Britannic Majesty and the United States of Ameri-

略語一覧 v

	ca, in *Papers relating to the Treaty of Washington*, vol. 2
Counter Case of the United States	The Counter Case of the United States Presented to the Tribunal of Arbitration at Geneva under the Provisons of Treaty of Washington with an Appendix Containing Additional Documents, Correspondence, and Evidence, April 15, 1871, in *Papers relating to the Treaty of Washington*, vol. 1, vol. 2
CTS	Clive Parry, ed., *Consolidated Treaty Series*
DDB	Ch. de Visscher et F. Vanlangenhove, éd. *Documents diplomatiques belges, 1920–1940: La politique de sécurité extérieure*
DDS	Commission nationale pour la publication de documents diplomatiques suisses, *Documents diplomatiques suisses: 1848–1945*
FRUS	*Foreign Relations of the United States*
Hansard Parliamentary Debates, 1st ser.	*Cobbett's Parliamentary Debates: During the Second Session of the Second Parliament of the United Kingdom of Great-Britain and Ireland, and of the Kingdom of Great-Britain the Nineteenth*
Hansard Parliamentary Debates, 2d ser.	*The Parliamentary Debates: Forming a Continuation of the Work Entitled "the Parliamentary History of England, from the Earliest Period to the Year 1803"*
PRTW	*Papers relating to the Treaty of Washington*
RCADI	*Recueil des Cours de l'Académie de Droit International*
RDILC	*Revue de Droit International et de Législation Comparée*
RGDIP	*Revue Générale de Droit International Public*
TNA: PRO	The National Archives (Public Record Office), London

ZaöRV　　　　　　　　　　*Zeitschrift für ausländisches öffentliches Recht und Völkerrecht*

＊この他，外国判決の引用法・略記法は，原則として，*The Bluebook: A Uniform System of Citation*, 18th ed. (Cambridge, Massachusetts: Harvard Law Review Association, 2005) に従った．

序章

　社会の構成員による暴力や物理的強制力の行使を規制することは，法のもっとも重要な役割の1つである．国際法および国際法学も，その発展の初期の段階から，国際社会の構成員による暴力，すなわち戦争の規制および規律に多くの努力を費やしてきた．国際法が戦争を規制・規律する方法としては，① 戦争に訴えることそれ自体の規律，② 戦争を行う国家相互間の関係の規律（交戦法規），③ 戦争を行う国とそれ以外の国との関係の規律（中立法規ないし中立制度）といった方法がとられてきた．① については，国際連盟規約（1919年）から不戦条約（1928年）を経て国際連合（以下「国連」）憲章（1945年）に至る発展により，戦争および武力行使の原則的禁止が国際法の一般原則と見なされるに至っている．今日では国際人道法と呼ばれることの多い ② についても，1907年のハーグ陸戦条約および規則にはじまり，第二次大戦後にも1949年ジュネーヴ諸条約や1977年追加議定書といった諸条約が成立した他，最近では，これらの条約に違反した個人に対して刑事責任を課すための常設の国際刑事裁判所も設立されるに至っている．① や ② に関するこうした発展と比較すると，③ の問題に関する国際法および国際法学の発展は十分とは言えない．この問題に関する法典化条約は1907年の第2回ハーグ平和会議で採択された2つの条約（陸戦中立条約と海戦中立条約）以来作成されておらず，また，この問題に関する研究も，① や ② の問題と比較すると質・量とも相対的に乏しい状態にあるからである．

　しかし，それにも関わらず，戦争および武力行使が原則として違法化された現代においても現実には戦争や武力紛争が発生する以上，戦争や武力紛争の当事国と非当事国との関係を規律する国際法が不要になる訳ではない．それがどのような国際法であるのかについては，かつてその点を規律していた伝統的中

立制度[1])が現代においても妥当するのかしないのか,妥当するとしても戦争・武力行使禁止原則によって何らかの修正を受けているのか,といった点をめぐって議論がなされている.比較的最近では,イラン・イラク戦争 (1980～88 年) や北大西洋条約機構 (NATO) によるコソボ空爆 (1999 年) に対する中立制度の適用可能性が議論された[2]).我が国でも近年,周辺事態法 (1999 年)[3])や外国軍用品等海上輸送規制法 (2004 年)[4])との関係で中立の問題が論じられている[5]).

現代における中立の問題については,以下で見る通り学説が対立しており,

---

1) 本書で「伝統的中立制度」や「伝統的国際法」と言う場合,第一次大戦以前の中立制度や国際法を意味し,「現代の中立制度」や「現代国際法」と言う場合,第二次大戦後の中立制度や国際法を意味する.「伝統的国際法」と「現代国際法」の相違点を何に求めるかは人によって異なるが,重要な相違点の 1 つは,戦争ないし武力行使の法的地位の相違,つまり,第一次大戦以前の国際法では,国家の戦争の自由が無制限に認められていたのに対し,第一次大戦後には,国際連盟規約,不戦条約,国連憲章などにより戦争や武力行使が徐々に禁止されるようになった点にある.戦間期と第二次大戦中の時期は,伝統的国際法から現代国際法への過渡期と位置づけられることが多いので,現代国際法における中立の問題を解決するための前提作業と位置づけられる本書でも取り扱うことにする.なお,「伝統的国際法」から「現代国際法」への転換については,石本『国際法の構造転換』1–32 頁;石本『国際法研究余滴』57–89 頁;松井他『国際法』4–10 頁などを参照.

2) イラン・イラク戦争における中立の問題を論じたものとして,例えば,Bothe, "Neutrality at Sea," 205–211; Gioia and Ronzitti, "Law of Neutrality," 221–242; McNeil, "Neutral Rights and Maritime Sanctions," 631–643; Mehr, "Neutrality in the Gulf War," 105–106; Russo, "Neutrality at Sea," 381–399; 新井「イラン・イラク戦争における海上経済戦」387–431 頁.NATO によるコソボ空爆に関する中立の問題を論じたものとして,例えば,Gabriel, "Die Gegenläufigkeit," 219–236; Greenwood, "Kosovo Campaign," 111–144; Michel, "Le statut juridique de la neutralité," 197–218.

3) 周辺事態に際して我が国の平和及び安全を確保するための措置に関する法律 (平成 11 年 5 月 28 日法律第 60 号).

4) 武力攻撃事態における外国軍用品等の海上輸送の規制に関する法律 (平成 16 年 6 月 18 日法律第 116 号).

5) E.g., 真山「日米防衛協力のための指針と船舶の検査」109–137 頁;真山「海上中立と後方地域支援」20–30 頁;松田「新ガイドライン・周辺事態措置法案」46–50 頁;森川「国際法から見た新日米防衛協力法等」44–52 頁;森川「武力攻撃事態海上輸送規制法と国際法」11–19 頁.

不明な点も多く残されているが，伝統的中立制度に関する学説の認識は基本的に一致している．学説は，伝統的中立制度に関する認識を共有しつつ，現代の中立について対立しているのである．しかし，本章 3 で述べるように，伝統的中立制度に関して共有されている認識は，再検討の必要がある．そして，再検討の結果，伝統的中立制度についてこれまで共有されてきた認識が修正されることになれば，そのような認識を共通の前提としながら対立していた現代の中立に関する議論も再構成されなければならないことになる．本書は，歴史的研究に基づいて伝統的中立制度の法的性格を明らかにし，それによって，現代の中立に関する諸問題を解決するための視座を提示しようとするものである．

以下では，現代の中立について学説上どのような対立があるのか (1)，また，伝統的中立制度に関して学説上共有された認識とはどのようなものか (2) を明らかにした上で，伝統的中立制度について一般に共有された認識を再検討しなければならない理由を説明する (3)．

1 現代の中立に関する学説の対立

現代の中立に関する問題のうち，国連の安全保障理事会 (以下「安保理」) が国連憲章第 7 章に基づき強制措置の発動を決定する場合については，解決は比較的容易である[6]．安保理の決定は国連加盟国を法的に拘束し (国連憲章第 25 条)，その決定に従う義務はその他の国際法上の義務に優先する (同第 103 条) ので，加盟国は安保理の決定に従わなければならず[7]，それに従ったことによって他の国際法上の義務に違反することにもならないからである[8]．

---

6) Schindler, "Probleme des humanitären Völkerrechts," 21. 国連の集団安全保障と中立の関係については，例えば，Schaub, *Neutralität und Kollektive Sicherheit*, 81-138 を参照．
7) ただし，国連と特別協定 (国連憲章第 43 条) を締結しない限り，軍事的強制措置 (第 42 条) に使用するための兵力の提供を義務づけられることはない．
8) ただし，決定される強制措置の内容次第では，国連加盟国が強制措置を実施しつつ，それでもなお中立の地位を主張することが可能な場合もあり得るように思われる．この点は，国家が中立の地位を主張するためにどのような行動をとっている必要があるのかという問題に関連し，それを明らかにすることは本書の課題の 1 つに他ならないが，例えばショーモンのように，軍事行動に参加しないことのみが中立

これに対して，解決のより困難な問題が生ずるのは，安保理が何の措置もとらない場合である．そのような場合に国連憲章第25条や第103条は適用されないから，一般国際法上，戦争・武力紛争[9]の局外国[10]がどのような立場をとるべきかが問題になるのである．具体的には，局外国が「非交戦状態（non-belligerency; non-belligérance; Nicht-kriegführung）」の態度をとることの合法性が問題となる．非交戦状態とは，「国際的武力紛争において敵対行為に直接に参加してはいないが，伝統的な中立義務から逸脱している武力紛争非当事国」の地位

　　　の必要条件であると考えるならば，非軍事的強制措置（国連憲章第41条）を実施する国が中立の地位を主張することは可能であることになるだろう．Chaumont, "Nations Unies et neutralité," 1–59. そのような場合に中立の地位を主張することがその国にとって法的にどのようなメリットをもたらすのかという問題は当然生じ，その点を明らかにすることもまた，本書の課題の1つを構成する．

9) 中立制度が現代において妥当し得るとしても，同制度が「戦争（war）」においてのみ適用されるのか，あるいは国際人道法と同じように「武力紛争（armed conflict）」においても適用されるのかが別途問題となる．Greenwood, "Concept of War," 283–306; Petrochilos, "Relevance of the Concepts of War," 575–615; Schindler, "'Kriegszustand'," 568–571; Schindler, "State of War," 3–20. 現代国際法において「戦争」が法的意味をもち得るのか，もち得るとして「戦争」の概念にどのような法的効果が帰属するか，その法的効果と「武力行使」や「武力紛争」に帰属する法的効果とはどのように異なるのか，といった点は十分には明らかにされておらず，「この問題の整理が現代の武力規制にかかる国際法の最大の課題である」とされる．日中「武力規制法の基本構造」271頁．このような難問に解決を与えることは本書の射程を大きく超えることなので，本書ではとりあえず，現代において中立制度が適用される可能性のある事態を意味する語として「戦争・武力紛争」の語を使うことにする．

10) 本書において，「局外国」とは，事実上，戦争や武力紛争に参加せず，その外にとどまっている国，つまり，戦争・武力紛争の当事国ではない国を意味する．「事実上」ということの意味は，戦争・武力紛争の局外にとどまることが法的に保障されているか否かを問わず，事実として戦争・武力紛争の外にとどまっているということである．これに対して，「中立国」がいかなる国のことを意味するのかは，まさに本書が明らかにしようとすることに他ならないが，結論を先取りして言えば，「中立国」とは，戦争の局外にとどまることを法的に保障される国のことである．歴史的には，すべての「局外国」が「中立国」になる資格を認められた時代（18世紀末以降）と，「局外国」のうちの一部（交戦国と中立条約を締結した国）だけにその資格が認められた時代（16世紀から18世紀後半）とがあるため，本書では，「中立国」の語と「局外国」の語は区別して用いることにする．

のことである[11]．つまり，現代の国際法において，戦争・武力紛争の局外国は，中立の地位を選ばずに非交戦状態を選んで一方交戦国を援助することを許されるのか，という問題である．

今日の学説の多くは，現代の国際法における非交戦状態の合法性，つまり，戦争・武力紛争に参加しない国が交戦国の一方を援助することの合法性を肯定する（非交戦状態合法説）[12]．この学説の主な論拠は，次の2つである[13]．第1の論拠は，戦争・武力行使違法化によってもたらされた戦争の法的地位の変化である．この学説によれば，伝統的中立制度の中心的な内容を構成していた「公平義務」[14] は，伝統的国際法における戦争の自由，そしてその帰結としての交戦国の平等（いわゆる無差別戦争観[15]）を前提にしていた．すべての交戦国が平等であった以上，戦争局外国が交戦国を差別して一方を援助することは許されなかったというのである．ところが，不戦条約や国連憲章によって戦争の自由が否定された以上，戦争の自由を前提に妥当していた伝統的中立制度はそのままでは妥当しなくなる．現代において交戦国は違法な側と合法な側とに区別さ

---

11) 真山「非交戦状態」732頁．
12) E.g., Chadwick, *Traditional Neutrality*, 199–200; Gioia, "Neutrality and Non-Belligerency," 76–80; Greenwood, "*Jus ad bellum* and *jus in bello*," 230; Komarnicki, "Place of Neutrality," 419–502; Oeter, *Neutralität und Waffenhandel*, 135–146; Schindler, "Aspects contemporains de la neutralité," 261–277; Schindler, "Transformations in the Law of Neutrality," 373–381; Skubiszewski, "Use of Force," 840–841; 石本『中立制度の史的研究』209, 225–226頁；田畑『国際法新講』下巻294–295頁；真山「非交戦状態」732–733頁；村瀬「安全保障に関する国際法と日本」109–110頁；森川「国際法から見た新日米防衛協力法等」49頁．
13) 本文に挙げる2つの論拠以外に，集団的自衛権（国連憲章第51条）を挙げる学説もある．侵略被害国を武力によって援助できるならば，武力行使に至らない援助（非交戦状態）は当然に合法であるはずだ，ということである．E.g., Schindler, "Transformations in the Law of Neutrality," 373.
14) 本書において「公平義務」や「中立義務」という語を敢えてカギカッコ「　」で括っているのは，結論の先取りになるが，伝統的中立制度において，いわゆる「公平義務」や「中立義務」は，「義務――それと合致しない行為を行うことが禁止されている――というよりも，国家が中立にとどまることを望む限りで満たすべき「条件」に過ぎなかったからである．この点は，第2章第2節2で論ずる．
15) 「無差別戦争観」という語は，欧米ではほとんど用いられない．柳原「いわゆる『無差別戦争観』」4頁．

れるから，戦争・武力紛争の局外国は合法な交戦国に援助を与えることを許されるというのである．次に，非交戦状態合法説の第2の論拠は，戦争・武力紛争の局外国による一方交戦国への軍事的援助の実行が第二次大戦以来集積し，非交戦状態の合法性を認める慣習国際法規則が成立しているということである．そのような実行としては，第二次大戦初期（1939～41年）にアメリカがイギリスを援助した例，フォークランド紛争（1982年）においてアメリカがイギリスを援助した例，イラン・イラク戦争（1980～88年）においてフランスがイラクに武器を供与した例などが挙げられる[16]．

非交戦状態合法説によれば，現代の戦争・武力紛争において，局外国は，非交戦状態の立場を選択することもできるが，そうせずに中立の地位を選択することもできるという．つまり，戦争・武力紛争における国家の立場としては，① 交戦国（武力紛争当事国），② 中立国，③ 非交戦国という3つの選択肢があるということである．しかし，仮に非交戦状態の合法性を肯定する見解をとるとしても，現代において中立の地位を選択することのメリットは何か，言い換えれば，中立国に認められる権利と非交戦国に認められる権利の差はどこにあるのか，具体的には，中立国に認められる領域不可侵や海上通商自由と同等の保護が非交戦国にも与えられるのか，あるいは，これらの点について非交戦国は中立国よりも不利な扱いを受けるのかについては，依然として不明な点が多く残っている．例えば，シンドラーは，「現在の国際法は中間的な態度［非交戦状態の態度］を認める（admettre）にとどまっており，それに伴う法的結果（conséquence juridique）を明確にしていない」と述べている[17]．ジョイアとロンツィッティも，非交戦国が捕獲法上中立国と同等に扱われるのかという問題は「依然としてあまり明らかになっていない」とし，今後解明しなければならない課題として，「厳格な中立と対比される『非交戦状態』の態度の法的結果というものがあるか，あるとすればそれは何か」という問題を挙げている[18]．

---

16) これらの事例については，Oeter, *Neutralität und Waffenhandel*, 57–128.
17) Schindler, "Aspects contemprains de la neutralité," 275.
18) Gioia and Ronzitti, "Law of Neutrality," 242. 従来の海上捕獲法において，中立国の船舶および貨物は，交戦国の船舶および貨物よりも有利な扱いを受けていた．すなわち，1856年のパリ宣言（海上法ノ要義ヲ確定スル宣言）によって確立した原則によ

以上のような非交戦状態合法説に対して，現代においても非交戦状態の態度は国際違法行為であると主張する学説が存在する（非交戦状態違法説）[19]．この学説の論拠は，伝統的中立制度が現代においてもそのまま妥当しているということである．伝統的中立制度において戦争に参加しないすべての国が中立国とされ，「公平義務」に拘束されたのと同様，現代においても，戦争・武力紛争に参加しないすべての国が中立国となり，「公平義務」に拘束されるというのである．この学説は，非交戦状態合法説が挙げる前記2つの論拠を，それぞれ次のように否定する．まず，第1の論拠については，国際法の規則や制度は新たな慣習国際法規則が成立しない限り従来通り妥当するのであって，戦争の法的地位の変化からの論理的影響のみによって伝統的中立制度が変更されることはないという．そこで，第二次大戦以降の国家実行によって伝統的中立制度を変更する新たな慣習国際法規則が成立したかどうかが問題になるが（非交戦状態合法説の第2の論拠），非交戦状態違法説によれば，局外国が交戦国の一方を援

　　れば，交戦国は，敵船および敵船上の敵貨をすべて捕獲・没収できるが，中立船および中立船上の貨物ならびに敵船上の中立貨については，貨物が戦時禁制品に該当する場合，船舶が封鎖を侵破する場合，または船舶が軍事的幇助（非中立的役務）に従事する場合を除いて捕獲・没収できない．中立船・中立貨が敵船・敵貨よりも有利な扱いを受けるという従来の捕獲法が現代においても妥当しているとすれば，非交戦国の船舶・貨物が，中立船・中立貨と同じ扱いを受けるのか，敵船・敵貨と同じ扱いを受けるのか，あるいは，中立船・中立貨よりは不利であるが敵船・敵貨よりは有利な扱いを受けるのか，ということが問題となる．この問題について，例えば，人道法国際研究所（International Institute of Humanitarian Law）が1994年に作成したサンレモ・マニュアルや国際法協会（International Law Association）の「海上中立に関するヘルシンキ規則」（1996年ヘルシンキ会期で暫定採択，1998年台北会期で採択）は，武力紛争に参加しない国すべてを「中立国」と定義し，そのように定義される「中立国」に対して，戦時禁制品や封鎖に関する同一のルールが適用されるとの立場，つまり，いわゆる非交戦国の船舶・貨物も中立船・中立貨と同じ扱いを受けるとの立場をとっている．International Institute of Humanitarian Law, *San Remo Manual*, 68, 87–88, 189–190; International Law Association, *Report of the Sixty-Seventh Conference*, 372, 374.

19) E.g., Bindschedler, "Neutrality, Concept and General Rules," 553; Bindschedler, "Die Neutralität im modernen Völkerrecht," 26; Bothe, "Neutrality at Sea," 206–207; Bothe, "Neutrality in Naval Warfare," 391; Köpfer, *Die Neutralität*, 157; Pieper, *Neutralität von Staaten*, 279–282.

助する実行は違法行為に過ぎず，伝統的中立制度を変更する新たな慣習国際法規則を生み出していないという．

以上のように，非交戦状態合法説と非交戦状態違法説は，① 戦争の法的地位の変化が伝統的中立制度に及ぼす影響の有無，② 第二次大戦以降の国家実行の評価，という2点を軸にして対立している．しかし，これらの学説は，伝統的中立制度については，認識を共有している．まず，非交戦状態合法説の論拠の1つは，伝統的中立制度が，伝統的国際法における戦争の自由，そしてその帰結としての交戦国の平等を前提にして妥当していたという認識であるが，非交戦状態違法説もそうした認識それ自体は否定しない．ただ，そのような前提が失われたことの論理的影響のみによって伝統的中立制度が変更されることはなく，同制度が変更されるためには，新たな慣習国際法規則が成立する必要があるというのである．他方で，非交戦状態違法説の論拠は，伝統的中立制度において，戦争に参加しないすべての国が自動的に中立国となり，「公平義務」に拘束されたという認識であるが，非交戦状態合法説もそうした認識それ自体を共有する．ただ，そのような伝統的中立制度が戦争・武力行使違法化や第二次大戦以降の国家実行によって変更され，現代では交戦国でも中立国でもない態度（非交戦状態）をとることが合法になったというのである．

このように，現代の中立について対立する学説の双方が，伝統的中立制度については認識を共有している．しかし，伝統的中立制度に関するこうした認識がそもそも正しくないのであれば，それを前提にして対立していた現代の中立に関する議論も再構成しなければならないことになる．実際，本章の3で述べるように，伝統的中立制度に関して従来の学説が共有していた認識は再検討しなければならないのであるが，その前に，従来の学説が伝統的中立制度をどのような制度として認識してきたのかをもう少し詳しく見ておこう．

2 伝統的中立制度に関する従来の学説の認識

伝統的中立制度に関する従来の学説の認識のうち，本書との関係で重要なのは，① 伝統的中立制度において中立にとどまる権利が存在しなかったという認識と，② 伝統的中立制度は，伝統的国際法における戦争の自由，そしてその帰結としての交戦国の平等（いわゆる無差別戦争観）を前提にしてはじめて成立し

得たという認識の2つである．

(1) 中立にとどまる権利の不存在

伝統的国際法において，他国間に戦争が発生した場合，国家は「中立の地位か，交戦国の地位のいずれかを選択することしか許されていなかった」とされる[20]．つまり，参戦を選ばない国はすべて自動的に中立国になったということである．このことは逆に，国家が他国間の戦争に参戦し，交戦国の地位を選択すること――戦争発生と同時に参戦することと，いったん中立を選択した国が後に参戦することの双方を含む――が自由だったことを意味している．条約上特別の義務を負っている場合（永世中立国など）を除いて，一般国際法上は，戦時において国家が中立にとどまる義務は存在しなかったのである．この点について，学説の認識は一致している[21]．

それでは，逆に，戦時において国家が中立にとどまる「権利」は存在したのか．つまり，戦時においてある国が中立にとどまることを希望した場合，交戦国はその希望を尊重しなければならなかったのか．言い換えれば，交戦国は中立にとどまることを望む国に対して開戦し，同国を交戦国にしてしまうことを許されなかったのか――この場合，中立を選択し維持することは国家の権利である――，それとも，交戦国は中立にとどまることを望む国に対して開戦し，同国を交戦国にしてしまうことができたのか――この場合，中立を選択し維持することは国家の権利ではない――という問題である．

この問題に関する従来の学説の認識は，伝統的中立制度において国家が中立にとどまる権利は存在しなかったというものであった[22]．例えば，カストレンは，「主観的意味において，中立の権利（the right of neutrality）とは戦争の局外

---

20) Heintschel von Heinegg, *Seekriegsrecht und Neutralität im Seekrieg*, 100.
21) E.g., Castrén, *Present Law of War and Neutrality*, 423; Tucker, *Law of War and Neutrality at Sea*, 165; 石本『中立制度の史的研究』18–20頁．ただし，正戦論を採用する場合には，違法な交戦国に加担して参戦することは許されないことであり，その限りで国家の参戦の自由は制限される．Kelsen, *Principles of International Law*, 84–85.
22) 本文で引用するカストレンと石本の他に，例えば，Balladore-Pallieri, *Diritto bellico*, 382; Gioia, "Neutrality and Non-Belligerency," 78; Tucker, *Law of War and Neutrality at Sea*, 165, 202 など．

にとどまる権利のことであるが，しかし，一般国際法はそのような権利を認めていない」[23] と述べている．また，石本泰雄は，「古典的国際法では，交戦国はいつでも第三国にたいして戦争に訴えることを自由に許されていた．そのために，中立国が戦争の外に立つといっても，その地位は最終的に法的な保証を受けていたとはいえない」[24] と述べている．

こうした見解の論拠は，戦争の自由が無制限に認められていた第一次大戦以前の国際法においては，交戦国の中立国に対する戦争も当然自由だったはずだ，ということであり，第一次大戦以前の文献や国家実行などを証拠として示している訳ではない[25]．伝統的中立制度において中立にとどまる権利が存在しなかったということは，今日ではほとんど自明のことと見なされているのである．

(2) 伝統的中立制度成立の前提条件：交戦国の平等

(1)で述べたように，従来の学説によれば，伝統的国際法において，交戦国は中立にとどまることを望む国に対していつでも自由に開戦し，同国を交戦国にしてしまうことができたとされる．こうした認識によれば，中立制度は，国家が中立国になるか交戦国になるか（中立の地位の選択・維持・喪失）を規律する制度ではなく，中立国が中立国である限りにおいて交戦国との関係で有する一定の権利義務を定めた制度である，ということになる．

そのような一定の権利義務を定める中立制度の内容は，中立国が交戦国との関係で有する権利よりも，中立国が交戦国に対して負う義務（「中立義務（duties

---

23) Castrén, *Present Law of War and Neutrality*, 422–423.
24) 石本「国際組織と中立」31 頁．
25) 例えば，石本は，「交戦国［が］中立国を戦争にひきこんではならない」というマクネアの見解（Oppenheim (McNair ed.), *International Law*, 4th ed., 2:493）に対して，「一般国際法によれば，中立にとどまる義務もなければ，中立にとどまる権利もない」というクンツの見解（Kunz, *Kriegsrecht und Neutralitätsrecht*, 215）を引用して反駁しているだけであって，マクネアの見解についてそれ以上の検討をしていない．石本『中立制度の史的研究』19–20 頁．なお，石本が批判の対象にしているマクネアの見解というのは，実際にはオッペンハイムが『国際法』第 3 版（1921 年）で提示し，それを，同書第 4 版の校訂者であるマクネアが維持したものである．『国際法』第 3 版におけるオッペンハイムの見解については，本書第 3 章第 2 節 1 を参照．

of neutrality)」ないし「中立国の義務（duties of neutrals）」）を中心に解説される．それは，中立国が交戦国との関係で有する諸権利（領域不可侵や海上通商自由など）が，平時においてもともと存在する諸権利であって，中立制度によって新たに付与される権利ではないからである[26]．

「中立義務」は，「黙認義務」と「公平義務」の2つに分類されることが多い[27]．「黙認義務（duty of acquiescence）」とは，交戦国の中立国国民に対する適法な交戦権（belligerent rights）の行使を中立国が受忍・黙認する義務である[28]．交戦国が行使できる交戦権のうち，中立との関係で特に重要な問題とされてきたのは海上捕獲権であり[29]，1856年のパリ宣言（海上法ノ要義ヲ確定スル宣言）によって確立した原則によれば，交戦国は，敵船および敵船上の敵貨の他，① 敵船上の中立貨のうち戦時禁制品たる貨物，② 中立船上の貨物のうち戦時禁制品たる貨物（一定の条件を満たす場合には戦時禁制品を輸送する中立船自体および同船上の非禁制品たる貨物も），③ 封鎖を侵破する中立船および同船上の貨物，④ 非中立役務（軍事的幇助）に従事する中立船および同船上の貨物について，これらを公海上または交戦国領海内において拿捕し，一定の手続を経て没収することができる[30]．他方，「公平義務（duty of impartiality）」

---

26) この点についてはとりわけ，石本『中立制度の史的研究』20–21頁を参照．
27) 「中立義務」の分類については，Gioia, "Neutrality and Non-Belligerency," 80, 85 を参照．
28) ただし，交戦国による交戦権の行使を「受忍・黙認する義務」があるということの意味は，実は必ずしも明らかではない．この点については本書第2章第1節4(3)で論ずる．なお，「黙認義務」は，「容認義務」，「寛容義務」などと呼ばれることもある．
29) 中立国および中立国国民に対して行使し得る交戦権は，海上捕獲権に限られない．例えば，交戦国は，敵国都市の砲撃または爆撃に付随して，そこに所在する中立国民を殺傷し中立国民所有財産を損傷することができる．敵国の占領地で占領軍が物資を徴発するに当たっても，中立国民を特に除外する義務はなく，中立財産を徴発できる．また，交戦国は，自国領土や占領地に常に所在する財産ではないが戦時中たまたま中立国からこれらの地域に入ってきた交通機関（商船，航空機，自動車，列車など）を一定の要件の下に徴用することができる（アンガリー権）．高野『国際法概論』下巻483頁参照．
30) 船舶の敵性（敵船か中立船か）は，その船舶が掲げる資格を有する国旗により決定される．これに対して，貨物の敵性（敵貨か中立貨か）は，その貨物の所有者の敵性により決定されるが，所有者の敵性が何により決定されるかについては，伝統的に英

とは，中立国が交戦国に軍事的援助・便宜を与えず交戦国を平等に扱う義務であり，「避止義務（duty of abstention）」（交戦国への軍事的援助を差し控える義務），「防止義務（duty of prevention）」（交戦国または私人による中立国領域の軍事的利用を防止する義務），「無差別義務（duty of non-discrimination）」（中立国が避止も防止もする必要のない事項について交戦国を平等に扱う義務）に分けられる．

このように，伝統的中立制度において，中立国はいずれの交戦国にも軍事的援助・便宜を与えず交戦国を平等に扱う義務（「公平義務」）を負い，そのことが同制度の「中心的な内容」[31]を構成していたとされる．そして，中立国が負う「公平義務」を「中心的な内容」とする伝統的中立制度が成立し得た前提条件として，従来の学説は，第一次大戦以前の国際法において戦争が自由とされ，すべての交戦国が平等と見なされていたこと（いわゆる無差別戦争観）を挙げてきた．例えば，ラウターパクトは，「近代において絶対的中立の理論が定式化された背景にあった歴史的基盤は，国家が戦争に訴える絶対的権利だった」[32]と述べ，別の論文ではより具体的に，「……第一次大戦までは，戦争を行う権利は主権国家の無制限の特権的権利であり，それ故，中立国は戦争の合法性に判断を下しそれに従って自らの行動を形成する権利を行使できなかった」[33]と述べて

　　　米主義と大陸主義とが対立してきた．すなわち，イギリスやアメリカは所有者のドミサイル（domicile）によりそれを決定する立場をとる（英米主義）のに対し，フランス，イタリア，ドイツ，ロシアなどは所有者の国籍によりそれを決定する立場をとっていた（大陸主義）．この対立は，海上捕獲法に関する法典の作成を目的として1908～09年に開催されたロンドン会議でも解決されず，ロンドン宣言はこの点に関する規定を何ら置いていない（貨物の敵性はその貨物の所有者の敵性により決定すると規定する（第58条）が，貨物の所有者の敵性を何により決定するのかに関する規定を置いていない）．捕獲法における敵性（enemy character）の問題については，Colombos, *Treatise on the Law of Prize*, 67–120; Brown, *Der neutrale Charakter*, 29–124を参照．
31)　田畑『国際法新講』下巻291頁．なお，伝統的中立制度における「黙認義務」の位置づけ，また，「黙認義務」と「公平義務」との関係は，交戦国による適法な交戦権の行使を「受忍・黙認する義務」があるということの意味によっても異なってくる．この点については第2章第1節4 (3) で論ずる．
32)　Oppenheim (Lauterpacht ed.), *Intertnational Law*, 7th ed., 2:639.
33)　Lauterpacht, "Limits of the Operation of the Law of War," 237.

いる．田畑茂二郎も，中立観念の登場が，「戦争においては，当事国のいずれかを正，いずれかを不正とすることはできないという，いわゆる無差別戦争観の登場と表裏一体をなすものであった．つまり，戦争にさいして，第三国は，その正否の判定を下す立場に立ってはおらず，したがって，いずれか一方に対して特別な援助を与えることは適当ではなく，双方に対して公平でなければならないとするのが，この考え方［中立の観念］の趣旨であった」[34]と述べている．要するに，すべての交戦国を平等に扱い，いずれの交戦国をも援助しないことを戦争局外国に対して要求する伝統的中立制度は，交戦国を正当な側と不正な側とに分ける正戦論の下では成立し得ず，国家の戦争の自由が無制限に認められ，その結果としてすべての交戦国が平等と見なされた，18世紀後半から19世紀の国際法においてはじめて成立し得たというのである．こうした認識は，ラウターパクトや田畑だけがとるものではなく，今日の学説において広く共有されている[35]．

3　本書の視点・目的・構成

(1) 従来の学説に対する疑問

　伝統的中立制度に関して従来の学説が共有してきた認識については，直ちに生ずる疑問がある．それは，伝統的中立制度が，戦争の自由，そしてその帰結としての交戦国の平等を不可欠の前提として成立したという点についてである．すなわち，従来の学説によれば，伝統的国際法においては，戦争が自由とされ，すべての交戦国が平等と見なされていたから，戦争の第三国が交戦国を差別することは禁止されていたという．しかし，伝統的国際法において，戦争の第三国が一方交戦国の側に立って参戦することは自由とされていた[36]．そうだとすれば，参戦という形による一方交戦国への援助が自由でありながら，参戦に至らない援助（「公平義務」に反する行為）が違法であるというのは，不合理ではなかろうか．

---

34) 田畑『国際法新講』下巻 291–292 頁．
35) 第 3 章の注 131) および 146) に挙げる文献を参照．
36) 本章 2 (1) で述べた通り，この点は，従来の学説も一致して認める．

仮にこのような疑問が正しいとすれば，伝統的中立制度における「公平義務」には別の根拠があったはずである．そのような根拠としてあり得るのは，中立国が戦争に巻き込まれないようにするために「公平義務」を守った，という説明である．実際，少数ではあるが，伝統的中立制度における「公平義務」の根拠をそのように説明する学説がある．例えば，ハインチェル・フォン・ハイネッグは，「20世紀の初頭まで，第三国が戦争に巻き込まれたくないのであれば厳格な公平の義務を課されることは，法的に自明のことだった」[37]と述べている．また，メロヴィッツによれば，一方交戦国への援助は他方交戦国に対する「戦争行為（acte de guerre）」であり[38]，当該他方交戦国はそのような援助を行う国を戦争に巻き込むことができる[39]．メロヴィッツによれば，交戦国を差別することによって戦争に巻き込まれる危険は，単なる「事実上の危険（risque de fait）」ではなく，「法律上の（en droit）」危険である[40]．それ故，「公平は，……中立の地位にとって不可欠の要素」であり[41]，中立を維持して戦争に巻き込まれないようにするためには，交戦国に対して公平な態度をとらなければならなかったというのである．

しかし，伝統的中立制度において中立国が戦争に巻き込まれないようにするために「公平義務」を守ったということであれば，逆に，中立国は「公平義務」を守っている限り戦争に巻き込まれないことを法的に保障されていた，ということでなければならない．もし交戦国の中立国に対する戦争が自由であるならば，交戦国は，中立国が「公平義務」を守っているか否かに関わらず，いつでも自由に中立国を戦争に巻き込めたことになり，戦争に巻き込まれないようにするために「公平義務」を守るという説明は法的には成り立たないからである．しかし，前述した通り，伝統的中立制度において中立国は戦争に巻き込まれない権利を有していなかった，つまり交戦国の中立国に対する戦争は自由だった，

---

37) Heintschel von Heinegg, *Seekriegsrecht und Neutralität im Seekrieg*, 143.
38) Meyrowitz, *Le principe de l'égalité des belligérants*, 374.
39) Ibid., 334, 398.
40) Ibid., 398.
41) Ibid., 383.

というのが従来の学説の認識であり，しかもそのことは自明のことと見なされている．これが自明のことと見なされているのは，国家の戦争の自由が無制限に認められていた第一次大戦以前の国際法においては，交戦国の中立国に対する戦争も当然に自由だったはずだ，と考えられているためである．ハインチェル・フォン・ハイネッグやメロヴィッツも，このような認識を否定していない[42]．

しかし，そもそも，伝統的国際法において交戦国の中立国に対する戦争が自由だったという，今日では自明のことと見なされている認識自体が，再検討を要する．これを再検討する必要があるのは，伝統的中立制度において交戦国の中立国に対する戦争が自由だったという認識が，少し時代を遡れば決して自明のものではなかったからである．そのことを明確に示すのが，ベルギー中立侵犯事件（1914年）をめぐる学説論争である．

(2) ベルギー中立侵犯事件をめぐる論争

第一次大戦においてフランスと戦争状態に入ったドイツは，フランスを攻撃する際，要塞の厳重に構築された独仏国境を突破するために時間を空費することを避け，防備の手薄なベルギーを通過してフランス北部に侵入する作戦を立てた．この作戦を実施するに当たって，ドイツ政府はドイツ軍のベルギー領土通過を許可するようベルギー政府に要求した（1914年8月2日の通牒）．ベルギー政府がこれを拒否した（同3日）ため，ドイツ軍はベルギー政府の許可を得ないままベルギー領土に侵入した（同4日）[43]．

当時のベルギーは永世中立国だったのであり，ベルギーの永世中立に関するロンドン条約（1839年）の当事国だったドイツは，同条約上，ベルギーの中立を尊重する義務を負っていた．この義務には，① 永世中立国の領土を侵害しない

---

42) もしこのような認識を否定するのであれば，① 伝統的中立制度において中立国が戦争に巻き込まれない権利を有していたこと，つまり交戦国の中立国に対する戦争が原則として許されていなかったことを論証し，かつ，② 交戦国の中立国に対する戦争が許されなかった根拠を解明しなければならないが，そのような論証・解明を行った先行研究は存在しない．

43) ベルギー中立侵犯事件については，田岡『国際法上の自衛権』84–97頁．

義務と，② 永世中立国に開戦しない義務の両方が含まれる[44]から，ベルギーに対するドイツの前記行動は，ドイツ政府が主張した「正当防衛（Notwehr）」などによって正当化されない限り，ロンドン条約の義務に反することについて，異論はなかった．問題は，本件におけるドイツの行動が，永世中立の問題とは別に，一般国際法上の中立制度（戦時中立制度）に照らしても許容されない行動であるかということだった．

この点については，まず，本件におけるドイツの行動を一般国際法上合法と評価する学説が存在した．例えば，1915年の『アメリカ国際法雑誌』に掲載された論説（Editorial Comment）は，1907年ハーグ陸戦中立条約（「陸戦ノ場合ニ於ケル中立国及中立人ノ権利義務ニ関スル条約」）の第1条が，「中立国ノ領土ハ，不可侵トス」と定めていることを認める．しかし，この論説は，ドイツ政府のベルギー政府に対する前記通牒（1914年8月2日）を「最後通牒」と捉え，ベルギー政府がその受諾を拒否した（同3日）ことによってドイツ・ベルギー間に戦争状態が成立したと見なす．したがって，ドイツ軍がベルギー領土に侵入した時点（同4日）で，ベルギーは「中立国」ではなく「交戦国」だったのであり，陸戦中立条約第1条はベルギーに適用されなかったという[45]．さらに，この論説によれば，交戦国ドイツが中立国ベルギーに開戦したこと自体も国際法に反する行動ではないという．なぜなら，「国際法は，その発展の現状においては，国家が望むときにはいつでも戦争に訴えることを明らかに許容している」からである[46]．つまり，この論説の立場は，交戦国の中立国に対する戦争は自由であるということであり，交戦国は中立国に開戦することによって同国を「交戦国」に変え，中立制度が「中立国」に与えている保護（領域不可侵など）をいつでも合法的に奪えるということである．

---

44) 永世中立国以外の永世中立条約当事国が永世中立国の中立を尊重する義務とその中身については，田岡『永世中立と日本の安全保障』210–213頁を参照．
45) "The Hague Conventions and the Neutrality of Belgium," 961. なお，近年の『アメリカ国際法雑誌』に掲載されている論説と異なり，当時掲載されていた論説には署名が付いていないため，この論説の執筆者は不明である．
46) Ibid., 959. 本件についてこの論説と同じ立場をとった学説として，例えば，Falconbridge, "Right of a Belligerent to Make War upon a Neutral," 204–212.

これに対して，本件におけるドイツの行動を一般国際法上許されないものと評価する学説が存在した．例えば，ド・ヴィシェールは 1916 年と 1917 年の論文において，『アメリカ国際法雑誌』掲載の前記論説を批判し，本件におけるドイツの行動を「実定国際法の規則の違反」と評価した[47]．なぜなら，ド・ヴィシェールによれば，中立制度は「第三国の戦争に巻き込まれない権利を保護するもの (de protegér le droit d'une *troisième Puissance* de n'être pas impliquée dans la guerre)」だからである[48]．もし，交戦国が中立国に開戦することによって「中立国」を「交戦国」に変え，中立国から中立制度上の保護（領域不可侵など）をいつでも自由に奪えるとしたら，中立国に一定の保護を与えている中立制度は，「実際的価値」のみならず「法的価値」をも失うことになろう[49]．つまり，中立制度は，交戦国が「中立国」の領土を侵害することのみならず，交戦国が中立国に開戦することによって同国を「交戦国」に変えることも禁じている，というのがド・ヴィシェールの見解である．

このように，第一次大戦当時まで遡れば，交戦国の中立国に対する戦争が自由であるか，つまり，中立国が「戦争に巻き込まれない権利」を有するか否かをめぐって，学説は明確に対立していたのである．

（3）本書の目的と構成

伝統的中立制度は，ド・ヴィシェールが言うように「第三国の戦争に巻き込まれない権利を保護するもの」だったのか．本書は，ベルギー中立侵犯事件をめぐる学説論争を手がかりに，伝統的中立制度の成立過程を再検討することによってこの問いに答え，それによって伝統的中立制度の法的性格を明らかにしようとするものである．

この点を明らかにするため，本書では以下の順序で考察を進める．

本書ではまず，16 世紀以来諸国の間で締結されていた「中立条約」を検討す

---

47) De Visscher, "La théorie de la nécessité," 79.
48) De Visscher, "De la belligérance," 99 ［傍点部分は原文ではイタリック］．
49) Ibid., 100. 本件についてド・ヴィシェールと同じ立場をとった学説として，例えば，Garner, *International Law and the World War*, 2:214–217.

る（第1章第1節）．本書における考察の出発点として中立条約を取り上げるのは，次の理由による．すなわち，一部の先行研究（ミェーレ，グレーヴェ，エーターなど）によって既に明らかにされているように，「中立」という語が国際法上の概念としてはじめて使われたのは 16 世紀以来諸国の間で締結されるようになった中立条約においてであり，また，16 世紀から 18 世紀までの国家実行において，中立とは，戦争の発生により自動的に成立する法的地位ではなく，交戦国と戦争局外国とが締結する中立条約によってはじめて創設されるものだった[50]．したがって，この時期の国家実行における中立概念の内容を明らかにするためには，戦争局外国一般と交戦国との関係を検討するのではなく，一部の戦争局外国と交戦国とが締結していた中立条約の内容を検討しなければならないのである．また，第1章第2節では，18 世紀の学説（バインケルスフーク，ヴォルフ，ヴァッテル，ヒュプナー）が提示した中立論を検討する．18 世紀の学説は，それまでの国家実行でとられていた考え方とは異なり，交戦国と中立条約を締結していない戦争局外国も中立の地位に立てると主張し，このような中立論が，19 世紀において成立する中立制度の基になったからである．このように，本書第1章では，中立制度の基になる考え方（中立観念の起源）がどのように形成されたのかを明らかにする．

　18 世紀の学説は，戦争局外国が交戦国と中立条約を締結していなくても中立の地位に立てるという考え方を提示したが，このような考え方は，当初は学説上のものに過ぎなかった．中立が，中立条約という個別条約上の問題でも，学説上の問題としてでもなく，実定一般国際法上の制度として成立するようになるのは，18 世紀末以降のことである．そこで，第2章では，18 世紀末から 20 世紀初頭にかけて中立が実定一般国際法上の制度として成立する過程を検討する．中立観念の起源を検討する第1章に対して，第2章は，一般国際法上の制度として中立制度が成立する過程を検討し，そのようにして成立した中立制度の法的性格を明らかにする章であり，本書の中核部分を構成する．

---

50) Miele, *L'estraneità ai conflitti armati*, 1:96–214; Grewe, *Epochen der Völkerrechtsgeschichte*, 433–461, 629–637; Oeter, "Ursprünge der Neutralität," 447–488; Oeter, *Neutralität und Waffenhandel*, 9–34.

第 3 章では，戦間期と第二次大戦の時期において伝統的中立制度が引き続き妥当したことを明らかにする．具体的には，国際連盟規約によって集団安全保障システムが導入された結果，一時的に中立が国際法上の制度として消滅したかのような外観を呈するようになったが，国際連盟の集団安全保障システムが実効的に機能しないことが明らかになった 1930 年代後半以降，諸国が再び中立制度に依拠するようになり，第二次大戦においても中立制度が第一次大戦以前と同じように妥当していたことを明らかにする．

　なお，本書は，現代の中立──より具体的には国連憲章体制における中立──に関する諸問題を解決するための前提作業として，伝統的中立制度の性格を明らかにすることを目的とするものであり，現代の中立に関する問題を解決することそれ自体を目的とするものではない．したがって，本書で検討対象とする時期は，国連憲章成立直前まで，つまり 1945 年までとし，国連憲章成立以降の中立については，今後の課題とする．

第 1 章　中立観念の起源（16〜18 世紀）

　序章で述べたように，ミェーレ，グレーヴェ，エーターなど一部の先行研究は，16 世紀から 18 世紀の国家実行において中立条約という条約が締結されていたこと，そして，当時の国家実行において，中立の地位は，戦争の発生により当然に成立するのではなく，交戦国と戦争局外国とが締結する中立条約によって個別的・契約的に成立するものだったことを明らかにした．このような先行研究は，その他のほとんどの研究者が見逃していた中立条約の存在に着目し，その意義を指摘した点において高く評価されるべきである[1]．

　しかし，この種の先行研究にも次のような問題点がある．

　第 1 に，先行研究は，中立条約という条約がどのような法律関係を設定するものだったのかについて，見解が一致していない．すなわち，本章第 1 節の結論を先取りして言えば，中立条約とは，戦争局外国たる締約国が交戦国たる他方締約国の敵を援助しない約束をすることと引き換えに，交戦国たる締約国が局外国たる締約国を戦争に巻き込まないことを約束する条約だった．この結論は，先行研究のうちミェーレの見解と同じものである．これに対して，先行研究の中には，グレーヴェのように，中立条約において局外国たる締約国が交戦国たる締約国の敵を援助しない約束をしていた事実のみに着目し，中立条約において交戦国たる締約国が局外国たる締約国を戦争に巻き込まない約束をして

---

[1]　16 世紀から 18 世紀の国家実行において中立が中立条約という個別の合意によって契約的に成立するものであったことを認識する先行研究は非常に少ない．そのような先行研究としては，ミェーレ，グレーヴェ，エーターの他に，Schopfer, *Le principe juridique de la neutralité*, 74–118; Nys, "Notes sur la neutralité," 477–490 などがあるくらいである．

いた事実を見逃しているものがある[2]．先行研究の中にこうした見解の不一致があることに鑑みれば，中立条約の規定を改めて検討し，中立条約の性格を明らかにする必要がある．そこで，本章第1節ではまずこの点を明らかにする．

第2に，先行研究は，18世紀の学説によって提示された中立論の理論的基礎を明らかにできていない．すなわち，先行研究によれば，16世紀から18世紀の国家実行において，中立は，戦争局外国が交戦国と中立条約を締結することを創設的要件として成立していた．これに対して，18世紀の学説は，中立の成立に中立条約の締結は必要ないとして，中立を「制度化（Institutionalisierung）」した[3]．もちろん，先行研究は中立条約の性格について見解が一致していないので，中立条約の慣行を踏まえつつそれを「制度化」した，18世紀の学説における中立論の内容についても見解が一致しないのは当然である．しかし，中立条約の性格について本書と同じ結論をとるミェーレも，中立が18世紀の学説によって何故「制度化」され得たのかを明らかにしていない．つまり，中立条約とは，交戦国が局外国を戦争に巻き込まないことを個別的・契約的に約束する条約であるが，そのような個別の条約がない場合にも交戦国が局外国を戦争に巻き込んではならないことは，何によって基礎づけられたのか，ミェーレは何も明らかにしていないのである．そこで，本章第2節では，18世紀の学説における中立論を，特にその理論的基礎の観点から検討する．

なお，第3節では，従来の研究が中立制度の歴史を記述する際に重視してきた戦争局外国の海上通商（いわゆる「中立通商」）の問題と，本章の第1節および第2節で明らかにする意味での「中立」との関係について検討する．

---

2) 中立条約の性格に関するグレーヴェとミェーレの見解については，本章注35）および36）を参照．

3) Oeter, "Ursprünge der Neutralität," 481. なお，ミェーレ，グレーヴェおよびエーターは，16世紀から18世紀の国家実行における中立を，中立条約という交戦国と戦争局外国との合意（契約）に基づいて成立する中立という意味で，「契約的中立（vertragliche Neutralität）」と，18世紀の学説における中立を，中立条約という個別の合意に基づかない中立という意味で，「制度的中立（institutionelle Neutralität）」と呼んでいる．この点については序章注50）に挙げた文献を参照．

第 1 節　中立条約：16〜18 世紀の国家実行における中立

1　国際法における中立概念の起源

「中立」を意味するヨーロッパ各国語（neutrality, Neutralität, neutralité, neutralità など）の元になったラテン語の "neutralitas" は，古典ラテン語の "neuter" から派生して中世に成立した語である．"neuter" とは，英語の "neither"（いずれも〜ない）に相当する形容詞であり，この語から派生して，「中立国」ないし「中立者」を意味する "neutralis" と，地位ないし状態としての「中立」を意味する "neutralitas" の語が成立したのである．"neuter" がラテン語の辞書に載っている古典ラテン語であるのに対し，"neutralitas" と "neutralis" は，古典ラテン語には存在せず，中世になって現れた俗ラテン語である[4]．

"neuter" から "neutralitas" と "neutralis" の語が派生する過程は，ヴォルフの次のような説明からうかがい知ることができる．

> 戦争において，交戦当事者のいずれの側にも付かず（neutri belligerantium parti adhærent），したがって戦争に関与しない者は，「中間者（*Medii*）」と呼ばれる．それらの者は一般に「中立者（*Neutrales*）」と呼ばれる．なぜなら，戦争のためにいずれの当事者も支持しない（neutri parti belli causa favent）からである．また，戦争においていずれの交戦国にも味方しない国家の地位は「中立（*Neutralitas*）」と呼ばれる……．[5]

つまり，いずれの交戦国の側にも付かず味方しない（いずれも〜ない＝neuter）国だから "neutralis" と呼ばれ，その地位が "neutralitas" と呼ばれるようになったのである．こうして生まれた "neutralitas" の語は，当初医学用語として使われたとのことだが[6]，国際法上の概念としては，16 世紀以降に「中立条約

---

[4]　田岡「中立の語義に就て」46–48 頁．
[5]　Wolff, *Jus gentium*, § 672 ［イタリック体原文］．
[6]　Steiger und Schweitzer, "Neutralität," 315.

(pacta neutralitatis; traité de neutralité)」において使われるようになった．入手可能な一次史料の範囲内では，1522 年のブルゴーニュ公国・フランス・オーストリア中立条約がもっとも古い中立条約であり[7]，その後 18 世紀に至るまで多くの中立条約が締結された．

デュモンが編纂した条約集 *Corps universels du droits des gens* とパリーが編纂した条約集 *Consolidated Treaty Series* に「中立条約」として掲載されている条約を時系列順に列挙すると，次の通りである．① ブルゴーニュ公国・フランス・オーストリア中立条約（1522 年 7 月 8 日）[8]，② ブルゴーニュ公国の中立に関するフランス・スペイン・スイス条約（1595 年 9 月 22 日）[9]，③ フランスがロ

---

[7] 一次史料で確認することはできなかったが，1522 年のブルゴーニュ公国・フランス・オーストリア中立条約より前にも，1492 年にリエージュ（Liège）が「正確かつ真正な中立（bonne et vraie Neutralité）」を維持することを宣言し，それに対してフランス王がその中立を尊重することを約束した例があるとのことである．Knight, "Neutrality and Neutralisation in the Sixteenth Century," 99–100. また，条約ではなく，著作の中で「中立」の語が使用された初期の例として，例えば，マキャヴェリが『君主論』（1532 年）において "neutralità" の語を使用した例（Machiavelli, *Il principe*, 111 (Cap. XXI)）や，ボダンが『国家論 6 篇』（1576 年）の第 5 巻第 6 章「君主間の同盟と条約の安全性について」の中で "neutralité" について論じた例がある（Bodin, *Les six livres de la république*, 5:178–184 (Liv. V, Chap. VI))．ただし，マキャヴェリやボダンは，「中立」の態度——彼らによれば「中立」とは，戦争に関与せず，いずれの交戦国の味方もしない態度のことである——の政策的な有用性または危険性について論じていたのであって，中立に関して権利義務が発生することや，中立が法的に保護される地位であるとは考えていなかった．つまり，彼らの用いた中立の概念は，法的概念ではなかった．なお，マキャヴェリやボダンの中立論については，Truyol y Serra, "Zur Entstehungsgeschichte der Neutralitätslehre," 449–460 も参照．

[8] "Traité de Neutralité entre les DUCHE' & COMTE' DE BOURGOGNE, passe en consideration des Suisses entre FRANÇOIS I. Roi de France, & MARGUERITE Archiduchesse d'Autriche, à S. Jean de Laone," le 8 de Juillet 1522, Du Mont, *Corps universel*, 4 (1): 378–381.

[9] "Traité entre les Députez de HENRI IV. Roi de France, de PHILIPPE II. Roi d'Espagne, & des CANTONS SUISSES, pour le rétablissement de la Neutralité entre le Duché & Comté de Bourgogne," à Lion, le 22 Septembre 1595, Du Mont, *Corps universel*, 5 (1): 517–518.

レーヌ公国に与えた中立状（1596 年 6 月 19 日）[10]，④ スウェーデン・ドイツカトリック諸国中立条約（1632 年 1 月 29 日）[11]，⑤ トリーア選帝侯国・スウェーデン中立条約（1632 年 4 月 12 日）[12]，⑥ フランス・トスカーナ大公国中立条約（1646 年 5 月 11 日）[13]，⑦ マインツ選帝侯国・フランス中立条約（1647 年 5 月 9 日）[14]，⑧ スウェーデン・クールラント公国中立条約（1647 年 6 月 4 日）[15]，⑨ フランス・マントヴァ公国中立条約（1658 年 7 月 9 日）[16]，⑩ デンマーク・ブランデンブルク選帝侯国・ミュンスター・ブラウンシュヴァイク＝リューネブルク＝ハノー

---

10) "Lettres de Neutralité octroyées par HENRI IV. Roi de France, à CHARLES Duc de Lorraine, pour les Païs, durant la Guerre dudit Roi contre l'Espagne," à Abbeville, le 19. Juin 1596, Du Mont, *Corps universel*, 5（1）: 527–528; "Autres Lettres de Neutralité acordées par HENRI IV. Roi de France à CHARLES. Duc de Lorraine, pour son Fils le Cardinal, pour les Evêchez de Metz, Toul, & Verdun, & l'Abbaïe de Gorze, pendant la Guerre contre le Roi d'Espagne," à Abbeville, le 19. Juin 1596, Du Mont, *Corps universel*, 5（1）: 528.

11) "Traité de Neutralité entre GUSTAVE ADOLPHE, Roi de Suède, et les Etats de Catoliques d'ALLEMAGNE," fait à Maience le 29. Janvier 1632, Du Mont, *Corps universel*, 6（1）: 29–30.

12) "Captitulatio Electoris Trevirensis PHILIPPI CHRISTOPHORI, cum AXELIO OXENSTIRN Regiœ Majestatis Suecica Legato, super acceptata Neutralitate Suecica per Legatos Christianissimi Regis Gallia Ludovici XIII," negotiata Moguntiæ die 12. Aprilis 1632, Du Mont, *Corps universel*, 6（1）: 36–38.

13) "Traité de Neutralité entre LOUIS XIV. Roi de France, & FERDINAND II. Grand Duc de Toscane," à Florence le 11. Mai 1646, Du Mont, *Corps universel*, 6（1）: 343.

14) "Traité de neutralité, Fait entre ANSELME CASIMIR WAMBOLT DE UMSTAT, Electeur de Mayence; & le Maréchal de Turenne, General de l'Armée de Louis XIV. Roi de France en Allemagne," à Frankfort sur le Mein, le 9. Mai 1647, Du Mont, *Corps universel*, 6（1）: 394–395.

15) "Pacta Neutralitatis perpetuæ à Regia Majestate Sueciæ CHRISTINA Illustrissiomo Duci Curlandiæ JACOBO indultæ," dat. Holmiæ die 4. Junii 1647, Du Mont, *Corps universel*, 6（1）: 395.

16) "Articles, par lesquels Monsieur le Duc de MODENE, au nom de S.M.T.C. et en vertu des Pouvoir qu'il en a receu, accorde la Neutralité à Monsieur le Duc de Mantoue," fait à Modene, 9. Juillet 1658, Du Mont, *Corps universel*, 6（2）: 225.

ファー公国中立条約（1675年9月11–21日）[17]，⑪ フランス・ブラウンシュヴァイク＝リューネブルク公国中立条約（1675年10月18日）[18]，⑫ フランス・スイス中立条約（1689年5月7日）[19]，⑬ フランス・オランダ中立条約（1733年11月24日）[20]，⑭ オーストリア＝ハンガリー・フランス中立条約（1756年5月1日）[21]。

以下では，中立条約の内容，つまり，これらの条約において交戦国と戦争局外国との間にどのような法律関係が設定されていたのかを明らかにした上で（2），当時の国家実行においてこのような条約が必要とされた背景，つまり，当時の国家実行における中立条約の位置づけを明らかにする（3）。

---

17) "Traité de Neutralité entre CHRISTIAN V. Roi de Dannemarc, FRIDERIC GUILLAUME Electeur de Brandenbourg & CHRISTOPHLE BERNARD Evêque & Prince de Munster d'une part, & JEAN FREDERIC Duc de Brunswic-Lunebourg-Hanover d'autre part, portant que ledit Duc ne s'opposera point aux Armes des trois Princes confederés contre la Suede de quelque costé qu'elles se tournent, & qu'en échange ils auront soin que leurs Expeditions, Passages, & Campements ne causent aucun dommage à ses Terres, Païs & Sujets, mais qu'au contraire ils le maintiendront & defendront en cette Neutralité," à Hanover, le 11/21. Septembre 1675, Du Mont, *Corps universel*, 7 (1): 305–306.

18) "Traité de Neutralité entre LOUÏS XIV. Roi de France, et JEAN FREDERIC Duc de Brunswic et Lunebourg," fait à Linsbourg, le 18. Ottobre 1675, Du Mont, *Corps universel*, 7 (1): 312–313.

19) "Traité de Neutralité entre LOUIS XIV. Roi très-Chrétien de France d'une part, & le Louable Corps HELVETIQUE d'autre part, contenant, que de la part de la France il ne sera pris aucun Passage par la Suisse, & que les Louables Cantons ne l'accorderont aussi à nulle autre Puissance étrangere," fait à Bade en Argouw, le 7. Mai 1689, Du Mont, *Corps universel*, 7 (2): 228–229.

20) "Convention or Act of Neutrality between France and the Netherlands." signed at The Hague, 24 November 1733, *CTS* 34:139–142. 本条約は，*Consolidated Treaty Series* の編者パリーによって「中立条約」と名づけられているだけでなく，条約文自体において "[c]ette convention ou acte de neutralité" (ibid., 142) と呼ばれている。

21) "Neutrality Convention between Austria-Hungary and France, signed at Versailles," 1 May 1756, *CTS* 40:331–334. 本条約もパリーによって「中立条約」と名づけられているだけでなく，同日に締結されたオーストリア＝ハンガリー・フランス同盟および防衛的友好条約において "une Convention ou Acte de Neutralité" として言及されている。"Treaty of Union and Defensive Amity between Austria-Hungary and France," signed at Versailles, 1 May 1756, *CTS* 40:337, 340, 349, 350.

2　中立条約の内容
(1)　交戦国の負担と局外国の負担の対応関係

中立条約とは，戦争勃発直前または開始後に，交戦国と戦争局外国とが締結する条約である[22]．中立条約においては，戦争局外国が一定の負担を負うことと引き換えに，交戦国が一定の負担を負うことが規定されている．交戦国の負担と局外国の負担のそうした対応関係をもっとも端的に示しているのは，三十年戦争の最中に締結されたスウェーデン・ドイツカトリック諸国中立条約（1632年）である．同条約は，「スウェーデン王は，バイエルン公およびカトリック連盟が中立を獲得することを希望していることに鑑みて，……以下の条件で中立を認める（accordera la Neutralité aux conditions suivantes）」と規定し（前文），「以下の条件」の1つとして，バイエルン公およびカトリック連盟が「中立を断固としてかつ誠実に守る（observeront la Neutralité inviolablement & sincerement）」ことを挙げている（第7条）[23]．つまり，この中立条約において，局外国（バイエルン公およびカトリック連盟）の負う負担は「中立を守る」ことであり，交戦国（スウェーデン）は，局外国がこの負担を負うことを「条件」として，当該局外国の「中立を認める」という負担を負ったのである．

それでは，局外国が「中立を守る」とは何を意味し，交戦国が局外国に「中立を認める」とは何を意味したのか，言い換えれば，中立条約における局外国の負担と交戦国の負担はそれぞれどのようなものだったのか．以下では，中立条約の規定を分析することによってこれらの点を明らかにする．

(2)　局外国が「中立を守る」：中立条約における局外国の負担

局外国が「中立を守る」という文言の意味を直接定義した条約規定は見当た

---

[22]　1に列挙した条約のうち，①はイタリア戦争（1494〜1559年）の最中に，②と③はユグノー戦争（1562〜98年）の最中に，④〜⑨は三十年戦争（1618〜48年，フランス・スペイン間の戦争は1659年に終結）の最中に，⑩と⑪はオランダ戦争（1672〜78年）の最中に，⑫はアウクスブルク同盟戦争（1688〜97年）の最中に，⑬はポーランド継承戦争（1733〜38年）の最中に，⑭は七年戦争（1756〜63年）の最中に締結されたものである．

[23]　Du Mont, *Corps universel*, 6 (1): 29.

らないが，各条約においてこの文言がどのように使用されているのかを見ることによって，この文言の意味を明らかにすることができる．

　まず，局外国たる一方締約国が交戦国たる他方締約国の敵を援助せず，「逆に」，「中立を守る」と規定する中立条約がある．例えば，先に引用した1632年のスウェーデン・ドイツカトリック諸国中立条約第7条は，ドイツカトリック諸国（局外国）が自国領内でスウェーデン（交戦国）の敵国に兵士の徴募・編成，武器の購入・輸送，その他の戦争準備を行うことを認めず，「逆に（au contraire），中立を断固としてかつ誠実に守る」[24]と規定している．同年のトリーア選帝侯国・スウェーデン中立条約第6条も，トリーア選帝侯国〔局外国〕がトリーア領内でスウェーデン（交戦国）の敵国に兵士の徴募・編成等を認めず，「逆に（sed），いかなる場所においても不可侵かつ誠実な中立を守る」[25]と規定している．1756年のオーストリア＝ハンガリー・フランス中立条約も，オーストリア＝ハンガリー（局外国）が，アメリカをめぐるフランスとイギリスの戦争（七年戦争）に「直接にも間接にも関与しないだけでなく」，「逆に（au contraire），完全かつ厳格な中立を守る」[26]ことを約束すると規定している．

　また，戦争局外国たる一方締約国が「中立に従い」，交戦国たる他方締約国の敵を援助しないと規定する中立条約もある．例えば，1675年のフランス・ブラウンシュヴァイク＝リューネブルク公国中立条約第2条は，「この中立に従い（Conformement à cette Neutralité），陛下［ブラウンシュヴァイク＝リューネブルク公］は，［フランス］王およびその同盟国の敵を，いかなる場所においても，直接にも間接にも援助しない」[27]と規定している．

　このように，中立条約において，局外国が戦争に関与し敵に援助を与えることは「中立を守る」ことと「逆」のことであり，戦争に関与せず敵に援助を与えないことが「中立に従」うものとされていた．つまり，中立条約において，戦争局外国たる一方締約国が「中立を守る」とは，戦争に関与せず，交戦国たる他方締約国の敵に援助を与えないことを意味していたのである．

---

24) Ibid., 29.
25) Ibid., 37.
26) *CTS* 40:333.
27) Du Mont, *Corps universel*, 7 (1): 312.

（3）　交戦国が局外国に「中立を認める」：中立条約における交戦国の負担

次に，中立条約における交戦国側の負担はどのようなものだったのか．つまり，交戦国が戦争局外国に「中立を認める」とは何を意味したのだろうか[28]．

交戦国が局外国に「中立を認める」と規定する中立条約の中身を検討すると，中立条約における交戦国の具体的な負担は，当該局外国を攻撃せず戦争に巻き込まないことだったことが分かる．例えば，1596年に「神聖なるフランス王の恩恵により」，フランス（交戦国）がロレーヌ公国（局外国）に「認めた」中立状は，同中立状の対象となるロレーヌ公の領地が，「あらゆる侵略および敵対行為からも完全に免れる（demeurent du tout libres de toutes invasions, & actes d'hostilité）」[29] と規定している．また，1646年のフランス・トスカーナ大公国中立条約は，フランス（交戦国）とトスカーナ大公国（局外国）との間で「認められた中立に従い（Conformement à la neutralité）」，フランスがシエナを攻撃する際，「その［フランスの］軍隊が殿下［トスカーナ大公］の領地にも財産にもいかなる損害も与えない」[30] ことを約束すると規定している．1733年のフランス・オランダ中立条約では，「オーストリア領ネーデルラント」が「ポーランド問題に関して生じている戦争に巻き込まれない（ne fussent point enveloppées dans la guerre）」とし，フランス（交戦国）は「オーストリア領ネーデルラントを攻撃しない」[31] ことを宣言すると規定している．さらに，1756年のオースト

---

28) 中立条約においては，「中立を認める（accorder; indulgeo）」ということと同じ内容を意味する語として，交戦国が局外国に中立を「与える（octroyer）」，交戦国が局外国の中立を「尊重する（colo; observo; observer）」といった語も用いられた．

29) Du Mont, *Corps universel*, 5（1）: 527. なお，「中立状（lettre de neutralité）」とは，交戦国と戦争局外国との合意である中立条約と異なり，交戦国が戦争局外国に対して一方的に与えるものであるが，それを与えることにより交戦国が中立国に対して攻撃・戦争を行ってはならない義務を負うようになる点は中立条約と同じである．Miele, *L'estraneità ai conflitti armati*, 1:105 を参照．

30) Du Mont, *Corps universel*, 6（1）: 343.

31) CTS 34:141. 条約文自体において述べられているように，「オーストリア領ネーデルラント」は「現在，［神聖ローマ帝国］皇帝陛下が所有」しており，オランダの領土ではなかったが，同地方は1715年の条約によって「［オランダ］共和国にとって防壁としての役割を果たす」ことになっていたから，同地方が「戦争に巻き込まれない」ことは，オランダ自身が戦争に巻き込まれないことと同様の意味をもっていた．

リア=ハンガリー・フランス中立条約は，オーストリア=ハンガリー（局外国）が戦争に介入せず「中立を守る」約束に対応して，「相互的に（reciproquement）」，フランス（交戦国）が「[オーストリア] 女王陛下の統治下にあるネーデルラント地方，またはその他の王国，領地および地方を……攻撃し侵略しないことを……宣言し約束する」[32]と規定している．

「中立を認める」あるいは「尊重する」ということの意味は，1632 年のトリーア選帝侯国・スウェーデン中立条約を見ると，より一層明確になる．同条約は，第 1 条〜第 7 条においてトリーア選帝侯国（局外国）側の負担――「中立を守る」ことなど――を規定した後，第 8 条において，「神聖なる国王陛下 [スウェーデン王] もまた，我々 [トリーア選帝侯]，我々の大司教領および司教領ならびに我々の世襲財産を敵意をもって侵害したり（hostiliter offendet），我々にいかなる種類のものであれ軍事的負担を及ぼしたりせず，逆に（sed），……中立を尊重し，かつ [将来においても] 尊重するであろう（colet & observabit Neutralitatem）」[33]と規定している．この規定において，交戦国（スウェーデン）が局外国（トリーア選帝侯国）の領土を「敵意をもって侵害する」ことと，交戦国が局外国の「中立を尊重する」こととは，「逆」のこと，つまり対立するものと位置づけられている．裏返して言えば，本中立条約において，局外国の領土を侵害しないことが，局外国の「中立を尊重する」ということの意味だったのである．

中立条約における交戦国の負担が中立国に対して攻撃や戦争を行わないことであるということは，同時代の学説においても認められていた．例えば，ヴォルフは 1764 年の著作において，中立条約を締結した交戦国は，「[中立国] およびその財産に対していかなる敵対的暴力（vim hostilem）も行わない義務を負い」，「交戦国は [中立国] に対して戦争権（jus belli）を有しない」[34]と述べていた．

---

32) *CTS* 40:333–334.

33) Du Mont, *Corps universel*, 6 (1): 37.

34) Wolff, *Jus gentium*, § 680. なお，本文で「[中立国]」と訳した部分は，原文ではそれぞれ，「どちらの味方でもない者（ei, qui neutrarum partium est）」，「戦争において中間者である者（eos, qui in bello medii sunt）」である．しかし，ヴォルフは「中立国」と「中間者」等を同義語として用いているから（本章注 83）参照），本文では「[中立国]」という訳で統一する．以下の引用でも同じ方針を採用し，必ずしも原文を忠実に訳したものではないことを示すため，ブラケット [ ] で括っておく．

このように，交戦国が局外国に「中立を認める」，あるいは交戦国が局外国の「中立を尊重する」とは，交戦国が当該局外国に対して「攻撃」，「侵略」，「敵対行為」などを行わず，同国を「戦争に巻き込ま」ないことを意味し，このことが中立条約における交戦国の負担だったのである．

(4) 中立条約の法的性格

以上から明らかになったように，中立条約とは，一方締約国（局外国）が一定の負担──戦争に関与せず他方締約国（交戦国）の敵を援助しないこと，つまり「中立を守る」こと──を負うことを「条件」として，「相互的に」，他方締約国（交戦国）が当該局外国の「中立を認める」こと──当該局外国に対して攻撃，侵略，敵対行為などを行わず，同国を戦争に巻き込まないこと──を約束する条約であった．つまり，中立条約とは，グレーヴェが言うように[35]中立国が交戦国の敵を援助しないことを定めるだけの条約ではなく，ミェーレが言うように[36]，中立国がそうした約束をすることと引き換えに，「法律上 (*de jure*) 紛争の局外にとどまる」ことを保障される条約だったのである．本章冒頭で述べたように，中立条約の性格については先行研究の間に見解の不一致があったが，中立条約の規定を改めて検討した結果，ミェーレの見解の方が妥当であると結論づけることができるのである．

3 中立条約の位置づけ

以上で明らかにしたような内容を定める中立条約が，当時の国家実行において必要とされたのは何故だろうか．以下では，当時の国家実行における中立条約の位置づけを明らかにする．

(1) 中立の創設的要件

本節2で述べたように，中立条約においては，交戦国が局外国に中立を「認める (accorder; indulgeo)」または「付与する (octroyer)」などと規定されてい

---

35) Grewe, *Epochen der Völkerrechtsgeschichte*, 443–444.
36) Miele, *L'estraneità ai conflitti armati*, 1:104.

た．また，1596年にフランスがロレーヌ公国に中立を認めた際には，それが「神聖なるフランス王の恩恵による」[37]ものであるとされていた．

こうした規定から分かることは，中立が中立条約によってはじめて「付与」され「認め」られるものであり，中立条約が中立の創設的要件だったということである．つまり，16世紀から18世紀の国家実行において，中立とは，戦争局外国が一方的に選択できた訳ではないし，ましてや戦争の発生により自動的に成立する法的地位ではなかったのである．このことは，中立条約の存在に着目した先行研究によって既に指摘されていたことである．例えば，エーターはこの時期の中立について，「中立は，それを承認するかどうかが関連諸国の裁量に委ねられた，まったく特別な地位と理解されていた．第三国には中立の地位の尊重を求めるいかなる権利もなかったのである」[38]と述べ，ミェーレも，「契約的中立は当事国の意思に由来するものであり，……紛争の局外にとどまる国際法主体に『必然的な』法的地位とは決して考えられなかった」[39]と述べている．また，中立が中立条約という個別の合意によって創設されるという考え方は，同時代の学説によって採用される場合もあった．例えば，テクスターは，1680年の著作において，「中立の地位は，……合意（pacto）によって成立する」のであり，「第三国に中立を与えることについて，……交戦国が同意することが必要である」と述べている．それ故，テクスターによれば，「そのような同意を与えていない交戦国は，中立を承認する義務を負わない」ことになる[40]．

ところで，本節2で明らかにしたように，交戦国が戦争局外国に「中立を認める」ということの意味は，交戦国が局外国を攻撃せず戦争に巻き込まないことであった．このことと，中立条約は中立の創設的要件とされていたこととを考え合わせると，交戦国は中立条約を締結していない局外国を攻撃し戦争に巻

---

37) Du Mont, *Corps universel*, 5 (1): 527.
38) Oeter, "Ursprünge der Neutralität," 457.
39) Miele, *L'estraneità ai conflitti armati*, 1:107–109.
40) Textor, *Synopsis juris gentium*, 101. ただし，テクスターは，中立が黙示的合意によっても成立することを認める．「平等な友好関係の実行は，双方交戦国がそれを知っており，それに反対しなければ，それによって中立が合意されたものと黙示的に理解される」のである．Ibid., 105.

き込むことができたということになる．実際，当時の国家実行においてもそのような考え方がとられていた．例えば，三十年戦争（1618〜48年）において，中立条約を締結していない諸国は，交戦国に中立の尊重を要求しても認められず，交戦国の侵入・攻撃等を受けた[41]．七年戦争（1756〜63年）においても，オランダ――オランダは，ポーランド継承戦争（1733〜38年）においてフランスと中立条約を締結していたが，本戦争ではそのような条約をどの交戦国とも締結していなかった――がフランス軍による侵入・占領を受けた[42]．また，当時の学説もこうした現実を認識していた．例えば，ヴォルフは1764年の著作において，規範的に正当化する訳ではないが，現実認識としては，中立条約が存在しない場合に，交戦国が近隣国に対して様々な暴力行為を行うことが多いという事実を認めていたのである[43]．

　なお，今日の通説によれば，国際法における戦争の法的地位は，① 正戦論の時代（18世紀中期以前），② 戦争の自由が認められた時代（いわゆる無差別戦争観の時代（18世紀後半〜20世紀初頭）），③ 戦争違法化が進められた時代（第一次大戦後），という変遷を辿ったとされる[44]．他方，本書がここまでで明らかにしたところによれば，18世紀以前の国家実行において，交戦国は戦争局外国と中立条約を締結しない限り，局外国に対していつでも自由に戦争を行うことができるものとされていた（中立条約が存在しない限りにおける戦争の自由）．このことは，18世紀以前において正戦論が採用されていたとする通説との関係でどのように説明できるだろうか．この点は，次のように考えることによって整合的に説明できるように思われる．すなわち，18世紀以前において正戦論が採用されていたと言われる場合には，もっぱら当時の学説（ヴィトリア，スアレス，グロティウスなど）が引証され，当時の国家実行において正戦論が妥当していたという証明は通説においてまったくなされていない．むしろ逆に，当時の国家

---

41) Oeter, "Ursprünge der Neutralität," 459–462.
42) Carter, "Dutch as Neutrals," 828; Nys, "Notes sur la neutralité," 489–490. なお，ポーランド継承戦争においてオランダがフランスと締結していた中立条約については，本章注20) を参照．
43) Wolff, *Jus gentium*, §681.
44) E.g., 田畑『国際法新講』下巻173–205頁．

実行において，正戦論は妥当していなかったと考えられる[45]．もちろん，当時の国家実行において正戦論が妥当していなかったことを証明するのは本書の射程を大きく超えることであるし，この点を十分に解明した先行研究も存在しない．しかし，必ずしも十分ではないものの，先行研究によって現在までに明らかにされているところによれば，18世紀以前の国家実行において正戦論は妥当していなかったと考えてよいようである[46]．そうだとすれば，18世紀以前において，正戦論をとる学説と，中立条約が存在しない限りにおける戦争の自由を認めていた国家実行とは，乖離していたと整理することができるのである．

(2) 中立国でない戦争局外国：同盟国およびその他の国

16世紀から18世紀の国家実行において中立条約が中立の創設的要件とされていたということは，交戦国と中立条約を締結していない戦争局外国が「中立国」と見なされなかったことを意味する．この点について，例えば，中立は交戦国と局外国との合意によってはじめて成立するとしていた――つまり国家実行においてとられていたのと同じ考え方を採用していた――テクスターは，1680年の著作において，「例えば，最近のドイツ・フランス戦争において，ポーランド王，モスクワ大公およびその他の君主は，いずれの交戦国の同盟国（socii）でもなかったので，このような意味での［広い意味での］中立国（neutrales）と呼ばれ得たかもしれない．しかし，厳密に言えば，そして諸国民の法の慣行によれば，中間者（media）の地位を同意または合意から獲得した国のみが，中立国なのである」[47]と述べていた．

---

45) 西平等は，戦争の法的地位が「正戦論→無差別戦争観→戦争違法化（差別戦争観）」という変遷を辿ったという通説について，通説は，正戦論については学説を中心に，無差別戦争観については国家行動の現実を中心に，戦争違法化については実定法規定を中心に論じており，時代ごとに論述の重点がずれていること，また，「スコラ正当原因論は，当時の世俗君主の実際の戦争行動を超越的権威によって規制するものであったのか，という疑問」があることを指摘している．西「戦争概念の転換とは何か」64頁．

46) Neff, *War and the Law of Nations*, 69, 91.

47) Textor, *Synopsis juris gentium*, 101. なお，引用文における「最近のドイツ・フランス戦争」とは，1672～78年のオランダ戦争のことであると推測される．

テクスターのこの文章に示唆されているように，16世紀から18世紀の国家実行においては，交戦国と中立条約を締結せず，それ故「中立国」と見なされない戦争局外国として，① 交戦国に何らかの援助を与える「同盟国 (socius)」と，② 全交戦国に対して不援助の態度をとっているが，中立条約を締結していないために「中立国」とは見なされないその他の国，の2つが存在していたと考えられる[48]．このことは，海上捕獲に関する当時の諸国の国内法令において，「敵 (enemyes; ennemis; Vyanden)」以外の国を意味する概念として，「我々の同盟国，連合国および友好国 (our allies, confederattes, and friendes)」(1557年イギリス勅令)[49]，「我々の同盟国，連合国または友好国 (nos alliez, confederez ou amis)」(1584年フランス勅令)[50]，「我々の同盟国，友好国および中立国 (Onse Geallieerden, Vrunden ende Neutralen)」(1652年オランダ勅令)[51] など，様々な概念が用いられており，すべての戦争局外国が「中立国」として把握されていた訳ではないことによっても裏づけられる．

　なお，「同盟国」とは，交戦国を援助する国のことであるが，そのような援助は参戦することによって行われる場合も，参戦せずに行われる場合もあった．

---

[48] 国家実行においてとられていた考え方によれば，A国・B国間の戦争において局外国CがA国と中立条約を締結し，B国とは中立条約を締結していない場合，A国は，C国が戦争に関与せずB国を援助しないことを条件として，C国に対して戦争を行わない義務を負う．しかし，中立条約の非当事国であるB国はC国に対してそのような義務を負わない．つまり，C国はA国との関係では「中立国」であり，B国との関係では「中立国」ではなかった，と整理できるように思われる (中立関係の相対性)．なお，C国がA国と締結する中立条約において，C国がB国を援助してはならないことが規定されるが，C国がA国を援助しないことは明示的には規定されない．しかし，C国のA国に対する援助が義務づけられている訳ではないことや，中立条約においてはC国が「戦争に関与しない」と規定されていること (本書28頁参照) から考えると，C国はA国にもB国にも援助を与えないことが想定されていたと考えられる．

[49] Order in Council as to Enemy Goods in Friends' Ships, and Friends' Goods in Enemy Ships, in Marsden, *Documents*, 1: 165–166.

[50] Edit sur l'admirauté, du mois de mars 1584, in Pardessus, *Collection*, 4: 316.

[51] Ordonnance des Etats Généraux des PROVINCES-UNIES, qui défend tout commerce avec l'ANGLETERRE. Faite à la Haye, le 5. Decembre, 1652, Du Mont, *Corps universel*, 6 (2): 36, 37.

後者のような場合があったことは，例えば，1634年にフランスとドイツ諸国とが締結した同盟条約の第12条において，「陛下［フランス王］が自ら戦争を宣言し行うことが何らかの理由により困難な場合，陛下は同盟者諸氏を人員および金銭によって援助する」[52]と規定されていたことからも明らかである．本条は，フランスが「戦争を宣言し行うことが何らかの理由により困難な場合」，つまり参戦が困難な場合にもなお，ドイツ諸国を「人員および金銭によって援助する」ことを規定したものだからである．この時代にはこの他にも，局外国が参戦せずに一方交戦国を軍事的に援助する旨規定された同盟条約が多数締結され，実際にそのような援助が行われていた[53]．そのような援助を行う国は「中立国」ではなく，戦争に巻き込まれない法的地位を保障されない．しかし，そのような法的地位に立たなくてよい国は，一方交戦国を援助して構わない．このような国が，他方交戦国側の何らかの事情によって戦争に巻き込まれないことはあり得るが，それは戦争に巻き込まれない法的地位に立っているのではなく，単に事実上戦争に巻き込まれていないに過ぎないのである．

(3)　中立条約締結の政治的背景

ここまでで明らかになったように，中立条約において，交戦国たる締約国（A国）は，戦争局外国たる他方締約国（B国）が戦争に関与せずA国の敵を援助しないことを条件として，B国を戦争に巻き込まないことを約束した．(1)で明らかにした通り，B国の戦争に巻き込まれない法的地位（中立）は，当時の国家実行において，中立条約によってはじめて創設されるものとされていたから，中立条約は局外国の安全にとって利益を生み出すものだったと言える．局外国は交戦国と中立条約を締結しなければ（あるいは締結できなければ），戦争に巻き込まれない地位を法的に保障されることはなかったからである．また，中立条約が中立の創設的要件とされたということを交戦国側から見れば，交戦国は，

---

52)　"Traité de Confédération & Alliance, entre LOUIS XIII. Roi de France & les Etats Evangeliques des Cercles & Provinces Electorales de FRANCONIE, SUAVE & du RHIN," fait à Francfort, le 20. Septembre 1634, Du Mont, *Corps universel*, 6 (1): 78.
53)　Nys, "Traité de subside et troupes auxiliaires," 173–196.

戦争に巻き込む必要のない国とは中立条約を結び，戦争に巻き込む必要のある国とは中立条約を結ばないという，選別をすることが許されていたことを意味する．中立条約は，局外国と交戦国のこのような利害が一致した場合に締結されていたと言えるが，このような利害の一致が生じた政治的背景は，次のようなものだった．

　国家間で中立条約を締結する慣行が現れたのは，16世紀のことである．この時期は，フランス王家（ヴァロワ家，後にブルボン家）とハプスブルク家（オーストリアおよびスペイン）が，主にイタリア半島の支配をめぐって対立し始めた時期である．このような対立を受けて，両家に地理的に挟まれた中央ヨーロッパ諸国や，北部・中部イタリア諸国の安全保障が問題になり，交戦国（フランス，スペイン，オーストリア）と中立条約を締結するという方策がとられたのである[54]．三十年戦争（1618～48年）――この戦争は，ヨーロッパ国際関係の観点から見ればフランス王家とハプスブルク家の対立の継続の一局面であり，北ヨーロッパ史の観点から見ればバルト海の制海権獲得をめぐるスウェーデン，デンマーク，ポーランド，神聖ローマ帝国などの対立の一局面であるとされる[55]――においても，ドイツ諸国やイタリア諸国が，交戦国（フランスやスウェーデン）と中立条約を締結して安全保障を図った．ウェストファリア条約（1648年）以降には，ヨーロッパにおける優越的地位を占めたフランスが戦争を繰り返したが[56]，この時期にも，自国の安全を望む局外国は交戦国フランスと中立条約を締結していた．

　このように，中立条約は，交戦国たる大国（フランス，スウェーデン，スペイン，オーストリアなど）に近接する小国の安全保障の手段であり[57]，小国の希望に基づき締結されたものであった[58]．このことは，例えば1632年のスウェーデン・ドイツカトリック諸国中立条約が，「バイエルン公およびカトリッ

---

54) Oeter, "Ursprünge der Neutralität," 454–455.
55) 成瀬・山田・木村編『世界歴史大系　ドイツ史1』499頁.
56) Grewe, *Epochen der Völkerrechtsgeschichte*, 323–331.
57) Horn, *Die geschichtliche Entwicklung*, 6.
58) Miele, *L'estraneità ai conflitti armati*, 1:104.

ク連盟が中立を獲得することを希望していることに鑑みて」(同条約前文)[59] 締結されたことや，フランス王がロレーヌ公に与えた1596年の中立状において，「我々［フランス］は，彼［ロレーヌ公］のために (en sa faveur) 前述の中立を認めた」[60] とされていたことからも分かる．

ただし，中立条約は局外国の利益になるだけでなく，交戦国の利益にもなったからこそ締結されていた．すなわち，交戦国の側から見れば，局外国に「中立を認める」という代償を払ってでも，つまり当該局外国を攻撃せず戦争に巻きこまない約束を与えてでも，当該局外国を戦争に関与させないことは利益になることがあった．交戦国は，そうすることによって，敵の数がむやみに増えないようにし，限りある軍事力を本来の敵に集中させることができたからである[61]．そして，交戦国は，中立条約を締結することにそのような利益を見出さないときには，中立条約を締結せず，局外国の中立を尊重しなかったのである．

第2節　18世紀の学説における中立の「制度化」

前節で明らかにしたように，16世紀から18世紀の国家実行において，中立という法的地位は，交戦国と戦争局外国とが締結する中立条約によってはじめて創設されていた．これに対して，18世紀の学説（バインケルスフーク，ヴォルフ，ヴァッテル，ヒュプナー）は，交戦国と中立条約を締結していない国も中立の地位に立つことができるという理論を提示した．後述するように，このようにして成立する中立は，法的効果——交戦国が中立国に対して戦争を行わない義務を負う効果——としては，中立条約に基いて成立する中立と同じであるとされたから，18世紀の学説は，それまでの国家実行では個別の合意（中立条約）によって成立していた中立が成立する余地を，個別合意の必要性を否定して一般化し，拡大したものと位置づけられる．18世紀の学説が中立の「制度化」をもたらしたと一部の先行研究によって評価される所以である[62]．本節で

---

59)　Du Mont, *Corps universel*, 6 (1): 29 ［傍点引用者］．
60)　Ibid., 5 (1): 527 ［傍点引用者］．
61)　Schopfer, *Principe juridique de la neutralité*, 100.
62)　本書22頁を参照．

は，このような中立の「制度化」がどのようにして可能になったのかを明らかにする（2）が，その前に，先行学説（17世紀以前の国際法学説）の状況を確認しておく必要がある（1）．

1 先行学説の状況
（1） 正戦論
（a） 正戦論の基本的内容

17世紀以前の国際法学説は正戦論を採用していた．正戦論（bellum justum）とは，古くはキケロによって主張され，それがアウグスティヌスやイシドールスによって中世に伝えられた後，中世の神学者や教会法学者によって理論化されたものが近世の神学者（ヴィトリア，スアレスなど）や法律学者（アヤラ，ゲンティリス，グロティウスなど）にも受け継がれ，発展した理論である[63]．正戦論の形成において中心的な役割を果たしたトマス・アクィナスは，戦争が正当であるための条件として，① 君主の権威（auctoritas principis），② 正当原因（causa iusta），③ 交戦者の正しい意図（intentio bellantium recta）の3つを挙げ[64]，その後の学説もこの3条件を基本的な出発点として議論を展開した．もちろん，戦争が正当であるための条件として何を挙げるか，また，どの条件を重視して論ずるかについては，正戦論をとる学説の中でも相違があった．しかし，戦争が正当であるためには正当原因が必要であり，かつ，正当原因の問題が正戦論の中心的な問題であることについて，学説は一致していた．

正戦論によれば，戦争の正当原因が存在するということは，自らに対して「不正（injuria）」が行われたということに他ならない．例えば，ヴィトリアは，「戦争を行う唯一の正当原因は，不正が加えられた，ということである」[65]と，ス

---

63) 正戦論については数多くの文献があるが，例えば，Haggenmacher, *Grotius et la doctrine de la guerre juste*; Johnson, *Ideology, Reason, and the Limitation of War*; Nussaum, "Just War"; Russell, *Just War in the Middle Ages*; Vanderpol, *La doctrine scolastique du droit de guerre* などを参照．
64) Thomae Aquinatis, *Summa Theologiae*, II–II, q. 40, a. 1.
65) Victoria, *De indis*, 279 (*De jure belli*, 13). なお，ヴィトリアの著作の訳については，原則として，伊藤『ビトリアの国際法理論』191–359頁に掲載されている翻訳に倣った．

アレスは,「この正当にしてかつ十分な原因とは,他の手段によっては復讐され,あるいは損害を賠償され得ない重大な不正が加えられる,ということである」[66]と,グロティウスは,「戦争を行うための正当原因は,不正以外にはあり得ない」[67]と述べている.

そして,正戦論によれば,戦争は,「不正」によってもたらされた侵害に対する救済手段であり,裁判に類するものとして捉えられる[68].例えば,伝統的なスコラ的正戦論をもっとも精緻に理論化したと評価されるスアレスは,国家間においても「不正」の処罰が必要であるが,それにも関わらず国家に上位する権威としての裁判制度が存在しないために,国家自らが一種の「裁判権(potestas jurisdictionis)」に基づいて行うものが戦争であるとしている[69].グロティウスも,『戦争と平和の法』において,「訴訟手続の源(fontes)と同じ数だけ戦争の源もあることは明らかである.裁判が尽きるところで戦争が始まるからである」[70]として,やはり戦争を裁判に類するものと捉え,同書の第2巻第2章〜第19章では,「戦争の源」,つまり戦争によって救済されるべき権利ないし法律関係の具体的内容を論じている.

---

66) Suárez, *Selections from Three Works*, 804(Disp. XIII, *De bello*, sec. 4, n. 1).なお,スアレスの著作の訳についても,原則として,伊藤『スアレスの国際法理論』103–251頁に掲載されている翻訳に倣った.
67) Grotius, *De jure belli ac pacis*, Lib. II, Cap. I, §I.
68) 大沼「戦争」113–196頁;太田『グロティウスの国際政治思想』133–163頁.
69) Suárez, *Selections from Three Works*, 804–807(Disp. XIII, *De bello*, sec. 4).この点については,伊藤『スアレスの国際法理論』69–78頁を参照.伝統的なスコラ的正戦論においては,戦争が正当であるための条件の1つとして,君主の権威(auctoritas principis)に基づくこと,または正当な権力によって宣言されることが挙げられるが,それは,戦争が,国家の有する一種の「裁判権」に基づくものと構成されているためである.それ故,このような「裁判権」を有しない私人は戦争を行い得ない.私人は,自らの権利が侵害された場合には,国家の裁判制度に訴えるべきである.しかし,この場合に戦争というのは,攻撃戦争のことであって,防衛戦争については私人もこれを行えることは自明のこととされる.自己を防衛することは,自然法に基づいて何人にも認められることだからである.伊藤「刑罰戦争の観念」1–20頁.
70) Grotius, *De jure belli ac pacis*, Lib. II, Cap. I, §II.

(b) 正戦援助義務

　正戦論においては，正当戦争を行う国に対して他国が援助を与えることは正当であり，自然法上の義務であるとすらされる（正戦援助義務）[71]．例えば，ゲンティリスによれば，自己のために行う防御だけでなく，ただ他人のためだけに行う防御（「義しい防御（defensio honesta）」）も正当である．ゲンティリスによれば，普遍人類社会においては，人は皆，血族関係（cognatio）にあるが，人間は社会のために生まれたものであるから，他人を助けることが人の義務（officium）なのである[72]．また，グロティウスによれば，「自然に基づき，各人が自らの権利を守るべきである」が，「しかし，できる限り他人を助けることは，許される（licitum）だけでなく，称賛に値する（honestum）ことでもある」[73]．グロティウスにおいてもやはり，他人を助けて行う戦争の正当性の根拠は，「人類相互の結合（hominum inter se conjunctio）」[74]に求められている．

　しかし，正当戦争への援助は，常に義務である訳ではない．例えば，ゲンティリスによれば，「義しい防御」が義務となるのは，その防衛がこれを行う者に危険を伴わないときのみである[75]．グロティウスも，他人が行う正当戦争を援助することは義務であるかという問題について，「危険が明らかな場合に彼がそのような義務を負わないことは，当然である．なぜなら，彼は自らの生命および財産を，他人のそれよりも優先することができるからである」[76]としている．

　このように，正当戦争への援助は，あくまでも自らに危険が及ばない限りで義務となるに過ぎなかった．伊藤不二男が指摘するように，「正戦援助義務」は，「根本においては義務といいながらも，真実にはむしろ権利とか自由に近いもの」[77]だったのである．そうだとすれば，正戦論においても，自らに危険が及ぶ可能性を理由として，いずれの交戦国をも援助しない立場をとり，戦争の局

---

71) 正戦援助義務については，伊藤「自衛権の法史」35–38 頁を参照．
72) Gentili, *De jure belli*, Lib. I, Cap. XV.
73) Grotius, *De jure belli ac pacis*, Lib. I, Cap. V, § I, § II.
74) Ibid., Lib. II, Cap. XXV, § VI.
75) Gentili, *De jure belli*, Lib. I, Cap. XV.
76) Grotius, *De jure belli ac pacis*, Lib. II, Cap. XXV, § VII.
77) 伊藤「自衛権の法史」38 頁．

42　第 1 章　中立観念の起源 (16〜18 世紀)

外にとどまる国の存在を想定し得ることになる．そこで，次に，このようにして戦争の局外にとどまる国の地位が，17 世紀以前の学説において「中立」の問題として把握されていたのか否かが問題となる．

(2)　中立観念の不存在

「中立 (neutralitas)」や「中立国 (neutralis)」というラテン語は，条約などの公文書では既に 16 世紀から使用されていたが[78]，学説上は 18 世紀になるまでほとんど使われることがなかった．17 世紀以前の学説においては，交戦国以外の国を意味する語として，「共通の友 (amicum communem)」[79]，「戦争において中間者である者 (his qui in bello medii sunt)」[80]，「戦争の外にある者 (his qui extra bellum sunt)」[81]，「戦争から遠ざかる者 (eorum qui à bello abstinent)」[82]などが使われるのが普通であり，"neutralitas" や "neutralis" の語はほとんど使われなかったのである[83]．

---

[78]　本書 23–24 頁参照．
[79]　Gentili, *Hispanicae advocationis*, Lib. I, Cap. I.
[80]　Grotius, *De jure belli ac pacis*, Lib. III, Cap. XVII.
[81]　Ibid., Lib. III, Cap. XVII, § I.
[82]　Ibid., Lib. III, Cap. XVII, § III.
[83]　17 世紀以前において「中立」や「中立国」の語を使用した学説はほとんどないが，例外としてテクスターがいる．彼は 1680 年の著作で，「ローマ史において中間者 (medii) と呼ばれた者」を「中立国 (neutrales)」と呼び，その地位を「中立 (neutralitas)」と呼んだ．Textor, *Synopsis juris gentium*, 101. 18 世紀になると，学説上も「中立」や「中立国」の語がより一般的に使用されるようになった．例えば，ヴォルフは 1764 年の著作において，「どちらの味方でもない者 (ei, qui neutrarum partium est)」や「戦争において中間者である者 (eos, qui in bello medii sunt)」といった，従来の学説で使われていた語も使用したが，それらの同義語として，「中立国 (neutralis)」と「中立 (neutralitas)」の語も併用した．Wolff, *Jus gentium*, § 672–683. また，ヴァッテルは 1758 年の著作において，「中間者」などの語を用いず，「中立 (neutralité)」および「中立国 (États neutres; Nations neutres; Peuples neutres)」の語を一貫して使用した．Vattel, *Le droit des gens*, Liv. III, Chap. VII, § 103–135. ヒュプナーも 1759 年の著作において，「中立 (neutralité)」と「中立国 (États neutres; Peuples neutres)」の語を使用した．Hübner, *De la sasie batimens neutres*, 1:30–49. ただし，18 世紀においても，依然として「中立」や「中立国」の語を使用しない学説もあっ

しかし，「中立」や「中立国」の語が使用されていないことは，当時の学説において中立の観念，あるいは後の学説の中立論の基になる考え方が存在していなかったことを直ちには意味しない．すなわち，前節で述べたように，"neutralitas" や "neutralis" の語は，古典ラテン語には存在せず，中世になって現れた俗ラテン語である．田岡良一が指摘するように，17 世紀以前の国際法学説において "neutralitas" や "neutralis" の語が使用されなかったのは，ルネサンスの影響を受けた当時の学者が，古典ラテン語に存在しない俗ラテン語の使用をできる限り避けたためだと考えられる[84]．ルネサンスは古代ギリシア・ローマの文化を理想とし，中世の文化を軽視するため，古典ラテン語に存在しない俗ラテン語の単語は間違ったラテン語と見なされるからである．

　それでは，当時の学説において，実質的な中立の観念，あるいは後の学説の中立論の基になる考え方は存在したのだろうか．

　まず，この時代には，もっぱら戦争の相手方との関係（いかなる国に対していかなる場合に戦争を行えるのか，また，戦争を遂行する際に敵に対して何を行えるのかといった問題）を論じ，戦争の局外にとどまる国ないし者についてほとんど何も論じない学説があった．例えば，ヴィトリアやスアレスは，敵国内にいる外国人（peregrinos）や旅人（hospites）を殺してはならないことと，彼らから物を奪ってはならないこと以外には，戦争の局外にとどまる国ないし者について何も論じていない[85]．つまり，これらの学説においては，戦争の局外にとどまる国ないし者についての考え方が実質的に中立論であるか否かを問題にする以前に，そもそも，そのような国ないし者についての言及がほとんどないのである．

　このことは，正戦論の基本的な考え方からすると，むしろ当然のことだった

　　た．例えば，バインケルスフークは 1737 年の『公法の諸問題』において，「中立」や「中立国」の語を一度も使用せず，その代りに，「敵でない国 (non-hostes)」，「友好国 (amici)」，「共通の友 (communem amicum)」などの語を使った．Bynkershoek, *Quaestionum juris publici*, 67–69.

84）　田岡「中立の語義に就て」48 頁．

85）　Victoria, *De indis*, 288, 290 (*De jure belli*, 36, 40); Suárez, *Selections from Three Works*, 816 (Disp. XIII, *De bello*, sec. 7, n. 10).

とも言える．すなわち，前述した通り，正戦論において，戦争は，「不正」を行った相手に対して，その「不正」を処罰し，侵害された自らの権利を回復するための手段と捉えられる．そして，戦争を行う際には，「不正」を処罰し，侵害された権利を回復するという目的の達成のため，敵に属する者を殺傷し，敵に属する物を奪うことなど（害敵手段の行使）が許される．しかし，戦争の相手方以外の国，つまり戦争の局外にとどまる国は，正当戦争を行う国に対して何ら「不正」を行っていない国である以上，そのような国に対して戦争を行えず，害敵手段も行使できないことは，正戦論においては自明の理である．そうだとすれば，正戦論において，戦争局外国が戦争に巻き込まれないようにするためにどのような態度をとるべきかという問題や，交戦国が戦争局外国に対して何を行えるかという問題が論じられないのは，自然なことだとも言えるのである．

しかし，17世紀以前においても，正戦論をとりつつ，戦争局外国の問題を比較的詳細に論ずる学説があった．例えば，グロティウスは，「戦争の外にある（extra bellum sunt）者について論ずることは不必要であるように思われるかもしれない．そのような者に対して戦争権（jus bellicum）が存在しないことはまったく明白だからである」[86]と述べ，ヴィトリアやスアレスなどと同様に，正戦論の基本的な考え方からすれば戦争の相手方以外について論ずる必要はないことを認める．しかし他方で，「……戦争の際には，彼ら［戦争の外にある者］に対して，特にそれが隣人である場合には，必要性（necessitate）を口実にして多くのことが行われがちである」と述べ，このことを理由に，「戦争において中間者である者について（De his qui in bello medii sunt）」と題する章を設けて戦争局外国および同国に属する者について論じた[87]．グロティウスは，重大な必要性がない限り「戦争において中間者である者」から物を奪ったり留置・使用してはならないと述べた後，「戦争から遠ざかる（à bello abstinent）者」の「義務（officium）」としては，「不正な原因を有する側を強くし，または正当戦争を行っている者の行動を阻害するようなことをしない」ことと，「疑わしい場合には，通過の許可，軍隊への食糧供給，攻囲された者の不援助について，双方に

---

86) Grotius, *De jure belli ac pacis*, Lib. III, Cap. XVII, §I.
87) Ibid., Lib. III, Cap. XVII, §III.

対して公平な態度をとる（æquos se præbere utrisque）」ことを挙げ，さらに，「戦争から遠ざかる者」としては，「交戦者のいずれかに対する善意（bona voluntate）を維持しつつ戦争の外にとどまり，かつ，交戦者に人道上の共通任務（communia humanitatis officia）を提供できるようにするため，交戦者の双方と条約（fœdus）を結ぶことが有益でさえあるだろう」と述べている．

　グロティウスのこうした議論が実質的な中立論だったと言えるかは，評価が分かれ得るところである[88]．特に，「疑わしい場合には，通過の許可，軍隊への食糧供給，攻囲された者の不援助について，双方に対して公平な態度をとる」という一節については，交戦国に対する公平を基本原則とする後の時代の中立論と実質的に同じことが論じられているようにも見える．しかし，「疑わしい場合に」戦争局外国が何故「公平な態度をとる」べきなのか，グロティウスは何も述べていない．つまり，「公平な態度をとる」べきなのは，公平に行動することによって戦争に巻き込まれないようにするためなのか，あるいは，そうしなければ戦争の正・不正に関する判断を誤って不正戦争の援助という自然法上許されない行動を行いかねないからなのか，判然としない．仮に前者だとすれば，後の時代の中立論と実質的に同じことが論じられていたと言うことも可能ではあるが，この点についてグロティウスが何も述べておらず，後者の趣旨である可能性も排除できない以上，グロティウスにおいて中立論が明確な形で存在するとは言えないように思われる．

2　18世紀の学説における中立論

　以上のように，17世紀以前の学説において，中立論は少なくとも明確な形では存在しなかった．これに対して，18世紀の学説は，先行学説と同様に正戦論を採用しながら，先行学説とは異なり中立の問題を論ずるようになった．

（1）　正戦論

　18世紀の学説も，基本的には正戦論を採用していた．例えば，ヒュプナーは

---

88)　この点については，大沼「戦争」179–181頁；河西「グロティウスにおける戦争と諸国民の法」45–50頁を参照．

1759年の著作において,「あらゆる戦争の正当原因は,次の2つのいずれかに関わる.第1に,真の意味での侮辱(*offense*),つまり国際法によってそのようなものと認められた侮辱.第2に,[義務履行の]積極的な拒絶(*refus positif*),少なくとも,疑いなく完全な権利(*un Droit parfait*)であるものの積極的な拒絶.これら以外の理由により行われるすべての戦争は,不正(*injustes*)と呼ぶに値する」[89]と述べ,正戦論を採用することを明確にした.

ヴォルフとヴァッテルは,自然国際法(jus gentium naturale; Droit des Gens Naturel)上の原則としては,戦争が正当であるためには正当原因が必要であり,戦争の正当原因とは,自らに対して既になされたか,なされるおそれのある「不正(injuria; injure)」であるとして,正戦論を採用した[90].彼らによれば,「不正」とは,攻撃されるか,または「完全な権利(jura ... perfecta; droits parfaits)」が侵害されたときに発生するので,「……戦争を行う権利は,自らを防衛し,かつ自らの権利を保全するためにのみ,国家に帰属する」ということになる[91].ただし,ヴォルフとヴァッテルは,自然国際法上の原則としては正戦論を採用しつつ,「意思国際法(jus gentium voluntarium; Droit des Gens Volontaire)」上は,自然国際法の厳格さを緩和する理論を提示した[92].すなわち,自然国際法上,正当戦争を行う国には,対敵殺傷権,捕虜をとる権利,敵産の破壊と捕獲の権利などの諸権利が認められるが,不正戦争を行う国にはこれらの諸権利は一切認められない.しかし,このような原則を貫くと,戦争を行う双方の国が相手の無権利を主張することになって,戦争は残虐化し,かつ,戦争の終結が困難になってしまう.こうした混乱を避けるため,「意思国際法」においては,① 戦争は効果に関する限り双方交戦国にとって正当と見なされ,② 交戦国の一方に許容されたことは他方にも許容される——つまり,対敵殺傷権,捕虜をと

---

89) Hübner, *De la saisie des batimens neutres*, 1:16–17[イタリック体原文].
90) Wolff, *Jus gentium*, §617, 618; Vattel, *Le droit des gens*, Liv. III, Chap. III, §26.
91) Vattel, *Le droit des gens*, Liv. III, Chap. III, §26. なお,ヴォルフとヴァッテルにおける「完全な権利」の概念については,柳原『ヴォルフの国際法理論』241–249頁を参照.
92) Wolff, *Jus gentium*, §777–958; Vattel, *Le droit des gens,* Liv. III, Chap. XII, §188–192.

る権利，敵産の破壊と捕獲の権利などの諸権利が不正戦争を行う国にも認められる——という原則が導入され，自然国際法の厳格さが緩和されるというのである[93]．

　バインケルスフークは，正戦論を否定した学者と評価されることが多いが[94]，実際には，正戦論を前提にしていたと解される．バインケルスフークは，『公法の諸問題』(1737年)において，「我々の[権利]を防衛しまたは回復することが，戦争の唯一の根拠である」，あるいは，「我々が誰かに対して戦争を行うのは，彼が我々に対して不正を行ったが故に破壊されるに値すると我々が考えるからである」などと述べており[95]，伝統的な正戦論と同じく，戦争を，「不正」を行った国に対して，自らの権利を「防衛しまたは回復する」ために行うものと捉えているからである．また，バインケルスフークは，複数の交戦国と同時に同盟条約を結んでいる国がいずれの交戦国に援助を与えるべきかを論ずる文脈で，そのような国は「より正当な原因を有している（justiorem causam habet）」方の交戦国を援助すべきであるとしており[96]，ここでもやはり，戦争の正当原因を問題とする正戦論を前提にしていると言える．ただし，バインケルスフークは，戦争が正当であるための条件についてまとまった形では論じておらず，『公法の諸問題』における彼の議論の重点は，正戦論よりも，交戦国が戦争遂行

---

93) 柳原正治が詳細に論じているように，ヴォルフもヴァッテルも「意思国際法」という同じ言葉を用いているが，「意思国際法」の基礎づけ方はそれぞれ異なっている．ヴォルフにおいては，「意思国際法」は，フィクションとしての「世界国家（civitas maxima）」がその「立法権（jus ferendi leges）」に基づき制定する実定一般国際法とされる．これに対して，ヴァッテルは「世界国家」の存在を否定する結果，「意思国際法」を何によって基礎づけるかが問題となり，結局は，その基礎を国家の主権平等原則に求めざるを得なくなった．その結果，ヴァッテルにおいては，「意思国際法」の内容の確定は，結局のところは各国の自由に委ねられることになる．柳原によれば，ヴォルフとヴァッテルにおける「意思国際法」の基礎づけの相違は，戦争法という具体的分野にも表れており，ヴァッテルにおいては，現実の国家慣行をより無批判に「意思国際法」に取りこむ結果になっているという．柳原『ヴォルフの国際法理論』131–166, 238–263頁．
94) E.g., 石本『国際法の構造転換』65頁．
95) Bynkershoek, *Quaestionum juris publici*, 2, 3.
96) Ibid., 71–72.

中に行使できる害敵手段の問題にあったと言える[97].

　以上のように，18世紀の学説も，基本的には——ヴォルフやヴァッテルにおいて自然国際法上の正戦論が意思国際法によって修正され，また，バインケルスフークにおいて正戦論がまとまった形で論じられていないということはあるが——正戦論を採用していた．前述したように，正戦論の基本的な考え方からすれば，戦争の相手方，つまり自らに対して「不正」を行った国以外の国に対して戦争を行えないことは自明のことであり，戦争の局外にある国について論ずる必要はないということにもなる．それにも関わらず，18世紀の学説は，戦争局外国の問題について詳細に論じ，かつ，それを中立の問題として論ずるようになった．以下では，18世紀の学説における中立論がどのようなものだった

---

[97] 明石欽司は，バインケルスフークの著作に正戦論を否定したと考えられる箇所と正戦論を肯定したと考えられる箇所が混在していることを指摘し，前者の箇所として，バインケルスフークが中立（「共通の友」）について論じた部分を挙げている．Akashi, *Cornelius van Bynkershoek*, 94–95. この指摘の前提には，中立の可能性を認めることと正戦論をとることとが両立しないという認識があるようである．しかし，本項 (2) で論証するように，正戦論と中立は両立し得るし，むしろ，18世紀の学説における中立は正戦論によって理論的に基礎づけられていた．また，この点に関連して，バインケルスフークが「私の考えでは，戦争の正・不正は共通の友には関係がない．相互に戦っている友の間で裁判官として臨席し (sedere judicem)，原因の正・不正に応じていずれかに何かを認めたり否定したりすることは，彼のなすべきことではない」と述べた箇所 (Bynkershoek, *Quaestionum juris publici*, 69) は，バインケルスフークが正戦論を否定したことを示す証拠としてよく引用される．E.g., 石本『国際法の構造転換』65, 69 頁．しかし，この一節で彼が言おうとしたのは，双方交戦国の「共通の友」であることを望む国は戦争原因の正・不正を判断して一方交戦国を援助しない方がよいということに過ぎず，戦争の正・不正が区別不可能であるということや，あらゆる戦争局外国が戦争の正・不正の判断をしてはならないということではない．すなわち，バインケルスフークによれば，一方交戦国に援助を与える国は他方交戦国に対して「いわば戦争を行っているものと見なされてしまう」から，そのように見なされたくない国は，「共通の友」として，どちらの交戦国に対しても援助を差し控える必要がある（本書 53–54 頁参照）．しかし，戦争局外国は必ず「共通の友」の立場をとらなければならない訳ではなく，「同盟国」の立場をとってもよい．このことは，バインケルスフークが「共通の友」について論じた (ibid., 67–71) すぐ後に続けて，「同盟国 (Foederatis & Sociis) については，理論がまったく異なる」と述べ (ibid., 71)，「共通の友」と「同盟国」とをはっきりと区別していることから明らかである．そして，バインケルスフークは，複数の交戦国と

のかを明らかにする．

(2) 中立論
(a) 中立条約に基づかない中立

18世紀の学説は，交戦国と戦争局外国がしばしば中立条約を締結する国家慣行を明確に認識していた．例えば，ヴォルフは，中立条約を締結することは交戦国にとっても利益となることが多いために「中立条約（Fœdus neutralitatis）が締結されるのが通常である」[98]と述べているし，ヴァッテルも「戦争を行っている国や，戦争を行う準備をしている国は，しばしば，疑わしい国に対して中立条約（un Traité de Neutralité）を提案する決心をする」[99]と述べている．

また，18世紀の学説は，中立条約を締結することが戦争局外国にとって有益であることも認める．例えば，ヴォルフによれば，「もしこのような場合に［交戦国が］この法［自然法］に従うならば，中立条約はまったく必要ないであろう」[100]．後述の通り，ヴォルフの考えでは，交戦国は自然法上，敵に援助を与えない国（中立国）に対して戦争を行ってはならないからである．しかし，「交戦国は自然的義務（naturali...obligatione）にも関わらず，隣国に侵害を与える多くのことを行う」ものなので，「中立条約を締結することは無駄ではない」．

同時に同盟条約を結んでいる国がいずれの交戦国に援助を与えるべきかについて論じ，その点は，交戦国が「戦争の正当原因を有しているか否か」によって決めるべきであるとする（ibid., 71–72）．つまり，X国がA国およびB国と同盟条約を結んでおり，A国とB国が共同してC国（条約第三国）と戦争をする場合には，A国とB国の双方が正当原因を有しているのであればX国はA・B双方に援助を与えるべきであるし，A国のみが正当原因を有しているのであればA国に援助を与えB国には援助を拒否すべきである．また，A国とB国が相互に敵対して戦争を行っている場合には，「より正当な原因を有している」方を援助すべきである．要するに，「戦争の正・不正は……関係がない」という言明は，あくまでも「共通の友」であることを望む国についての言明であって戦争局外国一般に関する言明ではなく，「同盟国」にとっては，いずれの交戦国を援助するのかを決定するために，戦争の正・不正の判断をする必要があるのである．

98) Wolff, *Jus gentium*, § 673.
99) Vattel, *Le droit des gens*, Liv. III, Chap. VII, § 107.
100) Wolff, *Jus gentium*, § 682.

なぜなら，条約違反の場合，「不名誉の感覚は自然的義務の場合よりも大きいのが常だからである」[101]．ヴァッテルも，「中立条約が有益であり，かつ必要ですらある」とし，「近隣諸国で戦火が勃発したとき，自らの平穏を確保することを望む国は，双方当事国と［中立］条約を締結することによって，それ［平和維持という目的］をもっともよく達成できる」[102]と述べている．

　このように，国家慣行上しばしば中立条約が締結され，それは戦争局外国の安全保障にとって有益なことではあるが，18世紀の学説によれば，国家が中立の地位に立つために中立条約の締結は必要ではないという．例えば，ヴォルフは，「いかなる国も，戦争においてそれ自体で援助たり得る物，つまり通常は同盟国によって提供されるような物……をいずれの交戦国にも提供しない限り，条約を締結しなくても［中立国］になることができる」[103]と述べている．また，ヒュプナーは，中立条約は「過度の用心や不安から生まれる」ものであり，「普遍的国際法（le Droit des Gens Universel）上はほとんど重要ではない」[104]という．ヴァッテルも，二国間に戦争が勃発した場合，「他のすべての国が」中立の地位に立てるとしている[105]．

　そして，18世紀の学説によれば，中立条約に基づく中立も，それに基づかない中立も，その法的効果は同一である．このことをもっとも明確にするのがヴォルフであり，次のように述べている．「交戦国は，中立条約を締結するとき，既に自然に基づき（naturaliter）負っている義務を条約の効力（vi fœderis）によって負うのである」[106]．つまり，中立条約を結ぶということは，交戦国がそもそも自然法上負っている義務を，条約という形式によってさらに重ねて負うことであり，中立条約に基づく中立も，それに基づかない中立も，法的効果としては同じであることになる．したがって，ヴォルフによれば，交戦国は中立国に対して「いかなる敵対的暴力も差し控えなければなら」ず，「交戦国は［中立国］

---

101) Ibid., § 681.
102) Vattel, *Le droit des gens,* Liv. III, Chap. VII, § 108.
103) Wolff, *Jus gentium,* § 673.
104) Hübner, *De la saisie des batimens neutres,* 1:32–33.
105) Vattel, *Le droit des gens,* Liv. III, Chap. VII, § 106.
106) Wolff, *Jus gentium,* § 680.

に対して戦争権（jus belli）を有しない」107)のである．また，ヴァッテルによれば，中立の地位に立つことの利益は，中立国が交戦国によって敵と見なされないことであり108)，交戦国が「［中立国］に対して戦争を行う正当な理由（juste sujet）をもたない」109)ということであるから，やはり，中立条約に基づかずに中立の地位に立つ国も，中立条約に基づいて中立の地位に立つ国と同じく，交戦国によって戦争に巻き込まれない権利を享受できることになる．

(b) 中立の地位に立つための条件

18 世紀の学説によれば，国家が中立の地位に立つためには交戦国と中立条約を結ぶ必要はないが，それでも一定の条件を満たすことが必要である．その条件とは，交戦国のいずれをも援助せず，交戦国の双方に対して公平な態度をとることである．例えば，ヴァッテルは，「この［中立の］問題をよく理解するためには，いかなる約定にも拘束されていない国に許容されることと，国家が戦争において完全に中立国として扱われるよう主張する場合にできることとを，

---

107) Ibid.
108) ヴァッテルは『国際法』の第 3 巻第 6 章と第 7 章において，交戦国が戦争局外国を「敵と見なす（regarder comme Ennemi）」ことができる場合と，そうではない場合とを分類している．ヴァッテルによれば，攻撃的同盟に基づいて敵国に援助を与える国（Vattel, *Le droit des gens*, Liv. III, Chap. VI, § 98），戦争中に締結されたか，特に自国を対象として締結された防衛的同盟に基づいて敵国に援助を与える国（ibid., Liv. III, Chap. VI, § 99），同盟条約を締結していないにも関わらず自発的に敵国に援助を与える国（ibid., Liv. III, Chap. VI, § 97）などが前者に該当し，中立国（開戦前に締結された防衛的同盟条約に基づき敵国に限定的援助を与える国を含む）は後者に該当するという（ibid., Liv. III, Chap. VI, § 101, Chap. VII, § 103–134）．
109) Ibid., Liv. III, Chap. VI, § 101. この箇所は，開戦前に締結した防衛的同盟条約に基づき交戦国に限定的援助を与える国について論じた箇所であるが，ヴァッテルはこのような国も中立国であるとする．すなわち，ヴァッテルによれば，「［戦争開始］以前の防衛同盟により義務づけられた適度の援助（sécours modéré）を与える主権者は，戦争に参加したことにはならない（il ne s'associe point à la Guerre）（第 101 節）．したがって，彼は，［条約により負った］義務を履行し，その上で，厳格な中立（exacte Neutralité）を守ることができる」．Ibid., Liv. III, Chap. VII, § 105. なお，ヴァッテルのこのような議論は，19 世紀のいわゆる「限定中立論」の基になったものである．限定中立論については，本書第 2 章第 1 節 4 (2) を参照．

混同しないようにしなければならない．中立国は，その［中立の］状態の利益を確実に享受することを望むのであれば，すべての事柄について戦争を行う国に対する厳格な公平（une exacte impartialité）を示さなければならない」[110] と述べ，「［中立の］状態の利益」を享受するための条件が，交戦国に対して「厳格な公平を示」すことであるとした．ヴァッテルによれば，「中立国として扱われるよう主張する」国が交戦国に対して示すべき「厳格な公平」には，① 交戦国に「援助を与えず，［条約によって］義務づけられていない限り，部隊，武器，弾薬，その他戦争に直接貢献するものを自発的に供与しない」こと（不援助）と，②「戦争に関係のないすべてのこと」について，「一方に与えるものを……他方に拒絶しない」こと（公平），の2つが含まれる[111]．ヴォルフも，国家は「戦争においてそれ自体で援助たり得る物，つまり通常は同盟国によって提供されるような物……をいずれの交戦国にも提供しない限り」[112] 中立国になることができると述べており，やはり，交戦国に援助を与えないことが中立の地位に立つための条件であるとしている．バインケルスフークも，「もし私が［中立国］ならば，一方［交戦国］に援助を与え，他方［交戦国］を害することはできない」[113] と述べ，中立の地位に立つための条件が交戦国に対する不援助であるとしている．

このように，18世紀の学説によれば，国家が中立の地位に立つための条件

---

110) Vattel, *Le droit des gens,* Liv. III, Chap. VII, § 104.
111) Ibid.
112) Wolff, *Jus gentium*, § 673.
113) Bynkershoek, *Quaestionum juris publici*, 69. 引用文で「［中立国］」とした部分は，原文では「medius（中間国）」である．バインケルスフークは，『公法の諸問題』において，「中立（neutralitas）」や「中立国（neutralis）」の語を一度も使用せず，その代りに，「中間国」，「敵でない国（non-hostes）」，「友好国（amici）」，「共通の友（communem amicum）」，などの語を使っている．このことの原因は，17世紀以前の学説の場合と同じく，古典ラテン語に存在せず，中世に生まれた俗ラテン語である "neutralitas" や "neutralis" の語の使用をバインケルスフークが避けたためであると推測される（本書43頁参照）．バインケルスフークが「中間国」，「敵でない国」，「友好国」，「共通の友」などの言葉を使って論じたことは，それらの国が交戦国に援助を与えないことによって戦争に巻き込まれないようにするという考え方であり，実質的にヴォルフやヴァッテルの中立論と同じである．

は，交戦国に対して援助を与えず公平な態度をとることである．局外国がこのような条件を満たそうとするのは，ヴァッテルが言う通り，「中立国として扱われる」ためであり，「［中立の］状態の利益を……享受する」ためである．「［中立の］状態の利益」とは，具体的には，(a)で明らかにした意味での中立の法的効果——交戦国によって敵と見なされず，戦争に巻き込まれないこと——を享受することである．

それでは，18世紀の学説において，中立の地位に立つための条件が，交戦国に対する不援助および公平という形で定式化されたのは何故だろうか．その理由の1つは，18世紀の学説が，中立条約において典型化していた中立の条件を参照したことである．すなわち，本章第1節で明らかにしたように，中立条約において，交戦国は，局外国が「中立を守る」ことを条件として当該局外国に「中立を認め」ていた．「中立を守る」ということの具体的な内容は，細部においては条約ごとに異なっていたものの，戦争に関与せず交戦国に援助を与えないことであるという原則面ではどの中立条約も一致していた．18世紀の学説は，これを参照したのである．例えば，ヴォルフは，「中立条約においては，［中立国］であることを望む国が，いずれの交戦国にも援助を与えないこと……が合意されているだけである」ことを根拠に，「［中立国］が各交戦国に対してなすべきこと」の範囲を画定している[114]．

しかし，学説は，国家が中立の地位に立つための条件を不援助および公平という形で定式化する際，それが中立条約において典型化していたことだけではなく，実質的な根拠も挙げていた．例えば，バインケルスフークは，「我々は，我々の友の敵を2つの異なった観点から，つまり，我々の友としてだけでなく，我々の友の敵としても考えなければならない．彼らを友と考えれば，我々は彼らを，助言，軍隊，武器，その他戦争において必要なあらゆるものによって援助することが許されるだろう．しかし，彼らが我々の友の敵である以上，我々はそうすることはできない．なぜなら，そうすることによって我々は戦争における一方を優遇することになるからである」[115]と述べている．バインケルス

---

114) Wolff, *Jus gentium*, §683.
115) Bynkershoek, *Quaestionum juris publici*, 69.

フークによれば,「戦争における一方を優遇」すべきでないのは,「いかなる種類のものであれ,一方に援助を与えて他方に対抗すれば,我々は戦争に介入したことになり」,「我々は,我々の友に対して,いわば戦争を行っているものと見なされてしまうだろう」[116] からである.そして,そうならないためには,「一方を優遇して他方との友好関係を黙示的に放棄するよりも,双方との友好関係を維持する方がよいのである」[117].つまり,一方交戦国に援助を与えることは他方交戦国に敵対することであり,そうすることによって他方交戦国に対して「いわば戦争を行っているものと見なされてしまう」から,そのように見なされたくない国,つまり中立の地位を維持したい国は,いずれの交戦国をも援助しない必要があるのである.

(c) 中立の理論的基礎

以上のように,18世紀の学説によれば,国家は交戦国に対して不援助・公平の態度をとることを条件として中立の地位に立つことができ,そのようにして中立の地位に立つ国に対して交戦国は戦争を行ってはならない.それでは,交戦国が中立国に対して戦争を行ってはならないのは何故だろうか.この点,18世紀以前の国家実行では,交戦国は中立国——本章第1節で明らかにしたように,当時の国家実行上,すべての戦争局外国が中立国だったのではなく,交戦国と中立条約を結んだ国のみが中立国とされていた——に対して戦争を行ってはならないとされていたが,それは,交戦国が,中立条約を締結することにより,中立国に対して戦争を行わない旨約束したからに他ならなかった.ところが,18世紀の学説は,中立条約を結んでいない国も中立の地位に立てることを認めるから,交戦国が中立国に対して戦争を行ってはならないことについて,中立条約という合意以外の根拠を示す必要が生ずるのである.

そこで,18世紀の学説を注意深く検討すると,この点の根拠は,正戦論に求められていたことが分かる.例えば,ヴォルフは「交戦国は［中立国］に対して戦争権（jus belli）を有しない.なぜなら,［中立国］は交戦国に対していかなる

---

116) Ibid., 70.
117) Ibid., 69.

第 2 節　18 世紀の学説における中立の「制度化」　55

不正（injuriam）も行っていないが，不正のみが戦争への権利（jus ad bellum）をもたらすからである」[118] と述べている．ヴァッテルは，開戦前に締結された防衛的同盟条約に基づいて交戦国に限定的援助を与える国——彼はこのような国も中立国であるとする[119]——について述べ，「彼らはそれ［そのような同盟条約］を履行することによって，私に対していかなる不正（injure）も行っていない．したがって，私は彼らに対して戦争を行う正当な理由（juste sujet）をもたない」[120] と述べている．つまり，これらの学説によれば，すべての交戦国に対して不援助の態度をとる中立国は，いずれの交戦国に対しても「不正」を行っていない．そして，先に述べたように，正戦論によれば，戦争の正当原因は自国に対して行われた「不正」のみであるから，交戦国は，そのような中立国に対して戦争を行うことができないのである．

　それでは逆に，戦争局外国が一方交戦国に援助を与えるとどうなるのか．この点について，例えばヴァッテルによれば，交戦国に対する援助は「中立に反する（contraire ... à la Neutralité）」[121] 行為であり，他方交戦国はそのような援助を「敵対行為（un acte d'hostilité）」[122] と見なし，援助を与える国を敵と見なす権利を有する[123]．ヴァッテルによれば「敵と見なす」とは「戦争を行う」ことであるから，敵と見なす権利を有するとは，戦争に訴える権利を有することを意味する[124]．また，ヴォルフによれば，「私の敵に軍隊または援助金を送ることによって，あるいはいかなる方法であれ戦争において彼を援助することによって私の敵と同盟関係に入る者は，私の敵」であり，そのような者に対しては，「武力を伴って彼の領土に入り，そこで敵対的に行動し，あるいは，彼に対して戦争を行うことが許される」[125]．

　しかし，一方交戦国に援助を与える国が他方交戦国によって敵と見なされる

---

118)　Wolff, *Jus gentium*, § 680.
119)　この点については本章注 109) を参照．
120)　Vattel, *Le droit des gens*, Liv. III, Chap. VI, § 101.
121)　Ibid., Liv. III, Chap. VII, § 113.
122)　Ibid., Liv. III, Chap. VI, § 97.
123)　Ibid., Liv. III, Chap. VI, § 98, 99, Chap. VII, § 113.
124)　Ibid., Liv. III, Chap. VI, § 95.
125)　Wolff, *Jus gentium*, § 730, 733.

という命題は，不正戦争への援助のみを想定したものではなかろうか．すなわち，18世紀の学説によれば，① 正当戦争への援助は許容され[126]，② 不正戦争への援助は「不正」であり[127]，③ 国家が戦争を行うためには戦争の正当原因，つまり自らに対して「不正」が行われた事実が必要である[128]．そうだとすれば，交戦国への援助が「不正」，つまり戦争の正当原因となるのは，不正戦争への援助の場合に限られるはずである．実際ヴォルフは，敵国に援助を与える国を敵と見なし同国に対して戦争に訴える権利は，「侵略者（aggressorem）に対する防衛の権利に基づく」と述べ，「正当戦争を行う者に援助を与えることは許容されるが，不正戦争を行う者のために何かを行う者は，正当戦争を行う者に対して不正を行っていることになる．この点で，彼［不正戦争を援助する者］は侵略者と同一視される」と述べている[129]．

そうだとすると，戦争局外国が「不正」と見なされる行為を避け，戦争に巻き込まれないようにするためには，不正戦争への援助を差し控えれば十分なのではないか．それにも関わらず，18世紀の学説が，中立の地位——交戦国によって敵と見なされず，戦争に巻き込まれない法的地位——に立つための条件を，すべての交戦国に対する不援助・公平であるとするのは何故だろうか．

学説は，この疑問に直接は答えていない．しかし，当時の学説において，国家は相互に独立・平等であるから各国は戦争の正当性について自ら判断を下すことができるとされており[130]，このような考え方の中に前述の疑問を解くカギがあるように思われる．すなわち，A国とB国との戦争において，A国の側に正当原因が存在すると判断する戦争局外国Cは，A国に援助を与えることが許される．戦争の当事国以外の国が戦争の正当性について判断を下すことも禁止されていないからである（以下（d）参照）．しかし，戦争の正当性については各交戦国もまた独自の判断を下す以上，C国の判断をB国が受け入れるとは限らず，

---

126) Ibid., § 656; Vattel, *Le droit des gens,* Liv. III, Chap. VI, § 83.
127) Wolff, *Jus gentium,* § 656–657; Vattel, *Le droit des gens,* Liv. III, Chap. VI, § 83.
128) 本節 1 (1) および 2 (1) を参照．
129) Wolff, *Jus gentium,* § 733.
130) Ibid., § 888; Vattel, *Le droit des gens,* Liv. III, Chap. III, § 40.

B国はC国のA国に対する援助を不正戦争への援助，つまり「不正」と見なす可能性がある．このような状況において，C国が戦争に巻き込まれないことを望むのであれば，A国とB国のいずれにも援助を与えないのがもっとも安全である．いずれの交戦国にも援助を与えない限り，いずれの交戦国に対しても「不正」を行ったことにはならないからである．

　以上のように，18世紀の学説において，中立の観念——すべての交戦国に対して不援助の態度をとっている中立国に対して交戦国が戦争を行ってはならないという考え方——は正戦論によって基礎づけられていた．正戦論においては，自らに対して行われる「不正」のみが戦争の正当原因であるが，いずれの交戦国にも援助を与えない中立国はいずれの交戦国に対しても「不正」を行っていないから，いずれの交戦国も当該中立国に対して戦争を行うことはできない，と理論構成されたのである．

　中立が正戦論によって基礎づけられていたという命題は，一見すると逆説的に見えるかもしれない．これが逆説的に見えるのは，正戦論の下で中立は存在し得なかったということが，今日の学説においてほとんど常識に属する事柄と見なされているためである．つまり，今日の学説では，正戦論の下において交戦国は正当な側と不正な側とに分けられ，相互に平等ではなかったから，戦争局外国としては，交戦国を公平に扱うのではなく，正当な側に援助を与えなければならなかった，と考えられている．しかし，本書がここまでで明らかにしたように，中立国が交戦国に対して不援助・公平の態度をとるのは，交戦国が平等であるからではなく，いずれの交戦国に対しても「不正」を行ったと見なされないようにして戦争に巻き込まれないようにするためであった．また，以下 (d) で明らかにするように，正戦論において正戦援助が常に国家にとって義務とされていた訳ではなく，国家の利益——中立にとどまって自国の安全を確保する利益——を考慮していずれの交戦国をも援助しない態度をとることが認められていたのであって，正戦論と中立とは決して矛盾するものではなかったのである．

(d)　正戦援助義務との関係

　18世紀の学説は，17世紀以前の学説と同様，正戦援助が国家にとって自然

法上の義務であることを認める．例えば，ヴォルフは，「正当戦争を行う国に対して援軍や援助金を送り，いかなる方法であれ戦争においてその国を援助することは，許容される．それどころか，そうすることは，もし可能ならば，自然に基づき（naturaliter）国家の国家に対する義務ですらある」[131]と述べている．ヴァッテルも，正当戦争を行う国を援助することが許容され，「称賛に値する（louable）」ことであり，そのような援助を行うことによって自らに危険が及ばないような国にとっては義務ですらあるという原則が，「議論の余地のない原則」であるとしている[132]．

しかし，18世紀の学説において，正戦援助義務と中立とは，矛盾することなく両立していた．なぜなら，正戦援助義務は，自らに危険が及ばない限りにおいて果たすべきものに過ぎず，国家の利益——中立にとどまって自国の安全を確保する利益——を優先して，交戦国のいずれをも援助せず，中立の地位に立つことが許されるからである．

例えば，ヴォルフは，「中立は自然に基づき許されるか」という問題を設定し，これが許される場合として，次の2つを挙げた[133]．第1は，中立にとどまることが国家の利益になる場合である．まず，「不正戦争を行う者に援助を与えることが違法なのは明らか」である．しかし，逆に，正当戦争を行う他国に対して援助を与える義務があるということにはならない．なぜなら，「国民（populi）のすべての権利は国家の目的に照らして決められるべきである」から，戦争に参加するよりも参加しない方が「国家の利益になるであろう場合には（si e re civitatis fuerit）」，当該国は，「正当戦争を行う者に対してさえ」，「自然に基づき，援助を与える義務を負わない」．すなわち，「自然に基づき，国家が戦争において［中立国］になることは確実に許される」のである．第2は，戦争の正・不正が明らかでない場合である．すなわち，交戦国のいずれに正当性があるのかが明らかでない場合に国家が援助を行うと，その援助を与える国が明白な判断力を有していない場合には，「あやまちを犯す（peccet）」可能性がある．

---

131) Wolff, *Jus gentium*, §656.
132) Vattel, *Le droit des gens,* Liv. III, Chap. VI, §83.
133) Wolff, *Jus gentium*, §674.

なぜなら，このような場合にどちらかに援助を与えてしまえば，戦争の正・不正に関する判断を誤って，不正な側に援助を与えてしまうかもしれないからである．したがって，「疑わしい場合において［中立国］になることが許されるのは明らかである」．

　ヴァッテルの議論も，ヴォルフの議論とよく似ている．ヴァッテルは，「中立にとどまる権利について (Du droit de demeurer neutre)」を検討し，「二国間に戦争が生じたとき，条約によって拘束されていない他のすべての国は，中立にとどまることが自由である」という．そして，ヴァッテルによれば，「中立にとどまることが自由」か否かを判断する際の要因は，次の2つである[134]．

1. ［戦争］原因の正当性．それが明確である場合，不正な側を援助することはできず，逆に，抑圧された無実の側を援助することは，そうする能力を有している場合には，善いこと (beau) である．［戦争］原因が疑わしい場合には，国家は判断を停止し，無関係の争いに参加しないことができる．
2. どちらの側が正当性を有しているかが分かる場合にも，さらに，その問題に介入し戦争に参加することが国家の利益になる (est du bien de l'État) か否かを考えなければならない．

　以上のように，ヴォルフやヴァッテルは，国家が正戦援助義務を負わず，したがって全交戦国に対する不援助の立場をとることによって中立の地位に立てる場合を，2つのレベルに分けて論じた．第1は，戦争の正当原因のレベルである．すなわち，国家は他国間の戦争の正・不正について正確な判断ができないとき，不正戦争への援助という，自然法上許されない行為を行うことを避けるため，不援助の立場をとることができる．第2は，国家の利益のレベルである．すなわち，他国間の戦争の正・不正が明らかであってもなお，「国家の利益になる」場合には，国家は不援助の立場をとって中立の地位に立つことができる．この場合の「国家の利益」とは，中立の地位に立ち，戦争に巻き込まれな

---

134) Vattel, *Le droit des gens*, Liv. III, Chap. VII, § 106［傍点引用者］．

い権利を享受する利益のことである．

　このように，18世紀の学説によれば，戦争局外国は，他国が行う戦争の正・不正が不明確な場合だけでなく，その点が明らかな場合にも，自国の利益を優先して中立の地位に立つことができる[135]が，その場合にも，中立国が戦争の正・不正について判断を下すこと自体は，中立に反するものではない．ヴォルフが言うように，「……［中立国］は戦争の正当性に関する判断を停止する必要はない．ただし，それ［戦争の正当性に関する判断］を公然と表明しない方が賢明である（consultum）かもしれない」[136]に過ぎないのである．つまり，中立国が戦争の正・不正に関する判断を行ったとしても，その判断に基づいて一方交戦国に具体的な援助を与えない限り，他方交戦国に対して「不正」を行ったとは見なされず，戦争に巻き込まれない法的地位，つまり中立の地位に立つことができるのである．

　また，この点に関連して注意しなければならないのは，いずれの交戦国にも援助を与えないことは，あくまでも，中立の地位に立ち，戦争の局外にとどまることを望む国が行うべきことに過ぎず，正当な側の交戦国への援助は禁止されるどころか，むしろ「称賛に値する」とすらされたことである．すなわち，(c)で述べたように，18世紀の学説によれば，国家は相互に独立・平等とされるから，A国とB国が戦争を行う場合，A国とB国はそれぞれ，戦争の正当性について自ら判断を下すことができる．しかし，この戦争に参加しないC国も，戦争の正・不正について独自の判断を下すことができる．ヴァッテルが言うように，国家は相互に独立・平等であるから，国家が他国に対して「裁判官の役割を自ら任ずる（s'ériger en juges）ことはできない」が，「このことは，他国が，自らがいかなる行動をとるべきかを知り，かつ，正当であると思われる

135）　なお，バインケルスフークによれば，「すべての君主のすべての不正を処罰する（vindicare）ことは私の任務ではない．私および私の同盟国に対する不正を処罰すれば，それで十分である」．Bynkershoek, *Quaestionum juris publici*, 71. つまり，バインケルスフークによれば，国家が援助義務を負うのは同盟国に対してのみであり，交戦国と同盟条約を結んでいない国は，全交戦国に対して不援助の立場をとり，中立の地位に立つことができることになる．

136）　Wolff, *Jus gentium*, §674.

側を援助するために，その点［戦争の正当性］について自ら判断を下すことを排除しない」[137)] のである．そして，C 国が正当と判断する側の交戦国に援助を与えることは正戦援助であって，そのような正戦援助は，先に述べた通り，正戦論をとる学説においては，「称賛に値する」ことなのである．もちろん，交戦国への援助は，たとえ援助を与える国がそれを正当戦争への援助だと信じたとしても，他方交戦国によって「不正」と見なされ，戦争の正当原因として援用される可能性がある．いずれの交戦国が正当原因を有するかについての判断は，戦争局外国も行えるが，交戦国も行えるのであって，局外国の判断が交戦国によって受け入れられる保証はないからである．このような状況において，いずれの交戦国からも「不正」を行ったとは見なされないようにして自国の安全保障を図る国が，中立国である．しかし，国家は，他方交戦国によって「不正」と見なされ戦争に巻き込まれるリスクを負っても構わないのであれば，正当原因を有すると判断する側の交戦国を援助して構わないし，それは「称賛に値する」ことですらあるのである[138)]．

---

137) Vattel, *Le droit des gens*, Liv. III, Chap. III, § 40.
138) 18 世紀の学説においては，いずれの交戦国にも援助を与えない国が「中立国」，交戦国に援助を与える国が「同盟国」とされ，両者ははっきりと区別されていた．例えば，ヴァッテルの場合，『国際法』の第 3 巻第 6 章で同盟国 (associés de l'ennemi; sociétés de guerre; alliés) について，同第 7 章で中立国 (neutre) について論じている．Vattel, *Le droit des gens*, Liv. III, Chaps. VI〜VII. ヴォルフは，『科学的方法によって考察された国際法論』の 653〜671 節で同盟 (fœderatio) を，同 672〜685 節において中立 (neutralitas) を論じている．Wolff, *Jus gentium*, § 653–671, 672–685. バインケルスフークは，交戦国を援助する国を「同盟国 (Foederatis & Sociis)」，交戦国を援助しない国を「敵でない国 (non-hostes)」，「友好国 (amici)」，「共通の友 (communem amicum)」などと呼び，両者をはっきりと区別している．Bynkershoek, *Quaestionum juris publici*, 67, 69, 71. なお，18 世紀の学説は，「同盟国」が参戦することによって交戦国を援助する場合も想定しているが，同時に，参戦せずに，つまり局外国として交戦国を援助する場合も想定している．このことは，当時の学説が，「援軍 (auxiliares)」を「戦争に参加していない国が，戦争を行っている他国に送る……軍隊」と定義し，「援助金 (subsidia)」を「戦争を行っている国に対して，戦争に参加していない他国によって支払われる金銭」と定義することから明らかである．Wolff, *Jus gentium*, § 653, 654 ［傍点引用者］．

第3節　いわゆる「中立通商」の位置

　従来の研究では，中立制度の歴史は，戦時における戦争局外国の交戦国向け通商（いわゆる「中立通商」ないし「中立商業」(neutral commerce) の自由）の確保と拡大をめぐる歴史として，交戦国の側から見れば，戦争局外国の海上通商に対する海上捕獲権をめぐる歴史として，記述されることが多かった[139]．そうした研究において，具体的には，交戦国が敵産として捕獲できる物の範囲，戦時禁制品制度，封鎖制度などが中立制度の歴史の問題として論じられてきた．

　たしかに，戦時における交戦国向け通商は，平時の通商以上に大きな経済的利得をもたらすものであり，諸国の重大な関心事となっていた．戦時においては交戦国の船舶数が減少して海運運賃が高騰し，また，平時には交戦国に独占される貿易（植民地貿易など）が戦争局外国に開放される場合もあったからである[140]．

　しかし，戦時における交戦国向け通商の問題が，18世紀以前においても「中立」の問題とされていたと直ちに断言することはできない．むしろ，本書のここまでで明らかにしてきたところによれば，「中立」の問題は，交戦国によって戦争に巻き込まれず，戦争の局外にとどまるために何をなすべきかという問題を本質としていたのであって，そのようにして戦争の局外にとどまる国が，交戦国と通商を行うかどうかは特に問題とされていなかった．中立国が交戦国と通商を行うことはもちろんあり得るが，交戦国との通商によって経済的利得を得ることには関心をもたず，ただひたすら戦争から遠ざかって自国の安全を確保することにのみ関心をもつ中立国もあり得るのである．

　そこで，以下では，いわゆる「中立通商」の問題をめぐる歴史をごく簡単に概観した上で (1)，そのような通商の問題と，本書のここまでで明らかにしてきた意味での「中立」との関係を明らかにする (2)．

---

139)　代表的なものとして，Jessup and Deák, *Neutrality, Its History, Economics and Law,* Vol. 1, *The Origins*; Kulsrud, *Maritime Neutrality*; Neff, *Rights and Duties of Neutrals*; Pares, *Colonial Blockade*; 石本『中立制度の史的研究』．

140)　Kulsrud, *Maritime Neutrality*, 322–323.

1　いわゆる「中立通商」をめぐる歴史の概観

　先行研究において「中立通商の自由」として念頭に置かれているのは，要するに，戦争に参加しない国の交戦国向け通商が原則として自由とされるということである．交戦国は，敵に属する物（敵船および敵貨）のすべてを海上[141]において拿捕し，一定の手続を経て没収することができるが（敵産捕獲制度），敵以外の船舶や貨物を捕獲の対象にできるのか，できるとすればその範囲はどこまでかということについては，歴史上，様々な主義が採用されてきた．

　敵と敵以外とを分け，海上捕獲の対象を敵の船舶および貨物に限定する実行は，14世紀中期頃から行われていた[142]．例えば，1351年にイギリスとカスティリャ王国が締結した条約や，1353年にイギリスとポルトガルが締結した条約において，一方締約国の臣民が敵船を拿捕し，同船上に他方締約国臣民に属する貨物を発見した場合，当該貨物はその所有者に返還される旨が規定されていた[143]．また，交戦国以外の船舶が敵貨を輸送する場合に，敵貨のみを没収し，船舶自体は没収しないこと，そして，同船が敵貨を仕向地まで輸送したならば得たであろう運賃を船長に支払う旨の命令が，1346年，1375年および1378年にイギリス国王によって発せられた例もある[144]．さらに，13世紀末から14世紀中期頃にバルセロナで編纂されたとされるコンソラート・デル・マーレ（Con-

---

141)　領海の観念が未発達だった時代においても，戦争局外国が自国沿岸の一定の範囲における交戦国の海上捕獲を禁止する場合があった（いわゆる「中立水域」）．高林『領海制度の研究』48–90, 112–122頁．領海の観念が成立した後の時代においては，交戦国は公海または交戦国領海においてのみ海上捕獲を行うことができるとされるようになった．

142)　Gardiner, "History of Belligerent Rights," 521–546; Marsden, *Documents*, 1: vi–xxx; Sanborn, *Origins of the Early English Maritime and Commercial Law*, 122–123, 319–323.

143)　"Traité conclu pour vingt ans, entre EDOUARD III. Roi d'Angleterre & les Députés des Villes maritimes du Royaume de CASTILLE & du Comté de BISCAYE, pour le bien du Commerce réciproque," donné à Londres, le 1. Août 1351, Dumont, *Corps universel*, 1 (2): 265–267; "Traité de Commerce conclu pour cinquante ans entre EDOUARD III. Roi d'Angleterre & les Députés des Villes maritimes du Royaume de PORTUGAL," donné à Londres le 20. Octobre 1553, ibid., 1 (2): 286–287.

144)　Marsden, *Documents*, 1:x, 75–77, 102–104, 106–107.

solat del mare) は,「敵 (enemichs)」に属する船舶および貨物が捕獲されることを規定する一方,「友 (amichs)」に属する船舶および貨物は捕獲されない旨を規定していた[145]。

ところが,16世紀中期から17世紀前半頃にかけて,敵船および敵貨だけでなく,敵船により輸送される敵以外の貨物や,敵貨を輸送する敵以外の船舶をも捕獲・没収する実行が広く行われるようになった。そのような実行を正当化するための法理の1つが,いわゆる敵性感染主義 (infection hostile) ——敵以外の船舶も敵貨を輸送することによって敵性に感染して敵船と見なされ,また,敵以外の貨物も敵船で輸送されることによって敵性に感染して敵貨と見なされるという主義——であり,この主義は,フランスが1543年の勅令で採用して以来,1557年のイギリスや1584年のフランスなどによって採用された[146]。敵性感染主義が適用されると,交戦国による捕獲を免れるのは,敵以外の船舶が敵以外の貨物のみを輸送する場合に限られることになる。また,この時期には,敵性感染主義の法理に依拠することなく,敵が「キリスト教世界の一般的平和を阻害」していること,敵は外国からの物資なしには戦争を継続できないこと,そして,そのような敵への物資の供給を断つことが「キリスト教世界の一般的平和」の回復にとって必要不可欠であることを根拠に対敵通商を全面的に禁止した,1601年のイギリスの布告のような例もある[147]。

16世紀中期から17世紀前半頃にかけて行われていたこうした実行は,17世紀後半になるとほとんど行われなくなり[148],また,17世紀後半から18世紀に

---

145) Droit maritime connu sous le nom de Consulat de la Mer, in Pardessus, *Collection*, 2:303–307. コンソラート・デル・マーレは,地中海貿易において商人間で行われていた海の慣習法を法典化した海事商法典である。松隈「コンソラート・デル・マーレ」401頁。

146) Order of Council as to Enemy Goods in Friends' Ships and Friends' Goods in Enemy Ships, in Marsden, *Documents*, 1:165–166; Edit sur l'amiraute, du mois de mars 1584, Art. LXIX, in Pardessus, *Collection*, 4:316.

147) Proclamation Prohibiting the Trade with Spain or Portugal, in Marsden, *Documents*, 1:313–317.

148) ただし,交戦国向け通商全面禁止の実行が消滅した訳ではなく,例えば1689年にイギリスとオランダが戦争局外国の対フランス通商を全面禁止した例がある。Neff, *Rights and Duties of Neutrals*, 39.

かけて，戦争局外国の臣民による交戦国向け通商が原則として――戦時禁制品輸送と封鎖侵破を除いて[149]――自由であることを定める二国間条約が多数締結され，戦争局外国の交戦国向け通商の原則的自由自体が否定されることはなくなった[150]．したがって，これ以降の時代において，争点は，交戦国が戦争局外国の敵国向け通商を全面禁止できるかどうかではなく，どのような物であれば捕獲できるのか，つまり捕獲権の範囲の問題に移っていったのである．この時期の二国間条約では，捕獲権の基準として，① 貨物を基準にし，敵貨は敵船により輸送される場合も敵船以外の船舶により輸送される場合も捕獲されるが，敵以外の貨物は敵船により輸送される場合でも捕獲されないという主義（前述のコンソラート・デル・マーレで採用されていたため，コンソラート・デル・マーレ主義とも呼ばれる）を採用する場合と，② 船舶を基準にし，敵船により輸送される貨物は敵以外の貨物であっても捕獲されるが，敵船以外の船舶により輸送される貨物は敵貨であっても捕獲されないという主義（敵貨であっても敵以外の船舶（自由船）で輸送されれば敵貨として扱われなくなることから，「自由船は自由貨を作る（Free ships make free goods）」の主義，略して自由船自由貨主義とも呼ばれる）を採用する場合とがあった．②の主義によれば，戦争局外国の船舶は交戦国の貨物を輸送してもそれを捕獲されることはないから，オランダをはじめとする海運国には有利な主義であり，それ故，主にオランダがこの主義を支持した．

　自由船自由貨主義は，当初はあくまでも二国間条約によって個別に与えられる特権であるとされ，条約がない場合には一般法としてコンソラート・デル・マーレ主義が適用されていたが，18世紀になると，これを一般法として定着させようという動きが出てきた．その1つが，1780～83年のいわゆる武装中立同盟であり，ロシア，デンマーク，スウェーデン，オランダなどの諸国が，「戦争状態にある国の臣民に属する貨物は，中立船上にある場合には，戦時禁制品

---

149) 封鎖制度と戦時禁制品制度については数多くの文献があるが，それぞれの制度の歴史に関するものとして，差し当たり，高野「戦時封鎖制度論（一）～（九）」; Pyke, *Law of Contraband of War* を参照．
150) 石本『中立制度の史的研究』75–87 頁．

を除いて自由とする」という原則を主張した[151]．ただし，この原則が直ちに一般法として定着した訳ではなく，自由船自由貨主義が一般国際法として諸国の承認を得るのは，1856 年のパリ宣言（海上法ノ要義ヲ確定スル宣言）においてであった[152]．

2　戦時における交戦国向け通商と「中立」の関係

以上でごく簡単に整理したように，交戦国が捕獲できる船舶・貨物の範囲は時代により変動していたが，一部の例外的な時期（16 世紀中期〜17 世紀前半）を除いて，交戦国は，戦争局外国の船舶・貨物をすべて捕獲するのではなく，戦争局外国の敵国向け通商が原則的に自由であることを認めていた（いわゆる「中立通商の自由」）．特に，17 世紀後半以降は，戦争局外国による交戦国向け通商の原則的自由自体が否定されることはなくなり，問題は，捕獲権の範囲（コンソラート・デル・マーレ主義と自由船自由貨主義の対立など）に移っていった．

問題は，このようにして海上通商の原則的自由を認められる戦争局外国の地位が，いつの時代にも「中立」とされていたのかということである．この点については，まず，本章第 1 節 3 で明らかにしたように，18 世紀以前の国家実行において，「中立」の地位は中立条約によってはじめて創設されるものとされており，戦争に参加していない国であっても，交戦国と中立条約を締結していなければ「中立国」とはされず，「同盟国」か，中立国でも同盟国でもないその他の国と捉えられていたことを想起する必要がある．

---

151)　武装中立同盟については，Bergbohm, *Die bewaffnete Neutralität*; Madariaga, *Britain, Russia, and the Armed Neutrality*; 横田『海洋の自由』53–139 頁を参照．

152)　パリ宣言は，自由船自由貨主義とコンソラート・デル・マーレ主義との対立を，両主義を中立国にとってもっとも有利な形で組み合わせることにより解決した．つまり，中立船上の貨物については自由船自由貨主義を（第 2 原則：「局外中立国ノ旗章ヲ掲クル船舶ニ搭載セル敵国ノ貨物ハ，戦時禁制品ヲ除クノ外之ヲ拿獲スヘカラサル事」），敵船上の貨物についてはコンソラート・デル・マーレ主義を（第 3 原則：「敵国ノ旗章ヲ掲クル船舶ニ搭載セル局外中立国ノ貨物ハ，戦時禁制品ヲ除クノ外之ヲ拿獲スヘカラサル事」）採用したのである．パリ宣言については，Malkin, "Inner History," 1–44; Anderson, "Some Further Light," 379–385; Schmitt, *Vorgeschichte*; Hamilton, "Anglo-French Seapower," 166–190; Spencer, "Mason Memorandum," 44–66 を参照．

第 3 節　いわゆる「中立通商」の位置　67

　それでは，戦争局外国が対交戦国通商の原則的自由を認められるためには，「中立国」でなければならなかったのか，それとも，「同盟国」などであってもよかったのか．

　この点については，海上捕獲に関する当時の諸国の国内法令が 1 つの手掛かりになる．すなわち，当時の国内法令は，「我々の敵に属する（appartenans à nos ennemis）」船舶と貨物がすべて捕獲・没収の対象になると規定する[153]一方，それ以外の船舶と貨物，つまり「敵に属」さない船舶と貨物は原則として捕獲・没収を免除される旨を規定していた．そして，「敵」ではない国を意味する語としては，「我々の同盟国，連合国および友好国（our allies, confederattes, and friendes）」（1557 年イギリス勅令），「我々の同盟国，連合国または友好国（nos alliez, confederez ou amis）」（1584 年フランス勅令），「我々の同盟国，友好国または中立国（Onse Geallieerden, Vrunden ende Neutralen）」（1652 年オランダ勅令）などの語が用いられていた[154]．要するに，交戦国向け通商の原則的自由を認められるためには，「敵」でないことが重要なのであって，必ずしも「中立国」でなければならなかった訳ではなく，「同盟国」や「友好国」であってもよかったのである．

　このことは，17 世紀後半から 18 世紀にかけて締結された二国間条約の規定を見ると，より一層明確になる．例えば石本泰雄は，この時期において「中立商業の原則的な自由」を認めた二国間条約として 17 の条約を挙げているが，それらの条約は講和条約（Traité de paix），同盟条約（Traité d'alliance），通商条約（Traité de commerce），海事条約（Traité de marine）のいずれかであって，中立条約は 1 つも含まれていない[155]．これらの条約では，締約国 A が条約非当事国 C と戦争状態にあり，他方締約国 B がその戦争に参加していないとき，B 国臣民の C 国向け海上通商が原則として自由である旨が規定されている．これらの条約において，A 国と B 国との法律関係がいかなるものであるかは明確に

---

153) 例えばフランスの 1681 年海事令第 9 編第 4 条は，「我々の敵に属するすべての船舶は正当な捕獲物となる」と規定していた．Ordonnance touchant la marine du mois d'aout 1681, Titre IX, Art. VII, in Pardessus, *Collection*, 4:384.
154) これらの国内法令の出典は，本章注 49)–51) を参照．
155) 石本『中立制度の史的研究』75–77 頁．

されない場合も多かったが，少なくとも「中立」であるとはされていなかった．例えば，同盟条約においてB国臣民のC国向け海上通商の自由が認められる場合には，B国はA国の「同盟国（Allié）」とされ，A国・B国間の関係は「中立」ではなく，「友好関係（Amité）」，「平和関係（Paix）」あるいは「同盟関係（alliance; conféderation）」とされていた[156]．そして，そのような条約において，A国の「同盟国」とされるB国は，A国への援助を義務づけられる場合もあった[157]．つまり，「中立商業の原則的な自由」を認めたとされる条約の中には，一方交戦国に「同盟国」として援助を与えることを約束しつつ，他方交戦国との通商の自由を認められる条約もあったのである．

以上のように，交戦国向け通商の原則的自由（いわゆる「中立通商の自由」）を認められるためには，「中立国」であることは必ずしも必要ではなく，「同盟

---

156) E.g., "Articles d'Alliance & de Commerce entre le Serenissime & tres-puissant Prince CHARLES SECOND, par la grace de Dieu, Roi d'Angleterre. d'Ecosse, France, & Irlande, Deffenseur de la Foy, etc. Et le Serenissime & tre-puissant Prince, CHRISTIAN CINQUIEME, par la grace de Dieu Roy de Danemarc, Norwege, etc.," conclu à Copenhague, le 11. jour de Juillet, 1670, Du Mont, *Corps universel*, 7 (1): 132–137; "Renouvellement, Prorogation, & Explication de l'Alliance entre LOUIS XIV. Roi de France & CHARLES XI. Roi de Sued," à Stockholm le 14. Avril 1672, Du Mont, *Corps universel*, 7 (2): 166–171.

157) E.g., "Traité d'Alliance entre LOUIS XIV. Roi de France & FREDERIC III. Roi de Danemarc, signé par M. Hannibal Seftel, Ambassadeur de Dannemarc," à Paris le 3. Aoust 1663, Du Mont, *Corps universel*, 6 (2): 470–473; "Renouvellement, Prorogation, & Explication de l'Alliance entre LOUIS XIV. Roi de France & CHARLES XI. Roi de Sued," à Stockholm le 14. Avril 1672, Du Mont, *Corps universel*, 7 (2): 166–171. なお，B国臣民のC国向け海上通商の自由を規定する同盟条約の中には，B国のA国に対する援助義務が規定されず，C国への不援助義務が規定されるだけの場合もあった．E.g., "Traité de Paix & d'Alliance entre ALFONSE Roi de Portugal & les PROVINCES-UNIES des Pays-Bas," fait à la Haye, le 6. Aout 1661, Du Mont, *Corps universel*, 6 (2): 366–371; "Articles d'Alliance & de Commerce entre le Serenissime & tres-puissant Prince CHARLES SECOND, par la grace de Dieu, Roi d'Angleterre. d'Ecosse, France, & Irlande, Deffenseur de la Foy, etc. Et le Serenissime & tre-puissant Prince, CHRISTIAN CINQUIEME, par la grace de Dieu Roy de Danemarc, Norwege, etc.," conclu à Copenhague, le 11. jour de Juillet, 1670, Du Mont, *Corps universel*, 7 (1): 132–137.

国」であってもよいし,「中立国」でも「同盟国」でもないその他の国であってもよかった.したがって,16世紀から18世紀の国家実行において交戦国向け通商の問題が「中立」の本質的問題であったと言うことはできない[158].もちろん,このことは,「中立国」に交戦国向け通商の原則的自由が認められないことを意味しない.中立国の船舶や貨物は「敵に属」さない船舶・貨物である以上,それらは戦時禁制品輸送の場合や封鎖侵破の場合を除き原則として捕獲・没収を免除されるし,この時期に締結された中立条約でも,中立を認められる国の交戦国向け通商の自由が確認される場合もあったからである[159].

なお,第2節で述べたように,18世紀以前の学説では正戦論がとられていたが,正戦論において,敵以外,つまり戦争局外国の船舶や貨物が捕獲・没収されないことは,当然のこととされる.すなわち,正戦論において,戦争は,「不正」によってもたらされた侵害に対する救済手段,言い換えれば,侵害された権利を実力によって回復するための手段と捉えられる.したがって,正戦論によれば,「実力によってしか執行しえない場合の債務の弁済,あるいは不法行為に対する応分の加罰としての物の取得」は許されることになる[160].しかし,正

---

158) なお,19世紀になると,戦争局外国の海上通商を「中立通商」と言い換えられる状況になったが,それは,19世紀になると,国家実行においても,交戦国と中立条約を結ばなくてもすべての戦争局外国が中立国になることができるとされるようになり,さらに,参戦する意思を明示的に表明しない限り,戦争局外国は中立にとどまる意思を有していると「推定」されるようになった(本書159頁参照)ためである.
159) 第1節1に列挙した14の中立条約のうち,中立国またはその臣民の交戦国向け通商が自由である旨が規定されたものとしては,①の第2条,③の第9段落,④の第13条,⑤の第11条,⑦の第7条,⑧の第5条,⑨の第2条があるが,それ以外の中立条約では中立国およびその臣民の海上通商について特に規定は置かれなかった.
160) 山内『掠奪の法観念史』214頁.例えば,ヴィトリアは,「正当戦争において捕獲されたすべての物が,不正な行為によって奪い取られたものや必要な費用の十分な補償の額まで,それを占有する者の所有となることは疑う余地がない.このことは,特別に証明を必要としない.なぜなら,そのことが戦争の目的なのであるから」と述べている.Victoria, *De indis*, 293 (*De jure belli*, 50).また,グロティウスは,「自然法によれば,正当戦争によって我々は,我々に対する債務であるが他の方法では[戦争による以外は]得ることのできない分に相当する物,または,犯罪者に対する公正な刑罰の範囲内で損害を与える物を取得する」と述べている.Grotius, *De jure belli ac pacis*, Lib. III, Cap. VI, §I.

戦論において許されるのはそこまでであって，敵以外の国，つまり自らに対して「不正」を行っていない国に属する物を捕獲・没収する根拠はどこにもない．例えば，グロティウスは，「戦争法上，ある物が我々の物となるためには，それが敵に属する物であることを要する」との理由から，「その所有者が敵の臣民でも敵性を帯びた者でもない物は，戦争によって取得され得ない」[161] と述べている．

---

161) Grotius, *De jure belli ac pacis*, Lib. III, Cap. VI, § V. この箇所は，ユス・ゲンティウム（jus gentium）上の原則について述べられた箇所である．すなわち，グロティウスによれば，自然法においては，戦争を行う国が敵から債務の額を超えて財産を取得し，または刑罰として科されるべき損失との均衡を失する財産を敵から取得する根拠はないが，「ユス・ゲンティウムにおいては，正当原因に基づき戦争を行う者だけでなく，正式戦争（bello solenni）におけるいかなる者もまた，いかなる限界も抑制もなく（sine fine modoque），敵から奪い取った物の所有者（dominus）となる」（ibid., Lib. III, Cap. VI, § II）．しかし，本文で引用したように，グロティウスによれば，ユス・ゲンティウムにおいてさえ，敵に属さない物を取得することは認められていないのである．なお，ユス・ゲンティウム上の原則として交戦国が「いかなる限界も抑制もなく」捕獲物を取得できるのは，奥脇直也が指摘するように，次の理由によるものと考えられる．すなわち，「対人殺傷権・加害権の問題は，基本的には実際の戦闘行為の終結とともに一応敵対者間での主要な懸案ではなくなる」．これに対して「戦利品や捕虜の問題は，戦後にそのまま持ち越されかねない性格のものであり，したがってそれがまた新たな戦争の原因にもなりかねない」．それ故，「勝者によって捕捉された戦利品や捕虜を取り戻す期待可能性が現実にはまったくない以上，自然法上の効力から遮断された諸国民の法の次元において，事実上の結果を法的に確定する方が，より実際的考慮に適合する」のである．奥脇「戦争法」422頁．

第 2 章　伝統的中立制度の成立 (1793〜1918 年)

　本章では，18 世紀の学説によって提示された中立論——戦争局外国は交戦国と中立条約を締結しなくとも，交戦国に対して不援助の態度をとることのみを条件として中立の地位に立つことができ，戦争に巻き込まれない権利を享受できるという理論——が，18 世紀末以降の国家実行に受容され，中立が，中立条約という個別条約上の問題でも，学説上の問題としてでもなく，実定一般国際法上の制度として成立する過程を検討する．すなわち，18 世紀末から 19 世紀にかけて，戦争局外国が交戦国と中立条約を締結することなく，一方的に「中立宣言（decralation or proclamation of neutrality）」を行うと同時に，「中立法（neutrality laws）」と呼ばれる国内法を制定・実施することによって中立にとどまる実行が広まった[1]．ミェーレが 18 世紀末の国家実行を分析した結果として

---

1) パリーが編纂した条約集 *Consolidated Treaty Series* の時系列条約一覧（*General Chronological List*）を通覧すると，1805 年頃まではかなりの数の中立条約が締結されていたが，それ以降は締結されなくなる事実を確認することができる．この一覧を 1790〜1918 年の時期について通覧して発見できた中立条約は，① "Treaty of Peace and Neutrality between France and Solms," signed at Offenbach, 19 October 1800, *CTS* 55:395–398, ② "Treaty of Peace and Neutrality between France and Wied," signed at Offenbach, 22 October 1800, ibid., 399–402, ③ "Treaty of Peace and Neutrality between France and Hesse-Homburg," signed at Offenbach, 23 October 1800, ibid., 403–406, ④ "Convention of Peace and Neutrality between Erbach and France," signed at Offenbach, 20 November 1800, ibid., 407–410, ⑤ "Convention of Neutrality and Subsidy between France and Spain," signed at Paris, 19 October 1803, *CTS* 57:201–205, ⑥ "Convention respecting Neutrality and Subsidies between France and Portugal," signed at Lisbon, 19 March 1804, ibid., 327–370, ⑦ "Treaty of Neutrality between France and Two Sicilies," signed at Paris, 21 September 1805, *CTS* 58:211–214 の 7 つである．なお，この一覧は，*Consolidated Treaty Series* だけでなく，他の条約集に掲載されている条約も含めて年代順に条約名を列挙したリストであり，この時期に締結された条約をほぼすべて網羅していると思われる．

述べているように,「こうして中立関係は,交戦国と中立国の相互意思ではなく,今や,紛争局外国の一方的意思によって創設されるようになった」[2] のである.

戦争局外国が交戦国と中立条約を結ぶことなく一方的な意思表示によって中立にとどまることができるという考え方,つまり,18世紀の学説によって提示された学説の中立論を受容した国家実行の最初のものは,フランス革命戦争(1792〜1802年)におけるアメリカの実行である[3]. ハーシェイが述べているよ

---

2) Miele, *L'estraneità ai conflitti armati*, 2:178.
3) ただし,交戦国と中立条約を結ぶことなく,一方的に国内法を制定・実施することによって中立にとどまるという実行が,1793年より前にまったく存在しなかった訳ではない.例えば,アメリカ独立戦争(1775〜83年)の際,イタリア諸国(トスカーナ大公国,教皇国,ジェノヴァ共和国,ヴェネツィア共和国)は,同戦争において中立を維持するため,軍艦や私掠船の自国港における建造・武装等を禁ずる国内法令を制定・実施していた. Regolamento fatto per il Gran Duca di Toscana toccante la navigazione e il commercio in tempo di guerra; del 1. Agosto 1778, in Martens, *Recueil de traités*, 3:24–35; Edito del Papa toccante la navigazione e il commercio in tempo in guerra d. 4. Mars 1779, in ibid., 52–59; Editto della Repubblica di Gênova toccante la navigazione e il commercio in tempo di guerra del 1. Juill. 1779, in ibid., 64–73; Edito della republica di Venezia toccante la navigazione e il commercio in tempo di guerra; del 9. Sept. 1779, in ibid., 74–87. 軍艦や私掠船の自国港における艤装・武装等を禁ずるのは,19世紀に諸国が制定するようになった国内中立法と同様であり(本章第1節1および2参照),したがって,これらのイタリア諸国の法令が19世紀に成立する中立制度の起源であることはたしかである.しかし,これらのイタリア諸国の法令は,当初,他の諸国に知られることはなかったようである. Hyneman, *First American Neutrality*, 16. 19世紀の国家実行のモデルになったのは,むしろ,1793年以降のアメリカの実行であった.例えば,アラバマ号事件仲裁裁判(1872年)において,イギリス・アメリカ両国は,中立に関する大量の国家実行を援用したが,そこで援用された実行のうち,もっとも古いものは1793年のアメリカの実行だった. Case of the United States, *PRTW* 1:47–88; Case of Great Britain, *PRTW* 1:236–269; Counter Case of the United States, *PRTW* 1:417–856, *PRTW* 2:1–196; Counter Case of Great Britain, *PRTW* 2:197–410; Argument of the United States, *PRTW* 3:5–51. このように,後の実行に与えた影響力の大きさという観点から,1793年以降のアメリカの実行を出発点として考察を開始し,アメリカ独立戦争におけるイタリア諸国の実行を詳しく検討しないことには,一定の合理性があると考える.また,アメリカ独立戦争におけるイタリア諸国の実行については,法令のテキスト以外に入手可能な資料が存在しないため,本注で述べた以上のことを明らかにできないという事情もある.

うに,「中立の権利義務の理論は,18世紀にバインケルスフーク,ヒュプナー,ド・マルテンスおよびヴァッテルによって定式化されていたが,それがはじめて現実の実行に移されたのは,ワシントン政権時代のアメリカによってであった」[4].そこで,以下第1節では,フランス革命戦争におけるアメリカの実行を出発点として伝統的中立制度が成立していく過程を検討し,また,第2節では,そのようにして成立した伝統的中立制度を理論的に支える重要な概念であった「中立にとどまる権利」について検討する.

第1節　伝統的中立制度の成立過程

1　フランス革命戦争におけるアメリカの実行[5]
(1)　「中立宣言」(1793年4月22日)

当初フランスとオーストリアおよびプロイセンとの間で戦われていた戦争(フランス革命戦争)にイギリス,オランダおよびスペインも参戦した1793年,アメリカ大統領ワシントンは,ある宣言(proclamation)を公布した(1793年4月22日)[6].この宣言においてワシントン大統領は,本戦争において「合衆国が交

---

4) Hershey, *Essentials of International Public Law*, 453. 実際,18世紀末から19世紀前半の国内判決,外交交渉過程,議会における法案審議過程などにおいて,18世紀の学説(特にヴァッテル)の中立論が頻繁に引用されていた.E.g., Henfield's Case, 11 F. Cas. 1099, 1107–1108, 1117–1118 (C.C.D. Pa. 1793) (No. 6,360); Jefferson to Morris, August 16, 1793, *American State Papers*, 1, *Foreign Relations* 1:168; *Hansard Parliamentary Debates*, 1st ser., vol. 40 (1819), cols. 1096–1097, 1246, 1407, 1413. 第1章第2節2で明らかにしたように,18世紀の学説において中立は正戦論により基礎づけられていたから,18世紀末から19世紀前半の国家実行は,正戦論も含めて18世紀の学説を受容したと考えられる.なお,本章第2節4で明らかにするように,その後,中立は正戦論以外の根拠によって基礎づけられるようになったが,中立の理論的基礎のそうした変化がいつ生じたのかを正確に特定することは難しい.国家実行および学説(特に国家実行)においては,理論的基礎を明らかにしないまま中立の問題が論じられる場合もかなり多かったためである.
5) フランス革命戦争におけるアメリカの中立について詳しくは,Hyneman, "Neutrality during the European Wars," 279–309; Hyneman, *First American Neutrality*; Thomas, *American Neutrality in 1793*.
6) By the President of the United States of America; A Proclamation, *American State Papers*, 1, *Foreign Relations* 1:140.

戦国に対して友好的かつ公平な行動を誠実に採用し実行する」意向を有していること，合衆国国民が「［政府の］このような意向に反するいかなる行為も慎重に避ける」べきことを表明した上で，「［交戦］国のいずれかに対する敵対行為を実行し，援助しまたは幇助する（committing, aiding, or abetting hostilities）」合衆国国民に対する訴追を開始するよう，アメリカ各地の官憲に命令した．（なお，この宣言は，アメリカが交戦国に対して「公平な行動」をとる旨を表明していたため，後に「中立宣言（Proclamation of Neutrality）」として引用されるようになった[7]．)

しかし，この宣言にも関わらず，アメリカ国民が「［交戦］国のいずれかに対する敵対行為を実行し，援助しまたは幇助する」事例が頻発した．とりわけ大きな問題になったのは，フランス公使ジュネ（Charles Edmond Genet）の指揮によって行われた私掠活動だった[8]．すなわち，1793年4月にアメリカに赴任したフランス全権公使ジュネは，アメリカの港において，私掠に従事する人員を徴募し，それらの者に私掠の委任（commission）を与え，私掠船の艤装および武装（fitting out and arming）を行わせた．そして，このようにして人員を補給され艤装・武装された私掠船は，海上でフランスの敵国の商船を捕獲した．

これに対してアメリカ政府は，アメリカ領域内においてまたはアメリカ領域を拠点として私掠行為やその準備行為（私掠船の艤装・武装）に従事する私人——主にアメリカ国民であるが，それに限らず外国人も含まれる——を取り締まり処罰するための措置をとった．私人のこのような行動を取り締まり処罰すべき根拠は，ヘンフィールド事件（1793年）において明らかにされた．

(2) ヘンフィールド事件（1793年）

シティズン・ジュネ号（Citizen Genet）は，アメリカ・サウスカロライナ州

---

7) Walker, *Science of International Law*, 431.
8) 私掠（privateering）とは，国家が私人に委任（commission）を与える——具体的には私掠免状（letters of marque）を付与する——ことによって海上捕獲に従事させ，その代わりに捕獲した船舶や貨物を審判を経て取得することを認める慣行・制度のことである．1856年のパリ宣言は私掠制度を廃止したが，アメリカやスペインなどはこの宣言に加入しなかった．私掠について詳しくは，Stark, *Abolition of Privateering*, 1–160を参照．

のチャールストンで艤装され，フランス政府から委任を受けた私掠船であり，アメリカ国民ギデオン・ヘンフィールド（Gideon Henfield）は同船の乗組員の1人だった．同船は公海上でイギリス商船ウィリアム号（William）を拿捕し，ヘンフィールドは拿捕したウィリアム号に捕獲士官として乗り込んでアメリカに戻った．アメリカ政府はヘンフィールドが「中立違反行為（breaches of neutrality）」を行ったとして彼を逮捕・起訴し，ペンシルヴェニア地区巡回裁判所において彼に対する公判が行われることになった[9]．

陪審手続が適用された本件において，裁判官は，被告ヘンフィールドが有罪である旨の説示を大陪審に与えたが，大陪審は無罪の評決を下した．評決はその結論のみが公表されるため，本件において大陪審が無罪の評決を下した理由は分からない．しかし，ここで重要なのは，裁判官や検事が大陪審に提示した法的見解である．なぜなら，後述する通り，本件における裁判官や検事の見解，つまり，中立国領域内においてまたは中立国領域を拠点として私掠行為を行う私人は処罰されるべきであるという考え方は，本件における結論がどのようなものだったにせよ，結局，1794年の「中立法」に取り入れられ，その後の判決でも適用されることになったし，19世紀には他の諸国の国内法にも採用されることになったからである．

本件において裁判官と検事（ジェイ首席裁判官，ウィルソン裁判官，ロール地区検事）が大陪審に提示した法的見解の概要は，次の通りである．

まず，裁判官と検事によれば，被告ヘンフィールドが行った行為は「中立違反行為」である[10]．ロール地区検事が起訴状の中で指摘しているように，ヘンフィールドは，私掠船ジュネ号の乗組員として私掠行為に従事したことにより，イギリス臣民の「船舶，物品および金銭を捕獲し破壊」し，「公海上で彼らに対して戦争を行［った］（wage war）」のであり，「［合衆国の］中立を阻害［した］（disturb the ... neutrality）」からである[11]．

そして，裁判官と検事によれば，アメリカ政府は，アメリカ領域内においてまたはアメリカ領域を拠点として「中立違反行為」を行う者を，処罰しなけれ

---

9) Henfield's Case, 11 F. Cas. 1099, 1099–1122 (C.C.D. Pa. 1793) (No. 6,360).
10) Id., at 1101, 1116.
11) Id., at 1111.

ばならない.すなわち,「合衆国は全交戦国との関係で中立の状態にある (in a state of neutrality)」のであり,「それらの[交戦]国,またはそのうちのいずれかに対する敵対行為を実行し,援助しまたは幇助する者は,合衆国の法律に違反し,処罰されなければならない」[12].なぜなら,「国家が[処罰を]拒否すれば,国家はその犯罪に……共謀したことになり (renders itself ... an accomplice in the guilt),その侵害行為について責めを負う (responsible for the injury)」[13] からであり,「この種の犯罪は,もし処罰されなければ,侵害を受けた国にとっての戦争の正当原因 (a good cause of war) になる」[14] からである.

このように,私人が行う「中立違反行為」——交戦国に対して私掠という「敵対行為」を行うこと——は,中立国がそれを処罰せず放置すれば,交戦国の中立国に対する「戦争の正当原因」になる.逆に,中立国が私人の「中立違反行為」を処罰するのは,そうすることによって,自国に対する「戦争の正当原因」が発生するのを避けるためである.つまり,「数人の私人[の行為]によって……国家が戦争に巻き込まれる」のを避けるという,「共通の福祉 (common welfare)」が,「中立違反行為」実行者の処罰を正当化するのである[15].

なお,裁判官と検事は,以上の結論を,国家における開戦権限 (power to declare war) の所在という観点からも正当化した[16].すなわち,裁判官と検事によれば,自然状態において,人は,自己の防衛または自己の権利の保全のために武力に訴える権利を有していた.しかし,「政治社会 (political society)」,つまり国家が設立されると,その権利は私人にではなく,国家自身ないし主権者に帰属することになる.合衆国憲法第1編第8節11項も開戦権限を私人にではなく,連邦議会に付与している.ところが,前述のように,私人の行う「中立違反行為」は,処罰されずに放置されれば,侵害を受けた交戦国にとっての「戦争の正当原因」になる行為であり,いわば私人による「戦争」と考えられる.つまり,このような私人の行為は,国家(アメリカの場合は連邦議会)のみ

---

12) Id., at 1104.
13) Id., at 1108.
14) Id., at 1117.
15) Id.
16) Id., at 1103–1104, 1108–1109, 1116–1117.

が有する開戦権限を侵害するのであり，それ故に処罰されるべきだというのである．

(3) 「中立法」の制定 (1794 年)

以上のように，1793 年の時点において，アメリカ政府は，「中立宣言」を公布することによって，「[交戦]国のいずれかに対する敵対行為を実行し，援助しまたは幇助する」私人の行為，具体的には，私人がアメリカ領域内においてまたはアメリカ領域を拠点として私掠やその準備行為（私掠船の艤装・武装）を行うことを禁止し，これを取り締まる措置をとった．

しかし，1793 年当時のアメリカには，このような禁止・取り締まりの根拠となる制定法が存在しておらず，裁判所や政府は，禁止・取り締まりの根拠として「国際法 (law of nations)」を援用していた[17]．当時のアメリカ国内裁判所において，「国際法」とは，国家間に適用される自然法 (law of nature) を意味するものとされる場合が多く[18]，ヘンフィールド事件でも「国際法」の語はそうした意味で用いられていた[19]．

こうした意味での「国際法」は，アメリカの国内判例において，国内法の一部として裁判所で適用可能なものとされていたのであり[20]，そうだとすれば，私掠行為や私掠船の艤装・武装を行う私人を処罰するアメリカ国内法上の根拠としては，「国際法」を援用すれば十分であると一応は考えられる．しかし，合衆国憲法第 1 編第 8 節 10 項が「国際法に反する犯罪 (Offenses against the Law of Nations)」の「定義を定め，これを処罰すること」を連邦議会の権限としていること[21]との関係から，「国際法に反する犯罪」については，裁判所が「国際法」を直接適用して処罰することはできず，連邦議会の定めた制定法が必要であるという議論があった[22]．このような議論があることに鑑みれば，私人の行

---

17) Id., at 1102, 1107, 1120; Jefferson to Morris, August 16, 1793, *American State Papers*, 1, *Foreign Relations* 1:167–172.
18) 畝村『英米における国際法と国内法の関係』210–219 頁．
19) *Henfield's Case*, at 1119.
20) 畝村『英米における国際法と国内法の関係』204–240 頁．
21) U.S. Const. Art. 1, § 8, cl. 10.
22) *Henfield's Case*, at 1120–1122.

う私掠行為や私掠船の艤装・武装がアメリカの国内裁判所において「国際法」の適用によって処罰されるかどうかは不確かであり，これらが確実に処罰されることを確保するためには，制定法を作っておく方がよい．

　こうした事情を踏まえて1794年に制定されたのが，「合衆国に対する一定の犯罪の処罰のための法律に追加される法律」（いわゆる「中立法 (the Neutrality Act)」）である[23]．同法は，① 陸上または海上において戦争を行っている外国の君主または国家 (a foreign prince or state) の軍務に就くための委任 (a commission to serve) を受諾し行使すること（第1条），② 兵士としてまたは軍艦もしくは私掠船の水兵もしくは船員として外国の君主または国家の軍隊に入隊すること（第2条），③ 合衆国と平和関係にある (with whom the United States are at peace) 外国の君主または国家の臣民，国民もしくは財産に対して巡邏を行い (cruise) または敵対行為を行う，もう一方の外国の君主または国家の軍務に使用される意思を有する (with intent) 船舶を艤装し武装すること (fit out and arm)（第3条），④ 合衆国と平和関係にある外国の君主または国家と戦争状態にある他の外国の君主または国家の軍艦，巡洋艦またはその他の武装船舶の戦闘力を増強すること (increase or augment ... the force of any ship of war, cruiser or other armed vessel)（第4条），⑤ 合衆国と平和関係にある外国の君主または国家の領域に対する軍事的遠征 (military expedition) を開始し，またはそのような軍事的遠征のための手段を提供すること（第5条）について，「いかなる合衆国国民も (any citizen of the United States)」（①の場合）または「何人も (any person)」（②〜⑤の場合），これらの行為を「合衆国の領域内または管轄内において (within the territory or jurisdiction of the United States)」（①，②，④および⑤の場合）または「合衆国のいかなる港，港湾，湾，河川またはその他の水域においても (within any of the ports, harbours, bays, rivers or other waters of the United States)」（③の場合）行うことを禁じ，違反の場合の罰則を定めた法律である．

　なお，1794年中立法は1817年と1818年に改正されたが，その背景には次

---

23) An Act in addition to the Act for the Punishment of Certain Crimes against the United States, June 5, 1794, in Deák and Jessup, *Collection*, 2:1079–1083.

のような事情があった[24]．すなわち，南米のスペイン植民地では，1810年頃から独立戦争が起こっていたが，この戦争に関して，1794年中立法は2つの点で不備があると考えられた．第1の不備は，違反行為を取り締まるための十分に実効的な措置が規定されていないことであり，マディソン大統領は1816年12月26日の議会宛て教書の中で，「現行法は，交戦当事者と平和関係にある国としての合衆国の義務の違反を防止するのに十分な効力をもっていない」と指摘し，中立法に違反して艤装・武装された船舶を抑留するために必要な立法措置を講じるよう，議会に勧告した[25]．第2の不備は，1794年中立法が内戦に適用されないことであった．同法は，「外国の君主または国家（foreign prince or state）」に対する私人の敵対行為等を禁ずるものであって，「外国の君主または国家」に該当しない，内戦の一方当事者（反乱者）に対する私人の敵対行為には適用されないからである．実際，ゲルストン対ホイト事件（1818年）において，アメリカ連邦最高裁は，1794年中立法が内戦には適用されない旨判示していた[26]．これらの不備を踏まえ，まず，1817年3月3日の「合衆国の中立関係をより効果的に保全するための法律」（1817年中立法）[27]では，「明らかに戦争目的のために建造され，合衆国を出港しようとしている船舶」を抑留する（detain）権限と義務が合衆国各地の税関吏（collectors of customs）に課され（第3条），私人の中立法違反行為を取り締まるための手続規定がより実効的なものとされた．また，1818年中立法[28]では，1794年中立法の各条文で用いられていた「外国の君主または国家」という文言が，「外国の君主，国家，植民地，州または人民（a foreign prince, state, colony, district or people）」という文言に置き換えられ，アメリカ中立法は内戦にも適用可能になった．

---

24) Dumbauld, "Neutrality Laws of the United States," 262–263.
25) Message of the President, December 26, 1816, *PRTW* 1:465.
26) Gelston v. Hoyt, 16 U.S. (3 Wheat.) 246, 323–324 (1818).
27) An Act More Effectually to Preserve the Neutral Relations of the United States, March 3, 1817, in Deák and Jessup, *Collection*, 2:1084.
28) An Act in addition to the "Act for the Punishment of Certain Crimes against the United States" and to Repeal the Acts Therein Mentioned, April 20, 1818, in Deák and Jessup, *Collection*, 2:1085–1086.

2　19世紀初頭における国内中立法制定の一般化

中立維持のための国内法（以下では「国内中立法」と呼ぶことにする）を制定する実行は，19世紀になるとアメリカ以外の諸国にも広まった．以下では，アメリカに倣って詳細な特別法を制定したイギリスと，刑法典の中に一般的・抽象的規定を挿入したフランス等の諸国に分けて検討する．

（1）　イギリス法

イギリスは1819年にいわゆる「外国入隊法（Foreign Enlistment Act）」[29]を制定した．本法は，私人が，「連合王国のいずれの地域においても，また，国王陛下の海外自治領のいずれの地域においても」，「国王陛下，その相続人または承継人から許可または認可（leave or licence）を得ることなく」[30]，① 外国等から軍事的委任（Military Commission）を受諾し，② 外国等の軍務に就き，または外国等の軍隊に入隊し（第2条），③ 外国等に対して敵対行為を行う（commit hostilities）ために使用される意思を有しまたはその目的の（with intent or in order that ...）船舶に装備を施し，供給を行い，当該船舶を艤装し，もしくは武装し（equip, furnish, fit out, or arm）（第7条），または，④ 外国等の軍艦，巡洋艦その他の武装船舶の戦闘力を増強すること（increase or augment ... the warlike Force of any Ship or Vessel of War, or Cruizer, or other armed Vessel）（第8条）を禁止し，違反した場合の罰則を定めた法律である．なお，上で「外国等」と省略して訳した部分は，原文では "any Foreign Prince, State, or Potentate, or of any Foreign Colony, Province, or part of any Province or People, or of any

---

29)　An Act "to Prevent the Enlistment or Engagement of His Majesty's Subjects to Serve in Foreign Service, and the Fitting Out or Equipping, in His Majesty's Dominions, Vessels for Warlike Purposes, without His Majesty's License," July 3, 1819, in Deák and Jessup, *Collection*, 1:125–133.

30)　外国入隊法で禁止されるのは「国王陛下，その相続人または承継人から許可または認可を得ることなく」行われる行為であるから，逆に，国王等は，私人が外国入隊法の各条で禁止された行為を行うことを許可・認可することもできる．例えば，1835年のスペイン内戦の際には，そのような許可・認可が行われた．Order in Council Permitting British Subjects to Engage in the Military and Naval Service of Spain, June 10, 1835, in Deák and Jessup, *Collection*, 1:170–171.

Person or Persons exercising or assuming to exercise any powers of Government in or over any Foreign State, Colony, Province, or part of Province or People"［下線は引用者］であり，したがって，本法は一方当事者が主権国家ではない戦争，つまり内戦にも適用される．

　イギリスがこのような法律を制定した背景には，次のような事情があった[31]．

　1810年代の南米スペイン植民地では，スペインからの独立を目指す独立戦争が行われていた．この独立戦争において，イギリス政府は，スペインおよび南米植民地の双方と友好関係を維持するため，いずれをも援助せず，中立の態度をとる旨を表明していた[32]．イギリスは，ナポレオン戦争中は敵国フランスに対抗するため，また，同戦争終了後はフランスの再台頭を防いでヨーロッパの勢力均衡を維持するために，スペインを同盟国として味方に付けておく必要があったが，他方で，南米スペイン植民地との間に築きつつあった通商関係を維持するため，植民地側との友好関係も傷つけないよう配慮する必要があったからである．

　ところが，ナポレオン戦争の終了によって職を失ったイギリス軍人が，南米スペイン植民地の反乱軍軍隊に従軍したり，南米スペイン植民地に派遣するための部隊をイギリス国内で組織したりする動きが1817年4月頃から活発になった．こうした動きについてスペイン政府がイギリス政府に抗議をしたため，イギリス政府として何らかの措置を講ずる必要が生じたのである．

　この問題に適用できる可能性のあるイギリス国内法としては，「兵士として外国の君主，国家，または主権者（foreign prince, state, or potentate）に仕える（serve）」イギリス臣民を「重罪（felony）」とし死刑に処するという1735年の法律があった（9 Geo. 2 (1735–6), c. 30）[33]．しかし，南米スペイン植民地が「外国の君主，国家，または主権者」に該当しないことは明らかであり，それに該当するようにするためには南米スペイン植民地を新国家として承認する必要があったが，それはスペインとの友好関係を傷つける結果となるからできないこ

---

31)　外国入隊法成立の経緯については，Waddell, "British Neutrality and Spanish-American Independence," 1–18 を参照．
32)　*Hansard Parliamentary Debates*, 1st ser., vol. 40 (1819), col. 1379.
33)　Wheeler, *Foreign Enlistment Act*, 17.

とであった．また，イギリス政府は 1817 年 11 月 27 日，イギリス臣民が「スペイン領アメリカの諸州（Provinces）または州の一部」において「政府権力を行使しまたは行使すると主張している者 (the Persons exercising or assuming to exercise the Powers of Government)」の軍隊または軍艦において従軍しないよう，「厳格に命令する」布告（Proclamation）[34] を公布したが，この布告はあまり効果をあげなかった．

そこで，政府は，新規立法が必要であると考え，外国入隊法の法案を作成して議会に提出した（1819 年 5 月 13 日）．同法案を審議した議会において，議員の見解は同法案の必要性をめぐって 2 つに分かれた．

まず，同法案に賛成する議員の論拠は，国家が交戦国との平和関係を維持するためには，私人の一定の行動を取り締まらなければならないというものであった．例えば，スコット卿によれば，「国家が中立の態度を継続するのか，それとも交戦的態度をとるのかを決定するのは，国家の，そして国家のみの権利である．それ故，国家はその臣民が交戦者になることを阻止する権限をもっている」[35]．また，グラント議員によれば，「政府が［戦争か平和のいずれか］一方の行動をとり，国民が別の行動をとれば，このようなシステム［外国との関係で平和状態を維持するのか戦争状態に入るのかを，政府が国家を代表して決定するというシステム］は完全にひっくり返り，混乱に陥ってしまう．つまり，我々がスペインとの平和関係を宣言しているのにも関わらず，我が国から出発した軍事的冒険家により構成される大部隊がスペインを攻撃すれば，このようなシステムはすべて終ってしまうだろう」[36]．さらに，バサースト伯爵によれば，「政府が平和関係にある国に対して臣民が勝手に戦争を行うことを政府が阻止しないような国」は，「他国との平和および友好関係を維持できない国」であるという[37]．要するに，カールスレー卿が述べたように，「本法は，我が国に対する戦争原因（cause of war）をスペインに与えないようにするために必要なのであ

---

34) Proclamation of the Prince Regent Prohibiting British Subjects from Taking Part in the Contest between Spain and the Spanish-American Provinces, November 27, 1817, in Deák and Jessup, *Collection*, 1:168.
35) *Hansard Parliamentary Debates*, 1st ser., vol. 40 (1819), col. 1233.
36) Ibid., col. 1244.
37) Ibid., col. 1380.

る」[38] というのが，同法案に賛成する議員の主張であった．

　他方，同法案に反対する議員も，私人の一定の行動が他国との平和を害し得ること，したがって国家が私人のそのような行動を禁止できること自体は認めていた．例えば，ジェームズ・マッキントッシュ卿は，「臣民が他国の戦争に従事し，それによって［国家］自身の平和が脅かされ，あるいは［国家］自身の利益が影響を受けることを防止するために，各国の主権的権力が［臣民の行動に］介入できることは否定し得ない」[39] という．

　問題は，他国との平和関係を害し得る私人の一定の行動を取り締まるために，制定法が必要か，あるいはコモン・ローまたは国王大権 (prerogative)[40] による対処で十分なのか，ということだった．

　この点について，同法案に反対する議員によれば，同法案で問題となっている私人の行動は，イギリスにおいては，現行法 (9 Geo. 2 (1735–6), c. 30)，コモン・ローおよび国王大権によって取り締まることができるのであって，制定法が必要とされたアメリカとは状況が異なるという[41]．例えば，マッキントッシュ卿によれば，「要求されている目的を達成するために，イギリスではコモン・ローで十分であるが，アメリカではそうではなかった．開戦し講和する権限 (The power of making war and peace) は，イギリスでは国王に付与されているが，アメリカでは大統領に付与されていない．したがってアメリカでは，立法措置が必要とされたのである．しかし，1817年の国王陛下の布告が依然効力を有しているのであれば，我が国において何故立法措置が必要と言えるのだろうか？」[42]．

　他方，同法案に賛成する議員によって現行法が不十分な理由として挙げられたのは，次の2点であった．第1に，前記の現行法は「外国の君主，国家，または主権者」，つまり承認された国家にのみ適用されるので，スペインとその植

---

38)　Ibid., col. 368.
39)　Ibid., col. 366.
40)　「国王大権 (prerogative)」とは，イギリスにおいて，「大公使の派遣・接受，条約の締結，宣戦，国会の召集・休会・解散，大臣・官吏・裁判官の任命など，国王が――実質上は内閣の助言により，内閣が議会に対して責任を負うが，形式上は――国王のみの行為としてなしうる権限」のことである．田中『英米法辞典』658頁．
41)　*Hansard Parliamentary Debates*, 1st ser., vol. 40 (1819), cols. 1263–1265.
42)　Ibid., col. 1094.

84　第 2 章　伝統的中立制度の成立（1793〜1918 年）

民地における反乱者との間の内戦が問題になっている本件に適用する法律がない[43]．第 2 に，現行法は外国軍隊への入隊を一定の場合に禁じてはいるが，戦争に使われる目的の船舶を私人がイギリスの港で艤装することを禁じていない．しかし，彼らによれば，そのような艤装を防止することは，「中立維持のために (for the preservation of neutrality) 極めて重要である」[44]．また，コモン・ローまたは国王大権によって取り締まりが可能であるという法案反対派の主張に対しては，本法案で禁止されるような私人の行動がコモン・ローにより処罰可能であることを認めつつ，そのような行動を事前に――つまり事後的な処罰ではなく――防止する権限がコモン・ロー上国王に与えられていないことを指摘し[45]，「中立を維持する能力を国王に与えるため，立法府は国王にその手段を与えなければならない」[46] として，制定法の必要性を主張した．

　結局，外国入隊法は賛成多数で議会を通過して成立し，1819 年 8 月 1 日に発効した．こうして成立した外国入隊法の目的は，議会における法案審議過程の検討から明らかになったように，「中立維持のため」であるとされた．「中立維持のため」というのは，私人がイギリス領域を拠点として交戦国等（内戦当事者を含む）に対して敵対行為を行い，それをイギリス政府が防止しなければ，イギリスが「中立の性格から逸脱し，敵の性格を帯びることになってしまう」[47] から，そうならないために私人の一定の行動を取り締まるということである．言い換えれば，私人が交戦国等に対して敵対行為を行うのを防止することによって，「我が国に対する戦争原因を［交戦国等に］与えないようにする」[48] のが，同法の目的である．私人の敵対行為を防止し処罰するための手段――国王大権で十分なのか，あるいは制定法が必要か――については意見の対立があったが，「中立維持のため」に政府が私人の一定の行動を何らかの手段によって取り締まる必要があることについては，同法に反対する議員も認めていたのである．

---

43)　Ibid., cols. 363–364.
44)　Ibid., col. 364.
45)　Ibid., col. 874.
46)　Ibid., col. 374.
47)　Ibid., col. 1247.
48)　Ibid., col. 368.

(2) フランス型刑法

アメリカとイギリスは中立維持のために詳細な特別法を制定したが，それ以外の諸国は，刑法典の中に中立維持のための一般的・抽象的規定を挿入した．そのような規定のモデルとなったのが，フランス刑法（1810 年）第 84 条であり，同条は，「政府によって許可されていない敵対行為（actions hostiles）を行うことによって我が国を開戦宣言の危険にさらす者は何人も，追放（bannissement）の刑に処する．それによって戦争が勃発した場合には，国外追放（déportation）の刑に処する」[49]と規定している．フランス刑法第 84 条と同様に，自国を開戦宣言の危険にさらす私人の敵対行為を禁ずる国内法の例としては，オランダ刑法第 84 条[50]，ベルギー刑法第 123 条[51]，スペイン刑法第 148 条および第 151 条[52]，ポルトガル刑法第 148 条[53]，サルディニア刑法第 174 条[54]，イタリア刑法第 174 条[55]，ブラジル刑法第 90 条[56]，ボリビア刑法第 160 条[57]，ドミニカ共和国刑法第 84 条[58]などがある．

これらの刑法規定は，後に各国が行った中立宣言の中で私人の敵対行為を処罰する根拠規定として挙げられ，アメリカ中立法やイギリス外国入隊法と同じく，国家が中立を維持するために私人の一定の行動を取り締まり処罰することを目的とする法律として位置づけられていた．例えば，アメリカ南北戦争（1861～65 年）の際にフランス政府が公布した中立宣言は，「すべてのフランス人は，軍艦を武装するための委任を二当事者のうちの一方から受け，海事私掠を行うための私掠免状を受諾し，または，二当事者のうちの一方の軍艦もしくは私掠船の装備もしくは武装にいかなる方法であれ協力することを禁じられる」と規

---

49) Code Pénal, 1810, in Deák and Jessup, *Collection*, 1:583.
50) Extract from the Penal Code, *PRTW* 2:135.
51) Code Pénal, 1867, in Deák and Jessup, *Collection*, 1:50.
52) Penal Code, *PRTW* 2:87.
53) Code and Commentary, *PRTW* 2:55.
54) Penal Code, November 20, 1859, in Deák and Jessup, *Collection*, 1:712.
55) Codice penale del regno d'Italia, *PRTW* 2:52–53.
56) Penal Code, October 11, 1890, in Deák and Jessup, *Collection*, 1:80.
57) Penal Code, November 3, 1834, in Deák and Jessup, *Collection*, 1:75.
58) Penal Code, August 20, 1884, in Deák and Jessup, *Collection*, 1:538.

定し，これに違反した者は刑法第 84 条に従って訴追されると規定した[59]．また，普仏戦争 (1870〜71 年) の際にスペイン政府が公布した中立宣言も，「刑法の同条 [第 151 条] に従い，交戦国のいずれに対する船舶についても，それが掲げる国旗の如何を問わず，その船舶を武装し，供給を行い，または装備を施すことは，スペインおよびその植民地のすべての港において禁じられる」[60] と規定していた．要するに，これらの中立宣言において，前記の刑法規定は，私掠船の艤装・武装など，国家の中立を危うくする行動を行う私人を訴追するための根拠法令とされていた．それ故，アラバマ号事件仲裁裁判 (1872 年) においてアメリカ政府が述べたように，「これらの法律 [フランス等の刑法] は，『中立法』というタイトルこそ付けられていないが，アメリカやイギリスの外国入隊法と同じくらい明らかに，中立法なのである」[61]．

これらの刑法規定によって私人が処罰される根拠は，アメリカ中立法やイギリス外国入隊法の場合と同じく，交戦国に対する私人の「敵対行為」を放置すれば，国家が戦争に巻き込まれる危険があるということだった．このことは，例えばスペイン刑法第 151 条に関するコメンタリーにおいて，「戦争はそれ自体で深刻な性格を有する事実であり，［私掠船の］武装は国家の安全を極めて危険にする可能性があるので，何人も，正式な許可を受けることなくそのような企図に参加することが適切あるいは正当化されるとは考えるべきでない」[62] とされていたことや，ポルトガル刑法に関するコメンタリーにおいて，ポルトガル刑法第 148 条上の犯罪とされるためには，問題となる行為が「それ自体で敵対的性格を有するものであり」，「国際法に従って戦争の正当原因 (justo motivo de guerra) を発生させるもの」[63] でなければならないとされていたことから明

---

59) Declaration of Neutrality in the American Civil War, June 10, 1861, in Deák and Jessup, *Collection*, 1:590–591.
60) Decree concerning Neutrality in the Franco-Prussian War, June 26, 1870, in Deák and Jessup, *Collection*, 2:934–935.
61) Argument of the United States, *PRTW* 3:36.
62) *El código penal, concordado y comentado por Don Joaquin Francisco Pacheco*, tomo 11, pp. 91, 92, 96, 97 (Madrid, 1870), quoted in *PRTW* 2:88.
63) *Theoria do direito penal, applicada as codigo penal portuguez, comparado com o codigo do Brazil, leis patrias, codigos e leis criminaes dos povos antigos e modernos. Offerecida a S.M.I.O. SR. D. Pedro II.—Imperador no Brazil per F. A. F. Da*

らかである．つまり，私人が交戦国に対して行う「敵対行為」は，国家がそれを処罰せずに放置すれば，「国際法に従って戦争の正当原因」が発生する行為であり，「国家の安全を極めて危険にする」ので，国家は，交戦国に「正当な戦争原因」を与えることを避けるために，私人の「敵対行為」を処罰するのである．

3　国内中立法の適用を通じた国家実行の集積

19 世紀初頭までに各国が制定した国内中立法は，19 世紀においてしばしば適用され，そうした適用事例の集積を通じて中立制度が一般国際法上の制度として成立していった．そこで，以下では，国内中立法の適用事例のうち，19 世紀においてしばしば問題が生じていた，① 軍事的遠征に関する諸事例（(2)）と，② 敵対行為目的の船舶の艤装・武装に関する諸事例（(3)）とを検討し，中立国が自国領域内で行われる軍事的遠征の組織・開始や敵対行為目的の船舶の艤装・武装を取り締まる必要があるとされた根拠を明らかにする．なお，(2) と(3) で挙げる事例を見れば分かる通り，国内中立法の適用に関する主要事例は内戦に関するものが多いので，以下ではまず，内戦における中立の問題について，本書の論述を進めるのに必要な限度で，簡単に整理しておく（(1)）．

(1)　内戦における中立

今日の一般的な理解によれば，内戦においては，交戦団体承認（recognition of belligerency）がなされない限り，他国が中立の地位に立つことはないとされる[64]．交戦団体承認制度の成立時期については，1810 年代の南米スペイン植民地独立戦争や 1820 年代のギリシア独立戦争において既に同制度が存在していたとする見解[65]もある．しかし，マクネアやウォーカーが指摘する通り，「交戦団体承認」という概念は，おそらく，ホイートン『国際法原理』にデイナが注釈を付けて 1866 年に出版した同書の第 8 版[66]においてはじめて用いられたも

Silva Ferrao. Vol. IV (Lisboa, 1857), pp. 181, 231, quoted in *PRTW* 2:55, 56.
64) E.g., 高野『国際法概論』上巻 160–162 頁；藤田『国際人道法』211–215 頁．
65) E.g., Lauterpacht, *Recognition*, 175–269; Eustathiadès, "La première application," 22–43.
66) Wheaton (Dana ed.), *Elements of International Law*, 8th ed., 29–32.

のであり，それ以前の学説・外交文書・判例等に「交戦団体承認」という概念は見当たらない[67]．この点，南米スペイン植民地独立戦争やギリシア独立戦争の時代に交戦団体承認制度が既に存在したとする見解の根拠は，それらの内戦において外国が中立宣言を行ったということ，つまり，黙示的な交戦団体承認が行われていたということである．しかし，中立宣言が黙示的な交戦団体承認に相当する，逆に言えば，黙示的な交戦団体承認を前提にしなければ中立宣言はあり得ないというのは，あくまでも後の時代に成立した考え方であり，そのような考え方を当てはめて19世紀前半の国家実行を評価するのは適切ではない．交戦団体承認制度の存在を前提にしなくても，内戦において外国が中立の地位に立ち得るという考え方は十分に成り立ち得るし，むしろ，以下で見るように，19世紀前半にはそのような考え方がとられていたと考えられるからである．

そこで，本書では，マクネアやウォーカーに従って，少なくとも19世紀前半に交戦団体承認制度は存在しなかったと考え，同制度の成立前（19世紀前半）と成立後（19世紀後半）のそれぞれにおいて，内戦における中立の問題についていかなる処理がなされていたのかを整理しておく．

(a)　交戦団体承認制度成立前

交戦団体承認制度が未だ存在しなかった19世紀前半には，ある国において内戦が生じた場合，外国は，それに参加するか，中立にとどまるかを自由に選択できるという実行が行われていた．このような実行の基になったのは，ヴァッテルの学説である．ヴァッテルによれば，「すべての国が自ら適切と判断するように統治を行う（se gouverner）権利を有すること，また，いかなる国も他国の統治（Gouvernement）に干渉する（se mêler）権利を有しないことは，国家の自由および独立から生ずる明白な帰結である」（不干渉原則）[68]．しかし，「内戦（Guerre Civile）」の事態が生ずると状況は変わる．すなわち，ヴァッテルによれば，「内戦」は，「国家（l'Etat）の内部において，もはや主権者に従わず，かつ，主権者に抵抗するのに十分な力を備えた集団（un parti）が組織されたとき，

---

67)　McNair, *International Law Opinions*, 2:337; Walker, "Recognition of Belligerency," 177–210.

68)　Vattel, *Le droit des gens*, Liv. II, Chap. IV, § 54.

または，共和国（République）において，国民（Nation）が2つの対立する党派（factions）に分裂し，双方が互いに武力に訴えているとき」[69]に発生する．そして，ヴァッテルによれば，「外国は，事態が内戦の段階に至ったときにはいつでも，二当事者のうち，正当性を有すると思われる側を援助することができる」．なぜなら，内戦の事態が生じているときには，「主権者とその人民（peuple）との間の政治社会の紐帯（les liens de la Société Politique）は破壊され，あるいは少なくとも停止されている以上，主権者とその人民は，2つの別個の国家（deux Puissances distinctes）であると見なされ得る」からである[70]．このように，ヴァッテルによれば，内戦は，もはや「政治社会の紐帯」が存在しない2つの当事者，つまり「2つの別個の国家」が戦う状態であると捉えられる．それ故，内戦においては，国家間戦争におけるのと同じように，当事者は戦争法を守らなければならないし[71]，また，外国は，正当と判断する側を援助することも，いずれも援助せずに中立にとどまることもできるのである．

ヴァッテルのこうした見解は，19世紀前半の学説にも受け継がれた．例えば，ホイートンは，『国際法原理』の初版（1836年）において，一国内において革命（revolution）が生じた場合について，次のように述べている．

> 革命が完成するまでの間は，つまり，政府の座をめぐる争いに関わる内戦（civil war）が継続している間は，他国は，争いに対して無関心な傍観者（indifferent spectators）のままにとどまって，従来の政府を主権者として扱いつつ，事実上の政府については，これを，敵との関係で戦争の諸権利を有する社会として扱うことができる．あるいは，他国は，正当性を有すると考える側の当事者の原因を支持する（espouse the cause）こともできる．前者の場合，当該外国は国際法上のあらゆる義務を果たしている以上，当該外国が公平な中立（impartial neutrality）を維持する限り，いずれの当事者も同国に対して苦情を申し立てる（complain）権利を有しない．後者の場合には，

---

69) Ibid., Liv. III, Chap. XVIII, § 292.
70) Ibid., Liv. II, Chap. IV, § 56.
71) Ibid., Liv. III, Chap. XVIII, § 293–294.

もちろん，当該外国は，対抗することを宣言した (against whom it declares itself) 相手の敵となり，他方の同盟国となる．そして，実定国際法は，この点について正当な戦争と不正な戦争とを区別しないから，干渉する国は，他方当事者との関係で戦争に関する諸権利のすべてを有することになる．[72]

ホイートンによれば，以上の原則は，一国内で政府の交代を目指して行われる革命の場合だけでなく，国家の一部が分離独立を目指して生ずる内戦の場合にも当てはまる．すなわち，「主権をめぐる争いが続いている間は，つまり内戦が続いている間は」，「他国は，消極的な態度をとる (remain passive) ことも，……あるいは一方当事者と同盟関係に入ることもできる」．そして，前者を選択した場合，「いずれの当事者も，他国が公平な中立を維持している限り，同国に対して苦情を申し立てる権利を有しない」のである[73]．

このように，ヴァッテルやホイートンによれば，ある国で内戦が生じた場合，外国は，中立にとどまるか，正当性を有すると判断する側に立って当該内戦に参加するかを選択することができる．ヴァッテルやホイートンは，「交戦団体承認」という言葉を一度も使っていない．彼らによれば，内戦における既存政府（主権者）と反乱者は別個の戦争当事者と見なされるが，反乱者の戦争当事者としての地位は，ヴァッテルが言うように，反乱者が「もはや主権者に従わず，かつ，主権者に抵抗するのに十分な力を備え」るに至ったために，既存政府と反乱者との「紐帯」が破壊されたという事実に基づいて認められるのであって，「交戦団体承認」という行為によって創設される訳ではないのである．

ヴァッテルやホイートンのこうした考え方は，19世紀前半の国家実行において採用されていた．例えば，1831年にロシア領ポーランドで起こった反乱について，イギリス政府は，ヴァッテルの『国際法』を引用しつつ，「2つの交戦国の間で行われる戦争の場合と同じように」，本内戦において「オーストリアは，ロシアとポーランドとの間の争い (contest) に介入 (interfere) しないことを決定した以上，その争いにおいて中立国 (neutral) であると見なされなければな

---

72) Wheaton, *Elements of International Law*, 71.
73) Ibid., 73.

らない」[74]とした．オーストリア政府も，外国が内戦当事者の正・不正を判断して正当な側を援助できるというヴァッテル『国際法』の第3巻第18章第296節を引用しながら，「[オーストリアは]本来の意味での中立のシステム（un système de neutralité proprement dite）を選ぶこともできたが，交戦国と厳格な中立国との間の中間的な方針（une ligne intermédiaire entre celle de puissance belligérante et celle de puissance strictement neutre）を選ぶこともできた」として，オーストリアはロシアの同盟国なので，本内戦においては後者の「中間的な方針」をとったと説明した[75]．また，1837年にイギリス領カナダで起こった反乱の際，アメリカ政府は，交戦団体承認をするかどうかをまったく問題とすることなく，同反乱が「内戦（civil war）」であるとした上で，「内戦は交戦権と中立権（belligerent and neutral rights）に関してその他の戦争と区別されない」との立場をとり[76]，同内戦において「政府の中立を害する者」を「合衆国の法律に従って逮捕し処罰」するための措置をとっていた[77]．

(b) 交戦団体承認制度成立後

「交戦団体承認」の概念は，19世紀後半（特に1880年代以降）の国家実行・学説において使用されるようになった[78]．それらの国家実行・学説によれば，内戦の第三国が交戦団体承認を行うためには，① 一般的な性格の武力紛争が存在すること，② 反乱者が領域の実質的部分を占領し管理していること，③ 反乱

---

74) Palmerston to Cowley, June 19, 1831, TNA: PRO, FO 7/226, fos. 50–59.
75) Mémorandum, 6 juillet 1831, in Schiemann, *Kaizer Nikolaus im Kampf mit Polen*, 466–469．なお，1831年のポーランド反乱に関するイギリス・ロシア間の外交交渉については，藤澤「不干渉原則とヴァッテルの権威」304–322頁も参照．
76) Stevenson to Palmerston, May 22, 1838, *BDFA*, pt. 1, ser. C, vol. 1, p. 33.
77) 本書98–99頁参照．
78) E.g., Hall, *Treatise on International Law*, 29–39; Lawrence, *Principles of International Law*, 302–306; Rivier, *Principes du droit des gens*, 213; Rougier, *Les guerres civiles*, 192–231; Wheaton (Dana ed.), *Elements of International Law*, 8th ed., 29–32; The Carondelet, 37 F. 799 (S.D.N.Y. 1889); The Conserva, 38 F. 431, 436 (E.D.N.Y. 1889); The Itata, 56 F. 505, 512 (9th Cir. 1893); The Three Friends, 166 U.S. 1, 57, 62–63 (1896); Message, William McKinley, December 6, 1897, *FRUS 1897*, xv–xviii.

者が戦争法に従い，かつ，責任ある権限の下で行動する組織された軍隊を通じて敵対行為を行っていること，④ 第三国の側に交戦団体承認によって自らの態度を決定する必要のある事情が存在すること，などの要件を満たす必要がある．また，交戦団体承認の形式としては，交戦団体承認を行う旨明示的に表明する明示の承認と，中立宣言を行ったり，反乱者が行う封鎖の有効性を認めたりすることにより行う，黙示の承認があるとされた．交戦団体承認の効果としては，交戦団体として承認された集団が交戦権を行使できるようになることや，交戦団体として承認された集団の軍人が捕虜として扱われるようになることなどが挙げられた．

交戦団体承認の要件・形式・効果等については他にも様々な問題があるが[79]，本書にとって重要なことは，19世紀後半においては，交戦団体承認が行われた場合には国際法上の中立が成立し得るとされた一方，交戦団体承認が行われない場合に国際法上の中立は成立し得ないとされるようになった——少なくともそうされることが多くなった——ということである．ルージェが1903年の著作で述べているように，国家間戦争の場合には，戦争の第三国が中立の地位に立つか否かについて「沈黙がある場合には［中立であると］推定される」が，「これとは対照的に，内戦においては，中立は当然の権利として (de plein droit) 成立する訳ではないし，推定される訳でもない．中立は，第三国による交戦団体承認の行為により創設されるのである」[80] と考えられるようになったのである．

なお，内戦の第三国は，交戦団体承認を行った場合に，中立を選ばずにその内戦に参加することもできるのだろうか．この点を明確にした学説は必ずしも多くないが，オッペンハイムが言うように，交戦団体承認によって内戦は国家間戦争と同じ「真の戦争 (real war)」になる以上，「外国は，その戦争の当事者となるか，または中立にとどまることができる」[81]，つまり，その内戦に参加す

---

79) 詳しくは，Chen, *International Law of Recognition*, 301–407; Castrén, *Civil War*, 135–206; Lauterpacht, *Recognition*, 175–328.

80) Rougier, *Les guerres civiles*, 416.

81) Oppenheim, *International Law*, 1st ed., 2:321. ただし，今日の学説では，伝統的国際法において交戦団体承認を行った第三国は既存政府も交戦団体も援助してはならず，中立の地位に立つ義務を負ったとされることが多い．E.g., 高野『国際法概論』上巻161頁．

ることは自由であると解するのが妥当であるように思われる．

(2) 軍事的遠征

「軍事的遠征」とは，中立国と平和関係にある外国等（交戦国または内戦当事者）に対して敵対行為を行う意思をもって中立国領域内で多くの人間を組織すること，と定義される[82]．つまり，私人の行うある種の行動が軍事的遠征を構成するためには，①遠征を組織する者が敵対的意思（hostile intention）を有していることと，②遠征が組織性（organization）を有していることの2つの要件を満たすことが必要である[83]．

本節1(3)および2(1)で見たように，アメリカ中立法やイギリス外国入隊法は，アメリカやイギリスの領域内において私人が外国等に対する軍事的遠征を準備し開始することを禁止していた[84]．これに対して，他の諸国の中立法（フランス型刑法）は，本国を「開戦宣言の危険にさらす」私人の「敵対行為」を禁じただけであるが，禁じられる「敵対行為」の中に軍事的遠征も含まれると解された[85]．

それでは，中立にとどまることを望む国が自国領域内における軍事的遠征の組織・開始を禁止する必要があるのは何故か．以下ではこの点を，軍事的遠征に関する主要先例（*causes célèbres*）の1つとされるイギリスのテルセイラ事件[86]と，19世紀において軍事的遠征に関する事件が頻発していたアメリカの諸事例を検討することによって明らかにする．

---

82) United States v. Murphy, 84 F. 609, 614 (D.Del. 1898). 軍事的遠征については，Curtis, "Hostile Military Expeditions," 1–37, 224–255; García-Mora, *Hostile Acts of Private Persons*, 49–66 を参照．
83) Curtis, "Hostile Military Expeditions," 10–18.
84) イギリスの1819年外国入隊法には軍事的遠征に関する規定がなかったが，1870年に改正された外国入隊法では，「海軍的または軍事的遠征を準備しまたは艤装すること（prepare or fit out any naval or military expedition）」を禁止する規定が置かれた（第11条）．An Act to Regulate the Conduct of Her Majesty's Subjects during the Existence of Hostilities between Foreign States with Which Her Majesty is at Peace, August 9, 1870, in Deák and Jessup, *Collection*, 1:137.
85) García-Mora, *Hostile Acts of Private Persons*, 60.
86) McNair and Watts, *Legal Effects of War*, 451.

(a) テルセイラ事件 (Terceira Affair)[87]

　1826年3月にポルトガル国王ジョアン6世 (João VI) が死去すると，王位継承権をもつジョアンの長男ドン・ペドロ (Don Pedro) が既にブラジル皇帝になっていたために王位継承問題が生じた．そこで，ペドロは，ポルトガル王位を未成年の娘マリア2世 (Donna Maria) に譲るとともに，弟（つまりマリアの叔父）であるドン・ミゲル (Don Miguel) を摂政にした．ところが，ミゲルが1828年にマリアから王位を簒奪して自らが王であると宣言したため，ミゲルを支持する集団とマリアを支持する集団とが対立し，ポルトガルは内戦状態に陥った．マリア側は，イギリス・ポルトガル間の同盟条約 (1373年，1571年，1642年，1654年，1810年) を根拠にイギリスに援助を求めたが，イギリス政府はそれらの同盟条約が「外国による侵略からポルトガルを保護すること」を目的とするものであって「国内的反乱または紛争 (internal revolt or dissention)」には適用されないと主張し，本内戦において中立にとどまる意思を表明した[88]．その間，マリアを支持する者の多くはイギリス南部地方に退避し，そこでマリアを援助するための軍事的遠征を組織しつつあった．こうした動きに対して，イギリス政府は，ポルトガル人退避者 (Portuguese refugees) が遠征隊を解散して個人としてポルトガルに帰国することを要求したが，ポルトガル人退避者はこれに応じなかった．遠征隊は1829年1月，ブラジルに向かうと偽り，実際にはポルトガルのテルセイラ島に向けてイギリスを出発した．この間，イギリス政府はイギリス海軍に対して，遠征隊がテルセイラ島に上陸するのを阻止すること，遠征隊がそれに抵抗すれば警告の後武力を使うことを内容とする訓令を与

---

87) 本件の事実関係については，McNair, *International Law Opinions*, 3:340; Wheaton (Dana ed.), *Elements of International Law*, 8th ed., 472–473; 金七『ポルトガル史』175–178頁を参照．なお，1819年外国入隊法には軍事的遠征を禁ずる規定がなかった（本章注84）参照）から，本件は，外国入隊法ではなく国王大権に基づいて軍事的遠征を防止する措置がとられた事例であると解される．Argument of the United States, *PRTW* 3:27. しかし，いずれにしても，本件では，イギリスが中立国として自国領域における軍事的遠征の組織・開始を防止する必要があるとされ，その根拠も明らかにされているので，ここで検討することにする．

88) Aberdeen to Barbacena, January 13, 1829, *BFSP* 16:424–433; Wellington to Palmella, December 30, 1828, ibid., 454–455; Aberdeen to Barbacena, March 11, 1829, ibid., 518–520.

えていた．イギリス海軍はこの訓令に基づき，テルセイラ島の沖合海域において，遠征隊がテルセイラ島に上陸することを強制的に阻止した．

このように，本件では，イギリス海軍が国外の海上で強制措置をとったため，その国際法上の合法性をめぐってイギリスの議会で議論が起こった．海軍によるこの措置が国際法上違法であると主張する議員は，この措置が「テルセイラ島の属する国に対する主権侵害であった」とする決議案を議会に提出した[89]．

この決議案に反対する議員，つまり，テルセイラ島沖でのイギリス海軍の措置が国際法上合法であるとする議員は，まず，本件におけるポルトガル退避者の行動について，軍事的遠征の構成要件の1つである組織性（organization）が満たされていたと主張した．「ポルトガル大使はそれを常に部隊（troops）と見なしていた」[90]からである．そして，「敵対行為を行うための遠征」が「仮に中立違反でないとしたら，他のどのような場合に中立違反があり得るのか，理解することは不可能である」[91]という．したがって，これらの議員によれば，本内戦において中立を維持することを望みその旨宣言したイギリスは，この遠征を防止しなければならなかったという[92]．

その上で，前記決議案に反対する議員は，テルセイラ島沖に海軍を派遣して遠征を強制的に阻止したイギリス政府の措置は国際法上正当化されると主張する．その主張の根拠は，次のようなものだった[93]．すなわち，ポルトガル人退避者たちは，イギリス政府によって遠征部隊の解散を要求されたにも関わらず，ポルトガルではなくブラジルに向かうことを条件に遠征部隊の存続を求めた．イギリス政府はこの要望を容れ，ただし，それは遠征隊がブラジルに向かうという条件の下でのことであること，また，もし遠征部隊がポルトガルに向かった場合には海軍力によってこれを阻止することを，ポルトガル人退避者たちに伝えていた．したがって，イギリス海軍が公海上で強制措置をとったことによって流血の事態になったとしても，それはポルトガル人退避者たちの責任であり，

---

89) *Hansard Parliamentary Debates*, 2d ser., vol. 24 (1830), col. 127.
90) Ibid., col. 176.
91) Ibid., col. 153.
92) Ibid., cols. 177–178.
93) Ibid., cols. 154–175.

イギリスの責任ではない．また，イギリス海軍が強制措置をとった場所が公海上ではなく，ポルトガル領海内だったと仮定した場合にも，その強制措置は正当化される．まず，テルセイラ島がミゲル側に属していたと仮定すれば，強制措置はミゲル側に害を与える行動を阻止することを目的とするものだから，何ら問題はない．逆に，テルセイラ島がマリア側に属していたと仮定すれば，イギリス海軍は違法な遠征を試みた当事者の領域内に入ったに過ぎないのであり，これも問題はないという．

他方，前記決議案に賛成し，本件におけるイギリス海軍の措置を非難する議員は，次のように主張した．まず，遠征を阻止するためにイギリス海軍が強制措置をとった場所が，公海上またはポルトガル領海内であったことを非難する．たしかに中立国は，自国領域内で軍事的遠征が組織され，交戦国に向かうことを防止する措置をとる必要があるが，そのような措置は，自国の領域内または管轄内においてのみとることができる．公海上または交戦国領海内での船舶の停船・臨検・捜索等は，戦時において交戦国に認められるのを除き，国際法上認められていないからである[94]．また，これらの議員は，本件においてはそもそも中立に反する軍事的遠征が組織され実行されていなかったとも主張した．その主張の第1の根拠は，テルセイラ島がマリア側の権力下にあったこと，それ故マリア支持者がテルセイラ島に向かった事実は，ミゲル側への攻撃に該当しないということである[95]．「ポルトガル人退避者は，自分の主権者が占有している場所に……行った」[96] に過ぎないからである．第2の根拠は，ポルトガル人退避者は非武装のままテルセイラ島に向かったのであり，「敵対的攻撃を行うためにそこに行ったのではない」[97] ということであった．

以上のような意見の対立があったが，結局，テルセイラ島沖でのイギリス海軍の措置を非難する前記決議は反対多数で否決された[98]．

本件における争点は，イギリス海軍が軍事的遠征を防止するためにテルセイ

---

94) Ibid., cols. 143–146, 151.
95) Ibid., cols. 131–132.
96) Ibid., col. 205.
97) Ibid., col. 204.
98) Ibid., col. 213.

ラ島沖(公海上またはポルトガル領海内)において強制措置をとったことが国際法上合法か,ということだった.しかし,国外の海上に海軍を派遣して強制措置をとるという手段の正当性はともかく,前記決議に賛成する議員も,イギリスが,ポルトガル内戦における中立国として,ポルトガルに向かう軍事的遠征の組織・実行を防止しなければならなかったこと,また,イギリスの領域内または管轄内においてであれば,そのような防止措置をとってよかったことは認めていた.さらに,中立国が軍事的遠征の組織・実行を防止すべき根拠についても,議員の間に争いはなかった.その根拠とは,私人による軍事的遠征の組織・実行が「私的戦争行為(acts of private warfare)」[99]であり,中立国領域を拠点として「私的戦争行為」が行われるのを中立国が防止しなければ,中立国は交戦国によって戦争に巻き込まれてしまうということである.この点について,トワイス議員は次のように説明した.「[軍事的遠征によりもたらされる]損害を中立国が進んで黙認したら(willingly connived),これによって損害を被った交戦国は,損害を与えた中立国に対して戦争に訴える以外に救済手段(remedy)を有しないことになる.しかし,既に発生している戦争の渦に中立国が巻き込まれないようにすることこそが,[中立国の]行動に関して国際法が規定するルールの目的である.そして,[中立国は]このルールの利益と免除を享受するつもりなのであれば,その義務を厳格に守らなければならない」[100].つまり,中立国領域内において軍事的遠征が組織されるのを中立国が「進んで黙認」すれば,それによって損害を蒙る交戦国は当該中立国に対して戦争に訴えることを許されることになるから,そのようになって戦争に巻き込まれることを望まない国は,軍事的遠征の組織を防止すべきだというのである.

(b) アメリカの諸事例

19世紀に行われた軍事的遠征は,この問題に関する主要先例として必ず挙げられるテルセイラ事件を除くと,ほとんどが,アメリカからその周辺諸国(特に中米諸国)に向けて組織され派遣された軍事的遠征である.軍事的遠征に関する先例がほとんどアメリカ関係のものであるのは,19世紀において,アメリ

---

99) Wellington to Palmella, December 23, 1828, *BFSP* 16:446.
100) *Hansard Parliamentary Debates*, 2d ser., vol. 24 (1830), col. 169.

カの周辺諸国，特に中米諸国の政情が不安定で内戦が頻発しており，かつ，中米諸国の政府が軍事的遠征を取り締まる十分な能力を欠いていたため，アメリカ人がそのような状況に乗じて軍事的遠征を行うことが多かったからである[101]．アメリカから周辺諸国に向けて組織・派遣された軍事的遠征はかなりの数にのぼる[102]が，以下では，中立国がその領域内における軍事的遠征の組織・開始を防止すべき根拠が明確に示された事例をいくつか選んで検討する．

(ⅰ) カナダ内戦（1837～38 年）

1837 年，イギリス領カナダにおいて，イギリスの支配から離脱することを目的とする反乱が起こった．カナダで敗れてアメリカ・ニューヨーク州のバッファローに一時的に退避した叛徒は，同地でアメリカ国民を兵士として徴募し，アメリカ政府の兵器倉庫から兵器や弾薬を奪って部隊を編成した後，イギリス領カナダのネイヴィー島を占拠し，そこを拠点にしてカナダ側に対する攻撃を行った．アメリカ政府は，カナダで生じている反乱が「内戦（civil war）」であるとし，本内戦において「本政府の中立を害する（compromit the neutrality of this government）者」を「合衆国の法律に従って逮捕し処罰」するための措置をとった[103]．

アメリカ国務長官ウェブスターによれば，政府がそのような措置をとるべき根拠は次のように説明される[104]．すなわち，バッファローで人員や兵器・弾薬

---

101) Curtis, "Hostile Military Expeditions," 2–3, 252.
102) Moore, *Digest of International Law*, 7:909–934.
103) Proclamation Enjoining Neutrality as to Canada, January 5, 1838, in Deák and Jessup, *Collection*, 2:1177–1178.
104) Webster to Fox, April 24, 1841, *BDFA*, pt. 1, ser. C, vol. 1, pp. 153–160. この文書は，「カロライン号事件」に関するイギリス政府との外交交渉において，アメリカ国務長官ウェブスターがワシントン駐在のイギリス公使フォックスに宛てた書簡である．カロライン号（Caroline）は，カナダ内戦において叛徒がアメリカ本土からネイヴィー島に向けて人員や物資を輸送するために使用していた蒸気船であるが，同船がアメリカのシュロッサーに停泊中にイギリス兵によって襲撃される事件が起こったために，イギリスとアメリカとの間に紛争が生じたのである．本件は，自衛権や自己保存権に関する先例として有名であるが，本件において「自衛（self-defence）」や「自己保存（self-preservation）」は，中立領域不可侵の原則の例外として位置づけられていた．例えば，ロンドン駐在のアメリカ公使スティーヴンソンは，1838 年 3 月 22 日の書簡において，「中立領域が外国による敵対行為または戦争行為（acts of

を調達してカナダ側に攻撃を行った叛徒の行動は,「カナダにおけるイギリス政府に対する軍事的遠征」であるから,本内戦において「厳格に中立」であるアメリカ政府は,そのような軍事的遠征に参加するアメリカ国民を逮捕し処罰するための措置をとる必要がある.それは,「政府が[他国と]平和関係にある(is at peace)にも関わらず,私人が他国の内戦に従事し,それ故[その他国と]戦争状態に入る(be at war)ことは,明白に,そして非常に不適切なことである.戦争と平和は,高度に国家的な関係(high national relations)であり,国家自身によってのみ適切に創設され変更され得る」からである.「合衆国は,中立と平和に関するこの正当な規則(this just rule of neutrality and peace)の遵守を,特別のかつ十分な立法措置により実施した,文明諸国の中で最初の国であった」が,「この規則は,私人が自らの権限で戦争を行うのを認めてしまうことの不適切性と危険性,または,私人が他国の軍事活動に参加することによって自国政府の政策を損ない,もしくは政府の[対外]関係を混乱させてしまうことの不適切性と危険性によって基礎づけられる」.要するに,私人が交戦国に対して軍事的遠征を行うことは,「私人が自らの権限で戦争を行うこと」に相当し,中立国が自国領域内における私人のそのような行動を処罰せずに放置すれば,中立国自身がその「戦争」に加担していると見なされて,「政府の[対外]関係[が]混乱させ」られ,「政府の中立[が]害」されることになるから,中立国はそのような事態を避けるために,国内中立法により軍事的遠征を取り締まる必要があ

---

hostility or war)の行使を免れるという[原則]」ほど神聖な(sacred)原則は,「公法のあらゆる諸原則(principles of public law)」の中でも他にはない,と述べた上で,この原則に対しては「緊急避難および自己保存(necessity and self-preservation)」に基づく例外が主張されることがあるが,「中立領域の攻撃(invasion of neutral territory)を正当化する必要性は,切迫し,かつ,極度の(imminent and extreme)ものでなければならない」と述べた.Stevenson to Palmerston, May 22, 1838, *BDFA*, pt. 1, ser. C, vol. 1, pp. 30–35.また,ウェブスター国務長官は前記書簡(1841年4月24日)において,アメリカ政府が「中立の維持に関するあらゆる点(everything respecting the preservation of neutrality)について,非難される余地のない態度をとっている」とした上で,それにも関わらずアメリカ領域内への侵入とカロライン号の襲撃を正当化しようとするのであれば,イギリス政府は,「急迫し,圧倒的で,手段の選択の余地がなく,かつ,熟慮の時間もない,自衛の必要性」を示す必要があるとした.なお,カロライン号事件における「自衛」概念について詳しくは,森『自衛権の基層』62–68頁を参照.

るというのである．

(ii) ウィリアム・ウォーカーの軍事的遠征（1853〜60年）

アメリカ国民のウィリアム・ウォーカー（William Walker）は，1853年から1860年にかけて，中米諸国（ニカラグア，メキシコ，コスタリカなど）に対して数次にわたって軍事的遠征を行った．これに対して，アメリカ政府は，中米諸国の沿岸に海軍を派遣してウォーカーとその協力者を逮捕する措置をとった[105]．

そうした措置をとる根拠について，アメリカのブキャナン大統領は，1858年の議会宛て教書の中で次のように説明した[106]．すなわち，「合衆国において軍事的遠征を開始し，または軍事的遠征のための手段を提供する罪」は，「我々と平和関係にある外国に対して戦争を行うこと（to make war against a foreign state with which we are at peace）」に相当する．言い換えれば，合衆国から外国に対して軍事的遠征を開始することは，「議会にのみ属する開戦権限の簒奪（a usurpation of the war-making power, which belongs alone to Congress）である」．アメリカは，1794年中立法によってそのような行動を禁止したが，それは，「政府がそれを防止し処罰するために必要なあらゆる手段をとらなければ，……そのような犯罪の遂行に共謀していること（accomplice）になってしまう」からである．要するに，中立国は，私人が交戦国に対して行う「戦争」に「共謀」していると見なされる事態を避けるために，私人の行う軍事的遠征を取り締まり処罰する必要があるというのである．

(iii) 第二次キューバ独立戦争（1895〜98年）

スペイン植民地キューバでは，スペインからの独立を目指す反乱が1895年から98年にかけて行われた（第二次キューバ独立戦争）．この反乱では，少なくとも71件の軍事的遠征がアメリカ領域内からキューバに向けて派遣され，こ

---

105) ウィリアム・ウォーカーの軍事的遠征については，Curtis, "Hostile Military Expeditions," 243–244 を参照．

106) Message of the President of the United States, Communicating, in Compliance with the Resolution of the Senate of January 4, 1858, the Correspondence, Instructions, and Orders to the United States Naval Forces on the Coast of Central America, Connected with the Arrest of Wm. Walker and His Associates, at or near the Port of San Juan de Nicaragua, January 7, 1858, *PRTW* 1:668–671.

第 1 節　伝統的中立制度の成立過程　101

れに対して，アメリカ政府は中立法を発動して軍事的遠征を取り締まる措置をとった[107]．

　交戦団体承認制度が未だ成立していなかった時期に生じ，それ故，交戦団体承認を前提とせずに中立が問題になり得た (i) や (ii) の事例とは異なり，既に交戦団体承認制度が成立していた時期に生じ，かつ，アメリカ政府が交戦団体承認を行わない意思を明確に表明していた本反乱において[108]，アメリカは「中立」の状態にはなかったと解される．実際，アメリカ中立法を発動した 1895 年の布告においても，アメリカ政府は「中立」という語の使用を避けていた[109]．

　それにも関わらずアメリカ政府が本反乱においてアメリカ中立法を発動したのは，同法が，アメリカが「中立」の状態にある場合のみならず，それ以外の場合にも適用される余地があるからである．この点について，アメリカ連邦最高裁は，ウィボルグ対合衆国事件（1895 年）において，「この法律［アメリカ中立法］は，一般には (in general)，他国間の戦争または交戦団体 (belligerents) として承認された当事者間の戦争における中立を確保する (secure neutrality) ことを目的としたものであることに疑いの余地はないが，この法律の適用は，必ずしもそのような交戦状態 (belligerency) の存在に依存する訳ではない」[110] と述べた．つまり，アメリカ中立法には，「他国間の戦争または交戦団体として承認された当事者間の戦争における中立を確保する」という主たる目的と，それ以外の副次的な目的があるというのである[111]．

　それでは，アメリカ中立法の主たる目的とされる，「中立を確保する」というのはどういうことか．この点について，デラウェア連邦地裁は，軍事的遠征に従事する人員をキューバに向けて輸送したラウラダ号なる船舶の没収が問題になった 1898 年のラウラダ号事件において，「我々の真の中立の違反 (breach of a real neutrality) をもたらさない」戦時禁制品輸送のような私人の商業活動

---

107)　Benton, *Spanish-American War*, 42–46.
108)　Moore, *Digest of International Law*, 1:198–200. 交戦団体承認制度の成立時期については本項の (1) を参照．
109)　By the President of the United States, A Proclamation, *FRUS 1895 II*, 1195.
110)　Wiborg v. United States, 163 U.S. 632, 647 (1895).
111)　ただし，その副次的な目的が何であり，何によって基礎づけられるものなのかは，判決からは明らかでない．

(commercial activities) を禁止するのはアメリカ中立法の目的ではないと指摘した後,「しかし,中立法の目的は,……敵対行為に従事する友好国に対して実質的な意味で明確に敵対的な (distinctively hostile in a material sense) 性格の行為およびその準備であって,我が国を戦争に巻き込むことを意図し,または結果として我が国を戦争に巻き込む (calculated or tending to involve this country in war) 行為やその準備活動が,合衆国の領土や水域で行われることを禁止すること」にあると述べた[112]。

このように,アメリカ領域内において行われる軍事的遠征の組織・開始を禁止するアメリカ中立法の主たる目的は,「中立を確保する」ことであり,「［アメリカを］戦争に巻き込むことを意図し,または結果として［アメリカを］戦争に巻き込む行為」を防ぐことにあるとされていた.もちろん,本反乱においてアメリカは交戦団体承認を行わず,「中立」の地位に立ってはいなかったと解されるので,本反乱におけるアメリカ中立法の適用は,「中立を確保する」という目的を達成するために行われたのではなかった.その意味で,ウィボルグ対合衆国事件やラウラダ号事件の前記引用部分は傍論に過ぎないが,それにしても,これらの判決は,「中立を確保する」というアメリカ中立法の主たる目的とその内容を明らかにした点で重要であり,そのためにここで取り上げたのである.

(c) 軍事的遠征に関する原則の確立

以上のように,軍事的遠征に関する国家実行は,テルセイラ事件を除けばほとんどがアメリカのものであるが,中立にとどまることを望む国がその領域内における軍事的遠征の組織・開始を防止しなければならないことについて,国家実行および学説上異論はなかった[113]。このことを顕著に示すのが,1907年ハーグ陸戦中立条約とその起草過程である.すなわち,同条約第4条と第5条によれば,中立国は「交戦者ノ為中立国ノ領土ニ於テ戦闘部隊 (Des corps de combattants)［が］編成」されることを「寛容」してはならない.起草作業の議

---

112) The Laurada, 85 F. 760, 769–770 (D.Del. 1898).

113) E.g., Bluntschli, *Das moderne Völkerrecht*, 420–421; Hall, *Rights and Duties of Neutrals*, 59–60; Lawrence, *Principles of International Law*, 503–508, 530–535; Walker, *Science of International Law*, 457.

事録によれば,「戦闘部隊[の]編成」には,交戦国によって行われるものだけでなく,「私人(particuliers)」によって行われるものも含まれるから[114],陸戦中立条約は,中立国がその領域内における軍事的遠征の組織を防止しなければならないことを定めたと言える.そして,1907年ハーグ会議では,中立国がその領域内における「戦闘部隊[の]編成」,つまり軍事的遠征の組織・開始を防止すべきことは,「言うまでもない」ことであるとされ,まったく異論は出されなかったのである[115].

中立にとどまることを望む国がその領域内における軍事的遠征の組織・開始を防止すべき根拠は,以上で明らかにした通りであるが,ここでもう一度簡単にまとめておこう.私人の交戦国に対する軍事的遠征は,私人の交戦国に対する「戦争」ないし「私的戦争行為」と見なされる.中立国は,自国領域内で軍事的遠征,つまり交戦国に対する「私的戦争行為」が組織・開始されることを防止するためにとり得る措置をとらなければ,私人の行う「戦争」に「共謀」していると見なされ,交戦国によって戦争に巻き込まれてしまう.中立国は,自国が戦争に巻き込まれる事態を避けるために,その領域内における軍事的遠征の組織・開始を取り締まるのである.

(3) 敵対行為目的の船舶の艤装・武装

アメリカ中立法やイギリス外国入隊法は,軍事的遠征の他,敵対行為——典型的には私掠が想定されている——に使用される目的の船舶が自国領域内において艤装(fitting out)または武装(arming)されることを禁止していた(本節1(3)および2(1)参照).また,アメリカやイギリス以外の諸国も,自国領域内におけるそのような艤装・武装を中立宣言によって禁止していた[116].

---

114) Ministère des Affaires Étrangeres, *Deuxième conférence*, 3:54.
115) Ibid., 55.
116) E.g., Decree concerning Argentine Neutrality in the Crimean War, June 16, 1854, in Deák and Jessup, *Collection*, 1:5–6; Declaration of Neutrality in the American Civil War, June 10, 1861 [France], in ibid., 1:590–591; Declaration of Neutrality in the Russo-Turkish War, May 6, 1877 [France], in ibid., 1:592; Proclamation of Neutrality in the Franco-Prussian War, October 24, 1870 [Peru], in ibid., 2:872–873; Decree of the King-Regent of Portugal, Declaring the Neutrality of Portugal in the

それでは，中立にとどまることを望む国がそのような艤装・武装を禁止する必要があるのは何故か．以下では，この問題に関する法原則の形成に重要な役割を果たしたアメリカの国内判例（(a)）とアラバマ号事件仲裁裁判（(b)）を検討することによってこの点を明らかにする．

(a) アメリカの国内判例

本節1(3)で見たように，アメリカ中立法第3条は，「外国の君主，国家，植民地，州または人民」に対して敵対行為を行う意思を有する船舶を，合衆国の港等において艤装し武装することを禁じていた．以下では，この規定に関するリーディング・ケースである，① サンティシマ・トリニダード号事件（1822年），② グラン・パラ号事件（1822年），③ 合衆国対クインシー事件（1832年）の3つを検討する．

(i) サンティシマ・トリニダード号事件（1822年）

インデペンデンシア号（Independencia del Sud）は，アメリカ・メリーランド州のボルティモアで艤装・武装された後，ブエノスアイレスに赴いて同地で売却され，スペインからの独立を目指して内戦を行っていたブエノスアイレス政府（the government of Buenos Ayres）[117]から委任を受けて私掠船となった船舶

Crimean War, May 5, 1854, in ibid., 2:902; Royal Decree regarding Neutrality in the American Civil War, July 29, 1861 [Portugal], in ibid., 2:903; Royal Decree regarding Portuguese Neutrality in the War between Austria, etc., and Prussia and Italy, July 2, 1866, in ibid., 2:904; Royal Decree concerning Neutrality in the Crimean War, April 12, 1854 [Spain], in ibid., 2:933; Royal Decree concerning Neutrality in the American Civil War, June 17, 1861 [Spain], in ibid., 2:933–934; Decree concerning Neutrality in the Franco-Prussian War, June 26, 1870 [Spain], in ibid., 2:934–935.

117) 判決において述べられているように，アメリカ政府はブエノスアイレスを主権国家として承認していなかったから，本件においてスペインとブエノスアイレスとの間に行われていたのは「内戦（civil war）」である．それにも関わらず，判決は，「交戦団体承認」がなされたか否かを一切問題にすることなく中立の問題を検討している．The Santissima Trinidad, 20 U.S. (7 Wheat.) 283, 337 (1822). これは，この時期において「交戦団体承認」の制度ないし概念が存在しなかったこと（本項(1)参照）を裏づけるものと言える．

である．インデペンデンシア号が海上捕獲した船舶の中に，サンティシマ・トリニダード号（Santissima Trinidad）なるスペイン商船が含まれていた．サンティシマ・トリニダード号の原所有者は，ボルティモアにおいて行われたインデペンデンシア号の艤装・武装がアメリカ中立法に違反するものであり，したがって，インデペンデンシア号が行った捕獲は違法行為を原因とするものであるから捕獲物は原所有者に返還されなければならないとして，アメリカの裁判所に訴えた[118]．

連邦最高裁は，本件においてアメリカ中立法の違反があったか否かを検討し，次のように判示した．

> インデペンデンシア号は，軍艦（a vessel of war）として装備されたとはいえ，ブエノスアイレスに商業上の冒険（commercial adventure）によって，つまり戦時禁制品として送られたのであり，我が国の国家としての中立に関する法律に違反していなかったことは明らかである．もし航海の間にスペイン軍艦に捕獲されたならば，同船は国際法により禁じられた交通に従事していることを理由に正当な捕獲物として正当に没収されただろう．しかし，我が国の国民が外国の港に向けて武装船舶や軍需品を売却のために送ることを禁止するものは，我が国の法律にも国際法にも存在しない．それは商業上の冒険であり，国家はそれを禁止する義務を負っていない．ただ，それに従事した者が没収というペナルティーを受けるだけなのである．したがって，航海が商業目的のものであり，かつ，ブエノスアイレスでの売却が善意の売却（a *bona fide* sale）であるならば（裁判所に提出された証拠の上では，このことを否定するものは何もない），航海における最初の艤装が違法であるとか，あるいは，売却された後に行われた捕獲がこの原因

---

118) アメリカの国内判例によれば，アメリカ中立法に違反して艤装・武装された船舶が行った海上捕獲は，違法行為を原因行為として行われた捕獲であるから，捕獲物は不当利得であり，原状回復（restitution），すなわち原所有者に返還されなければならない．E.g., Talbot v. Janson, 3 U.S. (3 Dall.) 133 (1795); The Brig Alerta, 13 U.S. (9 Cranch) 359 (1815); L'Invincible, 14 U.S. (1 Wheat.) 238 (1816); The Estrella, 17 U.S. (4 Wheat.) 298 (1819).

のみに基づいて［ボルティモアで艤装されたことのみを根拠として］無効であるなどと言う根拠はない．[119]

このように，インデペンデンシア号がブエノスアイレスに向けボルティモアを出港した時，同船は既に「軍艦」だった．軍艦は戦時禁制品たり得る物品であるから，海上でスペイン軍艦に捕獲されれば，同船は「没収というペナルティー」を受けただろう．しかし，そのようなペナルティーを覚悟するのならば，私人が「商業上の冒険」として戦時禁制品たる物品を製造し（戦時禁制品たる物品が船舶である場合は建造・艤装・武装し），交戦国に向けてこれを輸出することは構わないのであり，また，中立国政府もそれを防止しなくてよいというのである[120]．

(ii) グラン・パラ号事件（1822 年）

サンティシマ・トリニダード号事件では，アメリカにおいて軍艦や武装船舶を建造・艤装・武装し，交戦国に向けてこれを輸出するという行為が，「商業上の冒険」に過ぎず，アメリカ中立法に違反しないという判断が下された．これに対して，サンティシマ・トリニダード号事件と同様の事案に関して同事件判決の翌日に下されたグラン・パラ号事件判決では，アメリカにおける軍艦や武装船舶の艤装・武装がアメリカ中立法に違反するという判断が下された．

イレシスティブル号（Irresistible）は，アメリカのボルティモアで建造・艤装・武装された後ブエノスアイレスに向かい，スペインからの独立を目指して内戦を行い，また，それに関連してポルトガルとも戦争を行っていたバンダ・オリエンタル（Banda Oriental）から委任を受けて私掠船となった船舶である．同船は，グラン・パラ号（Gran Para）なるポルトガル商船が積んでいた金銭を海上で捕獲した後ボルティモアに戻り，捕獲した金銭を同地の銀行に預金した．

---

119) The Santissima Trinidad, 20 U.S. (7 Wheat.) 283, 340–341 (1822).
120) ただし，最高裁は，インデペンデンシア号がブエノスアイレスにおいてブエノスアイレス政府から委任を受けた後，再びボルティモアに戻り，そこで乗組員を補充することにより行った同船の戦闘力増強（augmentation of force）は，アメリカ中立法第 4 条に違反すると認定し，同条違反を根拠にインデペンデンシア号が捕獲した船舶の原状回復を命じた．Id. at 341–355.

これに対して，捕獲された金銭の原所有者は，ボルティモアにおいて行われたイレシスティブル号の艤装・武装がアメリカ中立法に違反するものであり，したがって，グラン・パラ号から捕獲された金銭は返還されるべきであるとして，アメリカの裁判所に訴えた．

連邦最高裁は，本件においてアメリカ中立法違反があったか否かを検討し，次のように判示した．

> イレシスティブル号が，合衆国と平和関係にある国に対して巡洋艦として使用されるために，軍艦として武装および人員配置された状態で購入され，ボルティモア港を出港したことは，あまりに明らかであり，議論の余地はない．……その行為のどの部分を見ても，商業上の冒険と同視されるべき点は存在しない．同船は戦争のために建造されたのであり，通商のために建造されたのではない．同船上には，戦争目的のために改造されたもの以外の積荷は存在しなかった．乗組員の数は，商人としては多すぎ，私掠者としては十分だった．これらの事情は，イレシスティブル号がボルティモア港を出港した際に伴っていた意思 (intent) を証明している．[121]

本判決は，サンティシマ・トリニダード号事件判決が示した「商業上の冒険」の原則を踏襲しつつ，「商業上の冒険」の一環と見なされる合法な艤装・武装とアメリカ中立法上違法な船舶の艤装・武装とを区別する基準が，「意思 (intent)」——船舶を使用し処分する権限を有している者（船舶所有者等）が，その船舶を商品として売却する意思を有しているのか，それとも戦争（私掠）に使用する意思を有しているのか——であることを明らかにしたものである．つまり，イレシスティブル号の積荷の内容および量や乗組員の数から同船所有者の「意思」を推定し，同船は通商目的ではなく，戦争（私掠）を行う「意思」を伴ってアメリカを出港したこと，それ故，このような「意思」の存在を認識しつつ同船を艤装・武装することはアメリカ中立法違反だったことを認定したのである．本判決が示したこうした立場は，次に検討する1832年の合衆国対クインシー事

---

[121] The Gran Para, 20 U.S. (7 Wheat.) 471, 486 (1822).

件において一層明確に展開された．

　（iii）　合衆国対クインシー事件（1832 年）

　ボリーヴァル号（Bolivar）は，アメリカのボルティモア港で艤装された後，同港を 1827 年 9 月 27 日に出港して西インド諸島のセント・トーマス（St. Thomas）に向かい，当時ブラジルと戦争を行っていたリオ・デ・ラ・プラタ連合州（United Provinces of Rio de la Plata）から委任を受けて私掠船となり，ポルトガル，ブラジルおよびスペインの商船数隻を捕獲した船舶である．本件被告人のジョン・クインシー（John Quincy）は，ボルティモア港におけるボリーヴァル号の艤装に関与したとして，アメリカ中立法第 3 条に基づき起訴された．なお，裁判所によって認定された通り，「リオ・デ・ラ・プラタ連合州は，1827 年より前に，合衆国政府の行政府によって独立国として正規に承認されていた」[122]から，本件で問題となったのは内戦ではなく，国家間戦争である．

　連邦最高裁は，アメリカ中立法第 3 条の違反が成立するためには，違法な「意思」の存在が必要であり，実際にそのような意思が存在したか否かを認定するのは陪審の任務であるとしつつ，「意思」の存在が必要である理由について，次のように述べた．

> それ［意思］は，行為の合法性または犯罪性を決定し，冒険が商業的性格を有するのか戦争的性格を有するのかを決定する，重要なポイントである．本法［アメリカ中立法］は，合衆国国民所有の武装船舶が我が国の港を出港することを禁止していない．ただ，その船舶が，合衆国と平和関係にある外国に対して敵対行為を行うために用いられないという保証（本件でなされたような保証）を，所有者に要求しているだけである．
> ……
> 我が国民には，商業目的に必要なあらゆる自由が与えられている．国民は，我が国を戦争に巻き込むことを意図した行為（such acts calculated to involve the country in war）を行わないよう，制限を受けるだけである．[123]

---

122)　United States v. Quincy, 31 U.S. (6 Pet.) 445, 467 (1832).
123)　Id. at 466.

このように，本判決は，グラン・パラ号事件よりも一層明確に，「商業上の冒険」と見なされる合法な艤装・武装と，アメリカ中立法上違法な艤装・武装とを区別する基準が，「意思」――船舶所有者等が，同船をアメリカから出港させる段階で，同船を商品として売却する意思（通商を行う意思）を有していたのか，それとも交戦国に対する戦争（私掠）に使用する意思を有していたのか――であることを明らかにしたのである．

(iv) 意思の法理

アメリカ中立法第3条に関する3つのリーディング・ケースを検討した結果をまとめれば，次のようになる．

私人が中立国において戦時禁制品たる物品を製造し（船舶の場合は建造・艤装・武装し），交戦国に向けてこれを輸出することは，「商業上の冒険」であり，自由である．このような「冒険」（戦時禁制品の製造・輸出）に従事する者は，海上輸送中に戦時禁制品たる物品を交戦国軍艦により捕獲されるリスクを負うが，そのようなリスクを覚悟するのであればこのような「冒険」を行って構わないし，中立国政府もそれを禁止しなくてよい．しかし，私人は，中立国を「戦争に巻き込むことを意図した行為を行わないよう，制限を受ける」（合衆国対クインシー事件）．そのような「制限」を受ける行為が，アメリカ中立法によって禁止される行為に他ならない．

それでは，アメリカ中立法上合法な行為（「商業上の冒険」）と，同法上違法な行為（「[中立国を]戦争に巻き込むことを意図した行為」）とは，どのように区別されるのか．この点についてアメリカ連邦最高裁は，アメリカ中立法上違法な艤装・武装が成立するためには，① 問題となる船舶を使用し処分する権限を有している者（船舶所有者等）が，アメリカの港を出港する段階で，交戦国または交戦国の商船に対して敵対行為（具体的には私掠）を行う「意思」を有していること，そして，② アメリカ領域内において同船に艤装・武装を施す者が，こうした「意思」の存在を認識しつつ艤装・武装を行うことが必要であるという基準を示した．こうしてアメリカの判例法上形成された法理は，アメリカ中立法上違法な行為と合法な行為とを「意思」によって区別することから，「意思の法理 (the legal doctrine of intent)」と呼ばれる[124]．

---

124) Westlake, *International Law*, pt. 2, 213.

こうした意味での船舶所有者等の「意思」と，船舶に艤装・武装を施す者の認識との関係については，ウェストレイクが次のように説明している[125]．すなわち，私人が船舶を市場で売却するために中立国の港を出港させるとき，その私人は，同船舶が交戦者によって購入され戦争に使われるかもしれないと予想（expectation）はしているだろう．しかし，同船舶を戦争に使用するという「意思」は，交戦者が同船舶を購入した時点ではじめて形成されるのであり，船舶を売りに出した当該私人はそうした「意思」の形成に対して何ら援助を与えていない．他方，船舶が中立国領域内で交戦者に売却されており，その交戦者が同船舶を戦争に使用する「意思」を中立国領域内で既に有している場合には，その船舶が中立港を出港すること自体，「戦争行為（an act of war）」であり，同船舶を戦争に使用する交戦者の「意思」を認識しつつ（with knowledge of his intent）同船に艤装・武装を施す者は，その「戦争行為」を幇助したことになる．中立国政府がこのような艤装・武装を防止するのは，中立国領域内で「戦争行為」およびその幇助が行われることを許せば，中立国自身が交戦国に対して「戦争行為」を行っていると見なされてしまうからである．

こうして，船舶の艤装・武装は，軍事的遠征の連続線上に位置づけられることになる．すなわち，私人が交戦国または交戦国の商船に対して私掠という敵対行為を行うこと自体は，軍事的遠征に該当する[126]．そして，本項の(2)で明らかにしたように，軍事的遠征は私人が交戦国に対して行う「戦争」であり，中立国はその領域内で軍事的遠征が組織・開始されることを防止するために必要な措置をとらなければ，そのような「戦争」に「共謀」していると見なされる．他方，船舶の艤装・武装に関してアメリカの判例で形成された「意思の法理」によれば，私掠という軍事的遠征に使用する「意思」の存在を認識しつつ船舶に艤装・武装を施す者は，彼自身もその軍事的遠征に従事していると見なされる．したがって，中立国政府は，軍事的遠征そのものだけでなく，軍事的遠征に使用される意思を伴う船舶の艤装・武装をも防止するために必要な措置をとらなければ，私人の行う「戦争」に「共謀」していると見なされてしまう．

---

125) Ibid., 213–214.
126) Curtis, "Hostile Military Expeditions," 9.

要するに，合衆国対クインシー事件においてアメリカ連邦最高裁が述べたように，「我が国を戦争に巻き込むことを意図した行為を行わないよう，[私人の行動に]制限」を課すことが，アメリカ中立法第 3 条の目的なのである．

(b) アラバマ号事件

敵対行為目的の船舶の艤装・武装に関する原則の形成に重要な役割を果たした事例としては，以上で検討したアメリカの国内判例の他に，1872 年のアラバマ号事件仲裁裁判がある．以下では，この事例について検討する．

(i) 事実関係

1861 年 4 月にアメリカ南北戦争が勃発すると，イギリス政府は中立宣言を公布し，本内戦において外国入隊法を遵守するよう自国臣民に求めた（1861 年 5 月 14 日）[127]．それにも関わらず，本内戦においては，南部連合（the Confederate States）の私掠に使用される船舶がしばしばイギリス国内で建造・艤装された．

そうした船舶の 1 つであるアラバマ号（Alabama）――当初「第 290 号（No. 290）」と呼ばれていたが，後に「アラバマ号」と名称変更された――は，南部連合政府の注文により，イギリスのバーケンヘッドでイギリスの造船会社により建造された船舶であり，完成後リヴァプールに運ばれて注文者に引き渡された後進水し（1862 年 5 月 15 日），同地で艤装が行われた[128]．

ロンドン駐在のアメリカ公使アダムズはイギリス外相ラッセルに対し，アラバマ号は現在艤装を行っており，ほとんど出港の準備を終えていること，同船は出港後バハマのナッソーに向かい，そこで武装・補給・人員配備を完成させた後，私掠に従事するであろうと信ずるに足る強い理由があることを伝えた（1862 年 6 月 23 日）[129]．これに対して，イギリス政府はこの問題を政府の適切な

---

127) Russell to Lyons, May 15, 1861; Enclosure: By the Queen, A Proclamation, *BDFA*, pt. 1, ser. C, vol. 5, pp. 202–205.

128) 後述するように，アラバマ号の武装はイギリス国外のテルセイラ島において行われたが，同船の建造と艤装がイギリス領域内で行われたことについて，イギリス政府とアメリカ政府の間に争いはなかった．Case of the United States, *PRTW* 1:146–155; Case of Great Britain, *PRTW* 1:308–353.

129) Adams to Russell, June 23, 1862, *PRTW* 1:308.

機関に直ちに付託することを約束し，国王の法務官 (law-officers of the Crown) に意見を求めた (同 25 日)[130]．同 30 日に提出された法務官の意見書によれば，仮にアダムズ公使の抗議が事実に合致するものであれば，アラバマ号の建造と同船に対して施されている艤装・装備は「外国入隊法の明白な違反であり」，「同船が海上に出るのを防止する……ための措置がとられなければならない」が，実際にそのような措置がとられるべきかどうかは「同法違反に関する証拠の性質と十分さに依存する」とのことであった[131]．

そこで，アダムズ公使の主張を裏づける十分な証拠が存在するか否かが問題となり，アメリカ政府はこの点に関する証拠をイギリス政府に提出した (7 月 21 日)．しかし，イギリス政府はこの証拠を「現実にはたった 1 人の証人の証言に基づく乏しい (scanty)」[132] 証拠に過ぎないとしたため，アメリカ政府は同 23 日と 25 日に追加的な証拠を提出した．イギリス政府はこれらの証拠について法務官に意見を求め (7 月 23 日)，法務官の意見書は 7 月 29 日に提出された．それによれば，「［アラバマ号は］適切な当局によって差し押さえられる (seized) べきである」[133] とのことであった．この意見を受けたイギリス政府は，アラバマ号を差し押さえるよう，リヴァプールの税関吏に命令した (同 31 日)[134]が，アラバマ号は，法務官意見書が政府に届く前の 7 月 29 日午前中に既にリヴァプー

---

130) Russell to Adams, June 25, 1862, *PRTW* 1:310. なお，Law Officers of the Crown (国王の法務官) とは，イギリスにおいて，国際法などの諸問題について国王に助言を与えた者のことである．すなわち，イギリスでは，16 世紀以降，外交上生じた国際法上の諸問題について，国王が Queen's (King's) Advocate (国王の弁護士)——通常はドクタズ・コモンズ (Doctors' Commons) に所属する弁護士——に助言を求める慣行が生じた．17 世紀以降になると，とりわけ重大な問題については，Queen's (King's) Advocate に加えて，Attorney-General (法務総裁) と Solicitor-General (法務次長) が Queen's (King's) Advocate と協同して国王に助言を与えるようになった．Law Officers of the Crown とは，このようにして国王に助言を与えた，Queen's (King's) Advocate, Attorney-General, Solicitor-General の 3 者を総称する際の呼称である．McNair, *International Law Opinions*, 1:xvii–xviii, 3:407–430.
131) The Law-Officer of the Crown to Russell, June 30, 1862, *PRTW* 1:310.
132) Case of Great Britain, *PRTW* 1:352.
133) The Law-Officers of the Crown to Russell, July 29, 1862, *PRTW* 1:325–326.
134) Case of Great Britain, *PRTW* 1:326.

ル港を出港してしまっていた．

　アラバマ号はその後，ポルトガル沖のテルセイラ島に到着し，同地において，アグリッピナ号（Agrippina）とバハマ号（Bahama）がイギリスから運んできた武器，弾薬，軍備品，石炭および人員を補給した後，南部連合から委任を受けて私掠船となり，連邦側の商船を海上捕獲した．

　アメリカ政府はイギリス政府に対し，アラバマ号をはじめとする，イギリス国内で建造・艤装等された私掠船が行った行為により生じた損害について，損害賠償を請求した．賠償問題に関するアメリカ政府とイギリス政府との交渉は数年間続けられたが，結局，両政府は1871年のワシントン条約によって，本紛争を仲裁裁判に付託することに合意した．

　ワシントン条約の第6条には，本件に適用される裁判準則が定められていた（いわゆる「ワシントン3規則」）．その第1規則は，中立国が，「自国と平和関係にある国に対して巡邏（cruise）または戦争を行う（carry on war）意思を有する（intended）と信ずるに足る十分な根拠のある船舶について，その艤装，武装，または装備が自国の管轄内で行われることを防止するため，相当の注意（due diligence）を払い」，「また，前記のような国に対して巡邏または戦争を行う意思を有する船舶が，既に自国の管轄内で完全にまたは部分的に戦争用に特別に改造されている場合には，その管轄内からの出港を防止するため，同様の注意を払わ」なければならないというものであった[135]．

　本件における争点は，イギリス政府がアラバマ号の建造・艤装・出港を防止するために「相当の注意」を払ったかどうかであった．具体的には，1862年7月21日にアメリカ政府が提出した証拠について，イギリス政府がこれを「現実にはたった1人の証人の証言に基づく乏しい」証拠に過ぎないとしてそれ以上の証拠を求め，追加的な証拠が提出された同23日および25日以降も，イギ

---

135) *PRTW* 1:14. なお，ワシントン規則第2規則は，中立国が「他方交戦国に対する海軍作戦のための根拠地として，または軍事物資もしくは武器の更新・増強の目的で，または人員徴募の目的で，その港または海域が交戦国によって使用されることを許容または容認しないこと」を，第3規則は，中立国が「その管轄内にあるすべての人について，前記の義務の違反が行われることを防止するため，その港および海域において相当の注意を払うこと」を定めたものだった．

リス国内法に従って法務官に意見を求める手続をとっている間にアラバマ号が出港してしまった（同29日）という「8日間の遅れ」が，アメリカ政府の主張するように「イギリス政府の重大な過失（gross negligence）」を構成するのかという問題だった[136]．

　この点について，イギリス政府は，外国入隊法に違反して建造・艤装されている船舶を差し押さえ，没収する措置をとるためには，船舶所有者が同船を戦争に使用する意思（intent）を有していることを証明する「法的立証（legal proof）」が必要であり，また，本件においてイギリス政府が法務官に意見を求め，それを待っている間（1862年7月23日～29日）にアラバマ号が出港してしまったのは，法務官が突然病気になり意見書の作成が遅れたためだったとして，イギリス政府は，結果としてアラバマ号の出港を阻止できなかったとしても，本件において行使し得る権限を十分に行使した，と主張した[137]．これに対して，アメリカ政府は，交戦国に対する敵対行為に使用されると「疑うに足る合理的な根拠」のある船舶に関しては，疑いの根拠が「法的立証」の域に達していない場合でも，中立国政府は法律に基づき手続を開始しなければならないのであって，この点に関して国内法上政府に与えられた権限が不十分なのであれば，より実効的な権限を政府に付与する法律を制定しなければならなかった，と主張した[138]．

　なお，ワシントン規則には，「イギリス政府は，以上の規則が，第1条の言及する請求権が発生した当時に効力を有していた国際法の原則を表明したものであるということに同意できない」との但書が付けられていた．つまり，イギリス政府は，本件に適用される裁判準則としてワシントン規則に同意しただけであって，同規則が，事件発生当時に妥当していた一般国際法の原則であることを否定したのである．

　(ii)　判決

　仲裁裁判所は，アメリカ政府の主張を容れ，「イギリス女王陛下の政府は，その保持していた法的手段が不十分であったという抗弁によって相当の注意の不

---

136)　Case of the United States, *PRTW* 1:149.
137)　Case of Great Britain, *PRTW* 1:272–273, 351–353.
138)　Case of the United States, *PRTW* 1:63.

履行を正当化することはできない」と判示した.そして,「前述のナンバー『290』号［後のアラバマ号］の建造中に合衆国の外交機関が警告や公式の抗議を行っていたにも関わらず,［イギリス政府は,］しかるべき時に実効的な防止措置をとることを怠り,また,同船の抑留命令が最終的に出されたとはいえ,遅すぎたため,それを執行するのは実行不可能だった」として,イギリス政府がアラバマ号の艤装や出港の防止について「相当の注意」を欠いていたと認定し,イギリスに損害賠償の支払いを命じた[139].

(iii) ワシントン規則の根拠に関する当事国の主張

先に述べた通り,本件では裁判準則としてワシントン規則が合意されていた.そのため,仲裁裁判所は同規則を適用するだけで,同規則の根拠にまで踏み込んだ判断は行わなかった.これに対して,イギリス政府とアメリカ政府は,大量の学説と国家実行を援用しながらワシントン規則の根拠について詳細に論じていた[140].

まず,イギリス政府とアメリカ政府との間に争いがなかったのは,軍事的遠征に関する原則と,戦時禁制品に関する原則についてだった.すなわち,中立国は,自らの領域が「軍事的もしくは海軍的遠征,または陸路もしくは海路に

---

139) Decision and Award, Made by the Tribunal of Arbitration Constituted by Virtue of the First Article of the Treaty Concluded at Washington the 8th of May, 1871, between the United States of America and Her Majesty the Queen of the United Kingdom of Great Britain and Ireland, *PRTW* 4:49–54.

140) ワシントン3規則が裁判準則として合意されていたにも関わらず両政府が同規則の根拠について詳細に論じた理由は必ずしも明らかでないが,イギリス政府の観点から見れば,中立国が防止すべき艤装と防止する必要のない艤装とを分ける基準が,船舶所有者等の「意思」にあり,そのような「意思」の立証は困難であるということ,それ故,そのような困難な立証を必要とする措置についてイギリス政府が慎重に手続を進めたとしても,それが直ちに「相当の注意」の欠如に該当する訳ではないということを論証するためであったようである.Case of Great Britain, *PRTW* 1:239–244.また,アメリカ政府の観点から見れば,本件で問題となったような敵対行為目的の船舶の艤装・武装を防止することは,中立国が交戦国と平和関係を維持できるかどうか,逆に,交戦国と戦争状態に入るかどうかの問題であり,イギリスが他国と戦争を行うか平和を維持するかの問題については,イギリス国内法上,制定法がなくても国王大権で対処ができたということ,つまり,制定法（外国入隊法）の不備は本件においてアラバマ号の出港を阻止できなかったことの抗弁にならないということを論証するためであったようである.Argument of the United States, *PRTW* 3:17–27.

よる敵対行為のための拠点もしくは出発地」になることを防止するため,「相当の注意」を払わなければならないが,他方で中立国は,戦時禁制品が自国領域内で製造され,交戦国に売却され,または交戦国に向けて輸出・輸送されるのを防止しなくてよい[141].

イギリス政府とアメリカ政府の見解が分かれたのは,船舶の艤装・武装について,軍事的遠征に関する原則を適用するのか,それとも戦時禁制品に関する原則を適用するのかということだった.

イギリス政府によれば,「中立領域内で戦争用に準備された後に,交戦国の用に供するために中立港から送られる船舶」については,「2つの異なる観点から見ることができる」.すなわち,一方で,「戦時禁制品の売却,製造,船積みおよび輸送に適用される原則の範囲内に入るもの……と見なすこともできる」が,「他方で,……敵対的遠征の準備および開始と見なすこともできる」.そして,両者の間に「明確な,正確な,そして明瞭な線」を引くことは難しい.イギリス政府によれば,船舶の艤装・武装を「敵対的遠征の準備および開始」と見なして禁止した国はアメリカとイギリス以外には存在しないのであって,ワシントン規則が現行国際法を表明したものとは言えないというのである[142].

他方,アメリカ政府は,ワシントン規則が現行国際法の規則であると主張した.この主張の根拠は,諸国が敵対行為目的の船舶の艤装・武装を軍事的遠征に準ずるもの,つまり中立国が防止すべきものと見なしているということである.すなわち,アメリカ政府によれば,敵対行為目的の船舶の艤装・武装は,「[私人が交戦国に対して行う]組織化された戦争(organized war)と見なされてきたし,現在もそのように見なされている」のであり,軍事的遠征に準じるものと見なされているというのである[143].

結局,イギリス政府とアメリカ政府の見解の違いは,諸国の慣行において,敵対行為目的の船舶の艤装・武装が,軍事的遠征の一環をなすものであって中立国が防止すべきものと見なされているのか(アメリカ政府の見解),それとも

---

141) Case of Great Britain, *PRTW* 1:236–237; Case of the United States, *PRTW* 1:80–81; Argument of the United States, *PRTW* 3:22–23.
142) Case of Great Britain, *PRTW* 1:239.
143) Case of the United States, *PRTW* 1:63–88.

戦時禁制品の輸出・輸送の一環に過ぎないものであって中立国が防止する必要のないものと見なされているのか（イギリス政府の見解）という点に関する認識の違いだった．

　アメリカ政府の立場に立った場合，中立国が敵対行為目的の船舶の艤装・武装を防止すべき根拠は，次のように理論構成される[144]．アメリカ政府によれば，「他の主権国家が交戦国であるときに平和状態にとどまり，中立にとどまる権利」も，逆に「他の主権国家に戦争原因を与える権利 (the right to give cause of war to another sovereign)」も，「主権の性質に内在している (inherent in the quality of sovereignty)」．そして，「このような戦争原因は，公然の戦争行為 (acts of professed warfare) によってもたらされる」．「公然の戦争行為」には，外国領土攻撃などの他，「外国の商船を捕獲すること」も含まれる．したがって，ある国が他国の「商船を捕獲」すれば，前者は後者に対して「公然の戦争行為」を行ったことになり，それ故，後者の前者に対する「戦争原因」が生ずる．また，アメリカ政府の見解では，私人が「外国の商船を捕獲」した場合──私掠船の艤装・武装等を行うことは，「外国の商船を捕獲すること」の一環を構成するものと見なされる──も，国家が他国の「商船を捕獲」した場合と同じ結果が生ずる．なぜなら，「外国に関するすべてのことについて，臣民（または居住する外国人）の意思は現地の主権者の意思に埋没する (merged)．臣民（または居住する外国人）が外国に侵害行為を犯すのを，主権者が許可し (permit) または認識しながら黙認すれば (knowingly suffers)，主権者は責めを負う」のであり，私人が「外国の商船を捕獲」することを国家が「許可しまたは認識しながら黙認すれば」，国家自身が外国に対して「公然の戦争行為」を行ったものと見なされ，「当該外国にとっての公的戦争の原因 (causes of public war)」が生ずるからである．したがって，アメリカ政府が主張するところによれば，中立国がこのような艤装・武装を防止するのは，中立国が交戦国に「公的戦争の原因」を与え，「中立国が交戦国になってしまう」のを避けること，言い換えれば，自国が戦争に巻き込まれないようにするためなのである．

---

144) Argument of the United States, *PRTW* 3:22–25.

(c) アラバマ号事件以降の展開

アラバマ号事件では，交戦国に対して敵対行為を行う意思を有する船舶の艤装・武装について，これを戦時禁制品の製造・輸送・売却の一環に過ぎないものと見なすのか（イギリス政府の見解），それとも，船舶が交戦国に対して行う軍事的遠征の一環を構成するものと見なすのか（アメリカ政府の見解），という点について争いがあった．アラバマ号事件以降も，特にイギリスの国際法学者を中心として，船舶の艤装・武装は戦時禁制品の製造・輸送・売却の一環に過ぎず，したがって中立国はこれを防止する必要がないという見解をとる人たちがいた[145]．

しかし，アラバマ号事件以降，中立国は交戦国に対して敵対行為を行う意思を有する船舶が自国領域内で艤装・武装されることを防止する必要がある，つまり，ワシントン規則は一般国際法の規則である，という学説の方がむしろ多数説になっていった．例えば，カルヴォは，万国国際法学会（Institut de Droit International）の 1874 年会期に提出した報告書において，各国国内法，外交実践，学説などを詳細に検討し，ワシントン規則は新規則を創設したのではなく，既に存在していた規則を確認したものだったと結論づけた[146]．同会期ではこの他の多くの学者がカルヴォの見解に賛成したため[147]，万国国際法学会は，ワシントン規則が現行法を宣言したものであるという旨の決議を採択した[148]．

そして，最終的に，ワシントン規則は，1907 年ハーグ海戦中立条約によって採用された（本書 141 頁参照）．つまり，諸国も，ワシントン規則をアラバマ号事件仲裁裁判限りの裁判準則としてではなく，一般国際法の規則として認め，アラバマ号事件仲裁裁判におけるアメリカ政府の立場を支持したのである．

---

145) E.g., Hall, *Rights and Duties of Neutrals*, 61–73; Oppenheim, *International Law*, 1st ed., 2:360.

146) Calvo, "Examen des trois règles," 453–532.

147) Woolsey, "Les trois règles de Washington," 559–560; Rolin-Jaequemyns, "Les trois règles de Washington," 561–569; Bluntschli, "Résolutions proposées à l'Institut," 581.

148) Institut de Droit International, *Annuaire de l'Institut de Droit International* 1:139–140.

4　中立国が行うべきその他の行為類型

　ここまでで明らかにしたように，19世紀において，中立にとどまることを望む国は，国内中立法に基づき，私人が交戦国に対して行う軍事的遠征や敵対行為目的の船舶の艤装・武装を取り締まっていた．しかし，中立にとどまることを望む国が行うべき行為は，国内中立法に規定された事項に限られる訳ではない．例えば，中立国が国家として交戦国に軍事的援助を与えないことは，どの国の国内法にも規定されていなかったが，中立にとどまることを望む国がそのような援助を差し控えるべきことは，国家実行上も学説上も一致して認められていた．

　そこで，以下では，中立にとどまることを望む国が行う必要のある行為として，軍事的遠征や敵対行為目的の船舶の艤装・武装の取り締まり以外にどのようなものがあったのか，また，逆に，中立にとどまることを望む国が行う必要のないとされた行為としてどのようなものがあったのかを見ておくことにする．

(1)　交戦国への軍事的援助

　中立にとどまることを望む国が交戦国に軍事的援助を与えてはならないということは，19世紀の国家実行と学説において一致して認められていた[149]．交戦国に与えてはならない援助（物品または役務）としては，軍艦，軍需品，金銭，軍事情報などが含まれるものとされたが，中立国がそのような物品や役務を交戦国に供与してはならないのは，一方交戦国にそのような物品や役務を供与する行為が，「戦争に間接的に参加すること（indirectly to take a part in the war）」[150] に等しいからであるとされた．つまり，アラバマ号事件仲裁裁判においてアメリカ政府が述べたように，「一方交戦国に援助を与えること」は，他方交戦国に対する「公然の戦争と同等の行為（acts equivalent to professed warfare）」であり，当該他方交戦国に「戦争原因（cause of war）」を与えることになるから，そのような事態を避け，戦争の局外にとどまりたい国は，一方交戦

---

149)　E.g., Kleen, *Lois et usages de la neutralité*, 1:233–255; Oppenheim, *International Law*, 1st ed., 2:376–386.

150)　Opinions of Sir Alexander Cockburn, *PRTW* 4:234.

国への軍事的援助を差し控える必要があるのである[151]．

ただし，交戦国への軍事的援助が実際に問題になった例は，それほど多くはない．それは，一方交戦国への軍事的援助が他方交戦国に対する「公然の戦争と同等の行為」であって当該交戦国に戦争原因を与えることになるとされていた以上，戦争の局外にとどまることを望む中立国は，そのような援助を差し控えるのが普通だったからである．むしろ，実際に多くの問題が生じたのは，国家が中立にとどまることを決定し，交戦国への軍事的援助を差し控える態度をとっていながら，私人が，国家のそのような決定・態度を無意味にしかねない行動（軍事的遠征など）を行うという状況だったのである[152]．

なお，一方交戦国に対して言葉の上で支持（sympathy）を表明することは，一方交戦国への一種の道徳的援助（moral support）であり，かつ，他方交戦国への差別となる行為であるが，中立国はこれを表明して構わないとされていた[153]．その理由は，言葉の上での支持の表明が，「戦争行為（kriegerischen Acte）ではなく，戦争への参加（Theilnahme am Krieg）ではない」[154] からであるとされた．このことは，中立にとどまることを望む国が行うべき行為の範囲が，交戦国を差別してはならないという原理によってではなく，問題となる行為が「戦争への参加」と見なされるような行為であるかという原理によって画定されていたことを意味する．交戦国に軍事的援助を与えることは，「戦争に間接的に参加すること」ないし「公然の戦争と同等の行為」であると見なされたからこそ中立国が差し

---

151) Argument of the United States, *PRTW* 4:22.

152) 例えば，ムーアが編集した *Digest of International Law* に掲載されている中立関連の国家実行の大部分は，私人の行動に関する問題（軍事的遠征や船舶の艤装・武装など）である．Moore, *Digest of International Law*, 7:859–1109.

153) E.g., Kleen, *Lois et usages de la neutralité*, 1:113; Piédelièvre, *Précis de droit international public*, 2:486; Rivier, *Principes du droit des gens*, 2:384–385; Verraes, *Les lois de la guerre*, 2:45. 交戦国に対する支持の表明が実際に問題となった国家実行はあまりないようであるが，第一次大戦にアメリカが参戦した際，エルサルバドル外相がアメリカ政府に対して，「……エルサルバドルは中立にとどまるが，本紛争において合衆国の人民と政府に対するすべての支持（sympathies）を留保する」と述べた例がある．Deák and Jessup, *Collection*, 1:564. エルサルバドル外相によるこの声明は，国家が中立にとどまりながら，同時に，一方交戦国への支持を表明しても構わないと考えられていたことを示している．

154) Bluntschli, *Das moderne Völkerrecht*, 418.

控えるべきこととされ,逆に,言葉の上での支持の表明はそのような行為とは見なされないからこそ,中立国がこれを行ってよいとされていたのである.

(2) 開戦前の防衛的同盟条約に基づく限定的援助(限定中立)

　交戦国に軍事的援助を与えることは原則として中立に反する行為であるが,開戦前に締結された一般的防衛同盟条約に基づいてなされる限定的援助については,これが中立と両立するものであるか否かをめぐって,19世紀の学説上,論争があった.19世紀前半の学説の多くおよび19世紀後半の一部の学説は,そうした援助を行う国の地位を「限定中立(qualified neutrality; neutralité limité; beschränkte Neutralität)」ないし「不完全中立(imperfect neutrality; neutralité imparfaite; unvollständige Neutralität)」と呼んで,交戦国に何の援助も与えない「完全中立(perfect neutrality; neutralité parfaite; vollständige Neutralität)」と区別し,「限定中立」の態度は中立と両立するとしていた(限定中立肯定説)[155].これに対して,19世紀後半になると,いかなる同盟条約に基づくものであっても,交戦国に軍事的援助を与えることは中立と両立しないという学説(限定中立否定説)が多数説になった[156].

　限定中立肯定説の論拠は,開戦前に締結され,かつ,発動対象国を特定しない一般的な性格の防衛同盟条約は,いずれかの国に対して敵対的な性格を有する条約ではないから,そのような性格の条約を履行したとしても交戦国に対して敵対的な行為を行ったことにはならず,中立を維持できるということだった.例えば,マルテンスは,開戦前に締結された一般的かつ防衛的な同盟条約に基づいて一方交戦国に限定的援助を与えることは,「現在の敵を害する意思(l'in-

---

155) Martens, *Précis du droit des gens*, 2e éd., 452; Klüber, *Droit des gens moderne*, 436–437; Kent, *Commentaries on American Law*, 2:108; Wheaton, *Elements of International Law*, 281–283; Manning, *Commentaries on the Law of Nations*, 167–168; Heffter, *Das europäische Völkerrecht*, 243–244; Halleck, *Elements of International Law*, 230–231; Bluntschli, *Das moderne Völkerrecht*, 415; Woolsey, *Introduction to the Study of International Law*, 277–278; Calvo, *Le droit international*, 4:486–487.

156) 本章注159)–162)で引用するものの他に,例えば,Rivier, *Principes du droit des gens*, 2:377–379; Lawrence, *Principles of International Law*, 484–485; Liszt, *Das Völkerrecht*, 240–241.

tention de nuire à l'ennemi actuel）を表明するものではなく，単に［同盟条約の］義務を果たす意思を表明するものに過ぎない」ので，そのような国は他方交戦国によって「敵として扱われるべきではない」と述べている[157]。また，ブルンチュリは，「現在行われている戦争を想定して……締結されたのではない［開戦］以前の条約」によって交戦国に援助を与えることは「中立違反とは見なされない」と述べ，その理由として，こうした援助によって交戦国に対する「平和的立場（die friedliche Gesinnung）」は損なわれず，「戦争に参加したことにはならない」ことを挙げた[158]。

これに対して，限定中立否定説の論拠は，一方交戦国への援助は，それがいかなる条約に基づきなされるものであろうとも，他方交戦国に対して敵対的であることに変わりはないということであった．例えば，フィリモアは，「［開戦に］先行する［条約］規定や援助の限定的性格がこのような行為の敵対的かつ不公平な（*hostile* and *partial*）性格を取り除くと主張することは馬鹿げている」[159] という．フィオーレも，「それ［開戦前に締結された同盟条約］は，援助が与えられる国に敵対している交戦国にとっての事の本質を変更しない．なぜなら，それ［同盟条約］は当該行為の不公平かつ敵対的な（partial et hostile）性格を変更しないからである」[160] という．

このように，限定中立肯定説と限定中立否定説は，一方交戦国への軍事的援助が，開戦前に締結された一般的防衛同盟条約に基づきなされることによって，「敵対的」な性格を除去されるのか，という点をめぐって対立していた．限定中立肯定説によれば，開戦前に締結される一般的な（特定国のみを対象とするのではない）防衛同盟条約は，特にいずれかの交戦国を狙い打ちにしたり，その国と敵対したりする趣旨のものではなく，したがって，そのような条約に基づいてなされる援助も「敵対的」な性格を有しないという．他方，限定中立否定説によれば，開戦前の防衛同盟条約に基づくものであろうがなかろうが，援助

---

157) Martens, *Précis du droit des gens*, 2e éd., 447–448.
158) Bluntschli, *Das moderne Völkerrecht*, 415, 421.
159) Phillimore, *Commentaries upon International Law*, 3:202 ［傍点部分は原文ではイタリック］．
160) Fiore, *Nouveau droit international public*, 3:423.

が与えられる事実に変わりはなく，援助の「敵対的」性格はそのような条約の存在によって除去されないという．援助の「敵対的」性格の有無が問題になるのは，クレーンが言うように，もしそれが「敵対的」であれば，「援助が与えられる国と敵対している当事国は，もはや完全ではないそのような中立を，放棄された無効なもの (abandonnée et nulle) と見なし，その援助を紛れもない敵対行為と見なす権利」を有し，援助を与える国を「敵として扱う (traite en ennemi) ことができる」からであり，逆に，「敵対的」性格を有しない場合，同国に開戦することは許されないからである[161]．

なお，注意しなければならないのは，限定中立否定説においても，一方交戦国への援助が違法とされていた訳ではなく，そうした援助を行う国が他方交戦国に対して中立の地位を主張できなくなるとされていただけだということである．例えば，クレーンは，中立は「完全であるか無であるか (parfaite ou nulle) のいずれかである」として限定中立否定説をとるが，不正に攻撃された国を援助することは他国の「道徳的義務 (le devoir moral)」であるとさえ言う．ただ，そのような国は「中立の利益を主張することができな」くなるのである[162]．つまり，限定中立をめぐる学説の論争は，開戦前の一般的同盟防衛条約に基づく援助が合法か否かをめぐる論争ではなく，そのような援助を行う国が，一方交戦国への援助という，通常であれば中立と両立しない行為を行うにも関わらず，中立の地位を他方交戦国に対して主張できるか否かをめぐる論争だったのである．

(3) 私人による戦時禁制品の輸出・輸送

本項の (1) で述べた通り，中立にとどまることを望む国は，国家として交戦国に軍事的援助を与えてはならない．これに対して，私人が一方交戦国に向けて軍需品を輸出・輸送する場合，他方交戦国は敵国に向けて海上輸送される軍需品を戦時禁制品として海上捕獲できるが[163]，中立国としては，私人が行う戦時禁制品の輸出・輸送を禁止する必要はなく，それを放置して構わないとされ

---

161) Kleen, *Lois et usages de la neutralité*, 1:112–113.
162) Ibid., 76, 111.
163) 交戦国が海上輸送中の貨物を戦時禁制品として捕獲・没収するための要件は，① 当該物品が戦争の用に供し得る性質のものであることと，② 敵性仕向地を有する

ていた．このような原則は，19 世紀の国家実行・学説において広く認められ，1907 年ハーグ陸戦中立条約第 7 条と同海戦中立条約第 7 条でも採用された．

それでは，中立国が国家としては交戦国に軍需品を与えてはならないにも関わらず，私人による軍需品の交戦国向け輸出・輸送についてはそれを放置してよいのは何故だろうか．

この点を明らかにする際に注目すべきなのは，戦時禁制品を輸出・輸送するという私人の行為がどのような性格のものと捉えられていたのかということである．この点については，私人による戦時禁制品の輸出・輸送が「非中立的行為（unneutral act）」ないし「敵対行為（hostility）」であるとする学説・国家実行もなかった訳ではない[164]．しかし，19 世紀の多くの学説・国家実行は，戦時禁制品の輸出・輸送という私人の行為は何ら「非中立的」でも「敵対的」でもなく，商業的行為に過ぎないとしていた．例えば，既に一度引用したように，サンティシマ・トリニダード号事件（1822 年）においてアメリカ連邦最高裁は，「……我が国の国民が外国の港に向けて武装船舶や軍需品を売却のために送ることを禁止するものは，我が国の法律にも国際法にも存在しない．それは商業上の冒険（commercial adventure）であり，国家はそれを禁止する義務を負っていない」[165]と述べた．また，シャヴァッセ事件（1865 年）において，イギリスの大法官は，「中立国の商人が交戦国に向けて軍需品を輸送する行為はまったく合法であり，他方交戦国が戦時禁制品を拿捕し没収する行為も同じく合法である．

ことである．なお，戦時禁制品を輸送する中立船自体と同船上の非禁制品貨物をどのような場合に没収できるかについて，諸国の慣行は一致しなかった．この点については，田岡『国際法学大綱』下巻 357–359 頁を参照．

164) E.g., The Commercen, 14 U.S. (1 Wheat.) 382, 387 (1816); Baker, *Halleck's International Law*, 2:245; Moore, *Digest of International Law*, 7:749. 私人による戦時禁制品輸送を「非中立的行為」ないし「敵対行為」と性格づけるのであれば，中立国がそれを禁止せず放置して構わない根拠が問題となる．この点について，ウールジィは，中立国政府が戦時禁制品貿易を厳格に監視するのが困難であること，また，そのような厳格な監視を行うことは，戦時禁制品貿易に関与しない無実の（innocent）商人にとっても迷惑であることから，私人による戦時禁制品輸送の取り締まりと処罰については，それによってもっとも危険にさらされる国，つまり交戦国の海上捕獲に委ねる慣行が生まれた，と説明している．Woolsey, *Introduction to the Study of International Law*, 297.

165) The Santissima Trinidad, 20 U.S. (7 Wheat.) 283, 340 (1822).

これらの相互に衝突する権利（These conflicting rights）は併存しているのであって，一方が権利をもっているからといって他方の行為が違法になる訳ではない」[166]と述べた．これらの判例は，私人による戦時禁制品の輸出・輸送が，国際法上も国内法上も禁止されておらず，交戦国によって捕獲されるリスクを覚悟しながら行う商業的行為に過ぎないことを明らかにしたものであり，こうした考え方は，19世紀の学説・国家実行において広く支持されていたのである[167]．

それでは，私人による戦時禁制品の輸出・輸送が商業的行為に過ぎないとされるのは何故だろうか．この点については，ホールが次のように説明している．

> 交戦国に有害な（prejudicial）国家の行為は，必然的に，害を与える意思（the intent to injure）を伴って行われる．しかし，私人の商業的行為（commercial act）は，交戦国に対して偶然に（accidentally）影響を与えるだけである．それは，交戦国に対抗して行われる（directed against）訳ではない．それは，商取引（business）の過程において，つまり商業的利益を得る目的のために行われるのであって，その結果がいかに有害であろうとも，敵対行為（hostility）の本質であるところの，特定の者に危害を加える意図（wish to do harm to a particular person）によって扇動された訳ではないのである．それが［交戦国によって］阻止されるのは，それが［交戦国にとって］都合が悪い（inconvenient）という理由によるのであり，それが違法だからではない．[168]

つまり，「敵対行為」の本質は「特定の者に危害を加える意図」にあるが，私人が戦時禁制品を交戦国に向けて輸出・輸送するのは「商業的利益を得る」ために過ぎず，交戦国に「危害を加える意図」をもって行われる訳ではないから，交戦国に対する「敵対行為」にはならない．これに対して，中立国が国家とし

---

166) *Ex parte* Chavasse, (1865) 46 Eng. Rep. 1072, 1074 (Ch.).
167) E.g., Seton, Maitland & Co. v. Low, 1 Johns. Cas. 1, 14 (N.Y. 1799); Richardson v. Maine Fire and Marine Insurance Company, 6 Mass. 102, 113 (1809); The Laurada, 85 F. 760, 769 (D.Del. 1898); Case of Great Britian, *PRTW* 1:236–237; Argument of the United States, *PRTW* 3:23; Lawrence, *Principles of International Law*, 599–603; Westlake, *International Law*, pt. 2, 194–197.
168) Hall, *Treatise on International Law*, 76.

て交戦国に軍需品を供与する場合には,「貿易は政府の通常の任務(the common functions)ではない」以上,それは「通常ではない動機(extraordinary motive)」,つまり,他方交戦国に「害を与える意思を伴って」行われた「敵対行為」と見なされるのである[169].

そして,戦時禁制品の輸出・輸送という私人の行為がそもそも「敵対行為」でないとすれば,そのような私人の行為を中立国がいくら放置しても,中立国自身が交戦国に対して「敵対行為」を行っていることにはならない.この点,本節3(2)で明らかにしたように,軍事的遠征も私人が行う行為であるが,その行為は「商業的行為」ではなく,私人が交戦国に対して行う「戦争」ないし「私的戦争行為」とされていた.そして,中立国がそのような私人の行為を防止するために必要な措置をとらなければ,中立国自身がその「戦争」に「共謀」していると見なされてしまう.中立国が私人の軍事的遠征を防止するために必要な措置をとるのは,私人の「戦争」に「共謀」していると見なされ,交戦国に開戦の法的根拠を与えてしまう事態を避けるためだった.これに対して,私人による戦時禁制品の輸出・輸送を禁止せずに放置してよいのは,私人のそうした行為が「商業的行為」に過ぎず,中立国がそれを放置しても「商業的行為」に加担したことにしかならないからなのである.

ところで,私人による戦時禁制品の輸出・輸送について,中立国がこれを禁止する必要はなく,交戦国による海上捕獲を受忍すればよいだけであることは,今日では「黙認義務」,「容認義務」または「受忍義務」と呼ばれることが多い.しかし,19世紀の学説において,「黙認義務」といった概念は存在しなかった.19世紀の学説は,「中立国の義務」——これを「義務」と性格づけることが適切かどうかは別にして[170]——として,避止(abstention)と公平(impartialité)の2つを挙げることが多かったが,「黙認」を「中立国の義務」の1つとして挙げてはいなかった.もちろん,19世紀の学説においても,中立国国民の行う海上通商に対して交戦国は一定の範囲で海上捕獲権を行使できるとされていたが,その問題は,中立国の諸権利の1つである海上通商自由が交戦国の海上捕獲権によって制限される問題として,「中立国の諸権利(rights of neutrals; droits des

---

169) Ibid., 76, 555.
170) この点は本章第2節2で論ずる.

neutres; Rechte der Neutralen)」と題する章において扱われていたのである[171]．

「黙認義務」の概念が用いられるようになったのは 20 世紀になってからのことであるが，この概念が具体的に何を意味するものなのかは，実は必ずしも明らかではない．すなわち，学説上，中立国が「黙認義務」を負うということの意味は，交戦国が海上捕獲によって中立国国民の利益を侵害した場合に，「平時であるならば，当然加害国に対し損害賠償を要求することができるが，戦争のさいには，交戦国が戦争法にしたがうかぎり，中立国はそれを黙認し，甘受しなければならない」[172] ということであるとされる．これは，交戦国による適法な海上捕獲権の行使に対して中立国は損害賠償を請求しても構わないが，その請求が法的に通ることはないという意味に過ぎないのか，それとも，そのような場合に中立国は交戦国に対して損害賠償を請求すれば義務違反または中立に反する行為を行ったことになるという意味なのか．前者の意味──おそらく，多くの学説において，「黙認義務」の概念はそのような意味で使われていると思われる──なのであれば，ストーンが指摘するように，中立国は交戦国による海上捕獲権行使を黙認する「義務」を負っているというよりも，交戦国が海上捕獲権という「特権 (privilege)」を有していることに対応して，中立国が「無権利 (no-right)」の状態（損害賠償請求権を有しない状態）にあるに過ぎないことになるであろう[173]．

---

171) E.g., Calvo, *Le droit international*, 4:523–566. 交戦国による海上捕獲権の行使を受忍・黙認することが「中立国の義務」の 1 つとして挙げられるようになったのは，20 世紀になってから（特に戦間期以降）のことである．E.g., Oppenheim, *International Law*, 1st ed., 2:333; Holland, *Lectures on International Law*, 490; Kunz, *Kriegsrecht und Neutralitätsrecht*, 228; Verdross, *Völkerrecht*, 320; 田岡『国際法学大綱』下巻 404–405 頁；立『戦時国際法論』430–431 頁．
172) 田畑『国際法新講』下巻 287 頁．
173) ストーンは，ホーフェルドの「権利」分類論に依拠しながら，いわゆる「黙認義務」について，交戦国が海上捕獲の「特権」を有しているのに対応して，中立国は当該交戦国に対して法的救済を求められないという意味で「無権利」の状態にあると整理している．Stone, *Legal Controls of International Conflict*, 383, 478. ホーフェルドによれば，広義の「権利 (rights)」は，① (狭義の) 権利 (right)，② 特権 (privilege)，③ 権能 (power)，④ 免除 (immunity) の 4 つに分類され，それらそれぞれに，他人の，① 義務 (duty)，② 無権利 (no-right)，③ 責任 (liability)，④ 無能力 (disability) が対応する．Hohfeld, *Fundamental Legal Conceptions*, 36–64.

128　第 2 章　伝統的中立制度の成立 (1793〜1918 年)

　もっとも，18 世紀中期から 19 世紀の一部の学説・判例において，交戦国による適法な海上捕獲権の行使に対して中立国が外交的保護権を行使して損害賠償を請求すれば，当該中立国は中立に反する行為を行ったことになるとされる場合もない訳ではなかった[174]．例えば，ヴァッテルは，中立国の臣民が交戦国に向けて武器や軍需品などを輸送する場合，他方交戦国としてはこれを捕獲・没収できるだけであり，中立国自身は何ら責任を負わないとの原則を述べた後，「もしそれらの者［武器・軍需品を没収された者］の主権者が彼らを保護 (protéger) しようと試みれば，それは，その主権者自身がそのような援助を与えようとしていることになる．これは，明らかに中立に反する態度である」[175]と述べている．また，シートン・メイトランド会社対ロウ事件 (1799 年) において，ニューヨーク州最高法院のルイス裁判官は，戦時禁制品や封鎖侵破船が交戦国によって捕獲・没収された場合に，「中立国が［交戦国に対して］賠償 (compensation) を求めれば，自らが戦争の当事者であると公言する (avow itself a party to the war) ことになる」[176]と述べた．さらに，リチャードソン対メイン海上火災保険会社事件 (1809 年) において，マサチューセッツ州最高裁は，臣民の輸送する戦時禁制品が交戦国によって捕獲・没収された場合に，「［中立国の］主権者が彼ら［臣民］に保護を提供 (offer to protect) すれば，彼の［当該主権者の］行動はその中立と両立しない (imcompatible with his neutrality) ことになる」[177]と述べた．

　しかし，このような学説・判例は 19 世紀において少数であり，多くの学説・判例・国家実行は，中立国が交戦国に対して損害賠償を請求しただけで中立に反する行為を行ったことになるとはしていなかった[178]．19 世紀の多くの学説・

---

174)　ただし，その場合にも「黙認義務」という言葉は使われていない．
175)　Vattel, *Le droit des gens*, Liv. III, Chap. VII, § 113.
176)　Seton, Maitland & Co. v. Low, 1 Johns. Cas. 1, 14 (N.Y. 1799).
177)　Richardson v. Maine Fire and Marine Insurance Company, 6 Mass. 102, 113 (1809).
178)　仮に少数説の立場に立った場合，本文で引用したように，交戦国による適法な海上捕獲権の行使について中立国が損害賠償を請求すれば，「主権者自身がそのような援助を与えようとしていることにな」り，「自らが戦争の当事者であると公言することになる」のであるから，適法な海上捕獲権の行使について損害賠償を請求しな

判例・国家実行において，戦時禁制品の問題は，交戦国が海上捕獲権という権利ないし特権を有しており，それに対応して中立国の平時国際法上の権利が一部制限される問題として捉えられていたのである[179]．

(4) 交戦国軍隊・傷病者の領土通過

18世紀以前の学説において，交戦国の軍隊は中立国領土を通過する権利（無害通行権 (transitus innoxius; passage innocent)）を有するとされていた[180]．これに対して19世紀前半の学説は，交戦国の軍隊が無害通行権を有することを否定し，中立国は交戦国の軍隊の領土通過を拒否することができるという立場をとるようになった．ただし，当時の学説において，中立国は，すべての交戦国に平等に許可するのであれば，交戦国の軍隊に領土通過を認めてよいとされていた[181]．

中立国がいずれの交戦国の軍隊にも領土通過を認めてはならないという学説が一般化したのは，19世紀後半になってからのことである[182]．中立国が交戦国の軍隊の領土通過を認めてはならないとされるようになったのは，そのような通過の許可が一方交戦国の戦争遂行を助長することであり，「その性質上，戦争への介入 (an interference in the war) である」[183] ということが広く認められるようになったためだった．

これに対して，交戦国軍隊に所属する傷病者の中立国領土通過に関しては，

いことは，交戦国に軍事的援助を与えないことなどと同様，中立国が中立を維持し，交戦国によって戦争に巻き込まれないようにするために行うべき行為類型の1つであることになる．

179) 交戦国が海上捕獲権を行使することによって中立国の平時国際法上の権利を制限できる根拠，つまり戦時禁制品制度や封鎖制度の正当化根拠は別途問題になる．この点の解明は今後の課題としたい．

180) Grotius, *De jure belli ac pacis*, Lib. II, Cap. II, § XIII; Wolff, *Jus gentium*, § 686–704; Vattel, *Le droit des gens*, Liv. III, Chap. VII, § 119–135.

181) E.g., Martens, *Précis du droit des gens*, 2e éd., 455–456; Manning, *Elements of the Law of Nations*, 245–250; Wheaton, *Elements of International Law*, 284.

182) E.g., Hautefeuille, *Des droits et des devoirs des nations neutres*, 1:211–215; Bluntschli, *Das moderne Völkerrecht*, 429; Fiore, *Nouveau droit international public*, 3:432–434; Kleen, *Lois et usages de la neutralité*, 1:503–504.

183) Hall, *Treatise on International Law*, 558.

中立国がそれを認めてよいかどうかについて，19世紀後半にも見解の対立があった．この問題について見解が対立するのは，傷病者の中立国領土通過が認められれば，交戦国軍隊は傷病者を連れて移動する負担から免れる利益を得ることになる一方，傷病者は速やかに本国に戻って治療を受けなければならず，本国への最短距離をとるために中立国領土の通過が必要な場合もあるからである[184]．このような見解の対立があったため，戦争法に関する条約案の作成を目的として1874年に開催されたブリュッセル会議では，傷病者を速やかに本国に戻して治療を受けさせるという人道的要請を優先させ，「中立国は，交戦国の軍に属する傷者または病者がその領土を通過することを許可することができる」との規定が作成された（ブリュッセル宣言[185]第55条）．これとほとんど同一文言の規定は，1899年の第1回ハーグ平和会議において採択された「陸戦ノ法規慣例ニ関スル規則」[186]（以下「1899年ハーグ陸戦規則」）の第59条と，1907年陸戦中立条約の第14条にも引き継がれた．

(5) 中立国領土における交戦国軍隊・軍人等の取り扱い

敵軍に追われて中立国国境まで来た交戦国軍隊が，その中立国の領土への退避を求めることがある．このような場合，中立国が軍隊に領土への退避とその後の出国を認めれば，その中立国は，交戦国軍隊が一時的に避難し時機を図っ

---

184) こうした見解の対立を示す国家実行の例として，例えば，普仏戦争（1870～71年）において，交戦国プロイセンが自国軍所属の傷病者を本国に戻すため，中立国であるベルギーとルクセンブルクに傷病者の領土通過を認めるよう求めたところ，他方交戦国のフランスがベルギーとルクセンブルクに対してプロイセンのこの要請に応じないよう求め，ベルギーはフランスの見解に従って通過を認めなかったが，ルクセンブルクはその通過を認めたという事例がある．信夫『戦時国際法講義』第4巻330–331頁．この事例において，プロイセンとルクセンブルクは中立国が傷病者の中立国領土通過を認めてよいという立場をとっていたのに対し，フランスとベルギーは，プロイセンの傷病者の通過を認めることが，交戦国プロイセンに軍事的便宜を与えることであり，中立と両立しないとの立場をとっていたのである．

185) "Projet d'une déclaration internationale concernant les lois et coutumes de la guerre," in Samwer et Hopf, *Nouveau recueil général*, 2e sér., 4:212–228. ただし，ブリュッセル宣言は条約としては発効しなかった．

186) "Règlement concernant les lois et coutumes de la guerre sur terre," *CTS* 187:436–442.

て戦場に復帰するための場所として自国の領土を使わせたことになり，当該交戦国に軍事的便宜を与えたことになる．しかし，交戦国軍隊が戦争終結まで中立国の外に出ず，再び軍事行動に従事しないことが確保されるのであれば問題はないはずである．このような考え方に基づくのが中立国による庇護 (neutral asylum) の制度であり，中立国は，軍隊を武装解除し，戦争終結まで留置することを条件として，敵軍に追われた軍隊をその領土に受け入れ，庇護する権利を有する．このことは，19 世紀の国家実行と学説において一致して認められていた．1874 年のブリュッセル宣言第 53 条や 1899 年ハーグ陸戦規則第 57 条でも，「交戦国の軍に属する軍隊をその領土に受け入れる中立国は，なるべく戦地から隔離して当該軍隊を留置する」と規定され，中立国が交戦国の軍隊に庇護を認めてよいこと，ただしその場合にはその軍隊を留置しなければならないという原則が確認された．

　これに対して，①軍隊を構成しない個々の兵士が中立国領土に逃げ込んだ場合の取り扱い，②庇護を認めた交戦国軍隊に捕虜として捕えられていた他方交戦国軍人の取り扱い，③庇護を認めた交戦国軍隊が他方交戦国から奪った物品の取り扱い，④中立国領土に逃げ込んだ逃亡捕虜の取り扱いについては，19 世紀において一貫した国家実行は存在せず，学説も分かれていた[187]．これらの問

---

187) 例えば，②の問題を例にとれば，理論上は，中立国が交戦国軍隊に庇護を与えることを拒否すれば，当該軍隊は中立国国境で追い詰められて敵軍に降伏するしかなく，その場合，当該軍隊が捕虜として捕えていた者は敵軍に奪還されて本国に帰還するはずである．したがって，中立国は当該軍隊に庇護を与えるのであれば，当該軍隊が捕虜として捕えていた他方交戦国軍人の本国への帰還を認めなければならない．そうしなければ，中立国は一方交戦国軍隊に庇護を与えることにより，他方交戦国に不利益（敵軍に捕虜として捕えられていた自国軍人を奪還できなくなるという不利益）を与えることになるからである．しかし，国家実行上は，ドイツやフランスなどのように，庇護を与える軍隊が捕えていた捕虜を戦争終了まで留置する国もあったし，普仏戦争におけるスイスなどのように，スイス領土への庇護を認めたフランス軍が捕虜として捕えていたプロイセン軍人を解放すると同時に，それ以前にスイスが留置していたフランス軍人のうち，解放されたプロイセン軍人と同数の者を本国フランスに帰還させるという措置をとった国もある．信夫『戦時国際法講義』第 4 巻 326 頁．なお，本文に挙げた①〜④の問題について詳しくは，Heilborn, *Rechte und Pflichten der neutralen Staaten*, 12–65; Sauser-Hall, *Des belligérants internés*, 57–247; Wilson, "Escaped Prisoners of War," 519–523 などを参照．

題については，1874年ブリュッセル宣言や1899年ハーグ陸戦規則にも規定は置かれず，結局，1907年の第2回ハーグ会議において解決が図られることになったのである（この点については本節5で述べる）．

(6) 中立国の領海・港における交戦国軍艦の取り扱い

(4)と(5)で見たように，陸上において，中立国は，交戦国軍隊に領土通過を認めてはならず（傷病者の場合を除く），また，交戦国軍隊に領土内の滞留（庇護）を認める場合には，当該軍隊を武装解除し，戦争終結までこれを留置する必要があるとされた．これに対して，海上においては，中立国は，交戦国軍艦に領海通航を認め，また，港への入港と停泊を認めて構わないとされていた（入港・停泊を認める軍艦を武装解除・留置する必要はない）．

陸と海とでこのような相違が生ずる根拠については様々な説明がなされていた[188]が，いずれにせよ，中立国が交戦国の軍艦に領海通航を認め，また，港への入港と停泊を認めて構わないこと，他方，どのような通航・入港・停泊でも認めてよい訳ではなく，通航・入港・停泊の態様によっては領水を作戦根拠地として使用することに該当し，中立国はそのような使用を認めてはならないことについて，19世紀の国家実行上および学説上，見解は一致していた．

しかし，問題は，どのような通航・入港・停泊であれば中立国が認めてよいのかということであり，この点については，19世紀において一貫した国家実行が存在しなかった．具体的には，① 交戦国軍艦が入港する事由に制限を課すべきか（例えば敵軍艦の追跡を逃れる目的での入港・停泊を拒否すべきか），② 交戦国が捕獲した船舶の引致・入港を認めてよいか，③ 交戦国軍艦に停泊を認めてよい期間はどのくらいか，④ 1つの港に停泊を認めてよい交戦国軍艦の数は何隻までか，⑤ 中立国の港において交戦国軍艦が燃料や物資を補給することを認めてよいか，認めてよいとすればどの程度の補給まで認めてよいか，⑥ 中立

---

188) 例えば，ホールは，中立国が礼譲に基づいて交戦国軍艦に入港・停泊を認めてきた慣行と，海上交通の特質から，陸の場合と同じ厳格さを海の場合に適用することが不可能であったことがその根拠であるという．Hall, *Treatise on International Law*, 585. この他，軍艦が交戦国の領土と同一視されること，したがって中立国が交戦国軍艦を抑留できないことを根拠として挙げる学説もあった．Calvo, *Le droit international*, 4:541.

国の港において交戦国軍艦が修理を行うことを認めてよいか，認めてよいとしても，修理を必要とするに至った原因によって区別をなすべきか（例えば敵軍艦との戦闘に起因する損傷については修理を拒否すべきか），といった問題について，一貫した国家実行は存在しなかった．例えば②を例にとれば，交戦国が捕獲した船舶の引致・入港を認める中立国の実行として，オーストリア（1854年），ブラジル（1861年，1866年，1898年），フランス（1877年，1898年），スペイン（1861年），ハイチ（1898年），ホンジュラス（1866年）などがある一方，これを認めない実行として，イギリス（1861年，1864年，1866年），チリ（1870年），イタリア（1864年，1877年，1895年），日本（1898年），オランダ（1866年，1898年）などがあり，国家実行は2つに分かれていた．また，③について言えば，南北戦争中の1862年にイギリスが交戦国軍艦に認める停泊期間を24時間以内に制限する規則を実施して以来，多くの諸国がこの規則を採用した（1864年のフランス，1864年および1877年のイタリア，1870年および1904年のアメリカ，1898年のデンマーク・オランダ・ロシア・日本など）が，1866年のオランダ，1898年のフランスやハイチなどのように無期限の停泊を認める規則を実施した国もあったし，また，1866年のポルトガルのように，「短期間」の停泊を認める規則を実施した国もあり，19世紀において一貫した国家実行が存在するとは言えない状況だった[189]．

5　1907年ハーグ条約の成立

以上で明らかにしたように，19世紀には，中立にとどまることを望む国が何を行う必要があり，何を行う必要がないのかが，国家実行の集積によってかなり明確になりつつあったが，その点について国家実行の一貫していない問題もいくつか残されていた．例えば，中立国領土内における交戦国軍隊・軍人等の取り扱いに関する諸問題や，中立国の領海や港における交戦国軍艦の取り扱いに関する諸問題などである．

このような状況において開催された1907年第2回ハーグ平和会議では，中

---

189) 交戦国が捕獲した船舶の引致・入港に関する諸国の実行については，[Harvard Law School,] "Rights and Duties of Neutral States in Naval and Aerial War," 455, 交戦国軍艦の停泊期間に関する実行については，ibid., 468–469を参照．

立に関する 2 本の条約が採択された．1907 年ハーグ第 5 条約「陸戦ノ場合ニ於ケル中立国及中立人ノ権利義務ニ関スル条約」（陸戦中立条約）と同第 13 条約「海戦ノ場合ニ於ケル中立国ノ権利義務ニ関スル条約」（海戦中立条約）である．以下で明らかにするように，これらの条約は，19 世紀に一貫した国家実行が存在していた諸問題についてはそれを確認する規定を置くとともに，一貫した国家実行がなかった諸問題については，参加国の間で討議を行って諸国の見解を統一する規定を作成することを目的とするものであった．

(1) ハーグ会議開催の経緯[190]

ロシア政府は 1898 年 8 月 24 日，各国政府に回覧状を送付し，軍備制限のための国際会議を開催することを提案した．ロシアは，当時逼迫していた自国の財政状況を軍備制限による軍事支出削減によって改善しようと考えたのである．ところが，ロシア以外の諸国は，会議を開催すること自体には賛成したものの，軍備制限の実現には消極的な意向を示唆した．そこで，ロシア政府は，会議が何の成果も挙げられないまま終る事態を避けるため，会議において軍備制限以外の問題（紛争処理や戦争法）も討議する旨の回覧状を各国政府に送った（1898 年 12 月）．

こうして開催されることになった第 1 回ハーグ平和会議（1899 年）において，会議の当初の目的であった軍備制限については 1 本も条約が採択されなかったが，紛争処理については 1 つの条約が，戦争法については 2 条約および 3 宣言が採択された．しかし，本会議において中立の問題は討議されなかったし，条約や宣言も作成されなかった．中立に関する包括的な条約をこの機会に作成すべきであるとの提案が第 2 委員会第 2 小委員会においてなされたが，同小委員会の任務が交戦法規に関する条約案の作成・検討に限られていたことから，中立に関する条約が作成されることはなかった[191]．結局，第 1 回ハーグ会議は，

---

190) ハーグ会議開催の経緯について詳しくは，Higgins, *The Hague Peace Conferences*, 39–59 を参照．

191) ただし，第 2 条約（「陸戦ノ法規慣例ニ関スル条約」）の付属書（「陸戦ノ法規慣例ニ関スル規則」）には，断片的にではあるが，中立に関係する 5 つの規定が置かれた．すなわち，① 中立国から来た鉄道材料であって当該中立国または私立会社もし

第1節　伝統的中立制度の成立過程　135

中立の問題は将来開催される会議において検討されることが期待されるという趣旨の「希望（vœu）」を表明するにとどめたのである．

　第1回ハーグ平和会議で採択された条約や宣言の再検討を行い，かつ，同会議が残した問題について条約を作成するための会議を開催するべきであるとの提案は1904年頃からあったが，結局，そのような会議は1907年に開催されることになった．こうして開催された第2回ハーグ平和会議において，紛争処理，戦争開始の制限，交戦法規に関する条約や宣言などとともに，中立に関する2つの条約が採択された．本会議において中立の問題は，1899年会議で表明された前記の「希望」に基づき，最初から議題に挙げられ，諸委員会および全体会議での討議を経て2条約が作成・採択されたのである．

　以下では，陸戦中立条約と海戦中立条約の内容を簡単に整理した上で，これらの条約が伝統的中立制度の成立史において有する意義を明らかにする．

(2)　陸戦中立条約と海戦中立条約の内容
(a)　陸戦中立条約

　陸戦中立条約は全5章全25条からなる条約である．以下では，附則を定めた第5章を除く，第1章～第4章の内容について簡単に整理する．
(i)　第1章（第1条～第10条）

　陸戦中立条約第1章は，まず，交戦国が中立国に対して行ってはならないことを規定している．それによれば，「中立国ノ領土ハ，不可侵」であり（第1条），交戦国は，①「軍隊又ハ弾薬若ハ軍需品ノ輜重ヲシテ中立国ノ領土ヲ通過セシ

くは個人に属するものは，できる限り速やかに返還される（第54条）．②交戦国の軍に属する軍隊をその領土に受け入れる中立国は，なるべく戦地から隔離して当該軍隊を留置する（第57条）．③中立国は，特別の条約がない場合には，留置した軍隊の人員に食糧，被服および人道の救助を供与する（第58条）．④中立国は，交戦国の軍に属する傷者または病者がその領土を通過することを許可することができる（第59条）．⑤1864年ジュネーヴ傷病者条約は，中立国領土において留置される交戦国の傷病者にも適用する（第60条）．これらのうち，⑤はそのままの文言で1907年陸戦中立条約の第15条に，②～④は "L'Etat neutre" の語が "La Puissance neutre" の語に置き換えられた以外はまったく変更されることなく，それぞれ陸戦中立条約の第11条，第12条，第14条に引き継がれた．①については，実質的な変更を加えられた上で陸戦中立条約第19条に引き継がれた．

ムルコト」(第2条), ② 中立国領土に無線電信局等を設置すること (第3条), ③「交戦者ノ為中立国ノ領土ニ於テ戦闘部隊ヲ編成シ, 又ハ徴募事務所ヲ開設スルコト」(第4条) を禁じられる.

　陸戦中立条約第1章は続けて, 中立国が行うべきことと行う必要のないことを規定している. まず, 中立国が行う必要のないこととしては, 次の3つが挙げられている. ① 中立国は,「交戦者ノ一方ノ勤務ニ服スル為個人カ箇箇ニ其ノ国境ヲ通過スル」ことを防止しなくてよい (第6条). ② 中立国は, 私人によって行われる「兵器, 弾薬其ノ他軍隊又ハ艦隊ノ用ニ供シ得ヘキ一切ノ物件ノ輸出又ハ通過」を防止しなくてよい (第7条). ③ 中立国は, その領域内にある「電信又ハ電話ノ線条並無線電信機」を交戦国が使用することを禁止しまたは制限しなくてよい (第8条). なお, 中立国は, 第7条と第8条に規定された事項を自発的に禁止・制限しても構わないが, その場合には, その禁止または制限を「両交戦者ニ対シ一様ニ……適用」しなければならない (第9条). 以上に対して, 中立国が行う必要のあることは, 第2条〜第4条に掲げられた事項, つまり, ① 交戦国による軍隊・弾薬・軍需品輜重の領土通過, ② 交戦国による無線電信局等の設置, ③ 交戦国のために行われる戦闘部隊の編成または徴募事務所の開設の3つについて, それらが自国領土内において行われることを「寛容」しないことである (第5条).

　以上の規定については, ハーグ会議に参加した諸国の間に大きな見解の相違はなく, 規定作成・採択の際に困難は生じなかった[192]. それは, これらの規定が, 19世紀において一貫した国家実行が存在したか, または, 自明のことと考えられていた原則・規則に関するものだったためである. 例えば, 本節4(4)で述べたように, 中立国が交戦国軍隊に領土通過を認めてはならないこと (第2条および第5条) については, 19世紀後半以降の国家実行・学説においてまったく異論はなかった. また, 私人によって行われる「兵器, 弾薬其ノ他軍隊又ハ艦隊ノ用ニ供シ得ヘキ一切ノ物件ノ輸出」を中立国が防止しなくてよいという規定 (第7条) は, 私人による戦時禁制品の輸出・輸送を中立国が放置してよい

---

192) Ministère des Affaires Étrangeres, *Deuxième conférence,* 3:32–37, 51–57, 179–182.

という原則を条文化したものであるが，この原則は，本節 4 (3) で述べた通り，19 世紀の国家実行・学説において広く認められていた．

(ii)　第 2 章（第 11 条〜第 15 条）

本節 4 (5) で述べた通り，中立国は，軍隊を武装解除し戦争終結まで留置することを条件として，敵軍に追われた軍隊をその領土に受け入れ，庇護する権利を有する．この点については，1874 年ブリュッセル宣言第 53 条や 1899 年ハーグ陸戦規則第 57 条に，中立国が交戦国の軍隊に庇護を認めてよいこと，ただしその場合には当該軍隊を戦争終結まで留置する必要があることを定める規定が置かれた．また，ブリュッセル宣言第 54 条とハーグ陸戦規則第 58 条では，中立国が留置する軍隊に供給すべき食糧等に関する規定も置かれた．さらに，ブリュッセル宣言や 1899 年ハーグ陸戦規則には，中立国が交戦国の傷病者に領土通過を認めてよいことを定める規定（それぞれ第 55 条と第 59 条）や，中立国において留置される傷病者に 1864 年ジュネーヴ傷病者条約を適用することを定めた規定（それぞれ第 56 条と第 60 条）も置かれていた．

陸戦中立条約第 11 条，第 12 条，第 14 条および第 15 条は，ブリュッセル宣言と 1899 年ハーグ陸戦規則に置かれていたこれらの諸規定をほぼそのまま取り込んだ規定であり[193]，1907 年ハーグ会議でも異論なく採択された[194]．

他方，本節 4 (5) で見た通り，中立国領土への庇護を認められた軍隊が捕虜として捕えていた他方交戦国軍人の取り扱いや，中立国領土に逃げ込んだ逃亡捕虜の取り扱いについては，19 世紀において一貫した国家実行が存在せず，ブリュッセル宣言や 1899 年ハーグ陸戦規則にも規定が置かれなかった．陸戦中

---

193)　本章注 191) を参照．なお，陸戦中立条約第 11 条 1 項の公定訳は，交戦国軍隊が中立国領土に「入リタルトキハ」中立国は当該軍隊を「留置スヘシ」としているため，軍隊が中立国の許可を得ないで中立国領土に入った場合にも中立国がこれを留置しなければならないかのように読めてしまう．しかし，本規定のフランス語正文は "La Puissance neutre qui reçoit sur son territoire des troupes appartenant aux armées belligérantes, les internera, autant que possible, loin du théâtre de la guerre" である．つまり，本条は中立国が交戦国軍隊を受け入れる (reçoit) 場合にはそれを留置しなければならないことを定めたものであって，軍隊を受け入れること自体を義務づけたものではない．この点については，立『戦時国際法論』474 頁を参照．

194)　Ministère des Affaires Étrangeres, *Deuxième conférence*, 3:59–60.

立条約前文に「中立領土ニ避退シタル交戦者ノ地位ヲ規定セムコトヲ欲シ」ということが特に挙げられていることからも分かるように,陸戦中立条約作成の目的の1つは,これらの問題に解決を与えることにあった.

陸戦中立条約第13条は,これらの問題について,中立国領土に逃亡してきた捕虜(同条1項),および中立国領土に退避する交戦国軍隊が捕虜として引率してきた他方交戦国軍人(同2項)は,「之ヲ自由ニ任スヘシ(les laissera en liberté)」と規定した.つまり,中立国はそのような捕虜を留置するのではなく,捕虜が本国への帰還を希望すればそれを認めなければならないのである.

第13条がこのように定める根拠について,起草者は次のように説明した.まず,中立国領土に逃亡してきた捕虜(同条1項)に関しては,そもそも交戦国が他方交戦国の軍人を捕虜として抑留できる根拠は,交戦国が当該軍人に対して「現に行使している権力」であるが,捕虜がその権力を脱して中立国領土への逃走に成功した以上,交戦国がその者を捕虜として抑留できる根拠は消滅し,それ故,中立国もその者を抑留するのではなく,本国に復帰できるようにしなければならない[195].また,中立国領土に退避する交戦国軍隊が捕虜として捕えていた他方交戦国軍人(同2項)の場合は,仮に中立国が軍隊に庇護を与えなかったとすれば,当該軍隊は敵軍に降伏するしかなく,その場合,当該軍隊に捕えられていた捕虜は本国に復帰したはずであるから,中立国は,当該軍隊に庇護を認めるのであれば,その軍隊に捕えられていた捕虜が本国に復帰できるようにしなければならない.もしこの場合に中立国が捕虜を留置すれば,中立国はそれによって当該捕虜の属する交戦国を害する行為を行ったことになってしまう——当該交戦国は,敵軍に捕虜として捕えられていた自国兵士を奪還できなくなる不利益を被ることになる——からである[196].

(iii) 第3章(第16条~第18条)

ドイツは,交戦国領域内に所在する交戦国国民と「中立人(personne neutre)」(中立国国民)とを分けて,後者を前者よりも有利に扱うべきことを規定する条文案をハーグ会議に提出した.この条文案は,具体的には,交戦国は交戦国領域内にいる「中立人」を軍事的役務(services de guerre)に従事させられないこ

---

195) Ibid., 59.
196) Ibid., 38–39.

と（衛生役務または衛生警察役務（services sanitaires ou de police sanitaire）の場合を除く）や，交戦国領域内にいる「中立人」に軍税（contribution de guerre）を課せられないこと，交戦国が中立船舶を接収・使用できるのは，その船舶が当該交戦国または敵国において河川航行に使用されているものである場合に限ることなどを定めるものだった[197]．しかし，交戦国領域内に所在する私人とその財産については，その国籍を問わずすべて同一の待遇をするのが従来の諸国の一致した慣行であったため[198]，ドイツ以外の多くの諸国がドイツ案に反対した[199]．その結果，ドイツの条文案は，「中立人」の定義規定が残された（第16条～第18条）のと，ドイツ案第70条に修正を加えた規定が第4章（第19条）に残されたのを除いて採択されず，交戦国領域内における「中立人」の地位に関する規定の作成については「後日ニ期待」することになった（陸戦中立条約前文）．しかし，交戦国領域内における「中立人」の待遇と交戦国国民の待遇とを区別する条約はその後も結局作成されず，陸戦中立条約第16条～第18条は意味のない規定のまま放置されることになったのである[200]．

(iv) 第4章（第19条）

「中立人」に関するドイツ条文案の第70条は，「交戦国は，いかなる軍事目的のためであっても，自国に所在する中立人の動産を，直ちにかつ現金で支払うことを条件として，接収または使用する（à exproprier ou à utiliser）ことができる」と定めていた．この条文案に対して，ルクセンブルク代表は，公共交通機関は通常の動産と異なり，国民の経済活動に不可欠のものであることなどを理由として，「中立人」の所有する公共交通機関をドイツ案第70条の対象か

---

197) Propositions de la délégation d'Allemagne: Projet d'une nouvelle section à ajouter au Règlement de 1899 concernant les lois et coutumes de la guerre sur terre, in ibid., 268–270.
198) Huber, "Die Fortbildung des Völkerrechts," 587. 交戦国領域内および占領地における中立人および中立財産の取り扱いについては，Albrecht, *Über Requisitionen von neutralen Privateigentum*, 1–66; Frankenbach, *Die Rechtsstellung von neutralen Staatsangehörigen*, 1–132; Giebler, *Die rechtliche Stellung der Angehörigen neutraler Staaten*, 1–34 を参照．
199) Ministère des Affaires Étrangeres, *Deuxième conférence*, 3:63–73.
200) Boidin, *Les deux conférences de La Haye*, 131.

ら除外することを主張した[201]．この問題は，「中立国から来た鉄道材料であって当該中立国または私立会社もしくは個人に属するものは，できる限り速やかに返還される」と規定する1899年ハーグ陸戦規則第54条にも関係する問題であったため，ハーグ会議に参加した諸国は，ドイツ案とルクセンブルク修正案とを調整し，次のような規定を採択した（第19条）．すなわち，交戦国は，「中立国ノ領土ヨリ来リタル鉄道材料」を徴発・使用（réquisitioné et utilisé）できるが，それは「必要已ムヲ得サル場合及程度」において行うものでなければならず，また，そのようにして鉄道材料を徴発・使用された中立国は，必要な場合には，当該交戦国から来た鉄道材料を，自国の鉄道材料が徴発・使用されたのと同じ程度まで留置・使用することができる．

　(b)　海戦中立条約

陸戦中立条約と異なり，海戦中立条約は章に分けられていないが，大きく，① 総則的規定（第1条〜第8条），② 中立国の領水および港における交戦国軍艦の地位に関する規定（第9条〜第27条），③ 附則（第28条〜第33条）に分けることができる．以下では，附則を除く①と②の内容について簡単に整理する．

　(i)　総則的規定（第1条〜第8条）

海戦中立条約は，まず，交戦国が中立国に対して行ってはならないことを規定している．それによれば，交戦国は，中立国の主権を尊重しなければならず，中立国領水において中立侵犯の行為を行ってはならない（第1条）．具体的には，① 交戦国軍艦が中立国領水において捕獲および臨検捜索権の行使その他の敵対行為を行うこと（第2条），② 交戦国が中立国領土内または中立国領水にある船舶内に捕獲審検所を設置すること（第4条），③ 交戦国が中立国の領水または港を敵国に対する海軍作戦根拠地として使用すること，とりわけ，無線電信局等を設置すること（第5条）が禁止される．

次に，海戦中立条約は，中立国がその領水内においてとるべき措置について規定している．それによれば，中立国は，① その領水において船舶が捕獲された場合には，捕獲された船舶およびその乗組員を解放し，かつ，捕獲者が被捕

201）　Ministère des Affaires Étrangeres, *Deuxième conférence,* 3:214–217.

獲船舶に乗り込ませた艦員を抑留するため，「施シ得ヘキ一切ノ手段ヲ尽」さなければならず(第3条)，また，②「［交戦国に対する］敵対行為ニ加ヘルモノト信スヘキ相当ノ理由アル一切ノ船舶」が「其ノ管轄内ニ於テ艤装又ハ武装セラルルコトヲ防止スル為，施シ得ヘキ手段ヲ尽」さなければならない(第8条)．なお，領水内に限られることではないが，中立国は，交戦国に対して軍艦，弾薬または一切の軍用材料を交付してはならない(第6条)．

　以上の規定に関しては，ハーグ会議に参加した諸国の間に大きな見解の相違はなく，規定作成・採択の際に困難は生じなかった[202]．それは，これらの規定が，陸戦中立条約第1章の諸規定と同じく，19世紀において一貫した国家実行が存在したか，または，自明のことと考えられていた原則・規則に関するものだったためである．例えば，敵対行為に使用される目的の船舶が自国領域内において艤装・武装されるのを防止することを中立国に求める第8条は，1794年アメリカ中立法第3条や1819年イギリス外国入隊法第7条に由来し，1872年のアラバマ号事件仲裁裁判で適用された規則を法典化したものである．アラバマ号事件直後には，この規則が一般国際法の規則であるのかどうかについて異論もあったが，20世紀初頭までに，この規則が一般国際法の規則として認められるようになっていたから，ハーグ会議でもこの規則を確認する規定を置けばよかったのである[203]．

　(ii)　中立港における交戦国軍艦の地位 (第9条～第27条)

　第1条～第8条の総則的規定とは対照的に，第9条以下に定められた「中立国……ノ港，泊地又ハ領水」（以下「中立港」）における交戦国軍艦の地位の問題については，1907年ハーグ会議において諸国の見解が対立し，各国から内容の

---

202)　Ibid., 489–496.
203)　敵対行為に使用される目的の船舶の中立領域内における艤装・武装の問題については，本節3(3)を参照．なお，アラバマ号事件仲裁裁判で裁判準則として合意されていたワシントン規則と，海戦中立条約第8条との間には，若干の文言の相違がある．それは，前者で用いられていた「相当の注意 (due diligence)」という文言が，後者においては「施シ得ヘキ一切ノ手段 (moyens dont il dispose)」という文言になっている点である．これは，「相当の注意」という文言が曖昧であるとの批判があったためである．Ibid., 493.

異なる様々な条文案が提出された[204]．例えば，海戦中立に関する「もっとも困難な問題の1つ」とされた，交戦国軍艦の中立港における停泊期間の問題については，中立国がそれを自由に定められるとする案（ロシア）が出された一方，例外的事情がある場合を除いて24時間以内とする案（イギリス，日本，スペイン）が出され，後者の案の中にも，何を例外的事情とするのかについて相違があった．これらの問題について諸国の見解が対立したのは，本節4(6)で見たように，中立港における交戦国軍艦の地位の問題については従来一貫した国家実行が存在しなかったためである．

そこで，ハーグ会議に参加した諸国は「妥協の精神（l'espirit de conciliation）」[205] に基づいて対立を克服し，次のような規定を採択した．① 交戦国軍艦が「単ニ中立領水ヲ通過スルコトハ」，その国の「中立ヲ侵害スルモノ」とは見なされない（第10条）．② 交戦国軍艦が中立港に停泊できる期間は，「中立国ノ法令中別段ノ規定」がある場合にはそれに従い，そのような規定がない場合には24時間未満とする（第12条）．ただし，「破損ノ為又ハ海上ノ状態ニ因ル場合」には，中立国は法定期間——中立国国内法に規定がある場合はその期間，そのような規定がない場合には24時間——を超えて交戦国軍艦に停泊を認めることができる（第14条）．③ 中立国が1つの港に停泊を認めることのできる交戦国軍艦の数についても，「中立国ノ法令中別段ノ規定」がある場合にはそれに従い，そのような規定がない場合には3隻までとする（第15条）．④ 1つの中立港に複数の交戦国の軍艦が同時に停泊するときは，中立国は，一方の軍艦が出港してから少なくとも24時間を経過した後でなければ，他方の軍艦の出港を認めてはならない．出港の順序は，当該中立港に到着した順序による（第16条）．⑤ 交戦国軍艦は中立港において「航海ノ安全ニ欠クヘカラサル程度以上ニ其ノ破損ヲ修理」することができない（第17条）．⑥ 物資の補給については，交戦国軍艦は中立港において「其ノ軍需品又ハ武装ヲ更新又ハ増加スル」ことおよび「其ノ艦員ヲ補充スル」ことができないという規定（第18条），交戦国軍艦は中立港において「最近本国港ニ達スル為ニ必要ナル」量の燃料のみを積み入れることができる——ただし，中立国が「燃料艙ノ全容量ヲ補充スルヲ許ス」

---

204) Ibid., 460–514, 569–652.
205) Ibid., 460, 462, 464, 479, 499.

制度をその国内法上採用している場合には，交戦国軍艦はそのような量を積み入れることができる——という規定（第19条）が置かれた．⑦ 交戦国が捕獲した船舶の中立港への引致については，「航海ノ不能，海上ノ險悪又ハ燃料若ハ糧食ノ欠乏ノ事由ニ因ル」場合以外には，捕獲された船舶の中立港への引致は認められない（第21条）が，「捕獲セラレタル船舶カ捕獲審検所ノ検定アル迄之ヲ拘置スル為引致セラレタル場合」には，中立国はその船舶の引致・入港・停泊を認めることができるという規定（第23条）が置かれた．

(3) 陸戦中立条約と海戦中立条約の意義

(2)で明らかにしたように，陸戦中立条約と海戦中立条約は，主に，中立国が行うべき行為と差し控えるべき行為の内容を確定する規定を置いた．そのような規定を定める際には，① 従来一貫した国家実行が存在したか，または自明のことと考えられていたために，異論なく採択された規定（例えば，陸戦中立条約の第1章や海戦中立条約の第1条〜第8条）と，② 従来の国家実行が対立しており，ハーグ会議においても諸国の見解が対立したために，「妥協の精神」により対立が克服されて作成された規定（例えば，中立港における交戦国軍艦の地位に関する規定（海戦中立条約第9条〜第27条））とがあった．

しかし，これらの具体的な諸規定の根底にある原則，つまり，「[中立国は]交戦国の作戦に対する直接または間接のいかなる援助も絶対に差し控える」べきであるという原則が，「普遍的に承認され受け入れられた国際法の原則である」ことについて，ハーグ会議に参加した諸国の間に異論はなかった[206]．つまり，諸国の見解は原則面において完全に一致していたが，この原則を具体的な規則の形に定式化するに当たっては，中立国のある行為が「交戦国の作戦に対する直接または間接の……援助」に該当するか否かについて，諸国の見解が対立した問題と対立しなかった問題とがあったのである．第2委員会の議長が述べたように，ハーグ会議が開催された時点において，中立については「一般に認められたいくつかの原則」が存在していたが，「それらの原則の適用は，細部においては，国ごとに異なり得る場合がある」[207]状態だったのである．

---

206) Ibid., 461.
207) Ibid., 180.

それでは，中立国が「交戦国の作戦に対する直接または間接のいかなる援助も絶対に差し控える」必要があるのは何故か．この点について注目すべきなのは，ハーグ会議において，「交戦国の作戦に対する直接または間接のいかなる援助も絶対に差し控える」という原則が，「敵対行為へのいかなる参加も差し控える (de s'abstenir de toute participation aux hostilité)」[208] という原則としてしばしば言い換えられていた事実である．つまり，中立国が交戦国への援助を差し控えるべきなのは，交戦国への援助が敵対行為への参加と見なされる行為であるからに他ならないのである．そして，中立国が敵対行為への参加と見なされる行為を差し控える必要があるとされたことは，ハーグ会議において，中立国が交戦国によって戦争に巻き込まれない権利を有すると認識されていたことと密接に関連している．

中立国が交戦国によって戦争に巻き込まれない権利を有すると考えられていたことは，ハーグ会議の公式議事録に記された次のような事実によって裏づけられる．まず，海戦中立条約の条約案を作成した検討委員会は，条約起草の出発点となるべき考え方として，「[中立国の] 主権は交戦国によって尊重されなければならず，交戦国は，[中立国を] 戦争に巻き込むことができない (ne peuvent l'impliquer dans la guerre)」[209] ことを挙げていた．また，陸戦中立条約の起草過程において，ベルギー代表は，「中立国は敵対行為と無関係なので，敵対行為に直接にも間接にも巻き込まれないことを要求する基本的権利 (le droit primordial) を有している」と発言したが，この発言に異論を唱える参加国は存在しなかった[210]．

中立国が交戦国によって戦争に巻き込まれない権利を有すると考えられていたことは，さらに，陸戦中立条約第10条および同条の起草過程によっても裏づけられる．同条は，「中立国カ其ノ中立ノ侵害ヲ防止スル事実ハ，兵力ヲ用キル場合ト雖，之ヲ以テ敵対行為ト認ムルコトヲ得ス (Ne peut être considéré comme un acte hostile le fait, par une Puissance neutre, de repousser même par la force les atteintes à sa neutralité)」と定めている．この規定の趣旨は，起草

---

208) Ibid., 467, 487, etc.
209) Ibid., 488.
210) Ibid., 180.

者の説明によれば，中立国が交戦国による中立侵害行為——例えば，交戦国軍隊が中立国領土を通過しようとすること——を排除するために兵力を行使した場合，これがその交戦国によって「開戦事由（casus belli）として援用されてはならない」ことを明確にすることにあったという[211]．また，バッソンピエールによれば，本条で用いられている「敵対行為（un acte hostile）」の語は，「それを行うことによって国家が他国の敵であることを示す行為，つまりそれ故に，後者の国が前者の国を敵として扱い，同国に対して戦争を宣言することを許容する，すべての行為」を意味するから，本条が想定するような場合において交戦国が中立国に開戦すれば，交戦国は他国に「戦争を宣言することを許容する」原因事実が存在しないにも関わらず中立国に開戦したことになり，そのような開戦は「違法行為（tort）」と見なされる[212]．このように，陸戦中立条約第10条は，交戦国が中立国に対して戦争を行う場合，中立国の交戦国に対する「敵対行為」ないし「開戦事由」に該当する事実の存在が必要であるという考え方を前提にしており，これは，中立国の戦争に巻き込まれない権利を肯定する考え方であると言える．なぜなら，仮に中立国が戦争に巻き込まれない権利を有しないとするならば，交戦国の中立国に対する戦争は，中立国がいかなる行為を行っているかに関わらず常に自由であることになり，交戦国の中立国に対する戦争が許される場合と許されない場合とを区別する陸戦中立条約第10条のような規定は意味のない規定になってしまうからである．

そして，中立国が敵対行為への参加と見なされる行為を差し控える必要があるのは，中立国が，戦争の局外にとどまることを交戦国に対して主張する国であるからに他ならない．すなわち，中立国は，戦争の外にとどまることを主張する以上，その当然の前提として，自ら戦争の内に入ったと見なされる行為を差し控えなければならない．もし中立国が敵対行為への参加と見なされる行為を行えば，交戦国は，当該中立国が戦争の外にとどまる権利を放棄したと見なし，同国に対して戦争を行うことができるだろう．中立国は，そのような事態，

---

211) Ibid., 60.「開戦事由（casus belli）」とは，「戦争を開始する正当な原因（a legitimate cause of initiating war）」を意味する．Kotzsch, *Concept of War*, 165.

212) Bassompierre, "L'article 10 de la cinquième convention," 237–238.

つまり交戦国に開戦の根拠を与えてしまう事態を避けたいのであれば，陸戦中立条約や海戦中立条約の規定に従う必要があるのである．

　陸戦中立条約と海戦中立条約が依拠していた以上のような枠組み——中立国は戦争に巻き込まれない権利を有するが，その権利を享受するためには，その当然の前提として，敵対行為への参加と見なされる行為を差し控えなければならない——は，19世紀の国家実行において採用されていた枠組みと同じである．本節のここまでで明らかにしてきたように，また，次節でも詳しく論ずるように，中立国が中立の維持に必要とされる一定の行為を行うのは，「戦争行為」や「戦争への参加」と見なされる行為を行わず，交戦国に開戦の法的根拠を与えないようにして，戦争の局外にとどまるためだったからである．

　陸戦中立条約と海戦中立条約は，それ以前の国家実行と共通の枠組みを前提にしつつ，戦争ないし敵対行為への参加と見なされる行為，つまり中立国が戦争に巻き込まれないようにするために差し控えるべき行為の内容をより詳細に具体化したと言える．すなわち，19世紀の国家実行において，例えば，中立国が自国領域内における軍事的遠征の組織・開始を防止すべきであることや，中立国が国家として交戦国に軍事的援助を与えてはならないことについて，異論はなかった．それ故，このような問題については，ハーグ会議においても，従来妥当していた原則・規則をそのまま条約に書き込めばよく，起草過程において特に困難は生じなかった．他方，例えば交戦国軍艦の中立港における停泊や物資補給の問題については，中立国がどの程度の措置をとればよいのか，つまり，どの程度の措置をとっていれば戦争ないし敵対行為への参加と見なされる行為を行ったことにならないのかについて従前の国家実行が一致していなかったから，ハーグ会議においてその対立を解消する規定を定める必要があった．ウェストレイクが指摘しているように，中立国は戦争に巻き込まれたくないのであれば交戦国に対して「戦争行為（acts of war）を行わないようにしなければならない」が，「何が戦争行為であるかについて交戦国と中立国が理論面で完全に一致することは望めないために，実定規則がいやおうなしに必要とされる」[213]．そして，そのような実定規則の一層の整備を行ったのが，1907年ハー

---

213) Westlake, *International Law*, pt. 2, 197.

グ会議だったのである[214]．

第2節　「中立にとどまる権利」とその条件

　前節では，1907年ハーグ平和会議に至るまでの伝統的中立制度の成立過程を検討し，伝統的中立制度において，中立にとどまることを望む国が一定の行為を行う必要があるとされていたこと，また，中立にとどまることを望む国がそうした行為を行うのは，交戦国に戦争原因ないし戦争の正当原因を与えないようにし，交戦国によって戦争に巻き込まれないようにするためだったことを明らかにした．

　戦争に巻き込まれないようにするために一定の行為を行うということは，逆に，そうした一定の行為を行っている国は，交戦国によって戦争に巻き込まれないことが法的に保障される，ということでなければならない．そうでなければ，交戦国は中立国がどのような行為を行っているかに関わらずいつでも自由に中立国に開戦できることになり，戦争に巻き込まれないようにするために一定の行為を行うという制度が法的には意味をなさなくなってしまうからである．実際，本節で明らかにするように，伝統的中立制度において，中立国は戦争に巻き込まれない権利を有するとされていた．中立国がそのような権利を有するという命題は，国家実行や判決の表面に現れないこともしばしばあったが，そのような場合にも，この命題は，中立制度が法的に妥当するための当然の前提とされていたのである．

---

214)　ただし，ハーグ会議において規定が作成されなかった問題もあった．例えば，中立国への庇護を認められた軍隊が他方交戦国軍隊から奪った物品を伴っている場合に，当該中立国がその物品をどのように扱うべきか（戦争終了まで留置するべきか，あるいは他方交戦国に返還すべきか）という問題（本節4(5)参照）については，ハーグ会議においてオランダ代表が規定作成を提案したが，結局規定は作成されなかった．Ministère des Affaires Étrangeres, *Deuxième conférence*, 3:59–60. また，規定が作成された問題であっても，規定の解釈について将来に対立の余地を残した問題もある．例えば，海戦中立条約第10条の「単ニ中立領水ヲ通過スルコト（le simple passage）」という文言が何を意味するのかという問題は，1940年のアルトマルク号事件においてノルウェー・イギリス間で争われることになった（第3章第1節3(1)参照）．

本節では，伝統的中立制度において中立国は戦争に巻き込まれない権利を有するとされ，その権利は「中立にとどまる権利」と呼ばれていたことを明らかにした上で (1)，中立国が行うべき一定の行為は「中立義務」ないし「中立国の義務」と呼ばれることも多かったが，その法的性格から考えると，「義務」というよりも，むしろ，「中立にとどまる権利」を享受するための「条件」と呼ぶべきものであったこと (2)，また，中立にとどまることを望まず，戦争に巻き込まれて交戦国になって構わない国は，そのような「条件」を満たす必要はなかったことを明らかにする (3)．そして最後に，そもそも中立国が「中立にとどまる権利」を享受できるとされたことの根拠を明らかにする (4)．

1　「中立にとどまる権利」

　19世紀から20世紀初頭の国家実行と学説において，交戦国は，中立に反する行為を行う国（例えば敵国に軍事的援助を与える国）を「敵として扱う (treat as an enemy; traiter en ennemi; als Feind behandeln) ことが許される」とされていた[215]．このようなことがわざわざ言われるということは，逆に，交戦国は，敵国に軍事的援助を与えていない中立国を敵として扱ってはならないということ，言い換えれば，そのような中立国は交戦国によって敵として扱われず，戦争に巻き込まれない権利を有するということが前提にされていたと考えられる．もし交戦国の中立国に対する戦争が原因の如何を問わず常に自由であるならば，一定の場合において交戦国が中立国を「敵として扱うことが許される」ということがわざわざ言われることはないはずだからである．

　実際，19世紀から20世紀初頭の国家実行と学説においては，中立国が戦争に巻き込まれない権利を有するとされ，この権利は「中立にとどまる権利 (the right to remain neutral; le droit de rester neutre; das Recht, neutral zu bleiben)」と呼ばれていた．例えば，アラバマ号事件仲裁裁判において，アメリカ政府は，「他の主権国家が交戦国であるときに平和状態にとどまり，中立にとどまる権利

---

[215] E.g., Hautefeuille, *Des droits et des devoirs des nations neutres*, 1:168, 169; Geffcken, "Die Neutralität," 607; Kleen, *Lois et usages de la neutralité*, 1:113; Opnions of Sir Alexander Cockburn, *PRTW* 4:23.

第 2 節 「中立にとどまる権利」とその条件 149

は，主権の性質に内在していると我々は考える」[216]と述べた．また，19世紀から20世紀初頭の多くの国際法概説書・教科書において，国家が「中立にとどまる権利」を有するとの記述が存在する[217]．「中立にとどまる権利」を否定する学説が現れるようになるのは20世紀初頭になってからのことであり（後述），少なくとも19世紀にこの権利を否定した学説や国家実行は，筆者の知る限りにおいて存在しない．

「中立にとどまる権利」とは，中立国の側から見れば「中立国として扱われる権利」[218]であり，交戦国の側から見れば，「中立国が中立義務を完全に履行している限り，交戦国はその国を中立国として扱うことを法律上（en droit）要求される」[219]ということである．「中立国として扱うことを法律上要求される」と

---

216) Argument of the United States, *PRTW* 3:22. また，合衆国対オサリヴァン事件（1851年）において，ニューヨーク南部地区連邦地裁は，「中立にとどまる権利」という言葉こそ使わなかったものの，中立に関する国際法が，「あらゆる国家が平和状態にとどまる権利（the right of every nation to remain at peace），そして国家が他国の侵略によって不正にまたは違法に戦争に巻き込まれない権利（the right ... not to be unjustly or wrongfully driven into war）を承認し宣言する自然法の規則（code）から派生し，それに依拠している」と述べ，中立国が「戦争に巻き込まれない権利」を有することを肯定した．United States v. O'Sullivan, 27 F. Cas. 367, 374 (S.D.N.Y. 1851) (No. 15,974).

217) Martens, *Summary of the Law of Nations*, 310; Martens, *Précis du droit des gens*, 2e éd., 450; Schmalz, *Das europäischen Völker-recht*, 278; Klüber, *Droit des gens*, 434; Wheaton, *Elements of International Law*, 281; Heffter, *Das europäische Völkerrecht*, 244; Martens (Vergé éd.), *Précis du droit des gens*, nouvelle éd., 2:291–294; Ortolan, *Règles internationales et diplomatie de la mer*, 77; Hautefeuille, *Des droits et des devoirs des nations neutres*, 1:174–175; Halleck, *Elements of International Law*, 231; Wheaton (Dana ed.), *Elements of International Law*, 8th ed., 426; Bluntschli, *Das moderne Völkerrecht*, 417; Baker, *Halleck's International Law*, 2:173; Geffcken, "Die Neutralität," 606; Fiore, *Nouveau droit international public*, 3:418–419, 431; Calvo, *Le droit international*, 4:501; Rivier, *Principes du droit des gens*, 2:377; Kleen, *Lois et usages de la neutralité*, 1:75. また，本章注286）に挙げる文献も参照．なお，以上に挙げたものの中には，「中立にとどまる権利」という言葉ではなく，「平和状態にとどまる権利」といった言葉を使っているものもあるが，論じていることの趣旨は同一である．

218) Fiore, *Nouveau droit international public*, 3:431.
219) Martens (Vergé éd.), *Précis du droit des gens*, nouvelle éd., 2:294.

いうのは,「交戦国が,平和的国家［中立国］に対して敵対的行為（actes hostiles）を行うことによっても,その国を協力国（coopérateurs）または補助的戦争当事国（auxiliaires de la guerre）に転換させようと試みることによっても,その国を敵対行為に巻き込まない」[220] 義務を負うということである．要するに,中立国が「中立にとどまる権利」を有するということの意味は,中立国が戦争に巻き込まれず,交戦国と見なされない権利（中立国のままでいる権利）を有するということであり,逆に,交戦国は中立国を,味方として参戦するよう強制し,または敵として戦争に巻き込んではならないということである[221]．中立にとどまることは中立国の「権利」であるから,交戦国が中立国を戦争に巻き込むことは権利侵害行為であり,「実定国際法の規則の違反」[222] と評価されるのである．

このように,「中立にとどまる権利」とは,国家が中立国のままでいる権利で

---

220) Pradier-Fodéré, *Traité de droit international public*, 8:873–874.
221) 交戦国が中立国を戦争に巻き込んではならないという点において,永世中立制度と一般国際法上の中立制度（戦時中立制度）は共通する．すなわち,19世紀にスイス,クラカウ,ベルギー,ルクセンブルクについて創設された永世中立制度は,① 永世中立国（スイス,クラカウ,ベルギー,ルクセンブルク）が他国間の戦争において中立にとどまる義務,② 永世中立国以外の当事国が永世中立国の中立を尊重する（respecter）義務,③ 保障国が永世中立国の中立を保障する（garantir）義務,という3つの義務を条約により設定する制度であり,永世中立国になる国の他,列強（イギリス,ロシア,フランス,オーストリア,プロイセンなど）が保障国（② および ③ の義務を負う国）として参加した．永世中立国以外の当事国が永世中立国の中立を尊重する義務には,「永世中立国を自国の同盟国として参戦せしめ,または永世中立国に向つて宣戦することによつて,永世中立国を交戦国とすることの禁止」と,「敵国を攻めるための軍事的通路として永世中立国の領土を利用し,または軍事基地を永世中立国の領土内に作り,若くは永世中立国に軍隊または軍需品の供給を要求することの禁止」の両方が含まれる．田岡『永世中立と日本の安全保障』212頁．中立を保障する義務とは,他国が永世中立国の中立を侵害した場合（② の義務が破られた場合）に,保障国がその侵害を,必要であれば戦争に訴えてでも排除する義務のことである．本書が研究対象にしている一般国際法上の中立制度において,交戦国は中立国の中立を尊重する（中立国に対して戦争を行わない）義務を負うが,この義務が破られた場合に他国が制裁を加える義務（保障義務）は存在しない．また,中立国が中立にとどまる義務もない．要するに,永世中立制度と戦時中立制度は,保障義務の有無および中立国が中立にとどまる義務の有無において相違するが,交戦国が中立国の中立を尊重する義務を負う点では共通するのである．
222) De Visscher, "La théorie de la nécessité," 79.

あり，国家が中立という地位それ自体を選択し維持する権利のことである．これに対して，「中立国の諸権利 (rights of neutrals; droits des neutres; Rechte der Neutralen)」と呼ばれる諸権利があるが，これは，中立国が中立国である限りにおいて享受できる諸権利のことであり，中立という地位それ自体を選択・維持する権利である「中立にとどまる権利」とは区別される．

「中立国の諸権利」としては，主に，中立領域の不可侵 (l'inviolabilité du territoire neutre) と通商自由 (la liberté du commerce) の 2 つが挙げられるが[223]，これらは国家がもともと平時国際法上有している諸権利に過ぎない．しかも，これらの諸権利は戦時に固有の制限すら受ける．例えば，中立国は戦時においても原則として海上通商の自由を享受できるが，その自由は，交戦国の行使する海上捕獲権（戦時禁制品制度や封鎖制度）によって平時にはない制限を受ける．したがって，オートフィーユが言うように，「2 国間に生じた戦争状態は中立にとどまる国の権利を増やさ」ず，「実際は，権利は縮減される」[224] のである．

しかし，それにも関わらず，中立にとどまれることは国家にとって利益であると言える．なぜなら，国家は，交戦国にさせられれば，領域不可侵や通商自由といった平時国際法上の諸権利すら享受できないことになるからである．すなわち，中立国の領域は不可侵であり，交戦国による攻撃・侵入・占領等を受けないのに対し，交戦国の領域は戦争区域 (region of war) であり，他方交戦国による攻撃・侵入・占領等の対象となる[225]．通商自由に関して言えば，中立船および中立貨は一定の場合（戦時禁制品に該当する場合や封鎖侵破の場合など）を除いて捕獲・没収されないのに対し，交戦国の船舶および同船上の交戦国の貨物は，それが戦争遂行の役に立つものであるか否かを問わず，すべて捕獲・没収される（敵産捕獲）．そして，そのようにして平時国際法上の諸権利すら失

---

223) E.g., Calvo, *Le droit international*, 4:523; Hautefeuille, *Des droits et des devoirs des nations neutres*, 1:247–250.

224) Hautefeuille, *Des droits et des devoirs des nations neutres*, 1:249.

225) 「戦争区域 (region of war)」とは，交戦国が敵対行為を行い得る場所のことである．類似の概念として「戦場 (theatre of war)」があるが，これは，実際に敵対行為が行われている場所のことである．Oppenheim, *International Law*, 1st ed., 2:80; 立『戦時国際法論』95 頁．

う状態，つまり交戦国の状態にさせられない権利を有することが，国家が「中立にとどまる権利」を有するということに他ならない．もし国家が「中立にとどまる権利」を有しないとすれば，交戦国は戦争局外国に対していつでも自由に戦争を行って同国を交戦国に変え，同国から平時国際法上の諸権利すら奪うことができることになる．中立国の側から見れば，中立国が「中立にとどまる権利」を有することの意義は，中立国が交戦国にさせられない権利を有し，したがって，平時国際法上の諸権利を恣意的に奪われない権利を有することなのである．

なお，19 世紀から 20 世紀初頭の国家実行と学説において，「中立にとどまる権利」は，国家の有する主権，自由，独立などのコロラリーであるとされていた．例えば，ゲフケンは，「他国間の戦争の際に中立にとどまるすべての独立国の権利は，……主権から派生する」[226] と述べている．また，リヴィエは，「任意的中立 (La neutralité volontaire) は，独立から生ずる規則である．すべての国は，独立している限り，他国が戦争を行っている際に中立にとどまる権利を有する」[227] と述べている．国家実行上も，例えば，アラバマ号事件仲裁裁判 (1872 年) において，アメリカ政府は，「他の主権国家が交戦国であるときに平和状態にとどまり，中立にとどまる権利」が，「主権の性質に内在している (inherent in the quality of sovereignty)」[228] と述べた．

2　「中立にとどまる権利」を享受するための条件

中立国が「中立にとどまる権利」を享受し，交戦国によって戦争に巻き込まれないようにするためには，一定の行為（作為および不作為）を行う必要がある．本章第 1 節で検討したのは，中立国が「中立にとどまる権利」を享受し，交戦国によって戦争に巻き込まれないようにするためにどのような作為・不作

---

226) Geffcken, "Die Neutralität," 606.
227) Rivier, *Principes du droit des gens*, 2:377. リヴィエが言う「任意的中立」とは，「義務的または条約上の中立 (Neutralité obligatoire, ou conventionnelle)」に対する概念である．「義務的または条約上の中立」とは，すべての戦争において中立にとどまることを条約によって義務づけられる中立のことであり，具体的には，スイスやベルギーなどの永世中立のことである．
228) Argument of the United States, *PRTW* 3:22.

第 2 節　「中立にとどまる権利」とその条件　153

為を行ってきたのかということに他ならない[229]．そこで明らかにしたように，中立国が交戦国によって戦争に巻き込まれないようにするために必要とされる作為・不作為の代表的なものは，自国領域内で交戦国に対する軍事的遠征が組織・開始されるのを防止することや，国家として交戦国に軍事的援助を与えないことなどであった．

　それでは，これらの作為・不作為を行うことが「中立にとどまる権利」を享受するために必要とされるのは何故だろうか．この点は，19 世紀から 20 世紀初頭の国家実行・学説において，次のように説明されていた[230]．すなわち，中立国が「中立にとどまる権利」を有するということは，同国が戦争の局外にとどまり，戦争に巻き込まれない権利を有するということである．ところが，同国が「戦争への参加」と見なされる行為を自ら行うのであれば，同国は戦争に自ら参加したと見なされるか，少なくとも，戦争の局外にとどまる権利を交戦国に対して主張することを放棄したと見なされる．例えば，交戦国への軍事的援助は，「戦争に間接的に参加すること」に等しいとされるからこそ，それを差し控えることが中立維持のために必要とされた[231]．また，中立国が領域内における軍事的遠征の組織・開始を防止するのは，軍事的遠征が私人の交戦国に対

---

[229]　したがって，本書の立場からすれば，中立制度は，中立国が「中立にとどまる権利」を享受するためにどのような行為を行えばよいのかを定める制度であり，これを交戦国の側から見れば，中立制度は，交戦国がどのような場合に中立国に開戦することができ，どのような場合に開戦してはならないか，つまり戦争に訴えることそれ自体を規律する制度であるから，ユス・アド・ベルムの領域に属する制度であると言うこともできる．しかし，コルプが指摘するように，「ユス・アド・ベルム（*jus ad bellum*）」や「ユス・イン・ベロ（*jus in bello*）」という言葉は，1930 年代になってはじめて使われるようになった言葉であり，19 世紀以前の学説や国家実行においてこれらの言葉は使われていなかったし，また，戦争に訴えることそれ自体（ユス・アド・ベルム）と戦争に訴えた国が戦争遂行中に何を行えるか（ユス・イン・ベロ）とをはっきりと区別して両者を切り離すという考え方も存在しなかった．Kolb, "Origin of the Twin Terms," 553–562. したがって，19 世紀の学説や国家実行において，中立がユス・アド・ベルムの問題なのかユス・イン・ベロの問題なのかという問題意識が明確に存在した訳ではなかった．

[230]　E.g., Fiore, *Nouveau droit international public*, 3:431; Bluntschli, *Das moderne Völkerrecht*, 419.

[231]　本章注 150) およびそれに対応する本文を参照．

する「戦争」と見なされるため，中立国がそれを放置すれば私人の「戦争」に「共謀」したことになり，中立国自身が交戦国に対して「戦争」を行っていると見なされるからだった[232]．逆に，中立国は一方交戦国に対して言葉の上で支持を表明して構わないとされたが，それは，言葉の上での支持表明が，「戦争行為ではなく，戦争への参加ではない」からだった[233]．要するに，国家が戦争の外にとどまる権利を主張するためには，その当然の前提として，自ら戦争の内に入ったと見なされるような行為を差し控える必要があるのである．

このように，ある作為・不作為が中立国の行う必要のあるものであるかを決定する基準は，その行為が「戦争への参加」と見なされる行為であるかということだった．したがって，19世紀から20世紀初頭のかなり多くの学説が，中立の本質は公平ではないとしていた．例えば，フンク・ブレンターノとソレルによれば，「中立とは公平ではなく」，「中立の本質は，あらゆる戦争行為を差し控えることにある」[234]という．ブルンチュリも，「中立とは，戦争当事国に対する無関心や公平を意味するものではなく」，「中立の当然の前提は，現実に戦争に参加しないこと（die thatsächliche Nichtbetheiligung）である」[235]という．公平を中立の本質的要素と見なす学説もあったが，そのような学説が公平を中立の本質的要素と見なす根拠は，結局，交戦国に対して不公平な態度をとることが「戦争への参加」になるということに他ならなかった．例えば，「中立の不可欠の条件」の1つとして「公平」を挙げるクレーンは，「[交戦国の]取り扱いに関する不平等は，いわば，一方当事国に有利な戦争援助（un secours de guerre）を意味し，このような援助によって中立国は敵対行為に間接的に参加したことになってしまう」[236]と述べている．つまり，中立国が交戦国に対して公平な態度をとることを要求されるのは，公平それ自体が要求されているからではなく，実は，交戦国に対して不公平な態度をとることが戦争ないし敵対行為への参加と見なされるからだったのである．

---

232) 本章第1節3(2)を参照．
233) 本章注154)およびそれに対応する本文を参照．
234) Funck-Brentano et Sorel, *Précis du droit des gens*, 346, 347.
235) Bluntschli, *Das moderne Völkerrecht*, 418, 419.
236) Kleen, *Lois et usages de la neutralité*, 1:209–210.

第 2 節　「中立にとどまる権利」とその条件　155

　ところで,「中立にとどまる権利」を享受するために以上のような作為・不作為を行うことは，19 世紀から 20 世紀初頭の国家実行や学説においても，今日の学説の場合と同じく,「中立義務」や「中立国の義務」と呼ばれることが多かった[237]．これに対してガライスは，1888 年の著作において，中立にとどまることを望む国が行う必要のある行為が一般に「中立国の義務」や「中立義務」と呼ばれていることについて，このような呼称を「正しくない」として批判している．なぜなら,「中立国が消極的な態度（Inaktivität）を放棄して戦い（Kampfe）に参加したとしても，それは義務違反ではなく，……政策を変更しただけのこと」だからである．したがって，ガライスによれば,「いわゆる中立義務（Die sog. Neutralitätspflichten）」は,「国家が自らの中立の尊重を［交戦国に対して］要求するための条件（Bedingungen）」と呼ぶべきものであることになる[238]．ウルマンも，ガライスと同じ理由から,「通常，中立国の義務と呼ばれるもの」を，交戦国に中立を尊重させるための「条件」と呼んでいる[239]．

　この問題をどう考えるかは，第一次大戦以前の国際法において，国家が他国に対して「戦争行為」ないし「戦争への参加」と見なされる行為を行うことが禁止されていたのか，ということにかかっている．前述したように，例えば交戦国への軍事的援助は,「戦争に間接的に参加すること」に等しいからこそ，中立国はこれを差し控えるべきものとされ，逆に，交戦国の一方に対して言葉の上で支持を表明することは,「戦争行為ではなく，戦争への参加ではない」からこそ，中立国がこれを表明して構わないとされていたからである．つまり,〈いわゆる「中立義務」に反する行為＝「戦争行為」＝「戦争への参加」と見なされる行為〉という等式が成り立つのである[240]．

---

237)　E.g., Fiore, *Nouveau droit international public*, 3:430; Hershey, *Essentials of International Public Law*, 458; Geffcken, "Die Neutralität," 656; The Gran Para, 20 U.S. (7 Wheat.) 471, 489 (1821).
238)　Gareis, *Institutionen des Völkerrechts*, 215.
239)　Ullmann, *Völkerrecht*, 519–520.
240)　「戦争行為（act of war）」の概念は，①　その行為それ自体によって戦争状態が発生する行為を意味する場合と，②　ある国が他国にその行為を行った場合に，後者の国が前者の国に戦争を行うことが国際法上正当となるような行為，つまり,「敵対行為（un acte hostile）」ないし「開戦事由（*casus belli*）」と同じ意味で用いられる場合

それでは，第一次大戦以前の国際法において，国家が他国に対して「戦争行為」ないし「戦争への参加」と見なされる行為を行うことは禁止されていたのか．この点，第一次大戦以前の国際法では，国家が他国間の戦争に参戦することが自由とされていた以上[241]，国家が他国に対して「戦争行為」や「戦争への参加」と見なされる行為を行うことは禁止されていなかったと考えざるを得ない[242]．

もちろん，先に述べたように，一方交戦国への軍事的援助は「戦争に間接的に参加すること」に等しい行為であるから，他方交戦国はそのような援助を与える国を「敵として扱う」ことができ，同国に対して戦争を行うことができる．端的に言えば，「中立違反 (a violation of neutrality) の結果は，侵害を受けた交戦国が，侵害を行う中立国 (the offending neutral) を敵として扱い，同国に対して戦争を宣言する権利である」[243] ということになる．中立国が交戦国への軍事的援助などを差し控えるのは，このような結果を回避するために他ならない．

がある．Kotzsch, *Concept of War*, 163–175. 中立国の一方交戦国に対する軍事的援助が他方交戦国に対する「戦争行為」であると言われる場合には，それにより当然に戦争が発生するのではなく，当該他方交戦国が中立国に対して戦争を行うことが許されるようになるということであるから（本書 148 頁参照），この場合に「戦争行為」の概念は ② の意味で用いられている．なお，「敵対行為」の概念については本書 145 頁を，「開戦事由 (*casus belli*)」の概念については本章注 211) を参照．

241) E.g., Martens, *Précis du droit des gens*, 2e éd., 439; Bluntschli, *Das moderne Völkerrecht*, 416; Gareis, *Institutionen des Völkerrechts*, 215; Lawrence, *Principles of International Law*, 485. ただし，正戦論を採用する場合，不正戦争を行う側に加担して参戦することは許されない．許されるのは，正当戦争を行う側に立って参戦することのみである．E.g., Vattel, *Le droit des gens*, Liv. III, Chap. III, § 40.

242) ただし，他国に対して「戦争行為」ないし「戦争への参加」と見なされる行為を行うことが国際法上禁止される場合があり得なかった訳ではない．例えば，そのような行為を行わないことを条約によって義務づけられている場合などである．ガライスも，「中立国が消極的な態度を放棄して戦いに参加」することが義務違反ではなく政策の変更に過ぎないと述べる際，「条約義務がある場合と，国際法違反の不意打ち (völkerrechtswidrigen Überrumpelung) の場合を除いて」という留保を付けている．Gareis, *Institutionen des Völkerrechts*, 215. なお，ガライスは「不意打ち」が国際法上禁止される場合があるという前提に立っているが，19 世紀の実定国際法において，不意打ち，つまり事前に開戦宣言をすることなく行う戦争が禁止されていたかどうかは非常に疑わしい．この点については，田岡『国際法 III』358–389 頁を参照．

243) Opinions of Sir Alexander Cockburn, *PRTW* 4:235.

このように，中立国が「戦争行為」や「戦争への参加」と見なされる一定の行為を差し控える必要があるのは，あくまでも，その国が戦争の外にとどまることを望むからであって，交戦国に対する「戦争行為」や「戦争への参加」と見なされる行為が禁止されていたからではなかった（それどころか，交戦国を援助することは，交戦国と同盟条約を結んでいる国にとっては法的義務であるし，また，不正に攻撃された交戦国を援助することは国家の道徳的義務（le devoir moral）であるとされることもあった[244]）．そうだとすれば，いわゆる「中立義務」は，「義務」――それに反する行為を行うことが禁止されている――というよりも，ガライスやウルマンが言うように，国家が中立にとどまり「中立にとどまる権利」を享受するための「条件」と呼ぶ方が，より適切であるように思われるのである[245]．

---

[244] Kleen, *Lois et usages de la neutralité*, 1:76. 19 世紀において中立制度が成立したのは，中立が道徳的に正当と見なされたからではない．むしろ，中立は道徳的に非難される場合が多かった．つまり，国家は他国間で行われている戦争をできる限り早期に終結させるために戦争に介入し，または正当な側の交戦国を援助しなければならないのであって，自国の安全のみを考えて戦争に関与しない中立の態度は道徳的には正当化されないと主張される場合があったのである．E.g., Lorimer, *Institutes of the Law of Nations*, 121–130; Westlake, *International Law*, pt. 2, 190–191. ただし，ウェストレイクが「中立は道徳的には正当化されない」と述べていることから分かるように，こうした非難はあくまでも道徳上のものであり，実定国際法上は，各国は主権および独立に基づき，国際社会全体の利益よりも，自国の安全確保という国益を優先させて中立にとどまることが許されていたのである（本書 152 頁参照）．

[245] 従来の研究は，この「条件」を「中立義務」あるいは「公平義務」と呼んできたが，それは，「［交戦国が］中立国にたいして平時におけるより以上の権利を要求することができる」制度（石本『中立制度の史的研究』21 頁），あるいは「交戦国が中立国に対して法的に要求できる最大限の内容を規定したもの」（小森「現代における中立法規の妥当基盤」99 頁）として中立制度を把握してきたことを反映するものである．しかし，本章第 1 節で明らかにしたように，中立国が国内中立法を制定・実施することによって私人の一定の行動を取り締まったり，交戦国への軍事的援助を差し控えたのは，交戦国からそうすることを要求されたからではなく，むしろ，交戦国に開戦の法的根拠を与えないようにするため，中立国が自発的に行ってきたことであった．また，石本が 1987 年の論文で認めているように，「中立法規の違反は，開き直って『戦争』に訴えることによって正当化された」（石本「交戦権と戦時国際法」119 頁）．つまり，従来の研究のような中立制度の把握を前提にすると，中立国としては「開き直って」参戦してしまえば「中立義務」という「平時におけるより以上

もっとも，第一次大戦以前において，中立にとどまることを望む国が行う必要のある行為を「中立義務」ないし「中立国の義務」と呼ぶ学説と，これを中立にとどまるための「条件」と呼ぶ学説との間に，いわゆる「中立義務」の法的性格について実質的な認識の差があった訳ではない．すなわち，いずれの学説においても，「中立義務」違反によって生ずる法的結果は，交戦国が当該中立国を敵として扱い，同国に対して戦争に訴えることが許されるようになることであり，いわゆる「中立義務」は，交戦国によって敵として扱われないことを望む国が守るべきものに過ぎない．それ故，「中立義務」という呼称が用いられる場合であっても，その「義務」は，国家が中立にとどまることを望む限りにおいて守るべきものである，という限定が付けられていた．例えば，ピエデリエヴルは，「中立は，国家が［中立により］与えられる利益を享受することを望むのであれば果たさなければならない，一定の義務を伴う」246)と述べている．オットレンギも，「中立義務」というのは，国家が「中立国であることを望む限りにおいて」247)守る必要のある義務に過ぎないと述べている．このように，「中立義務」という表現が用いられる場合であっても，それは，国家が中立にとどまるために満たすべき「条件」ということに近い意味で用いられており，実際，「中立義務」という表現と，中立にとどまるための「条件」という表現が，相互互換的に用いられる場合もかなり多かったのである248)．

なお，19世紀から20世紀初頭の国家実行・学説において，国家が中立の地位に立って「中立にとどまる権利」を享受するためには，以上で検討してきた

の」負担をいつでも免れられるのに，何故「中立義務」という交戦国からの要求に従っていたのかの説明がつかない．さらに，本書の立場から言えば，交戦国によって戦争に巻き込まれても構わない国が，「中立にとどまる権利」の「条件」を満たさない場合は当然あり得る（本節3参照）．しかし，「中立義務」を交戦国の中立国に対する要求と捉えると，中立から逸脱する行動を行う戦争局外国が存在した事実，つまり「制度と実行の不一致」（小森「現代における中立法規の妥当基盤」99頁）が存在したにも関わらず，交戦国が中立国に対して「中立義務」という負担を負うよう要求できることを内容とする慣習国際法が成立したことの論証が困難になるのである．

246) Piédelièvre, *Précis de droit international public*, 2:489 ［傍点引用者］．
247) Ottolenghi, *Il rapporto di neutralità*, 18 ［傍点引用者］．
248) E.g., Fiore, *Nouveau droit international public*, 3:431.

ような「条件」を満たしていれば十分であり，中立宣言を行うことは必要ではないとされていた．それは，国家が参戦の意思を明確に表示しない限り，中立にとどまる意思が「推定」されるためだとされていた[249]．中立宣言などによる明示的な意思表示がない場合にも中立にとどまる意思を推定すべき根拠について，例えばフィオーレは次のように説明している．「国家間の通常の関係は，友好および平和的通商の関係である．したがって，そのような関係は，開戦宣言か開戦宣言を行った国との同盟によって廃棄されるまで，継続することを認めなければならない」[250] すなわち，本節 1 で明らかにしたように，伝統的中立制度において，中立とは，戦争に巻き込まれ交戦国にさせられないこと，言い換えれば，交戦国と平時関係を維持する権利を有することをその本質としていた．フィオーレによれば，国家間の関係は平時関係が基本であるから，2 国間に戦争が勃発したときの第三国については，その国が交戦国になる意思を明示的に表示しない限り，平時関係を維持する意思を有している，つまり，中立にとどまる意思を有していると推定すべきだというのである．

3 「中立にとどまる権利」の条件を満たさない国
(1) 参戦に至らない援助の可能性

前述した通り，交戦国は，「中立にとどまる権利」の条件を満たさない国（例えば他方交戦国に軍事的援助を与える国）を，「敵として扱うことが許される」．つまり，「中立違反の結果は，侵害を受けた交戦国が，侵害を行う中立国を敵として扱い，同国に対して戦争を宣言する権利である」．しかし，そのような国を「敵として扱う」ことは，あくまでも交戦国の権利ないし権能であって，交戦国が何らかの事情によりその権利・権能を行使しない可能性はあり得る．例えば，オートフィーユは，交戦国は敵国を援助する国を敵として扱う権能（faculté）を有するという原則を述べた後，「この原則は，侵害を受けた［交戦］国がその権

---

249) E.g., Ibid., 419; Hautefeuille, *Des droits et des devoirs des nations neutres*, 1:177–178, 184; Lawrence, *Principles of International Law*, 474; Phillimore, *Commentaries upon International Law*, 3:202; Piédelièvre, *Précis de droit international public*, 2:486–487.

250) Fiore, *Nouveau droit international public*, 3:419.

能を行使せず，戦うべき敵をできるだけ少なくするために，実際には中立国ではない国を中立国と見なす権利を傷つけることはない」251) と述べている．

他方，これも前述した通り，国家が「中立にとどまる権利」の条件を満たすのは，あくまでも，交戦国に対する「戦争行為」ないし「戦争への参加」と見なされる行為を行わないことによって戦争の局外にとどまるためであって，「戦争行為」ないし「戦争への参加」と見なされる行為を行うことが禁止されていたからではない．それ故，戦争の局外にとどまることを望まず，交戦国になっても（させられても）構わない国は，「中立にとどまる権利」の条件を満たす必要はない．この点もっとも明確なのは，それまで中立国であった国が参戦して一方交戦国を援助する場合であり，第一次大戦以前の国際法において参戦が自由とされていた以上，このような援助は完全に合法であった．

しかし，このことは，参戦の意思を示さない限り交戦国を援助できないことを意味しない．戦時において国家が曖昧な態度をとること，つまり参戦か中立かを明確にしないことは禁止されておらず，参戦せずに交戦国を援助する場合もあり得たからである．この点についてプラディエ＝フォデレは，戦時において第三国が「曖昧な態度（une attitude équivoque）」をとった場合，交戦国は「中立にとどまるのか，それとも［戦争に］参加するのかを宣言するよう他国に要求する権利をもっていない」252) と述べている．

以上の結果として，国家が参戦せずに一方交戦国を援助しながら，他方交戦国もそのような国に対して戦争を行わないという状況があり得ることになる．そうした状況のもっとも典型的な例として，第一次大戦におけるポルトガルを挙げることができる．

(2) 第一次大戦におけるポルトガル

1914年8月に第一次大戦が勃発した直後，ポルトガル外相はリスボン駐在のイギリス公使カーネギーに対して，「ポルトガルはイギリスと運命を共にするつもりなので，この問題［中立にとどまるか否かの問題］について何も望んではお

---

251) Hautefeuille, *Des droits et des devoirs des nations neutres*, 1:181.
252) Pradier-Fodéré, *Traité de droit international public*, 8:927–928.

らず，イギリス政府の助言に従って自らの政策を決定するつもりである」[253] と伝えた．これを受けたイギリス政府のポルトガル政府に対する「助言」は，「とりあえず……中立宣言の公布を差し控える」ことを望むというものだった[254]．これに対してポルトガル政府は，「ポルトガルは当面の間中立にとどまるつもりであるが，決して正式の中立宣言は行わない」[255] と応え，同時に，必要が生じればいつでもイギリスを援助する用意がある旨をイギリス政府に伝えた[256]．ポルトガル政府によれば，ポルトガルがイギリスを援助する理由は，本戦争におけるドイツの勝利を望まないためだった[257]．

その後ポルトガル政府は，実際にイギリスに軍事的援助を与えるようになった[258]．そして，ポルトガルがイギリスを援助するようになった段階で，ポルトガル政府もイギリス政府も，ポルトガルの法的地位を交戦国でも中立国でもないものと捉えるようになった．例えば，イギリス外務省は，1914 年 8 月 13 日に作成した文書において，「……ポルトガルは中立国ではない．同国はイギリスの同盟国であり，中立宣言をしていないし，そのような意思ももっていない．

---

253) Carnegie to Grey, August 4, 1914, TNA: PRO, FO 371/2164, file 30342, paper 37964.
254) Grey to Carnegie, August 4, 1914, TNA: PRO, FO 371/2161, file 30342, paper 35645.
255) Carnegie to Grey, August 19, 1916, TNA: PRO, FO 371/2105, file 36169, paper 40850.
256) Hardinge to Grey, August 20, 1914, TNA: PRO, FO 371/2105, file 39169, paper 43227.
257) 例えば，1914 年 8 月にスペインのサン・セバスティアンでイギリス大使と会談したポルトガル公使は，ポルトガルがイギリスを援助する意思をもっている理由として，「ドイツの勝利は［ポルトガルの］独立の終焉を意味し，［ポルトガル］植民地のすべてを失うことを意味する」ことを挙げていた．Hardinge to Grey, August 20, 1914, TNA: PRO, FO 371/2105, file 39169, paper 43227.
258) ポルトガルがイギリスに与えた援助の具体的内容は，イギリス軍に対するモザンビーク（ポルトガル領）通過許可，イギリス軍艦への石炭供給（ドイツ軍艦には石炭供給を拒否），イギリス軍艦にポルトガル港への停泊を中立法規が認める以上の期間認めたこと，イギリスに軍需品や対魚雷艇用駆逐艦を供与したことなどである．Carnegie to Grey, March 11, 1916; Enclosure in No. 1: Declaration Read by Portuguese Minister for Foreign Affairs in Congress, March 10, 1916, TNA: PRO, FO 371/2759, file 110, paper 52095.

交戦的行動に積極的に参加していないというだけの理由で同国を中立国と見なすことはできない」[259] と述べた．また，ポルトガル外相は 1916 年 2 月，リスボン駐在のイギリス公使カーネギーに対して，「ポルトガルはイギリスの同盟国なのであって，中立国ではない」[260] と述べた．さらに，イギリス外務省は，1915 年 7 月に作成した文書において，ポルトガルの地位を「中立国でも交戦国でもない厄介な (embarassing) 状況」[261] としていた．なお，ドイツ政府は，イギリスに対するポルトガルの援助について，「中立の重大な違反 (a grave violation of neutrality) を構成する」[262] として抗議したが，ポルトガル政府はイギリス政府と協議の上，この抗議に何の回答もしなかった[263]．

それでは，ポルトガルが「中立国でも交戦国でもない」という曖昧な態度をとったのは何故だろうか．その背景には，ポルトガル政府とイギリス政府それぞれの思惑があった．すなわち，一方で，ポルトガル政府は参戦を望んでいた．なぜなら，参戦し戦勝に貢献することによって，戦後処理（特にアフリカ植民地の処遇）において発言権を行使できると考えたからである[264]．他方，イギリス政府は，ポルトガル参戦の，イギリスにとっての利益と不利益を比較衡量し，政策上ポルトガルの参戦はイギリスの利益にならないという結論に到達していた[265]．特に，戦後処理における発言権の行使というポルトガル政府の思惑について，イギリス政府は，ポルトガルに参戦を認めれば，「我々は戦後のアフリカ

---

259) Minute, August 13, 1914, TNA: PRO, FO 371/1883, file 38309, paper 38669.
260) Carnegie [to Grey], February 14, 1916, TNA: PRO, FO 371/2759, file 110, paper 29240.
261) Minute: "Portugal and the War," July 20, 1915, TNA: PRO, FO 371/2472, file 91547, paper 106315.
262) German Legation, June 9, 1915, TNA: PRO, FO 372/706, file 59380, paper 110322.
263) Grey to Carnegie, July 30, 1915, TNA: PRO, FO 372/706, file 59330, paper 88894; Carnegie to Grey, September 22, 1915, TNA: PRO, FO 372/706, file 59330, paper 136486.
264) Carnegie to Grey, July 15, 1915, TNA: PRO, FO 371/2472, file 100366, paper 100366; Carnegie to Grey, December 9, 1915, TNA: PRO, FO 371/2472, file 91547, paper 193272.
265) Minute: "Portuguese co-operation," July 21, 1915, TNA: PRO, FO 371/2472, file 100366, paper 100366.

処理における自由を失うはずである．我々は，[ポルトガルに対して]恩知らずの態度をとるか，さもなければ，ドイツ領南西アフリカの北部の一部やドイツ領東アフリカの南部の一部をポルトガルに譲りわたすかという，二者択一を迫られるかもしれない」[266]と考えていた．イギリス政府がポルトガル政府に参戦を思いとどまるよう要求したのは，このような政策判断に基づくものであった[267]．しかし，また他方で，イギリス政府はポルトガルによって提供される軍事的援助にも利益を見出しており，そのような援助を受けていた[268]．ポルトガル政府も，参戦の希望を何度もイギリス政府に伝えてはいた[269]ものの，本戦争における政策をイギリス政府の「助言」に従って形成するという前述の基本的立場を維持し，参戦せずに援助を与えるにとどめたのである．

ところで，ポルトガル政府は，ポルトガルがイギリスに援助を与え「中立違反」を行うことによって，ドイツの対ポルトガル開戦を招く可能性を認識していた．例えば，1915年7月15日にポルトガル外相ソアーレスがリスボン駐在のイギリス公使カーネギーに述べたところによれば，「多くの中立違反を行うことによって，ポルトガルは既に，[ポルトガルに対して]戦争を宣言する正当原因（just cause for declaring war）をドイツに与えた．ただ，ドイツは今までのところ抗議を行う以上のことをしていない」[270]というのである．

それでは，ドイツがポルトガルに開戦しなかったのは何故か．それは，ドイツが，ポルトガルの港に停泊中のドイツ商船を失いたくなかったからである．つまり，当時有力だった国際法解釈によれば，交戦国以外の国は自国の港に停

---

266) Ibid.
267) Carnegie to Grey, November 17, 1914, TNA: PRO, FO 371/2105, file 51771, paper 72191; The Secretary of State for the Colonies to the Governor-General of the Union of South Africa, January 4, 1915, TNA: PRO, FO 371/2231, file 1058, paper 1058; Grey to Carnegie, July 7, 1915, TNA: PRO, FO 371/2472, file 91547, paper 91547.
268) Edmond W. Slade, Admiralty, August 3, 1914, TNA: PRO, FO 371/2188, file 35792, paper 35792.
269) Carnegie to Grey, November 17, 1914, TNA: PRO, FO 371/2105, file 51771, paper 72191.
270) Carnegie to Grey, July 15, 1915, TNA: PRO, FO 371/2472, file 100366, paper 100366.

泊中の交戦国商船を徴発できず，逆に，交戦国になればそのような商船を徴発できるため，ドイツはポルトガルを交戦国にしたくなかったのである[271]．なお，ドイツは結局1916年3月にポルトガルに開戦したが，それは，ポルトガル政府が，当時有力だった国際法解釈に反して，ポルトガル各地の港に停泊中のドイツ商船を徴発する措置をとった(1916年2月27日)ためだった．つまり，もともとドイツがポルトガルに開戦しなかった理由は，ポルトガルが交戦国になってドイツ商船を徴発する措置をとる事態を回避することだったにも関わらず，ポルトガルがドイツ商船を徴発してしまった以上，開戦しない理由がなくなったのである．したがってドイツは，「戦争開始以来ポルトガル政府がドイツの敵国を非中立的行為(unneutral acts)により援助してきた」[272]ことを根拠としてポルトガルに開戦したのである．

(3) 損害賠償支払いによる問題処理

以上で明らかにしたように，「中立にとどまる権利」の条件が満たされない場合に生ずる法的結果は，そのことによって侵害を受けた交戦国が，「中立にとどまる権利」の条件を満たさない国を敵として扱い，同国に対して戦争を行うことを許されるようになることであり，また，こうした法的結果の発生を覚悟する戦争局外国は，一方交戦国を援助して構わなかった．しかし，交戦国と局外国の双方がこのような法的結果の発生を望まない場合に，損害賠償の支払いによって問題が処理されることもあり得た[273]．例えば，本章第1節3(3)(b)で述べたように，アラバマ号事件において，アメリカ政府は，戦争局外国が中立に反する行為を行った場合，交戦国の当該局外国に対する「公的戦争の原因」が発生するという見解をとっていたが，実際にはイギリスに対して戦争に訴え

---

271) Ibid. なお，戦争局外国による交戦国商船徴発の問題については，Garner, *International Law and the World War*, 1:176–180; Stone, *Legal Controls of International Conflict*, 440; Woolsey, "Taking of Foreign Ships," 497–506 を参照．

272) Carnegie to Grey, March 11, 1916; Enclosure in No. 1: Declaration Read by Portuguese Minister for Foreign Affairs in Congress, March 10, 1916, TNA: PRO, FO 371/2759, file 110, paper 52095.

273) E.g., Despagnet, *Cours de droit international public*, 1246; Ullmann, *Völkerrecht*, 520.

ることなく，イギリスと合意の上で紛争を仲裁裁判に付託し，損害賠償の支払いと受領によって問題を処理した．ただし，損害賠償の支払いと受領により問題を処理するためには，交戦国と局外国の双方が戦争発生の回避を望んでいる必要があったことには注意しなければならない．この点につき，アラバマ号事件においてコウバーン裁判官は，「中立違反 (violation of neutrality)」を行った中立国に対して交戦国が責任を追及できるという原則が，「絶対的なものでも無制限のものでも……ない」と述べ，その理由として次のように述べている．「というのも，中立違反の結果は，侵害を受けた交戦国が，侵害を行う中立国を敵として扱い，同国に対して戦争を宣言する権利である，ということを想起しなければならないからである．［当該中立国は］金銭賠償 (pecuniary amends) を［戦争の］代替物 (alternative) として受け入れる義務を負わないのである」[274]．つまり，「中立違反」を行う中立国が金銭賠償の支払いを拒否する場合には，侵害を受けた交戦国にとって残された選択肢は，同国に対して戦争に訴えることしかないのである[275]．

---

[274]　Opinions of Sir Alexander Cockburn, *PRTW* 4:235.
[275]　この点に関連して，万国国際法学会 (Institut de Droit International) が 1875 年に採択した決議は，中立違反により生ずる第一義的な法的結果が交戦国の中立国に対する戦争であるということを前提にしつつ，重大性が低い場合については損害賠償の支払いによる問題処理を推奨することによって，戦争発生の機会をなるべく減少させようという立法論だったと言える．すなわち，万国国際法学会 1875 年決議第 6 条は，「中立義務の違反によって侵害を受けた国は，重大かつ緊急の場合 (dans les cas graves et urgents) にのみ，そして戦争の期間中にのみ，その中立を消滅したもの (comme éteinte) と見なし，違反国に対して自国を防衛するために武力に訴える権利を有する．重大性もしくは緊急性が低い場合，または戦争が終了した場合には，この種の紛争 (contestation) はもっぱら仲裁手続の問題である」と規定している．この決議は，中立国が中立に反する行為を行った場合には交戦国が同国の「中立を消滅したものと見なし」同国に対して戦争に訴えることができるという原則を前提にしつつ，「重大性もしくは緊急性が低い場合」に戦争が生ずることは避けるべきだという認識から，このような場合には問題を仲裁手続で処理することを推奨しているのである．Institut de Droit International, *Annuaire de Institut de Droit International*, 1:139–140.

166　第 2 章　伝統的中立制度の成立（1793〜1918 年）

4 「中立にとどまる権利」の理論的基礎

　中立国が「中立にとどまる権利」を有するという考え方，つまり，交戦国が中立国に対して戦争を行ってはならないという考え方の起源は，第 1 章第 2 節で明らかにしたように，18 世紀の学説（ヴォルフやヴァッテルなど）にあるが，当時の学説において，交戦国が中立国に対して戦争を行ってはならないことの根拠は，正戦論に求められていた．すなわち，正戦論によれば，国家が他国に対して戦争を行うためには戦争の正当原因が必要であり，戦争の正当原因とは他国から受けた「不正」のことであるが，交戦国に何ら援助を与えない中立国はいずれの交戦国にも「不正」を行っていないから，交戦国は当該中立国に戦争を行ってはならない，と理論構成されたのである．

　ところが，19 世紀になると正戦論は支持されなくなったと一般には考えられている．そうだとすると，19 世紀以降，「中立にとどまる権利」はいかなる根拠によって基礎づけられるようになったのだろうか．次に，この点を明らかにする必要がある．

　（1）　正戦論とその衰退

　19 世紀から 20 世紀初頭の国際法における戦争の法的地位を明らかにすることは，本書の射程を大きく超えることである．しかし，近年の研究によれば，19 世紀においても，少なくとも学説上は，正戦論またはそれに類似する考え方が存在していたことが明らかにされている[276]．実際，例えばクリューバーは 1819 年の著作において，「戦争は正当 (juste) でなければならない」とし，戦争が正当であるためには，「侵害されるおそれがあるか，既に侵害された外的権利 (droits externes) を保全する必要性」に基づかなければならないと述べている[277]．ハレックも 1866 年の著作において，戦争原因は「正当化されるもの

---

276) 杉原高嶺によれば，19 世紀において，ハレック，ウールジー，ブリュンチュリ，クリューバーなどが「正戦論的権利救済説」をとっていた．杉原「近代国際法の法規範性に関する一考察」96–98 頁．19 世紀の学説における戦争の位置づけについては，柳原「紛争解決方式の一つとしての戦争の位置づけ」2–22 頁も参照．
277) Klüber, *Droit des gens*, 375–376.

（*justifiable*）」と「正当化されないもの（*unjustifiable*）」とに区別されるとし，「正当化される戦争原因」は，「既に受けた不正（injuries）かその脅威」であると述べている[278]．

こうして正戦論またはそれに類似する考え方を維持する限り，「中立にとどまる権利」の理論的基礎が揺らぐことはない．後述するように，20世紀初頭に現れることになった「中立にとどまる権利」否定説の論拠は，国際法において戦争の自由が無制限に認められているという認識だったのであり，そのような認識をとらないのであれば，18世紀の学説以来認められてきた「中立にとどまる権利」を否定する理由はなかったからである．実際，クリューバーやハレックは，国家が「中立にとどまる権利」を有することを肯定していた[279]．

ところが，19世紀後半から20世紀初頭にかけて，戦争原因の正・不正の区別は国際法の問題ではないという考え方が支配的になっていったようである（正戦論の衰退）[280]．実際，例えばオッペンハイムは1906年の著作において，戦争原因の正・不正を区別するとされる規則は，「学者が作った規則（rules of writers）であって，国際慣習および国際条約に基づく国際法の規則ではない」と述べている．オッペンハイムによれば，「政治的原因のために行われるすべての戦争は不正であり，国際違法行為に対して行われるすべての戦争は正当である」という学説もあるが，実際には「戦争は，しばしば双方当事国によってもっぱら政治的理由のために行われてきた」からである[281]．また，ハーシェイは1912年の著作において，戦争を，「純粋に政治的な動機，または自助の手段として」行われる「政治的事実」と捉え，戦争の正・不正の区別は「国際法の領域というよりも，国際倫理または道徳の領域に属する」問題であると述べている[282]．

こうして正戦論が衰退すると，かつての学説が正戦論によって基礎づけてい

---

278) Halleck, *Elements of International Law*, 145–147［イタリック体原文］．
279) Klüber, *Droit des gens*, 434; Halleck, *Elements of International Law*, 231．
280) 例えば，ラマシュは1916年の論文で，「戦争が正当化されるのはどのような場合か」という問題は，今日ではほとんど議論されなくなった」と述べている．Lammasch, "Unjustifiable War," 689.
281) Oppenheim, *International Law*, 1st ed., 2:56, 69, 71.
282) Hershey, *Essentials of International Public Law*, 349, 352.

た「中立にとどまる権利」を否定する学説が現れるようになった．

(2) 「中立にとどまる権利」否定説の登場

「中立にとどまる権利」を否定する学説が現れたのは，20 世紀初頭のことである．例えば，オッペンハイムは，1906 年の『国際法』第 1 版の中で「中立にとどまる権利」に言及し，ヴァッテル，ホイートン，クレーンなど「多くの学者がそのような権利の存在を主張している」ことを認める．しかし，オッペンハイムの考えによれば，「第三国は中立にとどまることを要求する権利を有しない」．したがって，「交戦国は，それまで中立国であった国に対して戦争に訴えることを差し控える義務を負わない」[283] という．カヴァリェーリも，「中立国は自らの中立が交戦国によって無期限に尊重されるよう要求するいかなる法的権利ももっていない」ため，「交戦国が中立国を当該［武力］紛争に暴力的に巻き込むことは合法である」[284] という．

「中立にとどまる権利」否定説の論拠は，「国際法は，その発展の現状においては，国家が望むときにはいつでも戦争に訴えることを明らかに許容している」[285] ということだった．つまり，国家はいつでも，どの国に対しても，理由の如何を問わず戦争に訴える自由を有しているのであって，中立国に対する戦争のみを違法と考えることは不可能だ，というのである．

このように，20 世紀になって「中立にとどまる権利」否定説が現れたのは，もともと「中立にとどまる権利」の理論的根拠とされていた正戦論が 19 世紀後半以降衰退し，20 世紀初頭の段階でほとんど支持されなくなったためである．しかし，正戦論が支持されなくなった 19 世紀末から 20 世紀初頭の時期においても，なお多くの学説が，戦争原因の正・不正の区別は国際法の問題ではないとして正戦論を否定する立場をとりつつ，同時に，国家が「中立にとどま

---

283) Oppenheim, *International Law*, 1st ed., 2:322, 336. なお，オッペンハイムは『国際法』の第 1 版（1906 年）と第 2 版（1912 年）では「中立にとどまる権利」否定説をとっていたが，同書の第 3 版（1921 年）では「中立にとどまる権利」肯定説をとるに至った．この点については本書第 3 章第 2 節 1 を参照．

284) Cavaglieri, "Belligeranza, neutralità e posizioni giuridiche intermedie," 335.

285) "The Hague Conventions and the Neutrality of Belgium and Luxemburg," 959.

る権利」を有するという命題を肯定していた (リヴィエ, ハーシェイ, ド・ヴィシェールなど)[286]．このことの原因は，「中立にとどまる権利」否定説が以下のような欠陥を抱える学説であったためであると考えられる．

(3) 「中立にとどまる権利」否定説の欠陥

「中立にとどまる権利」否定説は，次の 3 つの欠陥を抱える学説だった．すなわち，① 当時の諸国の認識と乖離していたこと，② 同説を裏づける先例が存在しなかったこと，そして，③ いわゆる「中立義務」の根拠を説明できなくなってしまうこと，である．以下では，これら 3 つの点について説明する．

(a) 諸国の認識との乖離

「中立にとどまる権利」否定説によれば，交戦国が中立国の中立を尊重するか否か，つまり中立国に対して戦争を行うか否かは，交戦国の政治的決定に委ねられた問題である．それ故，中立という地位それ自体は法的に保護されておらず，「まったく事実上の状態」[287] に過ぎないことになる．中立が法的な問題であるのは，中立国が中立国である限りにおいて交戦国との関係で有する具体的な権利義務，つまり，中立の「中身」[288] だけである．しかも，その「中身」は，

---

[286] リヴィエは 1896 年の著作において,「正当戦争と不正戦争の区別は法的には価値がない」(Rivier, *Principes du droit des gens*, 2:202–203) としつつ，中立については,「すべての国は，独立している限り，他国が戦争を行っている際に中立にとどまる権利を有する (a le droit de rester neutre)」と述べている (ibid., 377)．また，ハーシェイは 1912 年の著作において，戦争の正・不正の区別は国際法の問題ではないとしつつ (Hershey, *Essentials of International Public Law*, 352)，中立については，「独立国は戦争において中立にとどまる不可譲の権利 (an inalienable right to remain neutral) を有し，交戦国はこの中立を尊重する義務を負う (bound to respect this neutrality)」と述べている (ibid., 455)．ド・ヴィシェールの見解については本項 (4) (a) を参照．20 世紀初頭の学説で「中立にとどまる権利」を肯定するものとしては，以上の他に例えば，Thonier, *De la contrebande de guerre*, 54; Verraes, *Les lois de la guerre et la neutralité*, 2:5; Pradiere-Fodéré, *Traité de droit international public*, 8:873–879, 913–914; Hershey, *Russo-Japanese War*, 71; Phillimore, "Future of Law of Neutrality," 47 など．

[287] Lifschütz, "Die Neutralität," 42.

[288] Ibid., 45, 60.

170　第 2 章　伝統的中立制度の成立 (1793〜1918 年)

もっぱら，中立国が負う「義務」のことである．フーバーが言うように，「いわゆる中立国の諸権利」（領域不可侵など）は，国家が「平時に有していない，新しい権利」ではなく，しかも戦争に巻き込まれて交戦国になればいつでも失うことになる権利に過ぎないから，「中立にとどまる権利」否定説の立場からは，中立とは「中立国の諸義務の総体を意味」し，中立国が中立制度によって「負担のみを負う」[289]と認識されることになる．

　しかし，「中立にとどまる権利」否定説による中立制度のこうした認識は，当時の諸国の認識と乖離していた．このことを端的に示すのが，1907 年第 2 回ハーグ平和会議において諸国が示した見解である．例えば，既に一度引用したように，同会議において海戦中立条約の条約案を作成した検討委員会は，条約起草の出発点となるべき考え方として，「[中立国の]主権は交戦国によって尊重されなければならず，交戦国は，[中立国を]戦争に巻き込むことができない」[290]ということを挙げていた．また，同会議においては，「中立はすべての国家の絶対的権利である」という見解や，「[中立国は]敵対行為と無関係なので，敵対行為に直接にも間接にも巻き込まれないことを要求する基本的権利を有している」という見解が各国代表から提示された[291]．つまり，当時の諸国の認識は，中立制度において中立国が戦争に巻き込まれない権利を有し，それ故，中立はそれを選択する国にとっての利益であるということだった．もし中立が中立国にとって負担でしかないとしたら，中立がそれを選択する国にとっての「絶対的権利」であるとされることはないはずであろう[292]．

---

289)　Huber, "Die Fortbildung des Völkerrechts," 586.
290)　Ministère des Affaires Étrangeres, *Deuxième conférence,* 3:488.
291)　Ibid., 180, 578.
292)　「中立にとどまる権利」肯定説においても，領域不可侵や通商自由などの「中立国の諸権利」は，やはり平時国際法上の諸権利に過ぎないと認識されるが，中立国は中立国のままでいる権利（交戦国にさせられない権利）を有するから，中立国は，平時国際法上の諸権利を享受し続けることが法的に保障されていると認識される．このような法的保障を受けられることが，国家にとっての中立の利益である．これに対して，「中立にとどまる権利」否定説によれば，交戦国が中立国に開戦して同国を交戦国に変えることは自由であるから，中立国は平時国際法上の諸権利さえいつでも奪われ得る状態にあり，中立国にとって中立は何ら利益とならないと認識されるのである．

(b)　先例の不存在

　オッペンハイムは『国際法』第1版において，「国家が中立にとどまる意思を有していたにも関わらず，交戦国の一方または双方から，いずれかの交戦国を選んでその国と運命を共にするよう強制された多くの例を歴史は報告している」[293]と述べている．しかし，オッペンハイムは，「多くの例」とはいかなる事例なのか，また，いつの時代のことなのか，何も明らかにしていない．この点，第1章第1節で明らかにしたように，18世紀以前の国家実行において，中立は，戦争局外国と交戦国との合意，つまり中立条約によってはじめて成立するものとされ，局外国が中立にとどまることを望んでも，交戦国としては，同国と中立条約を結ばない限り，同国に対して自由に戦争を行えるものとされていた．国家実行上，中立にとどまることを望む国が交戦国と中立条約を結んでいなくても中立の地位に立つことができ，「中立にとどまる権利」を享受できるとされるようになったのは，18世紀末以降のことである．そこで，問題は，18世紀末以降の国家実行において，中立にとどまることを望む国に対する戦争が自由であるとされた先例があるのかということである．

　この点を明らかにする際にまず注意すべきなのは，オッペンハイムをはじめとする「中立にとどまる権利」否定説も，「中立にとどまる権利」肯定説と同じように，交戦国が「中立国」に対して敵対行為を行ってはならないこと（1907年ハーグ陸戦中立条約第1条～第4条および同海戦中立条約第1条～第2条）は認めるということである．両説の見解が分かれるのは，交戦国が中立国に開戦し，それまで中立国だった国を「交戦国」に変えることが自由なのか，そして，そうすることにより，もはや「中立国」ではない同国に対する敵対行為が合法になるのかということである．言い換えれば，「開戦宣言によって中立侵害は覆い隠される（La décralation de guerre couvre la violation de la neutralité）」のか[294]ということである．

　そこで，「中立にとどまる権利」否定説を裏づけるための先例は，中立国に対して「戦争」が行われ，それが国際法上自由であるとされた例でなければなら

---

293)　Oppenheim, *International Law*, 1st ed., 2:322.
294)　De Visscher, "De la belligérance," 98.

ない．交戦国が中立国を中立国と見なしたまま，同国に対して戦争に至らない敵対行為を行う事例は，「中立にとどまる権利」否定説を肯定も否定もしない．そのような事例は，「中立にとどまる権利」否定説においても「中立にとどまる権利」肯定説においても，原則として——自衛などによって正当化されない限り[295]——違法と評価されるからである．

　本章が検討対象としている時期（1793〜1918 年）において，交戦国が中立国に対して何らかの敵対行為（攻撃や砲撃，領土の占領，軍隊の上陸，軍隊による領土通過，領海における戦闘や捕獲など）を行った事例がいくつか存在する[296]．そうした事例としては，例えば，① 1807 年に交戦国イギリスが中立国デンマークの首都コペンハーゲンを砲撃し，デンマーク海軍の艦隊を接収した事例（デンマーク艦隊事件），② ナポレオン戦争中の 1813 年に対仏連合国軍が敵国フランスを攻撃するための通過点として中立国スイスの領土を通過した事例，③ 1837 年のカナダ内戦において，イギリス軍が中立国アメリカ領域内に侵入し，同領域内に停泊中の蒸気船カロライン号を襲撃した事例，④ 日露戦争開戦時に交戦国日本の陸軍が中立国韓国に上陸した事例（1904 年 2 月），⑤ 日露戦争において，日本軍艦が公海上で遭遇したロシア軍艦レシテルヌイ（Reshitelni）号を中立国清国の芝罘港まで追跡し，同港でこれを拿捕した事例（1904 年 8 月），⑥ 第一次大戦において，交戦国ドイツが敵国フランスを攻撃するための通過点として中立国ベルギーの領土を通過した事例（ベルギー中立侵犯事件），⑦ 第一次大戦において交戦国日本の軍隊がドイツ租借地の青島を攻略するため，中立

---

295)　ローレンスは，「自衛の事態（the exigencies of self-defence）によって中立領域の一時的な侵害が正当化されるということは，すべての権威によって認められている」と述べている．Lawrence, *Principles of International Law*, 501. 中立領域不可侵原則の例外の 1 つとしての自衛または自己保存については，Calvo, *Le droit international*, 4:536–537; Hall, *Treatise on International Law*, 247–248; Hershey, *Essentials of International Public Law*, 458; Woolsey, *Introduction to the Study of International Law*, 271 などをも参照．

296)　交戦国が中立国に対して行う敵対行為ないし武力行使の問題については，Brownlie, *Use of Force*, 309–316; Miele, *L'estraneità ai conflitti armati*, 2:529–560; Schindler, "L'emploi de la force," 847–864; 森田「武力紛争の第三国に対する武力行使」137–156 頁を参照．

国中国の竜口に上陸するとともに，中国領土内の山東鉄道を押収した事例（1914年9月），⑧第一次大戦において，フランスを中心とする協商国軍が中立国ギリシアのサロニカに上陸し，同地を占領した事例（1915年10月～16年2月）などがある．

これらの事例において，交戦国の中立国に対する敵対行為が戦争として行われたのか否かは必ずしも明確でなく，むしろ，戦争として行われなかったと解される例もかなり多い[297]．例えば，⑦と⑧に関して言えば，中国は1917年8月14日に，ギリシアは1917年7月2日にそれぞれ第一次大戦に参戦しており[298]，このことは，交戦国がこれらの中立国に対して敵対行為を行った時点およびその直後（中国については1914年9月，ギリシアについては1915年10月～16年2月）には，これらの国はまだ交戦国とされていなかったこと，つまり，これらの国に対する敵対行為は戦争として行われなかったことを意味している．

これに対して，中立国に対する敵対行為が戦争として行われたと解し得る事例もある．例えば，①のデンマーク艦隊事件について，田岡良一は，「［1807年8月から10月にかけてイギリスとデンマークとの間に行われた］戦闘によってデンマークと英国は戦争状態に入った」[299]と述べている．また，⑥のベル

---

[297] 伝統的国際法において，戦争と兵力の使用は同義ではなく，兵力が使用されながら戦争が成立しない場合も，逆に，戦争が成立しながら兵力が使用されない場合もあった．伝統的国際法においては，復仇（reprisal），干渉（intervention），自衛（self-defense），平時封鎖（pacific blockade）といった，戦争に至らない武力行使（use of force short of war）の存在が認められていたからである．そして，どのような場合に「戦争」が成立するのかについては，当事者の意思——戦争意思（*animus belligerendi*）の有無——を基準とする説が多数説であった．具体的には，当事国のうちの少なくとも1つが，①開戦宣言などによって戦争意思を明示的に表示するか，または，②戦争の存在を前提にしなければ行い得ない行為を行うことにより，戦争意思を黙示的に表示する場合に戦争が成立するとされていた．しかし，戦争意思が存在するかどうかの判断は現実には難しい場合も多かった．伝統的国際法における「戦争」の概念については，Greenwood, "Concept of War," 284–287; McNair and Watts, *Legal Effects of War*, 1–34; Wolff, *Kriegserklärung und Kriegszustand*, 21–134 などを参照．

[298] Garner, *International Law and the World War*, 1:38.

[299] 田岡『国際法上の自衛権』63頁．

ギー中立侵犯事件について，ドイツ政府がドイツ軍のベルギー領土通過を許可するようベルギー政府に要求した 1914 年 8 月 2 日の通牒を「最後通牒」と捉え，ベルギー政府がその受諾を拒否した(同 3 日)ことによってドイツ・ベルギー間に戦争状態が成立したと評価する学説[300]がある．

　しかし，これらの事例において交戦国の中立国に対する敵対行為が戦争として行われたとしても，重要なことは，交戦国の中立国に対する戦争が国際法上自由であるとの立場がとられたことはなく，交戦国は必ず何らかの事由を援用して自らの行動を正当化しようと努めていた事実である．例えば，①のデンマーク艦隊事件に関して，イギリスの野党は，本件における政府および海軍のデンマークに対する行動が「中立の侵害 (a violation of neutrality)」であり「国際法の違反」であるとして非難したが，これに対して政府・与党は，本件における政府および海軍の行動は，フランスがデンマーク艦隊を手中に収める差し迫った危険を排除するための，「緊急避難 (necessity)」ないし「自己保存 (self-protection)」に基づく措置であるとして正当化を試みた[301]．また，⑥のベルギー中立侵犯事件に関して，ドイツ政府は，フランス軍がベルギー領土を通過してドイツを西側から攻撃する意思を有しており，ベルギーがそれに抵抗する能力を欠いているから，ドイツは「ドイツにとっての自己保存 (Selbsterhaltung)」ないし「正当防衛 (Notwehr)」のために，フランスに先んじてベルギー領土に侵入する必要があると主張して自らの行動を正当化した[302]．

　また，交戦国の中立国に対する敵対行為が戦争として行われたのではないと解される事例や，この点が明確でない事例においても，交戦国は必ず何らかの正当化を行っており，中立国に対する敵対行為は戦争として行えば合法になる——「開戦宣言によって中立侵害は覆い隠される」——との立場が交戦国によってとられた事例は存在しない．交戦国は，中立国に対して敵対行為を行う際，

---

300) "The Hague Conventions and the Neutrality of Belgium," 961.
301) *Hansard Parliamentary Debates*, 1st ser., vol. 10 (1808), cols. 156–162, 190–194, 642–661, 736–752, 920–921, 1179–1182, 1185–1235, 1247–1250, 1284–1290.
302) Deutsche Note an Belgien, 1914 August 2, in Grewe, *Fontes historiae juris gentium*, Bd. 3/1, 653; Belgian Minister at Berlin to Belgian Minister for Foreign Affairs, August 4, 1914, in *AJIL Supplement* 9 (1915):70.

「自己保存」,「緊急避難」,「自衛」[303],中立国による同意[304],中立国が中立に反する行為を行っていること[305]などを援用して必ず自らの行動を正当化しようと努めていたのである.

　以上のように，18世紀末から20世紀初頭の時期において,「中立にとどまる権利」否定説を裏づける国家実行上の先例——交戦国の中立国に対する戦争が自由であるとされた先例——は存在しない．少なくとも筆者が知り得た限りで

---

303) 例えば③の事例においてイギリス政府とアメリカ政府の間で問題になったのは，「中立領域が外国による敵対行為または戦争行為の行使を免れるという［原則］」の侵害が,「緊急避難および自己保存」または「自衛」によって正当化されるかということだった (本章注104) 参照)．また，⑤の事例において，日本政府は,「露国軍艦旅順ヲ逸出シテ貴国港湾ニ竄入スル時ハ, 該港湾ノ中立タル性質ハ其瞬時ニ於テ既ニ破壊セラレタルモノニ有之而シテ帝国ガ該地ニ於テ自衛ノ為自ラ必要ト認ムル手段ヲ執リ得ルハ勿論ノ義ニ有之候」と主張した．小村外務大臣ヨリ在本邦清国公使宛，明治37年8月20日，外務省編『日本外交文書：第37巻第38巻別冊日露戦争II』第1302文書.

304) 例えば④の事例において，日本政府は，陸軍部隊を上陸させることについて「韓国政府の明確な同意」があったとして自らの行動を正当化した．小村外務大臣ヨリ在英国林公使宛，明治37年3月4日，外務省編『日本外交文書：第37巻第38巻別冊日露戦争I』第81文書．また，⑧の事例において，協商国は，ギリシア政府が軍隊の上陸・占領に同意したことを根拠に自らの行動を正当化した．Memorandum by Lord E. Percy Respecting Negotiations with Greece, October 22, 1915, TNA: PRO, FO 371/2278, file 164598, paper 174823.

305) 例えば⑦の事例において，日本政府は，中立宣言を行っていた中国の領土に軍隊を上陸させることについて,「［中国が］交戦国タル独逸ヲシテ膠州湾ヲ武装セシメ其存在ヲ容認スルハ中立ノ義務ニ違反スルコト歴然タルモノナルコト」，また,「支那側ガ山東鉄道ヲ独墺ノ自由使用ニ委シタルノ結果ニ外ナラズ支那ガ完全ニ中立ノ義務ヲ守ラサルハヒトリ之ノミナラズ」ということを挙げて正当化を試みた．加藤外務大臣ヨリ在米国珍日大使宛，大正3年9月2日，外務省編『日本外交文書：大正3年第3冊』第395文書；加藤外務大臣ヨリ在中国日置公使宛，大正3年9月30日，同第448文書．また，中立に反する行為を行っているという主張とは若干異なるが，②の事例において，対仏連合国は中立国スイスの領土を侵すに先立って共同宣言を発表し，その中で，スイスがフランスの「従属国 (un Etat subordonné)」であること，それ故，スイスが「主張している中立 (La prétendu Neutralité)」の地位は名目上のものに過ぎず，交戦国はそれを尊重する義務を負わないと主張した．Déclaration des Puissances Alliées, en entrant sur le Territoire Suisse, le 21 Décembre, 1813, *BFSP* 1:1165–1169.

は，中立国に対する敵対行為が戦争として行われれば自由であるとの主張がなされた先例はないし，そのような先例は，「中立にとどまる権利」否定説をとる者によっても1件も提示されていないのである[306]．

　(c)　「中立義務」の根拠の不存在

　「中立にとどまる権利」否定説の第3の，そしてもっとも重大な欠陥は，「中立にとどまる権利」を否定すると，中立にとどまることを望む国が一定の行為を行うべきこと（いわゆる「中立義務」）の根拠を説明できなくなることである．すなわち，本書がここまでで明らかにしてきたように，ヴァッテルをはじめとする18世紀の学説に由来し，19世紀の国家実行・学説に受容された考え方によれば，中立国が中立維持のために一定の行為を行う必要があるのは，それを行わないこと——例えば一方交戦国に軍事的援助を与えること——が，他方交戦国に対する「戦争行為」ないし「戦争への参加」と見なされる行為であり，当該他方交戦国に戦争の正当原因ないし戦争原因を与えることになるからであり，そのような事態を避け，戦争に巻き込まれない権利（「中立にとどまる権利」）を享受するために，そうした一定の行為を行う必要があるとされた．ところが，「中立にとどまる権利」否定説は「中立にとどまる権利」を否定してしまうから，中立国がこうした行為を行うべきことについて，交戦国に対する「戦争行為」を行わず，戦争に巻き込まれないようにするためである，という説明はできなくなる．「中立にとどまる権利」否定説によれば，交戦国は，中立国がどのような行為を行っているかに関わらず，いつでも自由に中立国に開戦する

---

[306]　ここで筆者が言いたいのは，「中立にとどまる権利」否定説を積極的に裏づけるような先例が存在しないということに過ぎないのであって，本文に挙げた先例によって「中立にとどまる権利」の存在を積極的に裏づけようという趣旨ではない．国家が他国に対して戦争を行う際に何らかの正当化を行っている事実は，そのような戦争が原則として禁止されていることを示す証拠になる場合もあり得るだろうし，逆に，単なる政治的・道義的声明に過ぎない場合もあり得るであろう．本書の立場において，「中立にとどまる権利」が存在したことのより積極的な根拠は，もしそれを否定すれば，中立国が中立維持のために一定の行為（いわゆる「中立義務」）を行ってきたこと，また，行う必要があるとされたことを説明できなくなってしまうことにある．この点は本文の(c)で論じる．

ことができるからである．そうだとすれば，中立国が一定の行為を行うべきこと（いわゆる「中立義務」）について何らかの新しい説明が必要になるが，「中立にとどまる権利」否定説のほとんどは，その説明を何も提示しなかった．例えば，「中立にとどまる権利」否定説の例として先に挙げたオッペンハイムやカヴァリェーリは，この点の説明を何もしていない[307]．

　ただし，この点の説明を試みた学説が皆無だった訳ではない．例えば，リフシュッツは1918年の論文において，「中立にとどまる権利」否定説の立場をとった上で[308]，「中立義務」の基底にある原則は「中立国が交戦国を直接にも間接にも援助してはならない」ということであると述べ，この原則は，「いったん発生した戦争をできるだけ早く終了させるという思想」，つまり「戦争の短期化」という考え方に基づいていると述べている[309]．つまり，「中立義務」は，戦争遂行に役立つ物資がいずれの交戦国にも流入しないようにすることによって戦争をなるべく早く終らせるという考え方に基づいているというのである．

　しかし，リフシュッツのこうした説明には，致命的な欠陥があった．すなわち，リフシュッツが言うように「中立義務」の趣旨が戦争の短期化にあるならば，私人が交戦国に対して戦争遂行上役に立つ物資（戦時禁制品）を供給することもこの趣旨に反するのであって，中立国はこれを防止しなければならないはずである（実際リフシュッツはそのように主張する[310]）．しかし，当時の実定国際法によれば，私人が交戦国に向けて戦時禁制品を輸出することは，交戦国による海上捕獲のリスクを覚悟するのであれば自由であり，中立国もそれを放置

---

307) オッペンハイムは，中立制度の歴史を説明する章において，19世紀における中立制度の発展が，「中立国を害することによって中立国を敵の側につかせないようにする」交戦国と，「戦争に巻き込まれることを恐れて中立義務を守ろうとする」中立国の利害が合致してはじめて可能になったものだと述べている．Oppenheim, *International Law*, 1st ed., 2:313–314. しかし，オッペンハイムは「中立にとどまる権利」を否定するので，中立国は「中立義務」を守っても「戦争に巻き込まれ」ないことが法的に保障されることはないことになる．したがって，オッペンハイムにおいては，「戦争に巻き込まれ」ないようにすることが「中立義務」の根拠であるとは法的には言えていない．

308) Lifschütz, "Neutralität," 44, 46.

309) Ibid., 66, 73.

310) Ibid., 71.

178　第 2 章　伝統的中立制度の成立 (1793〜1918 年)

して構わないとされていた[311]．リフシュッツはこのような実定法規則を立法論的に批判するしかなかったのであり[312]，リフシュッツの理論は現に存在する実定法を説明できなかった．その結果，リフシュッツの理論は，他の学説によってまったく支持されなかったのである．

(4)　戦争原因による戦争の限定

「中立にとどまる権利」否定説に以上のような欠陥があることに鑑みれば，20 世紀初頭においても依然として多くの学説が「中立にとどまる権利」肯定説をとっていたこと（本書 168–169 頁参照）は，当然のことだったとも言える．問題は，正戦論が支持されなくなった 20 世紀初頭において，かつての学説が正戦論によって基礎づけた「中立にとどまる権利」を，正戦論以外のいかなる根拠によって基礎づけるのかということだった．この点で注目されるのが，ド・ヴィシェールの 1916 年と 1917 年の論文である[313]．

(a)　ド・ヴィシェール論文

ド・ヴィシェールは，1916 年と 1917 年の論文において，国家が他国に開戦する場合を 2 つに分けるべきだと主張した．第 1 は，例えば A 国が B 国の領

---

311) 私人による戦時禁制品輸出・輸送を中立国が禁止しなくてよいという原則，およびその根拠については，本章第 1 節 4 (3) を参照．
312) Lifschütz, "Neutralität," 68–73.
313) この点について，ド・ヴィシェールと別の解決法を提示したのが，ハイルボーンであった．ハイルボーンによれば，中立とは，局外国の中立宣言による「申込 (Offerte)」と，交戦国によるその「受諾 (Annahme)」という，2 国間の「意思の合致」によって成立する「契約関係 (Vertrag)」であり，その契約関係において中立国は交戦国に対して「戦争に巻き込まれないことを要求する権利 (Anspruch)」を有するという．Heilborn, *Das System des Völkerrechts*, 336–351. つまり，ハイルボーンは，中立国の戦争に巻き込まれない権利を，交戦国との合意（契約）によって基礎づけたのである．しかし，交戦国と中立国との間に合意が成立していると捉えることは擬制的に過ぎるとの批判が多く (e.g., Ullmann, *Völkerrecht*, 519)，ハイルボーン以外にこの理論を支持する学説は存在しなかった．また，ハイルボーンの理論によれば，局外国の申込（中立宣言）を受諾していない交戦国は，受諾していないということのみを根拠にして局外国に対して戦争を行えるはずであるが，そのような事例は国家実行上存在しなかった（本項 (3) (b) 参照）．

土の一部を獲得することを目的としてB国に開戦する場合のように，「2国にとってまったく個別的な紛争から生じた，直接的攻撃（l'aggression *directe*, née d'un différend absolument personnel aux deux Puissances）」の場合である．第2は，A国がB国と行っている戦争（第1の場合の戦争）において，A国がB国を攻撃するための作戦上の根拠地としてC国（中立国）領土を利用するためにC国に開戦する場合のように，「攻撃が，2当事国にとって個別的な紛争の直接的帰結ではない（l'aggression n'est pas la suite *immédiate* et *directe* d'un différend personnel aux deux parties）」場合である[314]．

ド・ヴィシェールによれば，第1の場合，「国際関係の現状では，2つの主要当事国に限定された抗争（un conflit limité aux deux parties principales）において，戦争原因（la cause de la guerre）は重要ではない」．「正当な戦争と不正な戦争との区別は，近代実定国際法の外の問題」なのである[315]．

これに対して，第2の場合におけるA国のC国（中立国）に対する戦争は，「［中立国の］領土に軍事作戦を不当に拡大すること（*extention illégitime*）」[316]であり，「実定国際法の規則の違反」[317]である．そのような戦争は，「［他国間の］紛争に無関係のままとどまる（*rester étranger à leur différend*）ことを主張する国」に対する戦争の拡大であるが，そのような拡大から「紛争」に無関係の第三国を保護することこそが，中立制度の目的だからである．言い換えれば，中立制度は「［紛争］第三国の戦争に巻き込まれない権利を保護するもの（de protéger le droit d'une *troisième Puissance* de n'être pas impliquée dans la guerre）」である[318]，というのがド・ヴィシェールの見解である．

このようにド・ヴィシェールは，戦争の元になる「紛争（différend）」（戦争原因）との関係で戦争を限定的に捉え，それによって中立国の「戦争に巻き込まれない権利」を根拠づけた．すなわち，ド・ヴィシェールの認識によれば，

---

314) De Visscher, "De la belligérence," 98 [傍点部分は原文ではイタリック]．
315) Ibid., 98–99.
316) Ibid., 98 [傍点部分は原文ではイタリック]．
317) De Visscher, "La théorie de la nécessité," 79.
318) De Visscher, "De la belligérance," 99 [傍点部分は原文ではイタリック]．

国家が他国との関係で抱える紛争を処理するために戦争に訴えることは，国際関係の現実に鑑みて容認せざるを得ない．戦争原因の正・不正を区別する実定国際法規則が未だ成立していないのは，そのためである．しかし，戦争はあくまでも他国との紛争を処理するための手段なのであって，戦争は紛争を抱える他国との関係に限定されなければならない．例えば，A国がB国にその領土の一部の割譲を求め，B国がこれを拒否した場合，A国はB国に対して自らの要求を強制するため，戦争に訴えることができる．しかし，B国領土の割譲をめぐる紛争を原因として生じたこの戦争において，A国は，もともとこの紛争とは無関係であるC国に対して戦争を行う理由をもたない．単なる作戦上の必要——例えば，B国を攻撃するためにC国の領土を通過する必要があるというようなこと——に基づいて，紛争とは無関係のC国に戦争を拡大することは許されないのである．要するに，ド・ヴィシェールによれば，正当な戦争原因と不正な戦争原因とを区別することができないとしても，戦争原因それ自体を想定し特定することは可能であり，そのようにして特定される戦争原因によって戦争の対象国が限定されるというのである．

(b) 戦争原因の概念

(a)で明らかにしたように，ド・ヴィシェールは，正戦論——正当な戦争原因と不正な戦争原因とを区別する考え方——を明確に否定するが，戦争原因それ自体を特定できることは肯定し，そのようにして特定される戦争原因によって「中立にとどまる権利」（中立国の戦争に巻き込まれない権利）を根拠づけた．このように，戦争原因の概念は中立制度にとって非常に重要な概念であるので，ド・ヴィシェール以外の同時代の学説も参照しながら，この概念についてもう少し敷衍しておくことにする．

正戦論を明確に否定しながら，戦争原因の概念それ自体を想定する学説は，ド・ヴィシェール以外にも存在した．例えば，戦争の正・不正は「国際法の領域というよりも，国際倫理または道徳の領域に属する」問題であるとするハーシェイは，近代における戦争の主要8つの「原因」として，①商業または植民地を拡大する願望，②政治的または人種的優位を確保・維持する願望，③人道性の動機，④国民的統一を実現する願望，⑤征服または侵略，⑥革命運動

および民主化運動の鎮圧，⑦自己保存，⑧政治的独立，を挙げている[319]．また，戦争原因の正・不正を区別する実定国際法規則が存在しないとするオッペンハイムも，「戦争原因」と題する節を設けてこれを論じ，戦争原因には，新しい領土の獲得や国家の国民的統一など，様々なものがあるとしている[320]．

　ド・ヴィシェールの中立論は，このようにして特定される戦争原因が戦争の人的範囲を限定する，という議論である．例えば，A国がB国にその領土の一部の割譲を求め，B国がこれを拒否した場合，A国はB国に対して自らの要求を強制するため，戦争に訴えることができるが，B国領土割譲問題を戦争原因とするこの戦争はB国に対して行えば十分なのであって，この戦争原因とはそもそも無関係のC国（中立国）に対して戦争を行うことはできない．このようにして戦争原因を特定することによって，戦争の人的範囲がA国とB国との間に限定されるのである．

　戦争原因は，戦争の人的範囲を限定する——戦争原因と無関係の国（中立国）への戦争の拡大を認めない——だけでなく，理論的には，「戦争目的（ends of war）」をも限定し，それによって戦争の時間的範囲を限定する．すなわち，オッペンハイムが言うように，「戦争原因は，戦争開始の時点において，当該戦争の目的（ends）を決定する」．「戦争目的」とは，「戦争によって実現しようとする目標（objects）」のことであり，理論的には，敵国がその目標を受諾した段階で交戦国は戦争を終了させなければならないはずである．ただし，オッペンハイムによれば，「戦争目的」の変更・修正を禁止する実定国際法規則は現時点では成立しておらず，交戦国は開戦当初の「戦争目的」が達成された場合にも戦争を継続することが許されるという[321]．

　以上のことを言い換えれば，20世紀初頭における「中立にとどまる権利」肯定説と「中立にとどまる権利」否定説の中には，中立に関する結論を異にしながら，戦争の法的評価に関する基本枠組みを共有するものがあったということでもある．すなわち，ド・ヴィシェール，ハーシェイ，オッペンハイムのうち，

---

319)　Hershey, *Essentials of International Public Law*, 350–351.
320)　Oppenheim, *International Law,* 1st ed., 2:69–70.
321)　Ibid., 72–73.

前2者は「中立にとどまる権利」を肯定し，オッペンハイムはこれを否定するが，これらの3人は，戦争の法的評価に関する次の点においては同じ見解を採用していた．つまり，彼らによれば，① 戦争原因を正当なものと不正なものとに区別する実定国際法規則は現時点では成立しておらず，この点の区別は「国際倫理または道徳の領域に属する」問題であって「法の外」の問題である（正戦論の否定）．② しかし，戦争原因それ自体を想定し特定することはできる．例えば，A国がB国にその領土の一部の割譲を求め，B国がこれを拒否した場合，A国はB国に対して自らの要求を強制するため，戦争に訴えることができるが，この場合の戦争原因は領土割譲をめぐるA国・B国間の紛争ないし利害対立である．③ そして，戦争原因の概念は，少なくとも理論的には，戦争の人的範囲および時間的範囲を限定する．上の例で言えば，領土割譲問題を原因として開始された戦争において，A国は割譲を要求していたB国領土を獲得できた時点で戦争を終了させなければならず（時間的範囲の限定），また，A国はそもそもB国領土割譲問題とは無関係のC国（中立国）を戦争に巻き込んではならない[322]．先に述べたように，オッペンハイムも，理論的には戦争原因が戦争の時間的範囲を限定することを認めていた．しかし，オッペンハイムは，戦争原因が戦争の範囲を限定することを理論的には認めつつ，現実の国家実行においてそのような限定が守られていないことを根拠に，戦争原因による戦争の人的および時間的範囲の限定という規則の実定法性を否定する．これに対して，ド・ヴィシェールとハーシェイは，戦争原因による戦争の人的範囲の限定について，これが理論上のみならず実定国際法上も妥当していると考えるのである[323]．

---

[322] このような考え方からすれば，戦争原因と関係のある国は，中立の尊重を交戦国に対して要求し得ないことになる．例えば，ローレンスは，日露戦争における韓国について，日本とロシアはまさに韓国問題をめぐって戦争を開始したのであって，韓国は同戦争において中立国たり得なかったという．つまり，韓国は同戦争の戦争原因そのものであり，戦争原因の外にはなかったのである．Lawrence, *War and Neutrality in the Far East*, 282.

[323] 国家が他国との間で抱える何らかの紛争や利害対立を解決し，または他国に対して何らかの要求を強制するための手段として戦争を捉え，戦争原因を想定し特定する考え方と対照的な考え方の典型として，「戦争は合法な制度ではなく，出来事 (events)，つまり不幸な出来事である」とするライトのような考え方を挙げることができる．

なお，戦争原因によって戦争の人的範囲を限定するという考え方は，19世紀国際関係の現実と適合的な考え方だったと言える．すなわち，19世紀において諸国は，他国との関係で抱えている紛争や問題を処理するために，少なくとも事実上は無制限に戦争に訴えていたようである．しかし，交戦国は，戦争の原因となった紛争や問題に関係しない国に対して戦争を拡大することを差し控えていた．つまり，当時の諸国は，なるべく戦争が起こらないように，起こった場合にも戦争をできるだけ局地化するべきだと考え，戦争を当事国の外に拡大することを慎んだ．国家が他国との関係で抱える問題を処理するために戦争に訴えることは不可避だとしても，問題処理のための戦争は，問題を抱える国との関係に限定して行うべきであり，無関係の国に拡大するべきではないと考えられたのである．このように戦争が限定された要因としては，フランス革命戦争およびナポレオン戦争の経験から，戦争は革命を引き起こすという恐怖感が列強の間で共有されていたため，戦争をむやみに拡大することに抑制がかかったこと，また，革命の恐怖が薄らいだ19世紀後半にも，戦争を拡大し長期化させると他の列強の介入を招き戦勝の成果を奪われてしまうと考えられたことが挙げられる[324]．

　　Wright, "Changes in the Conception of War," 761. すなわち，ライトによれば，戦争は自然災害などと同じく，合法でも違法でもない「出来事」であり，そうした「不幸な出来事」が起こった場合には，非常事態に適用される法（戦争の場合には戦争法）が発動されるだけであるという．このような考え方は，国家が何を目的として戦争を行うのかを捨象する考え方であり，したがって，戦争をその目的（戦争原因）によって限定しようという発想も出てこない．これに対して，戦争原因それ自体を想定し特定する考え方は，戦争原因を正当なものとそうでないものとに分けることを放棄する点で正戦論から逸脱するものであるが，それでもなお戦争原因それ自体を想定し特定する点で，依然として正戦論の系譜に属する考え方であるとも言えよう．なお，ド・ヴィシェールとハーシェイは，戦争原因が戦争の人的範囲を限定することを肯定するが，戦争原因による戦争の時間的範囲の限定という点について彼らがどのように考えているのかは，彼らの著作・論文を読む限りでは明らかでない．

324)　Bridge and Bullen, *Great Powers and the European States System*, 10–11, 97.

第3章　戦間期および第二次大戦における伝統的中立制度の継続的妥当（1919～1945年）

　前章で明らかにしたことを別の言葉で表現すれば，伝統的中立制度は，中立を選択する国にとって安全保障の手段の1つであった，ということになる．伝統的中立制度において，中立国は，中立維持に必要とされる一定の行為を行っている限り，戦争に巻き込まれない権利を享受し，戦争の局外にとどまることを法的に保障されたからである[1]．しかし，国際法上，国家が中立にとどまる義務は存在しなかった以上，国家が必ず中立制度によって自国の安全を確保しなければならなかった訳ではなく，例えば同盟によって自国の安全を確保しても構わなかった[2]．国家が自国の安全を確保するための手段として中立と同盟

---

1) 戦争に巻き込まれ交戦国になれば，その国の船舶・貨物は敵船・敵貨としてすべて海上捕獲の対象となるから，そうならないことを主たる目的として中立を維持する国の存在も想定し得る．つまり，国家が中立維持のために必要な一定の行為を行うのは，安全保障を目的とする場合もあるし，海上通商の維持という経済的利得を目的とする場合もあるであろう．ただし，戦争局外国による海上通商の維持と拡大の要求は，しばしば交戦国との対立を生み，交戦国との戦争に発展する場合も多かったこと（Neff, *Rights and Duties of Neutrals*, 71–72, 75）には注意が必要である．
2) 戦争局外国が同盟条約に基づいて一方交戦国に軍事的援助を与えれば，それは中立と両立しない行為であり，法的には，他方交戦国がその局外国を「敵として扱うことが許される」ことになる（本書148頁参照）．しかし，他方交戦国が必ずその局外国を「敵として扱」い同国に開戦するとは限らず，実際には，様々な政治的・戦略的・戦術的要因を考慮して同国に開戦しない場合が十分にあり得る．同盟条約に基づき一方交戦国に軍事的援助を与えても他方交戦国は開戦してこないだろうと判断する国，あるいは中立の地位にとどまるよりも一方交戦国と同盟関係を結ぶことによって事実上の力関係で他方交戦国より優位な立場に立つ方が安全であると判断する国は，同盟により自国の安全を確保しても構わないのである．なお，同盟を国際法の観点から検討したものとして，Erich, *Über Allianzen und Allianzverhältnisse*; Rehm, "Die völkerrechtliche Stellung des Verbündeten," 118–152 を参照．

のいずれを選択するかは，各国の政策判断の問題だったのである[3]．

　第一次大戦後には，国家の安全保障の手段として新たに集団安全保障（collective security）の制度が現れた[4]．集団安全保障とは，「対立関係にある国家をも含めて，多数の国家が，互いに武力の行使を慎むことを約束するとともに，いずれかの国がその約束に反して平和を破壊する場合には，関係諸国家が共同し，集団の力でそれに当たり，平和を維持しよう」[5]とする仕組みのことであり，この仕組みは，戦間期には国際連盟規約（1919 年）やロカルノ条約（1925 年）などで採用された．集団安全保障の仕組みに参加する国は，他の構成国が攻撃を受けた場合にはその攻撃を排除するための制裁措置（例えば国際連盟規約第 16 条の措置）をとる負担を負うが，他方で，自らが攻撃された場合には他の構成国にその攻撃を排除するための措置をとってもらえるというメリットがある．他の構成国が攻撃を受けた場合にとるべき制裁措置の具体的内容は個々の条約体制により異なるが，本章第 1 節で述べるように，国際連盟規約の場合には，中立と両立し得ない措置が含まれていた．そして，第一次大戦後には，多くの諸国が国際連盟に加盟し，中立と両立しない制裁措置をとることを受け入れた．また，実際にそうした措置をとる際にも，諸国は中立の地位を援用しなかった．そのため，一見すると，1920 年代から 30 年代前半の時期には，中立が制度として消滅したかのような外観を呈するようになった．

　しかし，そもそも国際連盟に加盟するかどうかは各国が決められることであるから，集団安全保障に基づく安全保障政策を採用するか，中立制度に基づく安全保障政策を採用するかは，各国の政策判断の問題である．このことは，第一次大戦以前において，中立と同盟のいずれを選択するかが各国の政策判断の問題だったことと同じである．第一次大戦以前には，国家の安全保障の手段と

---

3) 国家が中立にとどまるか否かの選択は政策の問題であるが，中立にとどまることを選択した国が中立維持に必要とされる一定の行為を行っている限り戦争に巻き込まれない権利を享受でき，交戦国がそのような中立国に対して戦争に訴えてはならないということは，政策ではなく法の問題である．

4) 集団安全保障の制度が第一次大戦後にはじめて現れたとする一般的理解に対し，19 世紀に存在した永世中立制度を集団安全保障の一形態と評価する学説もある．田岡「安全保障の分類に於ける永世中立の地位」50–73 頁．

5) 田畑『国際法新講』下巻 206 頁．

して中立と同盟という選択肢があったが，戦間期には，これらの選択肢の他に，集団安全保障という選択肢が新しく加わったに過ぎない．それ故，第一次大戦以前に同盟ではなく中立に基づいて自国の安全を確保してきた国が，第一次大戦後に中立ではなく集団安全保障に基づいて自国の安全を確保しようとしたとしても，それは安全保障政策の変更に過ぎない．そして，多くの国がこのような政策変更を行ったとしても，中立は，制度としては，再び利用しようと思えばいつでも利用できる状態のまま残されるのである．

本章では，1920年代から30年代前半の時期に多くの諸国が中立による安全保障から集団安全保障へと安全保障政策を変更したこと，しかし，1930年代後半に国際連盟の集団安全保障システムの非実効性が明らかになると，多くの諸国が中立による安全保障へと復帰したこと，そして，多くの諸国が実際に中立による安全保障を図った第二次大戦では，中立制度が第一次大戦以前と同じように妥当していたことを明らかにした上で（第1節），学説上は，第一次大戦以前の国家実行とも戦間期および第二次大戦中の国家実行とも乖離した中立論が現れ，それが第二次大戦後における学説の混乱の原因になっていることを明らかにする（第2節）．

第1節　戦間期と第二次大戦における中立制度の利用と不利用

1　集団安全保障システムの利用

（1）　国際連盟の集団安全保障制度と中立[6]

国際連盟規約は，第12条，第13条および第15条において，国家の戦争の自由を制限した．まず，第12条によれば，連盟国間に「国交断絶ニ至ルノ虞アル紛争」が発生した場合，連盟国は，当該紛争を仲裁裁判もしくは司法的解決または連盟理事会の審査に付託しなければならず，仲裁裁判もしくは司法的

---

[6]　連盟規約と中立の関係については，Cohn, "Neutralité et Société des Nations," 153–204; D'Astorg, *La neutralité et son réveil*, 67–93; Graham, "Effect of the League of Nations," 357–377; Politis, "La notion de la neutralité," 259–268; Whitton, "La neutralité et la Société des Nations," 449–567; 立「国際連盟と中立関係」32–41頁；大淵「連盟規約と中立概念」1–15頁などを参照．

解決の判決または連盟理事会の報告が出た後3ヵ月を経過するまでは，いかなる場合においても戦争に訴えてはならない．仲裁裁判もしくは司法的解決の判決または連盟理事会の報告から3ヵ月経過した後については，第13条と第15条に規定がある．第13条4項によれば，仲裁裁判または司法的解決の判決に服する連盟国に対して戦争を行ってはならず，第15条6項によれば，連盟理事会の報告書が紛争当事国の代表者を除き全会一致で採択された場合，その報告書の勧告に応ずる連盟国に対して戦争に訴えてはならない．要するに，連盟規約は，① 仲裁裁判もしくは司法的解決または連盟理事会審査という平和的手段に訴えないでいきなり行う戦争，② 仲裁裁判もしくは司法的解決の判決または連盟理事会の報告から3ヵ月経過以前に行う戦争，③ 仲裁裁判もしくは司法的解決の判決，または紛争当事国の代表者を除く全会一致で採択された連盟理事会報告書に従う国に対して行う戦争，の3つを禁止したのである．

連盟規約第16条は，第12条，第13条または第15条に違反して戦争に訴える連盟国 (以下「違約国」) に対する2種類の制裁措置を定めた．第1は，経済的措置である．規約第16条1項によれば，連盟国は，違約国との通商上・金融上の関係を断絶し，違約国国民と自国民との一切の交通を禁止し，かつ，違約国とその他の国 (連盟加盟国であるか連盟非加盟国であるかを問わない) の国民との一切の金融上，通商上および個人的交通を阻止しなければならない．第2の制裁措置は，軍事的措置である．規約第16条2項は，連盟理事会が陸海空軍の分担の程度について連盟各国政府に提案を行うと規定しており，違約国に対して軍事的措置を実施する可能性を予定している．連盟国がこの軍事的措置に参加することは義務的ではないとされたが，同条3項によれば，軍事的措置が実施される場合において，連盟国軍隊が他の連盟国の「版図内通過」を必要とする場合には，当該連盟国はこの通過について「必要ナル措置」をとらなければならない．

これらの制裁措置の中には，中立と両立しない措置が含まれている[7]．

---

7) 国際連盟規約第16条1項は，第12条，第13条または第15条に違反して戦争に訴えた国は「当然他ノ総テノ聯盟国ニ対シ戦争行為ヲ為シタルモノト看做ス」と規定しており，違約国とそれ以外の連盟国との間に自動的に戦争状態が成立すると読めなくもない．しかし，1921年の第2回連盟総会が採択した決議によれば，規約第

まず，連盟国が経済的措置を自国領域内で実施する場合には，それが差別的措置であることが問題になる．すなわち，伝統的中立制度において，中立国が交戦国と通商・金融関係を断絶し，または，自国民および外国人と交戦国との通商上・金融上・個人的交通を禁止することは自由であった．中立国は，交戦国との通商・金融関係等を維持することを義務づけられないのである．ただし，中立国が交戦国との通商・金融関係等を断絶する場合には，全交戦国に対して平等にそれを行わなければならないとされた（1907 年ハーグ陸戦中立条約第 9 条）．したがって，違約国との関係でのみ通商・金融関係を断絶することや，自国民および外国人の通商上・金融上・個人的交通を違約国との関係でのみ禁止することは，中立と両立しない措置であることになる[8]．

　次に，連盟国が自国領域外の海上（公海上または違約国領海内）において，連盟非加盟国の船舶に対して経済的措置を実施する場合には，別の問題が生ずる．すなわち，規約第 16 条 1 項によれば，連盟国は，「聯盟国タルト否トヲ問ハス」すべての国の国民と違約国国民との金融上・通商上・個人的交通を阻止する義務を負うから，連盟非加盟国国民の行う交通を海上において阻止する必要が出てくる．しかし，これを平時封鎖（pacific blockade）によって実施することはできない．平時封鎖の効果は被封鎖国の船舶にのみ及び，第三国の船舶を拿捕

---

　　16 条 1 項の趣旨は，違約国と他の連盟国との間に自動的に戦争状態が成立するということではなく，後者が前者に対して戦争に訴える権利を有するということに過ぎない．Résolutions et recommandations adoptées à la suite des rapports de la troisième commission: 2. Arme économique, résolutions adoptées le 4 octobre 1921, League of Nations, *Official Journal Special Supplement*, no. 6 (1921): 24–26．この決議は，連盟規約を解釈する際の指針に過ぎず，連盟国を拘束するものではない（立『国際連盟規約論』256 頁）が，実際に規約第 16 条が発動された事例においては，違約国とそれ以外の連盟国との間に自動的に戦争状態が成立するものとはされず，規約第 16 条は 1921 年総会決議に沿って運用された．このように，違約国以外の連盟国が違約国に対して戦争に訴えることなく，つまり交戦国となることなく規約第 16 条の制裁措置をとるという状況が想定され，そのために，規約第 16 条と中立との関係が問題になるのである．

8）　連盟規約第 16 条の文言上は，これらの措置を違約国のみならず被害国にも平等に適用することは禁止されていない．しかし，規約第 16 条は違約国に対する制裁を目的とするものであるから，これらの措置は違約国に対してのみ適用することが想定されていると解される．大淵「連盟規約と中立概念」13 頁参照．

することはできないとされていたからである[9]．したがって，この措置を国際法上合法的に行おうとすれば，戦時封鎖を行わざるを得ない．戦時封鎖の場合には，交戦国船舶であるか中立国船舶であるかを問わず，封鎖を侵破したすべての船舶および同船上の貨物を拿捕・没収することができるからである．しかし，戦時封鎖を行うということは交戦国になるということに他ならず，中立と両立しない措置をとることを意味する．

最後に，軍事的措置のうち，連盟国は第16条2項の措置（陸海空軍による兵力使用）をとる義務を負わないが，同条3項の措置（連盟国軍隊の「版図内通過」について必要な措置）をとる義務を負う．伝統的中立制度において，中立国は，交戦国軍隊に自国領土を通過させてはならないとされていた（本書129頁参照）から，同条3項の措置は，中立と両立しない措置であることになる．

このように，連盟加盟国は，規約第12条，第13条または第15条に違反した戦争が生じた場合，第16条に基づき，中立と両立しないいくつかの措置をとらなければならない[10]．それにも関わらず，従来中立制度によって自国の安全保障を図ってきた国も含め，42ヵ国が原加盟国として国際連盟に加盟した．これらの諸国が国際連盟に加盟した背景にはどのような事情があったのだろうか．次に，この点を検討する．

(2) ヨーロッパ小国の連盟加盟：安全保障政策の転換

ヨーロッパの小国（スウェーデン，ノルウェー，デンマーク，オランダ，ベルギー，スイスなど）は，19世紀から第一次大戦に至るまでの間，中立に基づく安全保障政策を採用していた[11]．すなわち，第2章で明らかにしたように，

---

9) Whitton, "La neutralité et la Société des Nations," 504.
10) なお，1928年の不戦条約（戦争抛棄ニ関スル条約）は，「国際紛争解決ノ為戦争ニ訴フルコト」と「国家ノ政策ノ手段トシテノ戦争」を禁止したが，これに対する制裁の規定を置かなかった．したがって，不戦条約違反の戦争が起こった場合に第三国が中立の地位に立つことは同条約上は自由である．実際，不戦条約以降に生じた戦争において中立の地位を選択する不戦条約締約国は存在した．この点については，和仁「中立制度に対する戦争違法化の影響」31–46頁を参照．
11) 百瀬『小国』37–40, 55–61, 81–105頁．

伝統的中立制度において，中立国は一定の作為・不作為（例えば交戦国に軍事的援助を与えないこと）を行うことを条件として，戦争に巻き込まれない権利を享受することができた．ヨーロッパ小国は，このような制度に依拠することによって，交戦国に開戦の法的根拠を与えず，戦争に巻き込まれないようにする政策をとっていたのである．

ところが，これらの諸国は第一次大戦後，国際連盟に加盟すれば中立と両立しない措置をとる義務を負うことになるにも関わらず，国際連盟に加盟した．この事実は，これらの諸国が，中立制度による安全保障から集団安全保障による安全保障へ，安全保障政策を変更したことを意味する．諸国がこのような政策変更を行ったのは何故だろうか．この点については，スイスの国際連盟加盟問題をめぐる論争が手がかりになる．

スイスの連盟加盟は，第2回国際連盟理事会の決定（1920年2月），スイス連邦議会による承認（同年3月3日および4日），そして国民投票（同5月16日）を経て決定された[12]．しかし，スイス国内ではスイスの連盟加盟について賛否両論があり，連盟加盟を決定するまでの間，様々な議論がなされた．スイス政府は連盟加盟に際して，連盟規約第16条に基づく「連盟の軍事行動」（規約第16条2項および同3項の軍事的措置）には参加しない旨を宣言し[13]，連盟理事会によって承認されたが，「通商上および金融上の措置に参加する義務」（規約第16条1項の経済的措置を実施する義務）を負うことは認めていた[14]．そこで，スイスにとっての問題は，国際連盟に加盟することによって経済的措置を実施する義務を負うことに賛成するか反対するか，ということだった．

スイスの連盟加盟に反対する見解としては，例えば，国家防衛委員会（Landesverteidigungskommission）──スイス陸軍省（das schweizerische Militärdepar-

---

12) スイスの連盟加盟に至る経緯について詳しくは，入江『ヴェルサイユ体制の崩壊』下巻 622–635 頁; Huber, "Die schweizerische Neutralität und der Völkerbund," 80–136.

13) Mémorandum, 13 janvier 1920, *DDS* 7（2）: 464–467.

14) Société des Nations, L'accession de la Suisse comme membre de la Société des Nations: Resolution adoptée par le Conseil de la Société des Nations, réuni à Londres, au Palais de St-James, le 13 février 1920, *DDS* 7（2）: 511–512.

tement）内部で設置された委員会——の少数意見書がある．この意見書は，連盟加盟問題を研究するよう政府から要請された国家防衛委員会が，その問題を研究した結果を取りまとめて政府に提出した意見書の1つである．同委員会内部において意見が対立し，意見を1つに集約することができなかったため，同委員会は多数意見と少数意見の両方の意見書を政府に提出したのである（1919年7月）[15]．

　少数意見書の主張は，「双方交戦国によって中立が尊重されることを我々が望むならば，軍事的関係においても経済的関係においても厳格に実施される，絶対的中立（*absolute* Neutraltät）しか……あり得ない」ということである．この主張の論拠は，今日の戦争において経済的戦争手段が重要な役割を果たしているという認識である．つまり，「世界大戦において，経済戦（der wirtschaftliche Krieg），すなわち飢餓封鎖（Hungerblockade）は，もっとも恐るべき，そしてもっとも効果的な戦争手段であることが……明確になった」というのである．したがって，「連盟加盟国としてこのような戦争手段［経済的戦争手段］を一方交戦国の有利に，そして他方交戦国の不利に行使しているにも関わらず，中立の利益，特に領域不可侵を双方交戦国に要求することは馬鹿げている」のであり，そのような措置によって不利益を受けた交戦国は「このような行動を中立的なもの（*neutral*）ではなく，敵対的なもの（*feindselig*）と宣言」するだろう．要するに，スイスが連盟に加盟すれば「スイスは，国際連盟によって行われるすべての戦争……に巻き込まれる危険を冒す」ことになるから連盟に加盟すべきではない，というのが本意見書の結論である[16]．

　他方，国家防衛委員会の多数意見書は，スイスが国際連盟に加盟すべきだと主張した．本意見書は，規約第16条1項の措置が交戦国の「不平等待遇（ungleiche Behandlung）」であること，そして，このような「不平等待遇」は，それによって不利益を被った交戦国が「スイスの領土保全に対する攻撃を正当化す

---

15) Decoppet à Calonder, 28. Juli 1919, *DDS* 7（2）: 54–55.
16) Rapport de la minorité de la Commission de la Défense nationale, Bern, 14. /18. Juli 1919. Die Schweiz und der Völkerbund. Militärisches Gutachten, *DDS* 7（2）: 68–77［傍点部分は原文ではイタリック］．

る根拠 (Grund)」になり得ることを認める．また，「スイスが［交戦国に］中立侵害の正当化事由 (berechtigten Anlass) をなるべく与えないようにすべきことは当然である」ことも認める．しかし，本意見書は，規約第16条1項の措置が交戦国の「不平等待遇」であることを「副次的な問題」であるとし，「副次的な問題に過大な意味を与えるべきではない」とする．なぜなら，「［スイスが経済的措置に］参加することは，［このような措置の対象となる］国に対してわずかな損害しか与えない」からである．他方，スイスが連盟に加盟する利益——スイスが他国から攻撃された場合に他の連盟国から援助を受けられることなど——は大きい．結局，本意見書は，スイスが連盟に加盟し規約第16条1項の措置をとることがスイスにとって一定の不利益をもたらすことを認めながら，その不利益は小さいと評価し，連盟加盟による利益の方が不利益よりも大きいことを根拠に，スイスの連盟加盟を支持したのである[17]．

　連盟加盟賛成論は，スイス連邦内閣が連邦議会に宛てた教書（1919年8月4日）の中でも展開された．この教書の中でスイス連邦内閣は，スイスが連盟に加盟し，規約第16条1項の経済的措置をとる義務を負うことが，一定程度の「不利益と危険 (Nachteile und Gefahren)」をもたらすことを認める．その危険とは，経済的措置が「不平等待遇」と見なされ，「規約違反国が……そのための［スイスの中立を侵害するための］口実 (Vorwand) にする」可能性があるということである．しかし，実際問題として，「不平等待遇それ自体が真の戦争原因になることはほとんどないだろう」という．なぜなら，「交戦国にとって重要なのは，……中立国の軍事作戦 (militärischen Unternehmungen) のみだから，つまり，中立国が敵国の軍事作戦に参加しないこと，そして中立国領域が［敵国の］軍事作戦に直接に使用……されるのを阻止することのみ」だからであり，スイスが違約国に対して経済的措置（規約第16条1項の措置）をとることは，違約国にとって「相対的に小さな意味しかもたない」からである．また，スイス以外の多くの連盟国が経済的措置をとるという状況において，違約国がスイス

---

17) Bericht der Merheit der Landesverteidigungskommission an das eigen. Militärdepartment zuhanden des Bundesrates betreffend die militärischen Folgen des Eintritts der Schweiz in den Völkerbund, Bern, 18. Juli 1919, *DDS* 7 (2): 55–66.

を攻撃してスイスの経済的措置実施だけを阻止したとしてもあまり意味はなく，かえって他の連盟国から反撃されるリスクを冒すことになるから，スイスが経済的措置を実施したことを理由として違約国がスイスを攻撃する危険は実際には小さいだろうともいう．他方，連盟に加盟すれば，スイスは「国際連盟が［規約］第12条から第17条までで創設した平和維持体制」の利益を享受できる．結局，連盟に加盟することに伴うわずかな「不利益と危険」よりもこうした利益を重視して連盟に加盟するべきである，というのが連邦内閣の結論であった[18]．

以上から，スイスの国際連盟加盟問題をめぐる論争の対立構造は次のようにまとめられる．まず，本問題についての賛成論も反対論も，スイスが規約第16条1項の経済的措置をとることが違約国に対する「不平等待遇」であり，違約国がスイスの中立を侵害しスイスに開戦する「根拠」ないし「口実」になる可能性があるという認識を共有する．見解が分かれるのは，違約国がこのような「根拠」ないし「口実」を援用してスイスに開戦する可能性が実際にあるか，また，その可能性がどの程度大きいかという点である．連盟加盟賛成論は，経済的措置が違約国にとって「相対的に小さな意味しかもたない」との認識から，違約国がスイスに開戦する可能性は事実上小さく，それよりも連盟の集団安全保障システムの保護を受ける利益の方が大きいと主張する．これに対して，連盟加盟反対論は，経済的戦争手段が今日の戦争において重要な役割を果たしているという認識から，スイスが連盟に加盟すれば現実に「戦争……に巻き込まれる危険を冒す」ことになると主張する．しかし，結局，連盟加盟によって相対的に大きな安全が確保されるという連盟加盟賛成論が支持され，前述の通り，スイスは連盟に加盟することになったのである．

スイスが連盟加盟を決定した以上のような事情は，他の小国にも当てはまるようである．例えば，百瀬宏は北欧諸国の連盟加盟について論ずる文脈で，次のように述べている．「第一次大戦中の体験が北欧の諸『小国』に印象づけたのは，列強間の戦争に際して『中立』によって自己の安全と独立を守りうる可能

---

18) Botschaft des Bundesrates an die Bundesversammlung betreffend die Frage des Beitrittes der Schweiz zum Völkerbund (Vom 4. August 1919), *Bundesblatt der schweizerischen Eidgenossenschaft*, Jahrgang 1919, 4. Bd. (1919): 541–680.

性がますます狭まりつつあることであり，それゆえ北欧諸国もまた，国際関係の組織化に自己の安全保障の途を求め，従来の戦時中立志向の外交方針をさし措いて，国際連盟に加入したのであった」[19]．すなわち，第一次大戦においては中立国ベルギーがドイツに侵略されるなど，小国の安全を確保する手段としての中立制度はその実効性が疑われる状況にあった．こうした状況において小国は，中立制度に依拠するよりも，国際連盟の集団安全保障システムに依拠する方が相対的に安全であると判断し，連盟に加盟したのである．

このように，国際連盟に加盟した諸国は1920年代において，中立制度ではなく，国際連盟の集団安全保障システムに自国の安全を託すことを決断した．それ故，1920年代から30年代前半の時期の国家実行において，中立の地位が援用されることは少なかった．例えば，連盟総会および理事会の勧告に基づきパラグアイに対する武器および戦争物資の禁輸が実施された，ボリビア・パラグアイ間のチャコ戦争（1933～35年）においては，交戦国の近隣諸国5ヵ国（アルゼンチン，ブラジル，チリ，ペルー，ウルグアイ）が中立宣言を行っただけで，それ以外に中立の地位を援用した連盟加盟国はなかったようである[20]．また，イタリア・エチオピア戦争（1935～36年）においても，連盟非加盟国数ヵ国（ドイツやアメリカ）が中立宣言を行ったが[21]，連盟加盟国は規約第16条に基

---

19) 百瀬『小国』135頁．なお，中立にとどまる国にとっての安全保障手段としての中立制度が19世紀において実効性を有していたことおよびその政治的背景，また，同制度の実効性が第一次大戦において著しく低下したことが要因となってヨーロッパ小国が国際連盟の集団安全保障システムに参加するに至ったことについては，Morgenthau, "Problem of Neutrality," 109–128 も参照．

20) Declaration of Neutrality in the Bolivian-Paraguayan War, May 13, 1933 [Argentina], in Deák and Jessup, *Collection*, 1:9–10; Decree No. 22, 744, Ordering the Observance of Complete Neutrality in the War between Bolivia and Paraguay, May 23, 1933 [Brazil], in ibid., 1:92–97; Decree No. 458, Declaring the Neutrality of Chile in the War between Bolivia and Paraguay, May 13, 1933, in ibid., 1:357–358; Proclamation of Neutrality in the Bolivian-Paraguayan War, May 13, 1933 [Peru], in ibid., 2:873–874; Decree Proclaiming Neutrality in the War between Bolivia and Paraguay, May 12, 1933 [Urguay], in ibid., 2:1269.

21) Dinichert à Stucki, 31. Oktober 1935, *DDS* 11:532–533; The Ambassador in Italy (Long) to the Secretary of State, October 10, 1935, *FRUS 1935*, 1:804.

づく対イタリア経済制裁を実施し，中立の地位を援用しなかった[22]．

　ここで注意しなければならないのは，諸国，特に小国が1920年代に連盟加盟を決定した前提には，連盟の集団安全保障システムによって自国の安全が実効的に確保されるという期待があったことである．そのような期待があったからこそ，諸国は規約第16条の措置を実施するという負担——スイスの連盟加盟論争において指摘されていたように，このような措置の実施は交戦国の「不平等待遇」であり，このような措置を実施する国に対して違約国が開戦する「根拠」として援用される危険がある——を甘受したのであり，そのような期待が消滅すればこの負担を負う理由もなくなる．実際，以下で明らかにするように，国際連盟の集団安全保障システムが実効的に機能しないことが明らかになった1930年代半ば以降，諸小国は規約第16条の負担を免れることを主張し，中立制度に基づく伝統的な安全保障政策に復帰するようになったのである．

2　ヴェルサイユ体制の崩壊と伝統的中立への復帰[23]

　1920年代に一応の安定を保っていたヴェルサイユ体制——ヴェルサイユ体制とは，第一次大戦を終結させた諸講和条約を基礎とする国際秩序のことであり，国際連盟はその重要な一部を構成していた——は，1930年代になると，同体制を「持てる国」の国際秩序として批判するドイツ，イタリアおよび日本が引き起こした諸事件によって崩壊していった[24]．諸事件とは，満州事変（1931年），ドイツにおけるナチスの政権掌握（1933年），日本とドイツの国際連盟脱退（1933年），ドイツの再軍備宣言（1935年），イタリア・エチオピア戦争（1935～36年），ドイツのラインラント進駐（1936年）などのことである．

---

22)　Cohn, *Neo-Neutrality*, 245; Verzijl, *International Law in Historical Perspective*, Part IX–B, 264.

23)　1930年代後半における諸国の伝統的中立への復帰については，Hyde, "Belgium and Neutrality," 81–85; Koht, "Neutrality and Peace," 280–289; La Pradelle, "La Belgique retourne à la neutralité," 538–546; Morgenthau, "End of Switzerland's 'Differential' Neutrality," 558–562; Morgenthau, "Resurrection of Neutrality in Europe," 473–486; Ténékidès, "La neutralité en son état d'évolution actuelle," 256–285 などを参照．

24)　斉藤『戦間期国際政治史』2–3, 195–208頁．

これらの諸事件の中で，小国の安全保障政策にもっとも大きな影響を与えたのは，イタリア・エチオピア戦争であった[25]．同戦争において，国際連盟理事会は，「イタリア政府が国際連盟規約第12条の下での約束を無視して戦争に訴えた」と認定し (1935年10月7日)[26]，連盟総会においても50ヵ国がこの認定を支持して，規約第16条1項に基づく経済的措置が実施されたにも関わらず，イタリアの対エチオピア侵略は止められなかったからである．その原因は，イタリアの戦争遂行に死活の重要性をもつ石油が経済制裁品目リストから除外されていたことであり，その背景には，イタリアに対する経済制裁を推進したイギリスにも「イタリアの侵略行動を戦争を賭してでも阻止する決意はな」く，「制裁も戦争誘発の危険なき限度において行われ」たという事情があった[27]．

その結果，それまで国際連盟の集団安全保障システムに自国の安全を託してきたヨーロッパの諸小国は，「国際連盟や英仏は頼りにならないということ」を認識し，「頼りにならない英仏が中心である国際連盟の侵略者集団制裁義務からはできれば免れる」という政策をとるようになった[28]．その政策は，具体的には，①連盟規約第16条の義務的性格の否認，そして，②伝統的中立への復帰，という形で実施された．

まず，ヨーロッパ諸小国は，連盟規約第16条が実行上一貫しては適用されていないこと (例えば1931年の満州事変で適用されなかったことなど) を理由に，規約第16条に基づく制裁の発動は各国の裁量に委ねられた問題であり，第12条，第13条または第15条に違反したすべての戦争において必ず発動しなければならない訳ではないと主張した．例えば，1936年7月1日，ベルギー，デンマーク，フィンランド，オランダ，ノルウェー，スペイン，スウェーデンおよびスイスの各国は，「共同宣言」を発表し，「……規約全体が不完全に，そして非一貫的にしか適用されていない以上，我々は第16条の適用に関してそ

---

25) イタリア・エチオピア戦争については，高橋『安全保障序説』99–115頁；森「イタリア=エチオピア戦争」30頁を参照．
26) League of Nations, *Official Journal* 16 (1935): 1225.
27) 岡『国際政治史』285頁．
28) 百瀬『小国』158頁．

の事実を考慮に入れざるを得ない」29) と声明した．また，スイス外務省は1938年2月，「［規約］第16条はもはや機能していない．第16条はある場合には適用されないことが明らかになった，というのが一般的な見解である．同条は事実上任意的なものになったのである」30) との見解を表明した．

このようにして連盟規約第16条の義務的性格を否認した上で，ヨーロッパの諸小国は，伝統的中立制度に基づく安全保障政策に復帰する意思を表明した．例えば，スイス政府は1938年，「［スイスの］安全を守るために必要」であることを理由に，スイスは「完全中立 (neutralité intégrale ou compléte)」ないし「伝統的中立 (neutralité traditionnelle)」に復帰する意思を表明した31)．また，デンマーク，フィンランド，アイスランド，ノルウェーおよびスウェーデンの5ヵ国は1938年5月27日，「諸外国間の戦争において適用される中立法規が同様であることが非常に望ましいことに鑑み」，これら5ヵ国に共通する内容をもつ国内中立法を制定すると発表した（ストックホルム宣言）32)．この国内中立法の内容は，1907年ハーグ中立条約に定められた内容を概ね踏襲するものであり33)，これらの5ヵ国は将来の戦争において伝統的中立制度に依拠する意思を表明したと言える．

ヨーロッパの諸小国が連盟規約第16条の義務的性格を否認し，伝統的中立制度に基づく安全保障政策に復帰したのは，スイス政府が述べていたように，「［自国の］安全を守るために必要」34) だったからである．すなわち，もともとこれらの諸国が規約第16条の義務を，規約第16条に基づく措置をとればそれ

---

29) League of Nations, *Official Journal Special Supplement*, no. 154 (1936): 19.

30) Exposé des Eidgenössischen Politischen Departments über die Neutralität der Schweiz im Völkerrecht, Bern, 19. Februar 1938, *DDS* 12:477.

31) Paravicini à Motta, 15 janvier 1938, *DDS* 12:396; Mémorandum sur la neutralité de la Suisse au sein de la Société des Nations, *DDS* 12:639.

32) Denmark-Finland-Iceland-Norway-Sweden, Declaration regarding Similar Rules of Neutrality, Signed at Stockholm, May 27, 1938, *AJIL Supplement* 32 (1938): 141–163.

33) Bring, "Commentary," 841; Padelford, "New Scandinavian Neutrality Rules," 789–793.

34) Paravicini à Motta, 15 janvier 1938, *DDS* 12:396.

が違約国によって開戦の根拠として援用されるリスクがあるにも関わらず受諾したのは，そのようなリスクよりも，国際連盟の集団安全保障システムから得られる利益の方が相対的に大きいと判断したからである．しかし，今や小国の安全は国際連盟によっては実効的に保障されないことが明らかになった以上，規約第16条適用というリスクを敢えて冒す理由は消滅し，国際連盟が設立される以前の伝統的安全保障政策——中立制度に依拠することによって，交戦国に開戦の法的根拠を与えず，戦争に巻き込まれないようにするという政策——に復帰する他ないと考えられたのである．実際，以下3で見る通り，これらの諸国は第二次大戦において伝統的中立制度に依拠して自国の安全保障を図ったのである．

3　第二次大戦における中立制度の利用

　ドイツ軍のポーランド侵攻 (1939年9月1日) とそれに続くイギリス・フランスの対独宣戦布告 (同3日) により，第二次大戦が勃発した．これを受け，40ヵ国が中立宣言を行った[35]．しかし，これらの中立国が本戦争において中立を維持することは困難だった．本戦争においては，交戦国が中立国に対して戦争や敵対行為を行う事例が頻発したからである．

　しかし，それにも関わらず，中立国が戦争の局外にとどまることを法的に保障する制度としての伝統的中立制度は，本戦争においても法的には妥当していたと言える．なぜなら，中立国に対して戦争や敵対行為を行う交戦国は，当該中立国が中立に反する行為を行っていると主張して自らの行動を正当化し，逆に，中立国も，自らが中立を守っていると主張して交戦国の行動を法的に非難したからである．つまり，中立維持に必要とされる一定の作為・不作為 (例えば交戦国に軍事的援助を与えないこと) を行っている中立国に対しては戦争も敵対行為も行ってはならないということについて，中立国と交戦国の認識は一致していたのである．以下ではこのことを，中立を宣言しながら最終的には交戦国によって戦争に巻き込まれた，ノルウェー，オランダおよびベルギーの事例を検討することによって明らかにする．

---

　35)　Gervais, "La pratique de la neutralité," 8.

(1) ノルウェー

ノルウェー政府は，第二次大戦が勃発すると直ちに中立宣言を行った[36]．これに対して，交戦国のイギリスとドイツはそれぞれノルウェーに対して，他方交戦国がノルウェーの中立を尊重し，かつ，ノルウェーも中立を守る限り，同戦争においてノルウェーの中立を尊重することを約束した[37]．それにも関わらず交戦国は，ノルウェーの領域内で敵対行為を行い，最終的にはノルウェーを戦争に巻き込むに至った．

最初にそのような敵対行為を行ったのは，イギリスであった（1940年2月のアルトマルク号事件）．アルトマルク号事件とは，ノルウェー領海を通航していたドイツ海軍の補助艦アルトマルク号（Altmark）に対して，イギリスの駆逐艦コサック（Cossack）が戦闘を行い，アルトマルク号船内にいたイギリス人捕虜を奪還したという事件である．ノルウェー政府は，同国領海内におけるコサックのこうした行動が，中立領海内における交戦国の敵対行為を禁ずる1907年ハーグ海戦中立条約第2条に反するものであるとして，イギリス政府に対して「ノ

---

36) Déclaration de neutralité, No. 111 / 39, Tokio, le 4 septembre 1939, 海軍大臣官房編『各国海戦関係法令』第一輯下巻394頁．
37) Der Staatssekretär an die Gesantschaften in Oslo, Stockholm und Helsinki, den 1. September 1939, *ADAP*, Ser. D, Bd. 7, Nr. 525; Halfax to Dormer, September 21, 1939, *BDFA*, pt. 2, ser. F, vol. 67, p. 206. なお，交戦国がノルウェーに与えた中立尊重の約束は，交戦国が中立国の中立を尊重し，中立国に対して戦争や敵対行為を行わない義務に対して，創設的効果をもつのか，それとも宣言的効果をもつものに過ぎないのか（つまり，もともと一般国際法において存在している義務を確認するものに過ぎないのか）．第二次大戦中の国家実行を見る限り，このような約束は，交戦国の中立尊重義務にとって宣言的効果をもつものに過ぎなかったと解される．なぜなら，国家実行において，中立尊重の約束を与えていないことを根拠にして中立国に対する戦争や敵対行為が行われた例がないからである．以下の本文で明らかにするように，交戦国は，中立国に対して戦争や敵対行為を行う際，必ず，中立国が中立に反する行為を行っていることを根拠に自らの行為を正当化していた．もし中立尊重の約束が中立尊重義務に対して創設的効果をもつのならば，交戦国は戦略上攻撃・占領等が必要な国に対してはそのような約束を与えなければよいはずである．それにも関わらず，交戦国がそのような国に対しても中立尊重の約束を与えたということは，中立尊重の約束を与えていない国の中立を尊重しなくてよいとは考えられていなかったことを意味すると言えるだろう．

ルウェー中立の重大な侵害に対する強い抗議」[38] を行った．

　本件において問題となったのは，アルトマルク号のノルウェー領海通航が，1907 年ハーグ海戦中立条約第 10 条に言う「単ニ中立領水ヲ通過スルコト（le simple passage）」だったのか，したがって，「其ノ国ノ中立ヲ侵害」しない通航だったのかということだった[39]．すなわち，アルトマルク号はもともと，ドイツ戦艦グラーフ・シュペー号（Graf Spee）に燃料などを補給する任務に従事していたが，グラーフ・シュペー号が 1939 年 12 月にウルグアイのモンテビデオ港沖で自爆した後[40]，グラーフ・シュペー号が捕虜として捕えていた約 300 人のイギリス人商船乗組員を乗せ，ドイツへ帰還しようとした．その際，アルトマルク号は，イギリス海軍によって制海権を握られているイギリス海峡を避けてイギリスの北方を通り，トロンヘイム沖からノルウェー領海に入って（1940 年 2 月 14 日），イギリス駆逐艦コサックに遭遇するまでの 2 日間，ノルウェー領海を約 400 マイルにわたって通航した．本件では，イギリス軍艦に拿捕または攻撃されるのを避ける目的で，ノルウェー領海を時間にして 2 日間，距離にして約 400 マイルも通航することが，「単ニ中立領水ヲ通過スルコト」と言えるのかが問題となったのである．

　ノルウェー政府によれば，アルトマルク号はノルウェーの港に一度も寄港せずにノルウェー領海を通航していたから，中立港における交戦国軍艦の停泊期間に関する規則（海戦中立条約第 12 条）は適用されず，領海通航に関する規則（同第 10 条）が適用されるが，海戦中立条約もノルウェー国内法も交戦国軍艦の中立領海通航について何ら時間的制限を課していない．また，アルトマルク号の船内に捕虜がいたとしても，それは，同船の中立領海通航の性質に影響を及ぼ

---

38) Dormer to Halifax, February 17, 1940, *BDFA*, pt. 3, ser. L, vol. 1, p. 162.
39) ノルウェーは海戦中立条約を批准していたが，イギリスは同条約を批准していなかった．それにも関わらず，本件ではイギリスもノルウェーも同条約の関連規定（第 10 条など）に依拠して立論を行った．それは，両国とも，海戦中立条約の関連規定が本件発生時点での慣習国際法規則を反映したものであると考えていたためである．Oppenheim (Lauterpacht ed.), *International Law*, 7th ed., 2:695.
40) グラーフ・シュペー号がモンテビデオ港沖で自爆するに至った経緯についても中立に関する興味深い論点が多数含まれている．この点については，立「アドミラル・グラーフ・シュペー号事件」49–74 頁を参照．

すものではない．以上から，ノルウェー政府は，本件におけるアルトマルク号のノルウェー領海通航が中立侵害を構成せず，したがって，このような通航を認めたノルウェーも中立に反する行為を行ったことにはならないと主張した[41]．

これに対して，イギリス政府によれば，アルトマルク号は，イギリス軍艦によって拿捕または攻撃されるのを免れるための「避難所 (shelter)」としてノルウェー領海を利用したのであり，ノルウェーは，自国領海のこのような利用を排除するために必要な措置（具体的にはアルトマルク号がノルウェー領海に入ることの拒否）をとらなければならなかったのに，そうしなかったので，「中立義務を遵守することを怠った」．したがって，イギリス政府によれば，このような状況において，「イギリス政府は，状況によりとらざるを得ないと思われた行動をとったことが，完全に正当化されると考える」というのである[42]．

このように，本件では，アルトマルク号のノルウェー領海通航が中立侵害を構成するものだったのか，したがって，ノルウェーが中立を維持するためにはそのような通航を拒否すべきだったのかをめぐってノルウェー政府とイギリス政府の見解が対立した[43]．しかし，重要なことは，中立維持に必要な措置をとっ

---

41) Aide-mémoire, February 24, 1940, *BDFA*, pt. 3, ser. L, vol. 1, p. 172; Dormer to Halifax, February 26, 1940, ibid., 176–178.
42) Halifax to Colban, March 15, 1940, *BDFA*, pt. 3, ser. L, vol. 1, pp. 180–186.
43) 本件に関する学説上の評価は２つに分かれた．すなわち一方で，本件におけるアルトマルク号のノルウェー領海通航は中立侵害を構成せず，したがってそのような通航を認めたノルウェーも中立に反する行為を行ったことにはならないという説があった．Borchard, "Was Norway Delinquent …?" 289–294; Hyde, *International Law*, 3:2339–2340. 他方，アルトマルク号が敵軍艦による拿捕・攻撃を免れる目的で，中立領海を２日間にわたって400マイルも通航したことは，「単ニ中立領水ヲ通過スルコト」に該当せず，むしろ，海戦中立条約第５条の「敵ニ対スル海軍作戦根拠地ト為スコト」に該当するという説があり，このような説の方がむしろ多数説だった．この説によれば，ノルウェーは中立国としてそのような通航を認めてはならず，むしろそれを排除しなければならなかったのであり，ノルウェーがそれを排除できなかった以上，イギリスが本件でとったような措置は「自己保存 (self-preservation; autoprotection)」ないし「自力救済 (self-help)」の措置として正当化されるという．Bisschop, "*Altmark*," 67–79; MacChesney, "Altmark Incident," 320–343; Oppenheim (Lauterpacht ed.), *International Law*, 6th ed., 2:554–556; Telders, "L'incident de l'Altmark," 90–100; Waldock, "Release of the *Altmark*'s Prisoners," 216–238.

ている中立国に対する敵対行為は許されず，逆に，中立維持に必要な措置をとらない中立国に対する敵対行為は許される場合がある，という前提は両政府によって共有されていたことである．だからこそ，本件においてノルウェーが中立維持に必要な措置をとっていたか否かが争われたのである．つまり，中立国が戦争の局外にとどまれることを法的に保障する伝統的中立制度は，本件においても政府間の交渉の枠組みとして機能していたと言えるのである．

　ところで，アルトマルク号事件は，ノルウェーの中立に関するドイツ政府の認識を変化させることになった．その背景には，スウェーデンからノルウェーを経由してドイツに輸入される鉄鉱石の問題があった[44]．すなわち，ドイツは戦争遂行に不可欠な鉄鉱石をスウェーデンからの輸入に依存していたが，スウェーデンのボスニア湾にある積出港は冬季の間凍結してしまうため，鉄鉱石は不凍港であるノルウェーのナルヴィク港まで列車で運ばれ，同港で船積みされた後，ノルウェー領海を通ってドイツに輸送されていた．ノルウェーが中立にとどまる限りノルウェー領海は「中立」領海であり，敵国イギリスはノルウェー領海を航行する鉄鉱石輸送船を捕獲できないから，ドイツにとっては，ノルウェーの中立が自国の利益になると考えていた．ところが，アルトマルク号事件は，イギリスがノルウェーの中立を侵害し，ノルウェー領海内で敵対行為を行う意思を有していること，また，ノルウェーがそれに対して十分な抵抗を行う意思と能力を欠いていることを明らかにした——少なくともドイツ政府はそう考えた——のであり，ドイツ政府は，戦争遂行に不可欠な鉄鉱石を確保するため，イギリスに先んじてノルウェーを占領することが必要だと考え，1940年4月9日にノルウェーを占領する作戦を実施するに至ったのである．

　ドイツ政府はこの作戦を実施するに当たってノルウェー政府に覚書[45]を提出し，ドイツがこのような作戦を実施することを次のように正当化した．

　　北欧諸国は，これまでイギリスとフランスが行ってきた干渉行為（Über-

---

44) Ørvik, *Decline of Neutrality*, 216–246.
45) Der Reichsaußenminister an den Gesandten in Oslo, den 7. April 1940, [Nebenanlage 1] Memorandum, 9. April 1940, *ADAP*, Ser. D, Bd. 9, Nr. 53.

griffen) に対していかなる抵抗もしなかっただけでなく，主権的権利（Hoheitsrechte）の重大な侵害に対して対抗措置（Gegenmaßnahmen）をとらなかったことにより，それを黙認してきた．

　したがって，[ドイツ]帝国政府は，イギリスとフランスによって既に計画され，後は実行されるだけの状態にある，この措置に対しても，ノルウェー王国政府は[これまでと]同様の態度をとるだろうと考えざるを得ない．仮にノルウェー王国政府が対抗措置をとる意思を有しているとしても，ノルウェーの軍事力はイギリスおよびフランスの作戦に効果的に対抗するのに十分ではないことは，帝国政府にとって明白である．

　イギリスおよびフランスがドイツ国民に押し付けたこの生存闘争（Existenzkampfes）の決定的な局面において，スカンジナビア諸国がイギリスおよびフランスによって戦争区域（Kriegsschauplatz）にされ，ノルウェー国民がドイツに対する戦争に直接または間接に利用されることを，帝国政府はいかなる状況においても容認することはできないのである．

　イギリスとフランスのノルウェーに対する「干渉行為」や「主権的権利の重大な侵害」とは，ドイツ政府の主張によれば，イギリスとフランスがノルウェーを含む北欧諸国の領土を拠点にしてドイツを北部から攻撃するために，北欧諸国の領土を「作戦根拠地として使用」させるよう北欧諸国に要求した事実を指している．ドイツ政府によれば，ノルウェーはこのような「干渉行為」を今まで「黙認してきた」し，今後も黙認するだろうという．要するに，ドイツ政府の主張は，イギリスとフランスによるノルウェー領土の軍事的利用を阻止する能力と意思をノルウェーが欠いているということであり，ドイツは，ノルウェー領土がイギリスやフランスによって軍事的に利用されるのを阻止するためにノルウェー上陸・占領作戦を行うということである．

　なお，本覚書においてドイツ政府は，ドイツ軍によるノルウェー領土占領はイギリスとフランスによるノルウェー領土占領を阻止するための「防衛措置（Sicherheitsmaßnahmen）」であるとして，これによって戦争状態は成立しないとの立場をとっていた．しかし，ドイツは1940年4月24日には，ノルウェーがドイツ軍に対して武力で抵抗したことを根拠に，ドイツ・ノルウェー間に戦

争状態が発生したとし，ノルウェーを交戦国と見なすに至った[46]．

以上のように，本戦争において，交戦国のイギリスとドイツはそれぞれノルウェーに対して敵対行為を行い，最終的にドイツはノルウェーを交戦国と見なして戦争に巻き込んだ．しかし，重要なことは，両国ともノルウェーに対して敵対行為ないし戦争を行う際には，ノルウェーが中立に反する行為を行っていると主張して自らの行動を法的に正当化していたこと，そして，ノルウェー政府もイギリスおよびドイツの行動に対して，自国が中立を守っていると主張してイギリスまたはドイツの行動を国際法上許されないものとして非難したことである．つまり，中立国が中立を守っている限り交戦国は中立国に対して敵対行為や戦争を行えないという前提はすべての当事国に共有されていたのであり，中立制度は，第一次大戦以前と同じく，交戦国の中立国に対する敵対行為や戦争の合法性を判断する枠組みとして機能していた．なお，ノルウェー政府は，イギリスやドイツによって行われた敵対行為ないし戦争を非難する際に中立の地位を援用したが，不戦条約を一度も援用しなかった．この事実が意味することについては後に本項の (3) で検討する．

(2) オランダ・ベルギー

第二次大戦勃発直前の 1939 年 8 月，ドイツ政府とイギリス政府はそれぞれ，オランダとベルギーの中立について，他方交戦国もそれを尊重する限り自国もそれを尊重する旨の約束をオランダ政府とベルギー政府に与えた[47]．また，オランダ政府とベルギー政府も，戦争が勃発すると直ちに中立宣言を行って，本戦争において中立にとどまる意思を表明した[48]．

---

46) Hackworth, *Digest of International Law*, 6:170.
47) ドイツ政府による中立尊重の約束は，Der Reichsaußenminister an die Bothschaft in Brüssel, den 25. August 1939, *ADAP*, Ser. D, Bd. 7, Nr. 272. イギリス政府による約束は，Halifax to Clive, August 27, 1939, *BDFA*, pt. 2, ser. F, vol. 30, p. 305. なお，交戦国が中立国に与えた中立尊重の約束の意義については，本章注 37) を参照．
48) 蘭政府の中立宣言（外務省通商局日報第 205 号）（昭和 14 年 9 月 4 日着，在蘭，石射特命全権公使電報）海軍大臣官房編『各国海戦関係法令』第一輯下巻 251 頁；[ベルギー政府の] 中立宣言（外務省通商局日報第 205 号）（昭和 14 年 9 月 4 日着，在白，来栖大使電報）同書 461 頁．

しかし，ヒトラーは第二次大戦勃発前において既に，ドイツがイギリスおよびフランスと戦争を行う際にはオランダとベルギーを占領する計画を有していた．ヒトラーの考えによれば，ドイツがオランダとベルギーを占領する目的は，第1に両国の空軍基地を拠点にしてイギリスを攻撃することであり，第2にドイツ・ルール地方の防御を固めることだった[49]．この計画は1940年5月10日に実行に移され，ドイツ陸軍はオランダとベルギーに侵入し，両国の各地を占領した．

ドイツ政府は，オランダ政府とベルギー政府のそれぞれに同内容の覚書[50]を提出し，両国への侵入および両国の占領を正当化した．ドイツ政府はまず，イギリスとフランスがオランダとベルギーを通過して西側からドイツを攻撃する計画を有していることを指摘した上で，こうした計画に対するオランダとベルギーの態度について，次のように述べた．

> ドイツは，ベルギーとオランダの［領土］保全（Integrität）を承認し尊重してきたが，それは両国がドイツとイギリス・フランスとの戦争において厳格な中立を守るという当然の前提の下でのことだった．
> ［しかし］ベルギーとオランダはその前提を満たしてこなかった．両国はたしかにこれまで中立を守るという外観を取り繕ってきたが，実際には，ドイツの敵国を一方的に援助し，ドイツの敵国のもくろみ（Absichten）を支援してきたのである．

すなわち，オランダとベルギーは本戦争においてイギリスとフランスを援助しており，「厳格な中立を守」っていないため，ドイツがオランダとベルギーの領土保全を尊重する前提が満たされていないというのである．オランダとベルギーが「厳格な中立を守」っていないことを証明する事実として，ドイツ政府は，イギリスとフランスの空軍による領空侵犯に対してオランダとベルギーが何の

---

49) Higgins, "The Netherlands," 125.
50) Memorandum der Reichsregierung an die Königlich Belgische Regierung und die Königlich Niederländische Regierung, den 9. Mai 1940, *ADAP*, Ser. D, Bd. 14, Nr. 214.

措置もとっていないことや，イギリスとフランスがドイツ国内で行う諜報活動に対してオランダとベルギーが支援を与えていることなどを挙げた．
　そして，ドイツ政府は，ベルギーとオランダが「厳格な中立を守」っていないということから，次のような結論を導き出した．

>　［ドイツ］帝国政府は，イギリスとフランスがドイツ国民に押し付けたこの生存闘争において，イギリスとフランスによる攻撃を指をくわえて見ているつもりはないし，戦争がベルギーとオランダを通ってドイツ領域にまで及ぶのを放っておくつもりもない．したがって，帝国政府は，帝国のあらゆる軍事力によってこれらの国［ベルギーとオランダ］の中立を確保する（Neutralität sicherzustellen）命令をドイツ軍に与えたのである．

　このように，ドイツ政府は，ドイツがオランダとベルギーの領土を尊重する「当然の前提」は両国が「厳格な中立を守る」ことだったこと，しかし両国がこの前提を満たしていないことを根拠に，「これらの国の中立を確保する」措置として，両国への侵入および両国の占領を正当化したのである．「中立を確保する」というのは，要するに，ドイツ軍がオランダとベルギーの領土を占領することによって，イギリスとフランスがオランダ・ベルギー領土を対独作戦のために利用するのを阻止するということである．
　ドイツ政府のこうした主張に対するオランダ政府とベルギー政府の反論は，自国が厳格な中立を守ってきたということだった．まず，オランダ政府は在ベルリン公使館を通じてドイツ外務省に口上書[51]を提出し（1940 年 5 月 10 日），次のように主張した．

>　オランダに対するドイツの侵略にはいかなる法的正当性（Rechtfertigung）もない．オランダはその中立——ドイツ帝国宰相はいくつもの宣言，特に 1939 年 8 月 26 日の宣言において，［オランダの中立を］侵害しないことを

---

[51] Verbalnote der Niederländischen Gesandschaft, den 10. Mai 1940, *ADAP*, Ser. D, Bd. 9, Nr. 224.

厳粛に約束した——を極めて誠実に維持してきたからである．……
ドイツは法と道徳の基本原則に違反して，オランダ国民との数百年に及ぶ平和および友好の関係を破ったのである．

ベルギー政府も，ドイツ政府に対して抗議を行う[52]と同時に，ブリュッセル駐在の各国代表に向けて声明を発表し（1940年5月10日）[53]，自国が厳格な中立を守ってきたと主張して，ドイツの行動を非難した．

本紛争の期間中，ベルギーは常に厳格かつ誠実な中立を守ってきた．……1839年4月19日の条約に基づいて保障されていたベルギーの中立をドイツが侵害した1914年8月と同様，今日ドイツは，1937年に締結され，1939年に更改された約束……に反してベルギーを攻撃した．1914年と同じように，中立国に対する攻撃はそれ自体正当化されないものであるが（injustifiée en soi），それらの約束に反しているためにより一層不当なのである．

以上のように，ドイツ軍によるオランダおよびベルギーへの侵入および両国の占領——ドイツ政府はこれが戦争であることを否定した[54]が，オランダ政府とベルギー政府はこれを戦争と見なした[55]——の国際法上の合法性については，オランダとベルギーが中立を守っていたか否かをめぐって，ドイツとオランダ

---

52) Protestation remise au Gouvernement allemand, le 10 mai 1940 par l'Ambassadeur de Beglique à Berlin, *DDB* 5:515–516.

53) Spaak aux Représentants des Gouvernements étrangeres à Bruxelles, le 10 mai 1940, *DDB* 5:517–518. なお，本文書において言及されている1937年の約束は，Enclosure in Doc. 144 (Spaak to Eden, le 10 octobre 1937): Declaration by the German Government, *BDFA*, pt. 2, ser. F, vol. 30, p. 228.

54) Memorandum der Reichsregierung an die Königlich Belgische Regierung und die Königlich Niederländische Regierung, den 9. Mai 1940, *ADAP*, Ser. D, Bd. 9, Nr. 214.

55) Der Botschafter in Brüssel an das Auswärtige Amt, den 10. Mai 1940, *ADAP*, Ser. D, Bd. 9, Nr. 221; Der Gesandte in Den Haag an das Auswärtige Amt, den 10. Mai 1940, ibid., Nr. 222; Verbalnote der Niederländischen Gesandschaft, den 10. Mai 1940, ibid., Nr. 224.

およびベルギーの見解が対立した．しかし，3ヵ国とも，中立国が中立を守ることは交戦国が中立国に対して戦争や敵対行為を行わないことの「当然の前提」であること，したがって，交戦国は，中立と両立しない行為を行った中立国に対しては戦争や敵対行為を行えるが，中立を守っている中立国に対しては戦争も敵対行為も行ってはならないという認識を共有していた．つまり，中立国が中立を守っているか否かを基準にして交戦国の中立国に対する戦争や敵対行為の合法性を判断するという伝統的中立制度の枠組みは，第二次大戦におけるオランダおよびベルギーの事例においても妥当していたと言えるのである．なお，ノルウェーの場合と同様，オランダとベルギーは，ドイツの行動を非難する際に中立の地位を援用したが，不戦条約を一度も援用しなかった．この事実が意味することについては，以下 (3) で検討する．

(3) 評価

ノルウェー，オランダおよびベルギーの事例において，交戦国と中立国は，中立国が中立を守っているか否かをめぐって対立したが，中立を守っている中立国に対する交戦国の敵対行為や戦争が許されないという前提自体は共有していた．つまり，中立国が中立を守っているか否かを基準にして交戦国の中立国に対する敵対行為や戦争の合法性を判断するという伝統的中立制度の枠組みは，第二次大戦においても妥当していたのである．

しかし，ヒトラーが第二次大戦勃発前からオランダとベルギーの占領を計画していたという事実 (本書 206 頁) に典型的に示されているように，中立国が中立に反する行為を行っているという交戦国の主張は，もともと存在していた作戦を後から正当化するための口実に過ぎないという側面も強かった．また，第二次大戦においては，ノルウェー，オランダおよびベルギーの他にも，デンマーク，ルクセンブルク，ギリシア，アイスランドなど多くの中立国に対して交戦国が敵対行為または戦争を行った[56]．つまり，中立国の戦争に巻き込まれない地位を法的に保護するものとして成立した中立制度は，第二次大戦において法的に妥当していたとはいえ，その実効性は低かったのである．

---

56) Wylie, *European Neutrals and Non-Belligerents*, 1–237 を参照．

しかし，それにも関わらず，第二次大戦においては多くの諸国が中立制度に依拠した．本戦争においては40ヵ国が中立宣言を行い (本書199頁参照)，ノルウェー，オランダ，ベルギーなどは中立の地位を援用することによって，自国に対する交戦国の戦争や敵対行為を法的に非難していた．これらの諸国が中立制度に依拠したのは，それ以外に自国の安全を保障する手段がなかったためだと考えられる．本節1と2で見たように，1920年代には中立制度よりも実効的な安全保障手段として期待されていた国際連盟の集団安全保障システムは，1930年代後半以降まったく機能していなかったからである．

このことは，戦争の局外にとどまることを望む国にとって，中立制度の存在が少なくとも一定の意味をもち得ることを示している．たしかに，交戦国の行動は，第一義的には政策的・戦略的・戦術的要因によって決定されるだろう．しかし，交戦国は，中立制度を援用する中立国に対して戦争や敵対行為を行う場合には，必ず，自らの行動を法的に正当化しようとする．交戦国はすべての行動を正当化できる訳ではないし，正当化の議論には説得力の差がある．そして，正当化の議論が成り立たない場合，あるいは説得力が低い場合には，その交戦国は国際法違反の非難を受けることになる．交戦国が，戦争という極限状態においてさえ，必ず自らの行動の法的正当化を試みている事実は，国家が国際法違反の非難を受けることを政治的なコストと見なし，そのコストをできるだけ回避しようと努めることを意味している[57]．また，中立国が中立制度を援用して交戦国の行動を法的に非難するのは，交戦国にこうした政治的コストを課すことによって，交戦国の行動に一定の制約をかけようとするからに他ならない．第二次大戦において中立国が中立制度に依拠していたのは，諸国が国際法上の制度としての中立制度に一定の意義を認めていたからだと言える．

ところで，本項の(1)と(2)で指摘したように，第二次大戦において交戦国が中立国に対して戦争や敵対行為を行った際，中立国は交戦国の行動を非難するために中立の地位を援用したが，不戦条約を一度も援用しなかった．これは何故だろうか．すなわち，ある国 (この場合交戦国) の軍隊が他国 (この場合中

---

57) 国際法の「正当化・正統化機能」について，大沼「国際社会における法と政治」22–24頁を参照．

立国）に侵入しその領土を占領するという行動は，不戦条約によって禁止されていたのではないか．そうだとすれば，中立国は不戦条約を援用して交戦国の行動を非難すればよかったのではないか．それにも関わらずこれらの諸国が不戦条約を一度も援用せず，もっぱら中立制度に依拠して交戦国の行動を非難したのは何故だろうか．

　このことの理由としてあり得るのは，まず，不戦条約の法的効力否定論[58]が採用されていた可能性である．戦間期において，不戦条約の法的効力を否定する議論としては，① 不戦条約が自力救済の手段としての戦争を禁止しながら，それに代わる手段を用意していないという欠陥を根拠にするもの[59]，② 不戦条約に自衛権の留保が付けられていること，とりわけ，自衛権に関する判断権が各国に認められていることを根拠にするもの[60]などがあった．しかし，戦間期と第二次大戦中の国家実行において不戦条約は援用または適用されていたのであり[61]，不戦条約の法的効力否定論が国家実行において採用されていたとは言いがたい．

　しかし，それにしても，不戦条約の解釈については，その法的効力をめぐる問題をはじめとして，留保される自衛権の範囲の問題など，不確かな部分が多く残されていたことは事実である．それと比べて中立制度は，少なくとも18世紀末以来の長い伝統を有し，原則・規則を法典化した条約（1907年の陸戦中立条約と海戦中立条約）も存在していた．このような状況を踏まえれば，交戦国の中立国に対する戦争や敵対行為の合法性を判断する枠組みとしては，不戦条約よりも中立制度の方が確実な基準を提供するものと見なされ，中立制度の方が好んで利用されたことは，自然なことだったとも言えるのである[62]．

---

58) 不戦条約の法的効力否定論については，Brownlie, *Use of Force*, 83 を参照．
59) 田岡「不戦条約の意義」32–35 頁．
60) Morris, "Pact of Paris," 88–91.
61) 大沼『戦争責任論序説』126 頁．
62) ただし，戦後のニュルンベルク軍事裁判では，中立諸国（ノルウェー，デンマーク，ベルギー，オランダおよびルクセンブルク）に対するドイツの敵対行為・戦争について，中立制度ではなく，もっぱら不戦条約に基づいて判断が下された裁判例がある．例えば，ゲーリング事件において，ニュルンベルク軍事裁判所は，これらの諸国に対するドイツの侵略が自衛に該当せず，したがって不戦条約違反の侵略戦争であったと判断した．*In re* Goering, Nuremberg, International Military Tribunal, October 1, 1946, *International Law Reports* (1946): 210–211.

4 第二次大戦における中立制度の不利用

　以上で述べたように，第二次大戦において，ノルウェー，オランダ，ベルギーなどの諸国は，戦争の局外にとどまり，自国の安全を確保するための手段として中立制度に依拠していた．これに対して，同戦争において中立から逸脱する行動をとる国もあった．以下ではその典型例として，アメリカが交戦国イギリスを援助した例を検討し，アメリカが中立から逸脱する行動をとったのは，ノルウェー，オランダ，ベルギーなどの諸国と異なり，アメリカが戦争の局外にとどまり続けるつもりがまったくなかったためであることを明らかにする．

（1）　アメリカの対イギリス援助

　第二次大戦勃発直後の 1939 年 9 月 5 日，アメリカ政府は中立宣言の公布により，1937 年中立法を発動した[63]．1937 年中立法とは，他国間に戦争が発生した場合に，私人がアメリカから交戦国に向けて「武器，弾薬または軍用器材 (arms, ammunition, or implements of war)」を輸出することを禁ずる条項（いわゆる武器禁輸条項）を中心的な内容とするアメリカ国内法である[64]．「武器，弾薬または軍用器材」は，交戦国に向けて海上輸送される場合には戦時禁制品となる物品であり，他方交戦国はそのような物品を海上捕獲することができる．しかし，第 2 章第 1 節 4 (3) で述べたように，伝統的中立制度において，私人

---

63) Proclaiming the Neutrality of the United States in the War between Germany and France; Poland; and the United Kingdom, India, Australia and New Zealand, *Department of State Bulletin* 1 (1939): 203–208; Export of Arms, Ammunition, and Implements of War to France; Germany; Poland; and the United Kingdom, India, Australia and New Zealand, ibid., 208–211.

64) Joint Resolution to Amend the Joint Resolution Entitled "Joint Resolution Providing for the Prohibition of the Export of Arms, Ammunition, and Implements of War to Belligerent Countries; the Prohibition of the Transport of Arms, Ammunition, and Implements of War by Vessels of the United States for the Use of Belligerent States; for the Registration and Licensing of Persons Engaged in the Business of Manufacturing, Exporting, or Importing Arms, Ammunition, or Implements of War; and Restricting Travel by American Citizens on Belligerent Ships during War," Approved August 31, 1935, as Amended, May 1, 1937, in Deák and Jessup, *Collection*, 2:1106–1115.

は，交戦国によって海上捕獲されるリスクを覚悟するのであれば戦時禁制品を輸送して構わないし，中立国も，私人によって行われる戦時禁制品の輸出・輸送を禁止しなくてよいとされていた．それにも関わらずアメリカが1937年中立法によって武器・弾薬等の交戦国向け輸出を禁じたのは，海上通商問題をめぐる交戦国との摩擦が原因となってアメリカが第一次大戦に引きずり込まれたという認識から，交戦国との摩擦を避け戦争の局外にとどまり続けるためには，中立制度上中立国が禁止する必要のない戦時禁制品の輸出をも自発的に禁止する必要があると考えたからであった[65]．戦間期において，アメリカは，他国間の戦争に巻き込まれないようにするため，中立制度上要求される以上の制限を自らの行動に課していたのである．しかし，いずれにせよ，全交戦国に対して平等に行う限り，戦時禁制品の輸出を中立国が自発的に禁止することは中立制度上何ら問題がないとされていた（陸戦中立条約第9条）．1937年中立法は「武器，弾薬または軍用器材」の輸出を全交戦国との関係で禁止する法律であるから，この法律を発動することは中立制度上何ら問題を生じなかったのである．

ところが，その後，アメリカは交戦国イギリスへの援助政策を以下の通り次第に強化していった[66]．①まず，1939年11月4日には，1939年中立法の制定により1937年中立法を改正して，1937年中立法の中心的な内容をなしていた武器禁輸条項を廃止し，それにより，私人がアメリカからイギリスに向けて

---

65) Warren, "Troubles of a Neutral," 378. アメリカにおいて「武器，弾薬または軍用器材」の交戦国向け輸出を禁じた最初の法律は，1935年中立法である．同法は1936年2月29日に効力を失うものと規定されていたから，1936年に新しい法律（1936年中立法）が制定され，さらに同法も1937年4月末日をもって効力を失うものと規定されていたから，1937年にも新しい法律（1937年中立法）が制定され，第二次大戦勃発時には，当時効力を有していた1937年中立法が発動されたのである．1935年，1936年，1937年の中立法は，それぞれ細部において規定内容が異なるが，「武器，弾薬または軍用器材」の交戦国向け輸出を禁ずる条項（武器禁輸条項）は一貫して維持されていた．なお，1930年代後半のアメリカ中立法に関する文献は数多いが，差し当たり，大沼『戦争責任論序説』121–127頁；篠原『戦争の法から平和の法へ』181–219頁を参照．
66) 詳しくは，大沼『戦争責任論序説』127–142頁を参照．

武器・弾薬等を輸出できるようにした[67]。② 次に，1940年9月3日には，イギリス領カリブ海諸島の海軍・空軍基地をイギリスから借りることと引き換えに，アメリカ海軍の駆逐艦50隻をイギリスに供与すると発表した[68]。③ さらに，1941年3月11日には，いわゆる「武器貸与法（Lend-Lease Act）」（正式名称：「合衆国の防衛を促進するための法律」）を制定した[69]。本法によれば，大統領は，「陸軍長官，海軍長官または政府のその他の省庁の長」に対して，「合衆国の防衛にとって不可欠であると大統領が認めるいかなる国の政府」にも「防衛品目（defense article）」（武器，弾薬，航空機もしくは船舶またはそれらを製造・修理等するために必要な物資などが含まれる）を「売却し，その所有権を移転し，交換し，賃貸し，貸与し，またはその他の方法で処分する」ことを許可することができる。なお，以上の措置は交戦国としてではなく，戦争局外国として行われたものである。例えば，武器貸与法について，アメリカのジャクソン司法長官は，これを「『戦争に至らない』援助（aid "short of war"）」と呼び，アメリカが戦争状態にないことを強調していた[70]。

---

67) Neutrality Act of 1939, Approved November 4, 1939: Joint Resolution to Preserve the Neutrality and the Peace of the United States and to Secure the Safety of Its Citizens and Their Interests, *AJIL Supplement* 34 (1940): 44–55. 1939年中立法は，1937年中立法において「武器，弾薬，または軍用器材」以外の物資に適用されるものとされたいわゆる「キャッシュ・アンド・キャリー（Cash and Carry）」条項を，「武器，弾薬，または軍用器材」を含む「いかなる品目または物資（any articles or materials）」にも拡大することにより，アメリカから交戦国に向けて「武器，弾薬，または軍用器材」を輸出することを可能にした（1939年中立法第2条(a)および(c)）。「キャッシュ・アンド・キャリー」条項とは，アメリカ国内において対象物品を現金で買い付け（Cash），アメリカ船籍以外の船舶で輸送する（Carry）ことを条件に，アメリカから交戦国に向けて当該物品を輸出することを認める条項のことである。

68) The British Ambassador to the Secretary of State, September 2, 1940, *Department of State Bulletin* 3 (1940): 199–200; The Secretary of State to the British Ambassador, September 2, 1940, ibid., 200; Message of the President, September 3, 1940, ibid., 201.

69) An Act to Promote the Defense of the United States, Approved March 11, 1941, *AJIL Supplement* 35 (1941): 76–79.

70) Address of Robert H. Jackson, Attorney General of the United States, Inter-American Bar Association, Havana, Cuba, March 27, 1941, *AJIL* 35 (1941): 349.

アメリカ政府がとった以上の措置のうち，①については，戦争開始後に国内中立法を変更することが中立と両立するか否かをめぐって学説は対立していたが，多数説はそのような変更も中立に反するものではないというものであり，アメリカ政府もそのような見解をとっていた[71]．これに対して，交戦国イギリスに駆逐艦を供与した②の措置は「軍艦……ヲ交付スルコト」（1907年ハーグ海戦中立条約第6条）に該当し，また，アメリカ政府が武器貸与法に基づいて交戦国に武器弾薬等の「防衛品目」を供与すること（③）は「弾薬又ハ一切ノ軍用材料ヲ交付スルコト」（同条）に該当するから，②と③の措置が中立に反することは明白だった[72]．

---

71) 戦争開始後に行う国内中立法の変更は中立に反するという学説として，Berber, "Die amerikanische Neutralität," 448–452; Eagleton, "Duty of Impartiality," 99–104; Jessup, "Reconsideration of 'Neutrality' Legislation," 556–557. これに対し，戦争開始後であっても中立国は必要に応じて国内中立法を変更できるという学説として，Fenwick, "Revision of Neutrality Legislation," 728–730; Gundermann, *Die parteiliche Änderung*, 67–139;［Harvard Law School,］"Rights and Duties of Neutral States in Naval and Aërial War," 316–319; Oppenheim (Lauterpacht ed.), *International Law*, 6th ed., 2:534. アメリカ政府の見解は，Message of the President to the Congress, *Department of State Bulletin* 1 (1939): 275–280; Statement by the Secretary of State, ibid., 280–281.

72) アメリカ政府は，武器貸与法については，これが中立と両立しない立法であることを率直に認めていた．Address of Robert H. Jackson, Attorney General of the United States, Inter-American Bar Association, Havana, Cuba, March 27, 1941, *AJIL* 35 (1941): 349; Statements by the Secretary of State before the House Foreign Affairs Committee, January 15, 1941, *Department of State Bulletin* 4 (1941): 90.

これに対して，イギリスへの駆逐艦供与については，アメリカ政府はこれを1907年ハーグ海戦中立条約第8条の問題と捉えた上で，これが中立と両立する措置であると主張していた．Opinion of the Attorney General, August 27, 1940, *Department of State Bulletin* 3 (1940): 201–207. すなわち，アメリカ政府によれば，軍艦は戦時禁制品たる物品であるが，中立国政府は，戦時禁制品が交戦国に向けて輸出されるのを防止しなくてよい．ただし，軍艦を交戦国の敵対行為に使用する「意思 (intent)」が存在する場合には，中立国は自国においてそれが建造，艤装および武装され，出港することを防止しなければならない．これを本件に当てはめると，イギリスに供与される駆逐艦は老朽化した軍艦であり，敵対行為に使用される意思をもって建造・武装された軍艦であるとは言えない．したがって，今回の駆逐艦供与は，通常の戦時禁制品輸出に過ぎず，中立に反するものではない，というのである．

しかし，アメリカ政府のこうした立論には無理があった．たしかに，本書の第2章

そして，アメリカ政府によるこれら一連の措置は，ドイツに対米開戦の法的根拠を与え得るものだった．例えば，当時のイギリス首相チャーチルは後に回顧録の中で，アメリカのイギリスに対する駆逐艦供与について，「イギリスに対する 50 隻のアメリカ軍艦の譲渡は，アメリカによる明確に非中立的な行為（a decidedly unneutral act）だった．歴史上存在していた基準によれば，その行為はドイツ政府がアメリカに戦争を宣言することを正当化し得るものだった」[73] と述べている．実際，ドイツは 1941 年 12 月 11 日にアメリカに開戦したが，その際，対米開戦の根拠として，アメリカの「中立違反（Neutralitätsbrüchen）」を挙げた[74]．

しかし，ドイツがアメリカに開戦したのはようやく 1941 年 12 月 11 日になってからのことであり，1939 年中立法の制定から数えれば 2 年 1 ヵ月の間，イギリスへの駆逐艦供与から数えても 1 年 2 ヵ月の間，ドイツは，アメリカが行っていた「明確に非中立的な行為」を放置していた．それでは，ドイツが 1941 年 12 月になるまで対米開戦しなかったのは何故だろうか．逆に，アメリカとしては，もしイギリスに援助を与えることが必要ならば，参戦し交戦国となって援助することもできたはずなのに，そうしなかったのは何故だろうか[75]．

―――――――――――

第 1 節 3（3）で明らかにした通り，伝統的中立制度において，軍艦の建造・艤装・武装・輸出を中立国が防止すべき場合と防止する必要のない場合とを，軍艦が敵対行為に使用される「意思」の有無によって区別する法理（「意思の法理」）が採用されていた．しかし，このようなことが問題になるのは，私人による軍艦の建造・艤装・武装・輸出についてであって，国家による軍艦の供与については，敵対行為に使用される「意思」が存在するか否かに関わりなく，中立と両立しないものとされていた．中立国が国家として行う軍艦の供与は，海戦中立条約第 8 条の問題ではなく，同第 6 条の問題であり，それによれば，「中立国ハ，如何ナル名義ヲ以テスルヲ問ハス，交戦国ニ対シ直接又ハ間接ニ軍艦……ヲ交付スルコトヲ得」ないのである．したがって，第二次大戦当時の学説は，一致して，前記のアメリカ政府見解を批判していた．Briggs, "Neglected Aspects," 569–587; Wright, "Transfer of Destroyers." 680–689; Borchard, "Attorney General's Opinion," 690–697; 横田「アメリカの駆逐艦譲渡」73–86 頁．

73) Churchill, *Second World War*, 2:358.
74) Der Reichsaußenminister an die Botschaft in Washington, den 10. Dezember 1941, *ADAP*, Ser. D, Bd. 13 (2), Nr. 572.
75) アメリカがドイツに開戦する法的根拠としては，不戦条約前文を挙げれば十分

これらの問いに答えるためには，第二次大戦におけるドイツとアメリカそれぞれの基本政策を理解する必要がある．

(2) 政策的背景

第二次大戦におけるドイツの基本政策は，アメリカの参戦を阻止することだった[76]．すなわち，ドイツは第一次大戦においてフランス・ロシアに対する二正面作戦を行った上，1917年にはアメリカの参戦を招いて敗戦した経験をもっていた．こうした経験を踏まえたヒトラーは，第二次大戦において敵を1つ1つ倒していく戦略をとったのであり，イギリスに勝利するまでアメリカと戦争を行うつもりはなかったのである．

アメリカの参戦を阻止するためにヒトラーがとった方策は，第1にアメリカ国内の孤立主義を利用することであり，第2に日本を利用してアメリカを牽制することだった．

第1の方策は，積極的には，アメリカ国内の孤立主義的団体の支援や，プロパガンダ活動によってアメリカ国民の孤立主義を強める政策として実施された[77]．1930年代に強まったアメリカ国民の孤立主義——アメリカはヨーロッパの問題に巻き込まれるべきではないという気運——は，第二次大戦勃発後も強いままであり，アメリカ政府もこれを無視して参戦することはできなかったからである．また，消極的には，孤立主義的なアメリカの世論が参戦を支持する方向に傾かないようにする——具体的には，第一次大戦においてドイツ海軍がアメリカ商船を攻撃したことがアメリカ参戦の引き金になった経験を踏まえ，

だっただろう．すなわち，ドイツのポーランド侵攻（1939年9月1日）を不戦条約違反と主張することは十分可能であり，実際フランス政府はそのように主張していた．Léger a Guariglia, 3 settèmbre 1939, in Ministero degli Affari Esteri, *I documenti diplomatici italiani*, 9a. ser., 1:18. そして，不戦条約前文によれば，不戦条約違反国に対して他の不戦条約締約国は不戦条約の義務から解放され，戦争の自由を回復する（「今後戦争ニ訴ヘテ国家ノ利益ヲ増進セントスル署名国ハ，本条約ノ供与スル利益ヲ拒否セラルベキモノナル」）から，アメリカは，不戦条約前文を援用して，アメリカのドイツに対する開戦の合法性を主張できたはずである．

76) Trefousse, *Germany and American Neutrality*, 25–27.
77) Ibid., 27, 43–52, 60, 74–77, 120–121, 129–136.

アメリカ商船を攻撃せず，アメリカ国民を挑発しないようにする——政策として実施された．そのため，ヒトラーは，アメリカ商船を攻撃しないよう，ドイツ海軍に繰り返し命令していたのである．

　アメリカの参戦を阻止するためにヒトラーがとった第2の方策は，日本を利用してアメリカを牽制すること——具体的には，日本にシンガポールをはじめとする東南アジアのイギリス領を攻撃させることによってアメリカを牽制する政策——だった[78]．日本が東南アジアのイギリス領を攻撃すれば，本戦争におけるイギリスの立場は決定的に弱まり，それによって孤立感を感じるアメリカも参戦を思いとどまるだろうし，また，東南アジアのイギリス領が攻撃されただけではルーズヴェルトがアメリカ国民に参戦を説得する材料としてまったく不十分であるから，アメリカは参戦しないだろうということである．この政策は1940年12月に立案され，1941年前半には日本政府への説得が試みられた．しかし，日本政府はドイツの思惑——日本がアメリカを牽制はするが，開戦はしない状態を維持してくれること——に反して，アメリカと交渉による中国問題の解決を試みたばかりか，最終的には，あろうことかアメリカに開戦してしまった．これによって，ドイツは三国同盟に基づき対米開戦しなければならなくなり，日本を利用してアメリカとの戦争を回避する政策は完全に失敗したのである．

　他方，第二次大戦におけるアメリカ政府，特にルーズヴェルト大統領の基本政策は，ドイツの勝利を阻止することであり，そのためにイギリスを援助することだった[79]．ナチス・ドイツがイギリスに勝利しヨーロッパを支配することになれば，アメリカは軍事的・経済的・イデオロギー的に重大な危険にさらされるだろうというのがその理由である[80]．このような基本政策に基づき，「アメ

---

78) Ibid., 91–103, 137–156.
79) キッシンジャー『外交』上巻 503–532 頁.
80) Trefousse, *Germany and American Neutrality*, 13–23. 軍事的な観点からは，大西洋の制海権をイギリス海軍が握っていることがアメリカ大陸の安全の条件であると19世紀以来考えられてきたのであり，その条件が消滅すればアメリカの安全が脅かされると考えられた．経済的には，アメリカの貿易相手国のほとんどが，自由貿易体制に反対し経済的独占の政策をとるドイツの支配下に置かれることは許されなかった．イデオロギー的にも，ドイツの勝利によってファシズムが拡大し，民主主義が危険にさらされると考えられた．

リカはイギリスの敗北を防ぐためにあらゆる手立てをつくさなければならない」し,「極端な場合には,自ら参戦することさえもしなくてはならない」[81] はずだった．実際,ドイツの勝利を阻止するためにアメリカの参戦は必要だったのであり,ルーズヴェルト大統領もそのことを認識していた．

　それにも関わらず,ルーズヴェルトがアメリカを参戦に導くことは困難だった．先に述べたように,当時のアメリカ議会や世論は孤立主義的であり,アメリカが参戦することに反対していたからである．ルーズヴェルトもこれを無視することはできず,1940 年の大統領選挙においても,アメリカが参戦しないことを公約の1つに掲げて再選を果たしていた．

　このように,ルーズヴェルト大統領は,一方でドイツの勝利を阻止するためにアメリカの参戦が必要であることを認識しながら,他方で参戦に反対する国内世論に縛られるという,ジレンマの状態に置かれていた．こうした状況において,「ローズヴェルトはアメリカの対独参戦を正当化できるような劇的な"偶発事件"が大西洋で生じるよう願い,それを待ち望んでいた」[82]．「偶発事件」とはアメリカの商船や軍艦がドイツの潜水艦によって攻撃される事件のことであり,このような事件が起これば,それを利用してアメリカの参戦を国民向けに正当化できると考えたということである．しかし,以上のようなアメリカ側の事情を見抜いていたヒトラーが決して自国海軍にアメリカの商船や軍艦を攻撃させず,アメリカに参戦の余地を与えなかったことは,前述の通りである．結局,ルーズヴェルトのジレンマを解消したのは日本の対米開戦とそれに続くドイツの対米開戦であり,アメリカ政府は当然,ドイツの宣戦布告を受けて立つことに決定したのである[83]．

---

81)　キッシンジャー『外交』上巻 525 頁．
82)　有賀・宮里編『概説アメリカ外交史』125 頁．
83)　キッシンジャーはこの点について次のように述べている．「枢軸国はアメリカに対する敵対行為を率先して行うことで,どうやってアメリカ国民を戦争に導くかという,長引いていたルーズベルトのジレンマを解消した．日本がその攻撃を東南アジアにだけ集中し,ヒトラーが対米宣戦布告を行わなかったら,国民を自分の意見通りに導くというルーズベルトの仕事はずっと厄介なものとなっていたことだろう」．「ルーズベルトが常に主要な敵とみなしていた国,ドイツにアメリカの戦争努力を傾注させる自由を,なぜヒトラーがルーズベルトに与えたかについては満足の行く説明はいまだにない」．キッシンジャー『外交』上巻 531, 532 頁．

(3) 評価

以上のように，第二次大戦初期においてアメリカは，交戦国イギリスに様々な軍事的援助を与えていたが，それは，他方交戦国ドイツに対米開戦の根拠を与えるものだった．実際，ドイツはアメリカに開戦する根拠として，アメリカが行ってきた「中立違反」を挙げた．それにも関わらずアメリカがイギリスに援助を与えたのは，アメリカ政府にとってドイツの対米開戦が阻止すべきことではなく，むしろ歓迎すべき――参戦の必要性を認識しながら，国内世論に縛られて自ら参戦することはできないというアメリカ政府のジレンマを解消してくれる――ことだったからである．

参戦を望みながら実際には参戦できない何らかの事情があり，一方交戦国に対して参戦に至らない援助を与えるにとどめるという実行は，第二次大戦になってはじめて現れたものではない．例えば，第2章第2節3で見た通り，第一次大戦においてポルトガルは，参戦を望んではいたが，イギリス政府の意向に配慮して参戦せず，交戦国イギリスに対して参戦に至らない援助を与えるにとどめていた．

このような実行は，中立制度の基本的性格からして何ら問題がない．すなわち，中立国が中立維持に必要とされる一定の行為を行う――例えば交戦国への軍事的援助を差し控える――のは，そうしないと義務違反ないし国際違法行為を行ったことになるからではなく，あくまでも，交戦国に対する「戦争行為」ないし「戦争への参加」と見なされる行為を行わず，戦争に巻き込まれない権利を享受するためである．それ故，他方交戦国によって戦争に巻き込まれても構わない国は，交戦国の一方に軍事的援助を与えて構わない．一方交戦国への援助は「戦争への参加」と見なされる行為であるが，国際法において戦争に参加すること（参戦）が禁止されておらず，かつ，参戦か中立かを明確にしないで「曖昧な態度」をとることも禁止されていない以上，一方交戦国への援助が国際法上禁じられているとは言えないからである[84]．この点，ボーチャードは，ア

---

84) この点については第2章第2節3を参照．ただし，参戦の自由は，不戦条約や国連憲章により制限されるようになった．つまり，違法な戦争ないし武力行使を行う側に味方して参戦することは，それらの条約により禁止されたと解される．しかし，合法な戦争ないし武力行使を行う側に味方して参戦（武力紛争に参加）することは，

メリカの対イギリス援助について論じた1941年の論文において，交戦国への援助は「独立した主権国家が自由に行うことのできる政治的行為」[85]であると適切に指摘した．つまり，ボーチャードによれば，一方交戦国に軍事的援助を与える国は，「非中立的行為のペナルティー」[86]あるいは「非中立的行為の代償」[87]——交戦国によって敵と見なされ，戦争に巻き込まれること——を受けることになるが，そのような「ペナルティー」ないし「代償」を甘受するかどうかの決定は「政治的行為」であって，各国が自由に行えることなのである[88]．

不戦条約の場合は同条約前文によって回復される戦争の自由の行使として（本章注75）参照），国連憲章の場合は集団的自衛権（第51条）の行使として許容されていると解される．第二次大戦初期においてアメリカは，イギリスが合法な戦争を行っているとの前提でイギリスを援助したのであり，そうだとすれば，イギリスへの援助が「戦争への参加」に等しい行為だとしても，それは少なくともアメリカ政府の認識においては合法な行為だったのである．

85) Borchard, "War, Neutrality and Non-Belligerency," 625.
86) Borchard, "Neutrality," *Yale Law Journal* 48 (1939): 46.
87) Borchard, "War, Neutrality and Non-Belligerency," 622.
88) 本文で述べたように，交戦国イギリスへの軍事的援助は国際法上自由な行為であり，アメリカが中立にとどまるつもりがないのであれば，何ら正当化を必要としないはずである．ところが，アメリカ政府は，イギリスへの軍事的援助について，国際法協会が1934年に採択したいわゆるブダペスト解釈決議などを援用しながら法的正当化を試みる場合があった．Hearings before the House Committee on Foreign Affairs, 77th Congress, 1st sess., on H. Res. 1776 regarding the Lend-Lease Bill, in Hackworth, *Digest of International Law*, 7:680–681; Address of Robert H. Jackson, Attorney General of the United States, Inter-American Bar Association, Havana, Cuba, March 27, 1941, *AJIL* 35 (1941): 348–359. ブダペスト解釈決議については本章第2節2で言及するが，同決議は，伝統的国際法において中立国が一方交戦国に軍事的援助を与えることは禁止されていたという認識を前提に，不戦条約によって中立国がそのような禁止から解放されるとの見解をとったものである．本書の立場からは，ブダペスト解釈決議は伝統的中立制度に関する誤った認識を前提にしていると評価されるから，アメリカ政府は，そのような誤った学説の影響を受けていたと言える．ただし，アメリカ政府のこのような見解は，第二次大戦において決して一貫していた訳ではなく，本書と同じように，中立はあくまでも国家にとっての安全保障の一手段であるという認識を前提に，同戦争においては中立を守るよりもイギリスに援助を与える方がアメリカの安全保障に資するという観点からイギリスへの援助を論ずる場合もあった．Statements by the Secretary of State before the House Foreign Affairs Committee, January 15, 1941, *Department of State Bulletin* 4 (1941): 90.

ところで，第二次大戦初期におけるアメリカのように，参戦せずに交戦国に援助を与える国については，その地位を「非交戦状態（non-belligerency）」と捉え，「中立」と区別する学説が1940年代に現れた[89]．この説は第二次大戦後の学説にも受容され，序章でも述べたように，第二次大戦初期におけるアメリカの実行は「非交戦状態」の主要な先例として挙げられる．

しかし，第二次大戦中の国家実行を見ると，「非交戦状態」の概念は，交戦国に援助を与える国の法的地位を示す概念としてではなく，むしろ，政治的概念として使われていた．まず，交戦国イギリスに軍事的援助を与え，それが中立と両立しないものであることを自ら認めていたアメリカ政府は，自国の地位を「非交戦状態」と称したことは一度もない[90]．これに対して，例えばスペインは，第二次大戦勃発当初は自らの地位を「中立」であるとしていたが（1939年9月4日の中立宣言），後に自国の地位を「非交戦状態」であると宣言した（1940年6月13日）[91]．スペインは，自国の港湾をドイツ潜水艦に補給基地として使用させるなど，ドイツを支援するいくつかの措置をとっていた．しかし，このような措置は「非交戦状態」の宣言よりも前の1939年9月から行われていた[92]し，

---

89) 「非交戦状態」について論じた同時代の文献として，Borchard, "War, Neutrality and Non-Belligerency," 618–625; Coudert, "Non-Belligerency in International Law," 143–151; Freytagh-Loringhoven, "Nichtkriegführungen und wohlwollende Neutralität," 332–333; Grewe, "Der Status der Nichtkriegführung," 206–207; Kunz, "Neutrality and the European War," 747–751; Lalive, "Quelques nouvelles tendances de la neutralité," 46–58; Preuss, "Concept of Neutrality and Non-Belligerency," 91–109; Wilson, " 'Non-Belligerency'," 121–123; 横田「非交戦状態の法理（一）（二・完）」545–569, 759–781 頁．

90) 大沼『戦争責任論序説』144–145 頁．

91) Hoare to Halifax, June 13, 1940, BDFA, pt. 3, ser. F, vol. 13, p. 292.

92) Hernández-Sandoica and Moradiellos, "Spain and the Second World War," 248. 自国の地位を「非交戦状態」と称した国としては，スペインの他に，イタリア，エジプト，トルコがある．しかし，これらの国が中立の地位と両立しない対交戦国援助を行ったのかどうかは必ずしも明らかではなく，少なくとも，「非交戦状態」の概念を使って対交戦国援助を正当化しようとしていた訳ではない．例えば，イタリアが自国の地位を「非交戦状態」と称したのは，交戦国ドイツと同盟条約を結んでいながらドイツの味方として直ちには参戦できないことに後ろめたさを感じていたムッソリーニにとって，イタリアが「中立」であると認めれば自らの面目を潰すことになる

そもそも極秘の措置として行われていた[93]のであって，スペインは「非交戦状態」の概念によってこのような措置を正当化しようとしたのではない．スペイン政府が1940年6月に「非交戦状態」の宣言を行ったのは，スペインが戦争に無関心ではないことを政治的メッセージとして示すためでしかなかった[94]．実際，スペイン政府は，「非交戦状態」の宣言を行った際，この宣言は「スペインが厳格な中立の態度から逸脱することを意図したものではなく」，「無関心の印象を与えること」を避けるためのものに過ぎない[95]と説明していたのである．

もちろん，国家実行において「非交戦状態」の概念がどのように使われていたかということとは別に，中立に反する行為を行いながら参戦しない国の地位を「非交戦状態」と呼ぶことは可能である．つまり，中立維持に必要な行為を行わず，したがって，交戦国に対して「中立にとどまる権利」を主張し得ない国の状態を「非交戦状態」と呼ぶのである．しかし，第二次大戦当時においては——そしておそらく現在においても——，例えば捕獲法上，敵国でも中立国でもない国（非交戦国）に固有の取り扱いというものは存在しなかった．つま

と思われたという事情があったからに過ぎないのであって，この場合もスペインの場合と同じく，「非交戦状態」の概念は政治的な機能しか有していなかったのである．以上については，Grob, *Relativity of War and Peace*, 10–11; Rousseau, *Le droit des conflits armés*, 371; 和仁「中立制度に対する戦争違法化の影響」40–43頁を参照．

93) 飯山『中立国の戦い』222頁．

94) 本戦争に対するスペインの関心というのは，スペインがドイツ・イタリア側に立って参戦する見返りとして，戦後にイギリス領ジブラルタルやフランス領北アフリカを獲得するという希望のことであった．すなわち，1940年5月にドイツがフランスを占領し，また，同年6月にはイタリアが参戦したことにより，スペインに対するフランスの脅威がなくなるとともに，イギリス艦隊の地中海における能力が相対的に低下した．スペインのフランコ総統は，このような好機を捉えて参戦し，前記のような領土獲得を実現したいと考えたが，他方で，スペイン内戦によって疲弊していたスペイン経済は長期にわたる戦争遂行には耐えられない状況にあったから，スペインはドイツ・イタリアの勝利が確定的になった段階でしか参戦できなかった．スペインの「非交戦状態」宣言は，このようなジレンマの状況において，直ちには参戦できないが，そのうち参戦する意思があることを示しておくために行われたものだったのである．Hernández-Sandoica and Moradiellos, "Spain and the Second World War," 249–251.

95) Halifax to Selby, June 14, 1940, *BDFA*, pt. 3, ser. F, vol. 13, p. 293.

り，船舶は敵船か中立船のいずれかであり，貨物も敵貨か中立貨のいずれかである．それ故，中立に反する行為を行いながら参戦しない国は，参戦していない以上は中立国として扱われるか（中立国の船舶と貨物は，戦時禁制品輸送や封鎖侵破などの場合を除いて捕獲・没収されない），捕獲法上に限って敵国として扱われるか（敵国の船舶と同船上の貨物は，それが戦争遂行の役に立つものであるか否かを問わずすべて捕獲・没収される）のいずれかである[96]．そうだとすれば，中立に反する行為を行いながら参戦しない国は，交戦国に対して「中立にとどまる権利」を主張し得ない状態にある中立国であると捉えれば十分だと言えるのかもしれない．

第2節　戦間期の学説：現代につながる混乱の起源

前節で明らかにしたように，伝統的中立制度は，戦間期と第二次大戦中の国家実行においても継続的に妥当していた．この時期の国家実行においても，中立制度は，第一次大戦以前と同じように，中立維持に必要な一定の作為・不作為（例えば交戦国に軍事的援助を与えないことなど）を行う中立国が戦争に巻き込まれない権利を享受できることを保障する制度として認識されていたからである．

ところが，戦間期の学説においては，戦間期や第二次大戦中の国家実行にも，第一次大戦以前の国家実行にも合致しない中立制度の認識が提示されるようになった．その認識とは，第1に，中立制度（第一次大戦以前の中立制度と戦間期の中立制度の双方を含む）において，中立国の「中立にとどまる権利」（戦争に巻き込まれない権利）は存在しない（存在しなかった）という認識であり，第2に，伝統的中立制度におけるいわゆる「公平義務」の根拠は，第一次大戦以

96）　例えば，ドイツのハンブルク捕獲審検所は，マリエッタ・ノミコス事件（1940年）において，ドイツとエジプトとの間に戦争状態が存在するか否かを判断することなく，エジプトがドイツの敵国イギリスに領域内の基地を使用させていることを根拠に，「捕獲管轄に関しては」エジプトを「敵」として扱うとの判断を下した．The Marietta Nomikos, Germany, Prize Court of Hamburg, February 16, 1940, *Annual Digest 1943–45*, 568–570.

前の国際法において戦争が自由とされ，交戦国が平等と見なされていたことだったという認識である．これら2つの認識は，第二次大戦後の多くの学説に受容され，通説になった．

しかし，多くの学説が支持しているからといって，このような認識が正しいということにはならない．本書の主張は，戦間期の学説に起源を有し，第二次大戦後の通説になっている，前記2つの認識が歴史的事実に反するということである．ただし，戦間期においても，本書と同じように中立制度を認識する学説が存在した．それは，横田喜三郎，ボーチャード，および『国際法』第3版におけるオッペンハイムの中立論である．そこでまず，彼らの中立論を見ることからはじめよう．

1 横田喜三郎，ボーチャードおよびオッペンハイムの中立論

横田喜三郎，ボーチャードおよび『国際法』第3版におけるオッペンハイムは，中立国が「中立にとどまる権利」を有することを肯定した．例えば，第2章第2節4で見たように，オッペンハイムは，『国際法』の第1版 (1906年) と第2版 (1912年) において，「第三国は中立にとどまることを要求する権利を有しない」という見解を採用していた．ところが，この見解についてオッペンハイムは，同書の第3版 (1921年) では，「本書の以前の諸版において私が提示し，他の学者によっても提示されている説，つまり，第三国は中立にとどまることを要求する権利を有しないという説は，中立制度の近年の発展 (modern development) に鑑みれば維持することができない」と述べた．そして，第3版における自身の見解としては，「第三国は，いずれの交戦国によっても強制的に戦争に参加させられないことを要求する権利を有する」と述べた[97]．つまり，オッペンハイムは，『国際法』の第1版と第2版で採用していた「中立にとどまる権利」否定説を訂正し，「中立にとどまる権利」肯定説に改めたのである[98]．そ

---

97) Oppenheim (Roxburgh ed.), *International Law*, 3rd ed., 2:406.
98) オッペンハイムは1919年10月7日に亡くなったが，生前，『国際法』第3版の出版に向けて準備を進めていた．彼はその完成を待たずして亡くなったが，彼が改訂のために準備していた原稿や資料が遺されていた．『国際法』第3版は，オッペンハイムが遺したそれらの原稿や資料を基にロックスバーグが編集して出版されたもの

れ故，オッペンハイムによれば，例えば「［交戦国］軍隊の通過を拒否する中立国に対して交戦国が戦争を宣言する」ことは，「中立および国際法の違反」であることになる[99]．また，ボーチャードも，「中立国が負う義務と引き換えに，交戦国は中立国の諸権利を尊重する．これには，戦争の局外にとどまる権利（the right to stay out of the war）も含まれる．……一方［交戦国］を犠牲にして他方［交戦国］を援助しつつ，中立にとどまって非中立的行為（unneutrality）のペナルティーを免れることはできない．それら両方を行うことはできないのである．もし中立にとどまりたいのであれば，中立の義務を守らなければならない」[100]と述べ，中立国が「戦争の局外にとどまる権利」を有することを肯定した．

　それでは，中立国が「中立にとどまる権利」を享受できるのは何故か．この点については，『国際法』第3版においてオッペンハイムが1つの解答を示している[101]．オッペンハイムによれば，交戦国が中立国に開戦する場合は2つに分けられる．まず，①「現在行われている戦争の原因（cause）とは無関係の紛争（dispute）を理由として」交戦国が中立国に開戦する場合，これは「中立の侵害（a violation of neutrality）」には当たらない．他方で，②「例えば，交戦国が軍隊の中立国領土通過を望むのに対して，中立国がこれを許可しない」といった場合に，「交戦国が［中立国の］公平な態度をそれ以上認めるのが適当ではないというだけの理由で」交戦国が中立国に開戦する場合は，「中立の侵害」である．つまり，オッペンハイムによれば，A国がB国と戦争を行っている場合でも，A国は，C国との間で抱える何らかの紛争を処理するため，その紛争を原因としてC国に開戦することができる．これは，A・B間の戦争とは別の原因に基づく，新しい戦争である（①の場合）．これに対して，A国がC国との間で抱える紛争を処理するためではなく，単にB国との戦争を有利に進める

であり，オッペンハイムが遺した改訂原稿を取り入れた部分と，オッペンハイムが改訂原稿を遺さなかったためにロックスバーグが加筆・修正した部分とによって構成されているが，ロックスバーグによれば，「中立にとどまる権利」に関する部分（第2巻第299節）は，オッペンハイム自身が加えた修正であるとのことである．Ibid., vi.
99) Ibid., 79.
100) Borchard, "Neutrality," *Yale Law Journal* 48 (1939): 46.
101) Oppenheim (Roxburgh ed.), *International Law*, 3rd ed., 2:417.

ための作戦上の必要に基づいてC国をA・B間の戦争に巻き込むことは許されない（②の場合）．このようにオッペンハイムは，戦争を紛争処理のための手段として捉え[102]，国家は他国との関係で抱える紛争を処理するために戦争に訴えることができるが，その戦争は紛争の相手国との関係に限定すれば十分なのであって，戦争の原因であるその紛争とは無関係の中立国に戦争を拡大することは許されないと考えた．戦争原因（戦争の元になった紛争ないし利害対立）によって戦争の人的範囲を限定するこのような考え方は，本書の第2章第2節4(4)で検討したド・ヴィシェールの中立論と同じものであると言える．

ところで，先に引用したボーチャードの一節から明らかなように，「中立国が負う義務」は，「戦争の局外にとどまる権利」と「引き換え」に負うものであり，「もし中立にとどまりたいのであれば」守らなければならないものに過ぎない．それ故，この「義務」は，より正確には，「義務」というよりもむしろ，中立にとどまるための「条件」と呼ぶべきものである．この点について，横田喜三郎は次のように述べている．

> ……これ［公平と無援助］は実は中立の条件又は手段と見るのが適当なようである．中立が存立するための条件であり，中立を実行するための手段である．中立が存立するためには，言葉をかへていへば，国家が中立国としての地位に立つてゐるためには，双方の交戦国に対して公平な態度をとり，そのいづれに対しても特別な援助を与へないことが必要である．もし不公平な態度をとり，一方の交戦国に特別な援助を与へるならば，この国家を他方の交戦国はもはや中立国として認めず，敵国又はこれに準じるものとして取り扱ふに至るであ［ら］う．[103]

---

[102] オッペンハイムによれば，戦争によって処理することの許される「紛争」には，法的紛争だけでなく，政治的紛争も含まれる．Ibid., 67, 81–82. すなわち，自らの権利が侵害されたこと，または国際違法行為が行われたことを理由とする戦争だけでなく，既存の国際法または条約の変更を求めて戦争を行うことも禁止されていないのである．

[103] 横田「非交戦状態の法理（二・完）」771–772頁．

以上のように，オッペンハイムやボーチャードや横田によれば，中立国は交戦国に対して不援助・公平の態度をとることを「条件」として，「中立にとどまる権利」——オッペンハイムの言葉では「いずれの交戦国によっても強制的に戦争に参加させられないことを要求する権利」，ボーチャードの言葉では「戦争の局外にとどまる権利」[104]——を享受することができる．

　このように，国家が「中立にとどまる権利」を享受するためには，交戦国に対して不援助・公平の態度をとることを「条件」とするから，この「条件」を満たさない国に対して，交戦国は戦争に訴える自由を有することになる．ボーチャードが言うように，「差別を受けた［交戦］国は，正当な開戦事由（a legitimate casus belli）を有することになろう．差別は重大な性格をもつ非友好的かつ敵対的な行為であり，これを強国に対して行えば，容易に戦争への序曲（prelude）となり得る」[105]．つまり，国家は中立と両立しない行為を行うことによって，「交戦国によって攻撃されるという，非中立的行為の代償を払う」[106] ことになるのである．

　しかし，逆に，交戦国に対して不援助・公平の態度をとることは，国家が「もし中立にとどまりたいのであれば」満たす必要のある「条件」に過ぎないから，ボーチャードの言う「非中立的行為のペナルティー」ないし「非中立的行為の代償」を受け入れる国，つまり戦争に巻き込まれ交戦国になっても構わない国は，交戦国を援助してよいことになる．この点について，ボーチャードは，第二次大戦初期にアメリカ政府が行った対イギリス援助（本書 212–219 頁参照）について論ずる論文の中で，次のように述べている．

　　国家は，［戦争に訴えるという］恐るべき行動の帰結を受け入れるのであれば，自ら適当と考えるいかなる理由によっても，いつでも戦争を行うことができる．しかし，中立国が交戦行為を行う権利を主張することはできない．

---

104) ボーチャードは，ラーゲとの共著においては，この権利を「中立にとどまる法的権利（the legal right to remain neutral）」と呼んでいる．Borchard and Lage, *Neutrality for the United States*, 4.
105) Borchard, "Arms Embargo and Neutrality," 294.
106) Borchard, "War, Neutrality and Non-Belligerency," 622.

それは，侵略被害国を援助するための，制裁の名の下であろうと，自らが支持するより高次の美徳のためであろうと同じことである．合衆国が既に行った行為は戦争行為であって，「戦争に至らない措置」として法的な説明を行い，またはそのようなものとして言い逃れることは不可能である．合衆国は既に限定的戦争の状態 (a state of limited war) にあるのであり，いつでも実戦を行う交戦国 (shooting belligerent) になり得る．以上の行為は，独立した主権国家が自由に行うことのできる政治的行為であり，集団安全保障なるジャーゴンを持ち出すことなく，より率直に行うことができるのである[107]．

すなわち，ボーチャードによれば，戦争局外国が一方交戦国に援助を与えることは「戦争行為」であり，他方交戦国は当該局外国に対して戦争に訴えることができる（「非中立的行為のペナルティー」ないし「非中立的行為の代償」）．しかし，そのような「ペナルティー」ないし「代償」を甘受することは，「独立した主権国家が自由に行うことのできる政治的行為」であって，国際法上禁じられた行為ではないというのである．この点について，横田もボーチャードと同じ趣旨のことを述べている．

> そうしてみれば，中立の実質を確保し，戦争のそとに立ち，中立国としての権利と利益を要求するために，その条件として，又はその手段として，公平と無援助という中立の基本的義務を履行することを要するのであるから，もし中立の実質を確保しようとせず，中立国としての権利と利益を要求しないならば，そのための条件を満足させ，そのための手段をつくすことははじめから必要がないわけで，公平と無援助といふ中立の基本的義務を履行すべきいはれがないことになる．……従つて，問題の非交戦国についても，もしそれが中立の地位に立たないとし，中立国としての権利と利益を要求しないならば，中立の義務も守る必要がなく，これを守らなくても違法であるとはいへないことになる．[108]

---

107) Ibid., 624–625.
108) 横田「非交戦状態の法理（二・完）」774 頁.

以上のように，横田やボーチャードやオッペンハイムによれば，中立国が交戦国に援助を与えないことは，「戦争の局外にとどまる権利」を享受するための「条件」であり，それは，国家が「もし中立にとどまりたいのであれば」満たすべきものに過ぎない．それ故，中立にとどまることを望まず，戦争に巻き込まれても構わない国はこの「条件」を満たす必要はない．交戦国を援助することは，「戦争行為」であるが，「独立した主権国家が自由に行うことのできる政治的行為」であり，違法行為ではないというのである．

このような中立論は，伝統的中立制度の成立過程から見て妥当なものであると評価できる．本書の第2章および本章第1節で明らかにしたように，18世紀末から20世紀初頭，そして戦間期から第二次大戦の国家実行において，中立にとどまることを望む国が行う必要のある一定の作為・不作為は，中立国が「中立にとどまる権利」を享受するための「条件」とされ，「中立にとどまる権利」を享受するつもりのない国はこの「条件」を満たす必要はないとされていたからである．

ところが，戦間期には横田やボーチャードやオッペンハイムとは根本的に異なる中立論をとる学説があり，むしろそのような学説が第二次大戦後の通説になった．以下では，そのような学説の内容を明らかにした上で，それが第二次大戦後の通説に受容される過程を明らかにする．

2　第二次大戦後の通説の起源

戦間期の学説に起源を有し，第二次大戦後の通説になった見解の特徴は，第1に，伝統的中立制度において「中立にとどまる権利」が存在したことを否定し，しかもその否定を自明のことと見なす点であり（(1)），第2に，伝統的中立制度におけるいわゆる「公平義務」の根拠を戦争の自由，そしてその帰結としての交戦国の平等に求めることである（(2)）．

(1)　「中立にとどまる権利」の否定とその帰結
(a)　「中立にとどまる権利」否定説の通説化

第2章第2節で明らかにしたように，19世紀の学説は，中立国が「中立にとどまる権利」を有することを肯定していた．「中立にとどまる権利」を否定する

学説が現れるのは20世紀になってからのことであるが，20世紀初頭にも，ド・ヴィシェールをはじめとする多くの学説が依然として「中立にとどまる権利」を肯定していた．また，20世紀初頭の段階では，結論として「中立にとどまる権利」を否定する学説であっても，「中立にとどまる権利」肯定説の方がむしろ多数説であるという状況を自覚していた．例えば，1906年の『国際法』第1版において結論としては「中立にとどまる権利」を否定したオッペンハイムも，自分以外の「多くの学者がそのような権利の存在を主張する」ことを認識しており，「中立にとどまる権利」の否定を自明のこととは見なしていなかった（本書168頁参照）．さらに，本節1で見たように，オッペンハイムも，1921年の『国際法』第3版では，「中立にとどまる権利」肯定説をとるに至った．

ところが，戦間期には，伝統的中立制度における「中立にとどまる権利」の不存在を自明のことと見なす学説が増えてきた．例えば，クンツは1935年の著作において，「一般国際法上，中立にとどまる義務（Pflicht zur Neutralität）が存在しないのと同様，中立にとどまる権利（das Recht auf Neutralität）も存在しない．つまり，[戦争]開始時に中立国になる権利もなければ，戦争継続中ずっと中立国のままでいる権利も存在しない．……実定一般国際法によれば，交戦国は，戦争勃発の際であろうが，戦争の継続中であろうが，いつでも第三国に対して戦争を宣言する権利を有している」[109]と述べて，中立制度における「中立にとどまる権利」の存在を明確に否定した．クンツがこのようなことを言う際に典拠として挙げているのは，ハマーショルドの1920年論文[110]とファルコンブリッジの1919年論文[111]だけであり，「中立にとどまる権利」を肯定するド・ヴィシェールの論文やオッペンハイム『国際法』第3版などを検討するどころか，引用すらしていない．クンツは，「中立にとどまる権利」の不存在を当然のことと考えているのである．

中立制度における「中立にとどまる権利」の不存在を自明のことと見なすクンツのような見解は，第二次大戦後の学説に受け継がれ，通説になった．例え

---

109) Kunz, *Kriegsrecht und Neutralitätsrecht*, 215.
110) Hammarskjöld, "La neutralité en général," 59.
111) Falconbridge, "Right of a Belligerent to Make War upon a Neutral," 204–212.

ば，石本泰雄は 1956 年の論文において，クンツの前記著作を引用しながら，「古典的国際法では，交戦国はいつでも第三国にたいして戦争に訴えることを自由に許されていた．そのために，中立国が戦争の外に立つといっても，その地位は最終的な保証を受けていたとはいえない」[112] と述べ，伝統的国際法において「中立にとどまる権利」は存在しなかったという見解を示した．このような見解は石本だけが主張するものではなく，序章で見たように，第二次大戦後の通説になっている（本書 9–10 頁参照）．

(b) 中立制度に対する戦争違法化の影響という問題設定

クンツや石本に代表される「中立にとどまる権利」否定説によれば，中立制度は中立国に対して一方的に負担を課す制度と見なされる．すなわち，「中立にとどまる権利」肯定説によれば，中立にとどまることを望む国は一定の作為・不作為（いわゆる「中立義務」）を行う必要があるが，それと引き換えに，「中立にとどまる権利」という権利を享受できる．ところが，クンツや石本はそのような権利の存在を否定するから，国家は中立にとどまることによって何の利益も得られないことになる．もちろん，クンツや石本も，中立国が中立にとどまる限りにおいて「中立国の諸権利」と呼ばれる諸権利（領域不可侵や海上通商の自由）を享受できることを認める．しかし，これらの諸権利は中立国が平時においてもともと有している権利に過ぎない[113]．これに対して中立国が負う「中立義務」は，クンツが言うように「平時には存在しない*特別*の義務」[114] である．このように考えれば，中立とは「中立国の諸義務の総体を意味」し，中立国は中立制度によって「負担のみを負う」と捉えられることになる[115]．言い換えれば，「中立にとどまる権利」否定説の観点からは，「中立法規に交戦国の*利益*において平時国際法を修飾するもの」[116] と認識されることになるのである．

---

112) 石本「国際組織と中立」31 頁．石本はこの論文では石本自身が執筆した別の論文を引用しているが，その別の論文ではクンツの 1935 年著作を引用している．石本「中立制度の成立過程（一）」36 頁．
113) 石本『中立制度の史的研究』20 頁．
114) Kunz, *Kriegsrecht und Neutralitätsrecht*, 215［傍点部分は原文ではイタリック］．
115) Huber, "Die Fortbildung des Völkerrechts," 586.
116) 石本『中立制度の史的研究』21 頁［傍点原文］．

そして，こうした認識からは，「戦争が違法化されると戦争局外国は中立という負担に拘束されなくなる」という命題が導きだされ，あるいは，少なくともこの命題を肯定するか否かが問題とされることになる．つまり，石本が言うように，「中立法規が中立国義務を中心として構成されていることは，国際法が戦争に訴える行為そのものを規整していないことと，まったく対応している．戦争がつねに違法でないからこそ，いずれの交戦国もつねに中立国に対して平時におけるより以上の権利を要求することができるわけである．戦争が違法化されれば，違法な交戦国が何故に平時以上の権利を中立国にたいして要求しうるかは説明できないことになってしまうであろう」[117]からである．

実際，「戦争が違法化されると戦争局外国は中立という負担に拘束されなくなる」という命題を肯定するか否かは1930年代の学説において議論されていた．この命題を肯定する戦間期の学説は数多い[118]が，その代表的なものは，国際法協会（International Law Association）が1934年に採択した，いわゆる「ブダペスト解釈決議」である．この決議は，不戦条約が中立制度を含む国際法上の諸制度に与える影響について討議を行った結果採択されたものであり，同決議によれば，「一締約国が他の締約国に対して武力または戦争に訴えることによって不戦条約に違反した場合，その他の締約国は」，「中立国の交戦国に対する関係で定められる国際法上の義務（不戦条約は除く）を，不戦条約違反国との関係で遵守しないこと」が許され，「攻撃を受けた国に，軍需品を含む財政上または物資上の援助を与え」ることができる[119]．つまり，不戦条約締約国は不戦条約違反国との関係で「中立義務」から解放される結果，攻撃を受けた国に軍事的援助を与えることができるようになるというのである．戦争局外国が不戦条約違反国との関係で「中立義務」に拘束されない根拠は，ブダペスト解釈決議を作

---

117) 同書21頁．
118) E.g., Wright, "Meaning of the Pact of Paris," 59–61; Wright, "Neutrality and Neutral Rights," 83–84; Boye, "Shall a State Which Goes to War in Violation of the Kellog-Briand Pact Have a Belligerent's Rights in respect of Neutrals?" 768–769;〔Harvard Law School,〕"Rights and Duties of States in Case of Aggression", 823–909.
119) International Law Association, *Report of the Thirty-Eighth Conference Held at Budapest*, 67.

成した者たちによれば，不戦条約違反の戦争が違法行為であり，違法行為は権利——交戦国が中立国に「中立義務」の遵守を要求する権利——の源になり得ない，ということだった[120]．

　もっとも，クンツや石本のような中立論——中立制度は中立国に対して一方的に負担を課す制度であるという見方——を前提にしつつ，「戦争が違法化されると戦争局外国は中立という負担に拘束されなくなる」という命題を否定する学説もあった．他ならぬクンツがその１人である．すなわち，クンツによれば，「［不戦］条約は戦争を『法の外』に置いた (mis la guerre «hors la loi») としばしば言われるが，この通俗的なフレーズは，実定法の現実にまったく合致しない．［不戦］条約によって戦争は法の外に置かれたのではなく，締約国は戦争を放棄する (renoncer) ことを宣言している．法の外に置くことと放棄することとは，法的にはまったく異なる」[121]．その結果，「禁止された戦争であっても……やはり国際法上の意味での戦争」[122] であり，「他の締約国は，同条約違反に対して戦争をする権利を有するが，そうしないのであれば，中立法規に拘束される」[123] ことになる．要するに，不戦条約は戦争の開始を規制しただけであって，いったん開始された戦争は従来の戦争と同じであり，中立法規が従来通り妥当するというのである．

　(c)　評価

　クンツや石本などに代表され，現代の通説である中立論——伝統的中立制度において「中立にとどまる権利」は存在せず，交戦国は中立国がいかなる行為を行っているかに関わらず，中立国に対していつでも自由に戦争を行うことができた，という認識——は，本書の第２章で明らかにした歴史的事実に反する．18 世紀から 20 世紀初頭の学説・国家実行は，国家が「中立にとどまる権利」を有することを肯定していたからである．また，クンツや石本のような中立論は，戦間期および第二次大戦中の国家実行とも一致しない．本章第１節で明ら

---

120)　Ibid., 13–15, 17.
121)　Kunz, "Plus de lois de la guerre?" 43.
122)　Kunz, *Kriegsrecht und Neutralitätsrecht*, 5［傍点部分は原文ではイタリック］．
123)　Kunz, "Plus de lois de la guerre?" 44［傍点部分は原文ではイタリック］．

かにしたように，この時期の国家実行において，中立国に対して戦争を行う交戦国は，必ず，中立国が中立に反する行為を行ったという主張によって自らの行動を正当化していたのであって，中立国に対する戦争が自由であるとの立場をとっていなかったからである．

クンツや石本などが前提とする認識によれば，中立制度は中立国に一方的に負担を課す制度と捉えられ，戦争違法化によって中立国がこのような負担から解放されるかという問題が設定されることになった．しかし，本書の主張は，クンツや石本のような中立制度の捉え方は妥当ではなく，ボーチャードや横田などの中立制度の捉え方――中立国は一定の負担を負うことと引き換えに，「中立にとどまる権利」という利益を享受することができる――の方が妥当であるということである．そして，ボーチャードや横田などのような中立制度の捉え方を前提にすれば，戦争違法化によって中立国が「中立義務」から解放されるかという問題設定は出てこない．なぜなら，ボーチャードや横田，そして本書のような中立制度の捉え方によれば，いわゆる「中立義務」は，第一次大戦以前もそれ以降も，中立国が「中立にとどまる権利」を享受するための条件に過ぎなかった（過ぎない）のであり，戦争に巻き込まれて構わない国はこの条件を守る必要はなかった（ない）からである．ボーチャードが言うように，「非中立的行為の代償」――交戦国によって敵と見なされ，戦争に巻き込まれること――を甘受し，一方交戦国を援助することは，「独立した主権国家が自由に行うことのできる政治的行為」であって，違法行為ではないからである[124]．

(2) いわゆる「公平義務」に関する新奇な説明の登場

戦間期の学説に起源を有し，第二次大戦後の通説になった見解の第 2 の特徴は，伝統的中立制度において中立国が交戦国に対して不援助・公平の態度をとる必要があるとされたこと（いわゆる「公平義務」）の根拠を，第一次大戦以前の国際法において戦争が自由とされ，すべての交戦国が平等と見なされていたこと（いわゆる無差別戦争観）によって説明することである．このような説明を誰が最初に提示したのかは，必ずしも明らかではない．しかし，少なくとも明

---

124) 本章注 107) およびそれに対応する本文を参照．

らかなことは，このような説明が第一次大戦以前の学説と国家実行において存在しなかったこと，このような説明がラウターパクトとカール・シュミットの戦間期（および第二次大戦直後）の著作・論文の中に存在すること，そして，ラウターパクトとシュミットのような説明が第二次大戦後の通説に重大な影響を与えたことである．以下では，ラウターパクトとシュミットの議論の概要を見た上で，それらの議論が第二次大戦後の通説に受容されたことを明らかにする．

(a) ラウターパクト

オッペンハイムの『国際法』は，オッペンハイム自身が第 1 版（第 1 巻 1905 年，第 2 巻 1906 年）と第 2 版（1912 年）を執筆し，彼の死後，ロックスバーグが第 3 版（第 1 巻 1920 年，第 2 巻 1921 年）を，マクネアが第 4 版（第 1 巻 1928 年，第 2 巻 1926 年）を，ラウターパクトが第 5 版（第 1 巻 1937 年，第 2 巻 1935 年）から第 8 版（第 1 巻 1955 年）（ただし第 2 巻『紛争，戦争および中立』は 1952 年の第 7 版まで）を校訂して出版された．そして，ラウターパクトが校訂した同書の第 5 版には，中立に関して，同書の第 1 版から第 4 版までには見られない次のような記述が加えられた[125]．「18 世紀において中立観念が絶対的公平の方向に向かって厳格化していったのは，原因の如何を問わず戦争に訴える主権的権利が国際法によって認められたためだった．正当な戦争と不正な戦争との区別が捨てられると，その必然的コロラリーとして，絶対的中立（absolute neutrality）が出てきた」[126]．ラウターパクトによれば，中立国が交戦国に対して厳格な公平の態度をとるべきことを内容とする伝統的中立制度は，戦争の正・不正を区別する正戦論の下では成立し得ず，「主権国家が戦争に訴える無制限の権利」を認める考え方の下ではじめて成立したというのである[127]．

伝統的中立制度に関するラウターパクトのこうした説明は，1936 年の論文に

---

125) オッペンハイム『国際法』の第 1 版から第 5 版のそれぞれについて，第 2 巻第 292 節と第 305 節を見ると，本文で引用する記述が，第 1 版から第 4 版までには存在せず，ラウターパクトが第 5 版において新たに付け加えた，彼独自の見解だったことが分かる．

126) Oppenheim (Lauterpacht ed.), *International Law*, 5th ed., 2:530–531.

127) Ibid., 516.

おいてより詳細に展開された．この論文において，ラウターパクトは，「戦争が，権利を実現するためだけでなく，法を変更するための，法的に承認された手続 (process) であった時代には，現に起こっている戦争に味方することは，法によって許容され，または公認されさえした (permitted or even authorized) 法律関係への介入を構成した．そのようなものとして，それはイギリス法における訴訟幇助 (maintenance) や利益配分約束付きの訴訟肩替り (champerty) という不法行為になぞらえられてきたのである」[128] と述べている．ラウターパクトによれば，伝統的国際法において戦争は権利の実現または法の変更のための手続だったが，他国間でこの手続が進められている時に，無関係の国，つまり中立国が一方当事国に味方してこの手続に介入すれば，それはイギリス法において禁止された訴訟幇助と同じようなものであり，訴訟幇助の類推により禁止された，というのである．

ラウターパクトが戦間期に提示した以上のような見解は，彼が第二次大戦後に発表した著作・論文でも維持されている．例えば，彼は，オッペンハイム『国際法』の第 7 版 (1952 年) において，同書の第 5 版で提示した伝統的中立制度に関する説明をそのまま維持し[129]，また，1953 年の論文でも，「……第一次大戦までは，戦争を行う権利は主権国家の無制限の特権的権利であり，それ故，中立国は戦争の合法性に判断を下しそれに従って自らの行動を形成する権利を行使できなかった」[130] と述べている．

---

128) Lauterpacht, "Neutrality and Collective Security," 148.「訴訟幇助（maintenance）」とは，「他人の訴訟に対し，何らの利害関係がないのに，正当な理由なく，金銭の供与その他の方法で援助を与えること．犯罪となり，かつ不法行為が成立する．イギリスおよびアメリカのほとんどの州で廃止されているが，その場合でも，訴訟幇助を目的とする約束は依然として，public policy（公序良俗）違反として無効とされる」．「利益配分約束付きの訴訟肩替り（champerty）」とは，「勝訴のさいには係争物の一部を受けることを約束して，他人の訴訟を正当な理由なく肩替りし，自らの費用で訴訟を追行すること．このような目的で係争物に対する権利を取得する場合を含む．Maintenance（訴訟幇助）の重い形態．イギリスをはじめ，犯罪または不法行為としてはこれを廃止したところがあるが，その場合でも，このような約束は public policy（公序良俗）違反として無効とされる」．田中『英米法辞典』135, 535 頁．
129) Oppenheim (Lauterpacht ed.), *International Law*, 7th ed., 2:639, 664.
130) Lauterpacht, "Limits of the Operation of the Law of War," 237.

ラウターパクトのこれらの文献は，特に欧米において，伝統的中立制度における「公平義務」の根拠を説明したものとしてよく引用され，依拠される[131]．つまり，伝統的中立制度に関するラウターパクトの説明は，第二次大戦後の通説に受容されたのである．

(b) カール・シュミット

交戦国の双方に対して公平な態度をとることを中立国に求める伝統的中立制度は，戦争の正・不正を分ける正戦論が否定され，交戦国の双方が平等と見なされるようになってはじめて成立し得た，という見解は，カール・シュミットによっても提示された．シュミットはそのことを，「非差別的戦争概念（der nichtdiskriminierende Kriegsbegriff）」と「非差別的中立概念（der nichtdiskriminierende Neutralitätsbegriff）」という概念を用いて説明している．

シュミットがそのような説明を提示したのは，1938年の著作『差別的戦争概念への転換』においてであった．この著作は，戦争概念の分析を軸に，国際連盟を中心とする世界秩序構想を批判的に考察することを主題としたものである[132]が，この中で，シュミットは，伝統的な「非差別的戦争概念」および「非差別的中立概念」と，第一次大戦以降に現れた「差別的戦争概念（der diskriminierende Kriegsbegriff）」および「差別的中立概念（der diskriminierende Neutralitätsbegriff）」とを対比させている．シュミットによれば，伝統的な「非差別的中立概念」は，「非交戦当事国が，交戦当事国の合法・違法を判断することなく，厳格な公平を義務づけられることに基礎を置く」[133]中立概念であり，このような中立概念は，合法戦争と違法戦争を区別しない考え方である「非差別的戦争概念」を前提としていた[134]．これに対して，アメリカ大統領ウィルソン

---

131) E.g., Bowett, *Self-Defence*, 157; Brownlie, *Use of Force*, 402; Greenwood, "Concept of War," 298; Komarnicki, "Place of Neutrality," 412; Meyrowitz, *Le principe de l'égalité des belligérants*, 370; Tucker, *Law of War and Neutrality*, 166.

132) 同書の意義については，竹島『カール・シュミットの政治』164–169頁を参照．また，シュミットの中立概念について論じた最近の論文として，西「神の正義と国家の中立」52–75頁も参照．

133) Schmitt, *Diskriminierenden Kriegsbegriff*, 34.

134) Ibid., 32, 34, 38.

第 2 節　戦間期の学説　239

の宣言（1917 年 4 月 2 日）や国際連盟によって導入された「差別的中立概念」は，戦争の合法・違法を区別した上で戦争に介入する態度のことであり，そのような中立概念は，合法な戦争と違法な戦争とを区別する「差別的戦争概念」を前提とするという[135]．

　シュミットは，「非差別的戦争概念」と「非差別的中立概念」について，1950 年の著作『大地のノモス』においてより詳細に説明している．この著作は，「正しい敵（justus hostis）」の概念によって「戦争の囲い込み（Hegung）」を行ってきた「ヨーロッパ公法（Jus Publicum Europaeum）」を高く評価しつつ，そのような「ヨーロッパ公法」が 1890 年以降に崩壊したことを論じたものである[136]が，この中でシュミットは，伝統的な「非差別的戦争概念」と中立との関係について，次のように説明している．すなわち，16 世紀から 17 世紀の宗教戦争は，戦争当事者が互いを「法違反者や海賊」と見なして差別したために，「壊滅戦争（Vernichtungskrieg）」の性格を有していた．これに対して，近代の「ヨーロッパ公法」の下での戦争においては，戦争当事者が互いを「正しい敵」と見なし，「戦争がそれによって決闘（Duell）に類似したもの」と見なされることによって，「ヨーロッパの戦争の限定と囲い込み（eine Umgrenzung und Hegung）」という「進歩」が可能になった（非差別的戦争概念）[137]．そして，「正しい敵の概念は，第三国が国際法上中立の地位に立つ余地を生み出した」[138]．戦争が「決闘」のアナロジーで捉えられた結果，戦争において「中立国が公平な立会人（die unparteiischen Zeugen）の役割を果たす」[139] ことになったからである．また，この時代に成立した国家平等原則も，交戦国に対する公平を基礎とする中立観念の形成に寄与した．つまり，「国家の法的平等原則により，合法な国家戦争を行う国と，不法な国家戦争を行う国とを差別することは，不可能になる．そうすることは一主権者が他国に対する裁判官（Richter）になることであり，主権

---

135)　Ibid., 1–2, 38–39, 46, 51.
136)　同書の意義についても，竹島『カール・シュミットの政治』179–204 頁を参照．
137)　Schmitt, Der Nomos der Erde, 112–115. なお，同書の邦訳として，シュミット（新田訳）『大地のノモス』も参照．
138)　Schmitt, Der Nomos der Erde, 114.
139)　Ibid., 115.

の法的平等に反するからである」[140]．要するに，シュミットによれば，交戦国に対して公平な態度をとることを要求する中立の観念は，すべての交戦国を平等と見なす考え方（「非差別的戦争概念」）が採用された結果，戦争局外国は交戦国を差別してはならない，と考えられたために生まれたのである．

　柳原正治が指摘するように，シュミットの「非差別的戦争概念」は，我が国の国際法学界で広く用いられる「無差別戦争観」の元になった概念であると考えられる[141]が，我が国の学説には，それだけでなく，「非差別的中立概念」（交戦国に対する公平を基本とする中立）と「非差別的戦争概念」（戦争を合法なものと違法なものとに区別せず，全交戦国を平等なものと見なす考え方）とが表裏一体の関係にある，という認識も含めてシュミットの考え方が受容されたと考えられる[142]．例えば，祖川武夫は，1953年の論文「カール・シュミットにおける『戦争観念の転換』について（一）」において，「差別的な中立は差別的な戦争の観念の決定的な要素なのであり，このことはなによりもまず強調されなければならない」と述べ，「中立と戦争との構造連関」を指摘した[143]．また，おそらく祖川の1953年論文，したがって少なくとも間接的にはシュミットの影響を受けたと考えられる石本泰雄は，1958年の著作において，「正戦論ではなくて無差別戦争論が，中立法規の構造により適合的な理論」であった，と述べている[144]．さ

---

140) Ibid., 138-139.
141) 柳原「いわゆる『無差別戦争観』」6-12頁．
142) 柳原が指摘するように，シュミットの「非差別的戦争概念」論と，我が国の学説における「無差別戦争観」論とは，そのような戦争概念ないし戦争観に対する評価の点でまったく異なっている．シュミットにおいて，「非差別的戦争概念」から「差別的戦争概念」への転換は，「非差別的戦争概念」の下でなされてきた「戦争の囲い込み」を放棄する点で否定的に評価されるべきものであるのに対し，我が国の学説においては，「無差別戦争観」から「差別戦争観」への転換は基本的に肯定的に評価されるべきものとされるからである．柳原「いわゆる『無差別戦争観』」18-20頁．しかし，伝統的中立制度において中立国が交戦国に対して公平であることを義務づけられたのは，伝統的国際法において戦争の正・不正が区別されず，交戦国が平等と見なされたからである，と説明する点では，シュミットと我が国の学説は共通していると言ってよいであろう．
143) 祖川「カール・シュミットにおける『戦争観念の転換』について（一）」95頁．
144) 石本『中立制度の史的研究』18頁［傍点原文］．なお，祖川論文の石本への影響については，柳原「いわゆる『無差別戦争観』」24頁を参照．

らに，田畑茂二郎は，1955 年出版の教科書において，「交戦国に対して公平な立場に立つものとしての中立の観念［は］，……戦争においては，当事国のいずれを正・いずれを不正とすることができないという，いわゆる非差別戦争観の登場と表裏一体をなすものであつた．つまり，戦争に際して，第三国は，その正否の判定を下す立場に立つてはおらず，従つて，いずれか一方に対して特別な援助を与えることは適当でなく，双方に対して公平でなければならないとするのが，この考え方の趣旨であつた」[145]と述べている．交戦国双方に対する公平を基本原則とする伝統的中立制度が無差別戦争観を不可欠の前提にしていたという，田畑・祖川・石本のような説明は，その後，我が国の多くの国際法教科書や著作・論文に採用され，我が国の通説になっている[146]．

（c） 評価

ラウターパクトやシュミットによれば，中立国が交戦国に対して公平な態度をとることを基本原則とする伝統的中立制度は，交戦国の平等（シュミットの概念では「非差別的戦争概念」）を不可欠の前提にしていた．第一次大戦以前の国際法において，すべての交戦国は平等と見なされたから，第三国が交戦国の正・不正を判断することは許されず，それ故交戦国に対する公平の態度を義務づけられたというのである．伝統的中立制度に関するこうした説明は，欧米ではラウターパクトの著作・論文が，我が国ではシュミットの著作・論文が参照・引用されることによって通説になり，今日ではほとんど常識に属する事柄と見なされている．

しかし，伝統的中立制度に関するこうした説明は 1930 年代になってはじめて現れたものであり，少なくとも筆者が知り得た限りでは，1920 年代以前の文献にこのような説明は存在しない．例えば，既に指摘したように，オッペンハ

---

145) 田畑『国際法』下巻（有信堂，1955 年）242 頁．
146) E.g., 大沼『戦争責任論序説』126 頁；大沼『国際法』605 頁；杉原他『現代国際法講義』482–485 頁；高橋『安全保障序説』14–20, 267–268 頁；筒井編集代表『国際法辞典』240 頁；藤田『国際法講義 II』428 頁；松井他『国際法』8, 325–326 頁；真山「非交戦状態」732–733 頁；松田「新ガイドライン・周辺事態措置法案」49 頁；森川「中立」219 頁；森川「国際法から見た新日米防衛協力法等」49 頁．

イム『国際法』の第1版から第7版までを通覧すると，伝統的中立制度に関するラウターパクトのような説明は，第1版から第4版には書かれておらず，ラウターパクトが付け加えたものであることが分かる．このことは，ラウターパクトやシュミットのような説明に次の2つの問題点があることを考えれば，当然のことだったとも言える．

　第1に，ラウターパクトやシュミットは，伝統的中立制度において中立国が交戦国の正・不正を判断すること自体が禁止されていたと理解しているが，この理解は歴史的事実に反する．まず，伝統的中立制度の基礎を築いたものとしてラウターパクトやシュミットも重視している18世紀の学説において，中立国が交戦国の正・不正を判断すること自体は禁止されていなかったし，中立に反するものともされていなかった．例えば，ヴォルフはこの点についてはっきりと，「……［中立国］は戦争の正当性に関する判断を停止する必要はない．ただし，それ［その判断］を公然と表明しない方が賢明であるかもしれない」[147]と述べている．ヴァッテルも，「［交戦国の］どちらの側が正当性を有しているかが分かる場合にも」，国家は自国の利益を考慮して中立にとどまることができると述べている[148]．また，第2章第1節4(1)でも指摘したように，19世紀の学説・国家実行では，中立国が交戦国の一方に対して言葉の上で支持を表明して構わないことが，一致して認められていた．例えば，ブルンチュリは，「国家は，一方交戦国に対して強い共感をもち，他方交戦国に対する憤懣(Unwillen)をはっきりと表明し，それにも関わらず中立にとどまることができる．合法・不法の問題や，政策上の対立について単に意見を持ち，意見を表明することは，戦争行為ではなく，戦争への参加ではないからである」[149]と述べている．つまり，伝統的中立制度において，中立国が戦争の正・不正を判断すること自体はもとより，その判断に基づいて一方交戦国を言葉の上で支持することも禁止されていなかったし，中立に反するものともされていなかったのである．

　ラウターパクトやシュミットの見解の第2の問題点は，伝統的国際法におい

---

147) Wolff, *Jus gentium,* § 674.
148) Vattel, *Le droit des gens,* Liv. III, Chap. VII, § 106.
149) Bluntschli, *Das moderne Völkerrecht,* 418.

て認められていた参戦の自由を説明できないことである．すなわち，ラウターパクトやシュミットによれば，伝統的中立制度において中立国が交戦国を差別していずれか一方に援助を与えることが許されなかったのは，当時の国際法において戦争の正・不正が問題とされず，交戦国が平等とされていたからであるという．しかし，伝統的国際法において，戦争の第三国が参戦することは自由とされていた[150]．つまり，参戦という形で交戦国の一方に加担し，他方交戦国を差別することは禁止されていなかった．言い換えれば，「すべての交戦国は平等だから他国は交戦国を差別できない」という論理は，参戦する国には当てはまっていないのであり，この論理を中立国についてのみ当てはめることには無理がある．ラウターパクトやシュミット，そして現代の通説はこのような無理をどのようにして解消するのか，何も明らかにしていないのである．

---

[150] シュミットのように，戦争を決闘のアナロジーで説明し，中立を決闘における立会人のアナロジーで説明するのであれば，中立国が参戦することも禁止されることになりそうであるが（立会人が一方当事者に味方して決闘に介入することは禁止される），シュミットは，「非差別的戦争概念」の下においても中立国が「主権的なユス・アド・ベルムに基づきいつでも［戦争に］介入できる」ことを認めている．Schmitt, *Der Nomos der Erde*, 139.

終章

1　本書の結論

　本書の目的は，伝統的中立制度の成立過程を再検討することによって同制度の法的性格を明らかにすることであった．その結論を一言でまとめれば，伝統的中立制度は，中立国の戦争に巻き込まれない権利（「中立にとどまる権利」）を法的に保護する制度であり，同制度において中立維持のために行う必要があるとされた一定の作為・不作為（例えば交戦国に軍事的援助を与えないことなど）は，中立国が戦争に巻き込まれない権利を享受するために満たす必要のある条件だった，ということになる．

　こうした結論を提示する本書は，従来の学説との関係で以下の3つの意義を有すると言えるであろう．

　第1に，従来の学説では，伝統的中立制度において交戦国の中立国に対する戦争は自由だった，つまり，中立国は戦争に巻き込まれない権利を有していなかったとされ，しかもそのことは自明のことと見なされていた．しかし，このような学説の論拠は，戦争の自由が無制限に認められていた第一次大戦以前の国際法においては，交戦国の中立国に対する戦争も当然に自由だったはずだ，ということだけであり，歴史的事実——伝統的中立制度が成立した当時の国家実行や学説において実際にどのような説明や法的構成がなされていたのか——を証拠として挙げていた訳ではない．本書の第1の意義は，歴史的事実の検証に基づき，伝統的中立制度において，中立国は，戦争に巻き込まれない権利を法的に保障されていたことを論証した点にある．また，本書は，中立国がそのような権利を有するとされた根拠も解明した．すなわち，16世紀から18世紀までの国家実行においては交戦国と戦争局外国との合意（中立条約）が，18世紀の学説においては正戦論が，19世紀から20世紀の時期においては戦争原因

による戦争の人的範囲の限定という理論構成が，中立国の戦争に巻き込まれない権利の根拠とされていたのである．

　本書の第2の意義は，いわゆる「公平義務」の根拠に関する従来の学説の説明を修正したことである．すなわち，従来の学説は，伝統的中立制度において中立国が「公平義務」を負った根拠として，第一次大戦以前の国際法において戦争が自由とされ，すべての交戦国が平等と見なされていたこと（いわゆる無差別戦争観）を挙げていた．第一次大戦以前の国際法においてはすべての交戦国が平等だったから，戦争の第三国が交戦国を差別することは禁止されていたというのである．しかし，伝統的中立制度の成立過程における国家実行や学説を検討し直すと，「公平義務」の根拠についてそのような説明はまったくなされていなかったことが明らかになった．実際には，中立国が「公平義務」を守る——例えばいずれの交戦国にも軍事的援助を与えないといった，中立維持に必要な一定の作為・不作為を行う——のは，戦争に巻き込まれない権利を享受するための「条件」としてそれが必要だったからである．例えば，交戦国への軍事的援助は，「戦争に間接的に参加すること」に等しいとされたからこそ，それを差し控えることが中立維持のために必要とされた．逆に，中立国は一方交戦国に対して言葉の上で支持を表明して構わないとされたが，それは，言葉の上での支持表明が，「戦争行為ではなく，戦争への参加ではない」からだった．〈「公平義務」に反する行為＝交戦国に対する「戦争行為」＝「戦争への参加」と見なされる行為〉は，国際法上禁止されていたのではなく，あくまでも，戦争の局外にとどまることを望む国が差し控えるべきことに過ぎず，戦争に巻き込まれ交戦国になっても構わない国はそのような行為を行って構わなかった．本書において，こうした行為を差し控えることを，敢えて「公平義務」や「中立義務」と呼ばず，戦争に巻き込まれない権利を享受するための「条件」と呼んだのは，それに反する行動が国際法上禁止されていた訳ではないことを明確にするためだった．

　さらに，本書で明らかになったことから示唆される，本書の第3の意義として，本書は，伝統的国際法における戦争の法的地位に関する従来の学説の認識を修正した，と言えるかもしれない．すなわち，伝統的国際法における戦争の法的地位に関しては未だ明らかにされていない点も多いが，従来の学説の多く

は，伝統的国際法，特に 19 世紀の国際法において，国家の戦争の自由が無制限に認められていたと理解してきたように思われる．伝統的国際法における戦争が「超法的現象」あるいは「法外に放逐された」状態だったとする学説[1]はその典型である．しかし，本書が明らかにしたところによれば，正戦論が学説上もほとんど支持されなくなった 19 世紀末から 20 世紀初頭においてさえ，戦争は，超法的な現象というよりも，国家間の紛争ないし利害対立を処理するための手段と捉えられていた．戦争をそのようなものとして捉えるからこそ，紛争ないし利害対立と無関係の国，すなわち中立国に戦争を拡大してはならないという考え方が成立し得たのである．言い換えれば，中立制度は，国家間の紛争や利害対立を司法的にまたは立法的に解決する中央集権機関が存在しない国際社会においてもなお，戦争という害悪の人的範囲を，紛争や利害対立の当事国間に限定しようとする試みだったのである．

2　今後の課題

　本書の目的は，歴史的研究に基づいて伝統的中立制度の法的性格を明らかにし，それによって，現代の中立に関する諸問題を解決するための視座を提示することであった．現代の中立に関する諸問題を解決すること自体は今後の課題であるが，本書で得られた知見から，現代的課題を解決するための若干の指針を導き出すことができる．

　序章 1 で整理したように，現代の中立について，学説は，非交戦状態——「国際的武力紛争において敵対行為に直接に参加してはいないが，伝統的な中立義務から逸脱している武力紛争非当事国」の地位——の合法性をめぐって対立してきた．そして，非交戦状態合法説と非交戦状態違法説のそれぞれが，伝統的中立制度に関する一定の認識を前提にし，かつ，そのような認識を自説の論拠の 1 つにしていた．ところが，本書によって，そのような認識のうちのいくつかが妥当ではないことが判明したのであるから，それに伴って，現代の中立に

---

[1]　E.g., 大沼『戦争責任論序説』15 頁；石本『国際法の構造転換』7 頁．また，戦争を自然災害などと同じ「不幸な出来事」と捉えるライトの見解について，第 2 章注 323) を参照．

関する議論も再構成されなければならないことになる．

　まず，非交戦状態合法説の論拠の 1 つは，伝統的中立制度における「公平義務」の根拠が，伝統的国際法における戦争の自由，そしてその帰結としての交戦国の平等にあったということ，また，その根拠が戦争・武力行使違法化によって失われたということだった．しかし，本書で明らかにしたように，伝統的中立制度における「公平義務」の根拠は交戦国の平等には求められていなかった．そうではなく，「公平義務」に反する行為は，他方交戦国に対する「戦争行為」であって，「戦争への参加」と見なされる行為であるから，戦争の局外にとどまりたい国は，そのような行為を避ける必要があったに過ぎない．伝統的国際法において交戦国の双方が平等だったとしても，戦争局外国が政策上の判断から交戦国の一方に加担して何らかの援助を与え，他方交戦国を差別することは禁止されていなかったのである．つまり，非交戦状態合法説は，伝統的中立制度に関する誤った認識を前提にし，その認識を論拠の 1 つにしていたのである．

　しかし他方で，非交戦状態違法説が伝統的中立制度に関する正しい認識を前提にしていた訳ではない．この説の論拠は，伝統的中立制度において戦争に参加しないすべての国が自動的に中立国になったということ，そのようにして中立国になった国は「公平義務」を守らなければならなかったということ，そして，そのような伝統的中立制度が現代においても継続的に妥当しているということである．しかし，本書で明らかにしたところによれば，伝統的中立制度において，「公平義務」と合致しない行為は，国際法上禁止されていたのではなく，それが「戦争行為」ないし「戦争への参加」と見なされる行為とされていたから，他方交戦国によって戦争に巻き込まれたくない国は，戦争に巻き込まれない権利を享受するための条件として「公平義務」に合致する行為を行う必要があるに過ぎなかった．つまり，戦争に巻き込まれても構わない国が交戦国の一方を援助することは，伝統的中立制度においても自由だった．そうだとすれば，仮に伝統的中立制度が現代においてもそのまま妥当しているとしても，そのことのみを根拠に非交戦状態の違法性を主張することはできないと思われる．

　本書で得られた知見を踏まえれば，現代の中立に関する議論は，非交戦状態が合法か否かではなく――非交戦状態の態度（戦争・武力紛争への参加に至らない援助）は伝統的国際法においても自由だったし，現代においても集団的自

衛権（国連憲章第51条）に基づき合法であると解するのが合理的だと思われる——，むしろ，非交戦状態の態度を選ぶことには中立の地位を選ぶことと比べて法的にどのような不利益があるか，逆に，中立の地位を選ぶことには法的にどのような利益があるのかという問題として，言い換えれば，中立国の戦争に巻き込まれない権利を保護する制度として成立した中立制度が，現代においていかなる意義をもち得るのか，という問題として再構成されなければならないことになる．

　すなわち，伝統的中立制度において，交戦国は，中立に反する行為を行う国を「敵として扱うことが許される」とされ，逆に，中立維持に必要な一定の行為を行っている国は，交戦国によって敵として扱われない権利を有するものとされていた．「敵として扱う」とは交戦国として扱うことであり，同国に対して戦争を行うことが許されるということである．それまで中立国だった国が敵として扱われ交戦国になれば，まず，① その国の領域は戦争区域となり，交戦国は同国に対しておよび同国領域内において敵対行為を行うことを許されるようになる（中立国であれば，中立国の領域は不可侵であり，交戦国は中立国に対してまたは同国領域内において敵対行為を行ってはならない）．また，② 交戦国となった国の商船および貨物はすべて敵船・敵貨として交戦国による捕獲・没収の対象となる（中立国であれば，その国の船舶・貨物は戦時禁制品輸送の場合や封鎖侵破の場合を除いて捕獲・没収の対象とならない）．

　問題は，このような伝統的中立制度の枠組みを現代にどの程度当てはめることができるのか，あるいは，当てはめることにどの程度の意味があるのか，ということである．つまり，非交戦国は，一方交戦国（武力紛争当事国）に援助を与える国のことであるから，伝統的中立制度において中立維持のために必要とされた行為——本書で戦争に巻き込まれない権利の条件と呼んだもの——を行っていない国であることになり，伝統的中立制度の枠組みを当てはめれば，他方交戦国はそのような国を「敵として扱う」，つまり交戦国として扱うことを許される．しかし，問題なのは，このような国が敵として扱われることにより，現代においても前述の ① と ② の結果がもたらされるのかということである．まず ① について言えば，武力行使が原則として禁止された現代においては，「戦争」が成立しても，そのことのみによって交戦国の行う敵対行為や武力行使が

合法になるのではなく，個々の敵対行為や武力行使について，それが自衛などの武力行使正当化事由により正当化されるかどうかが問題になるとされる．つまり，「戦争」の概念は武力行使禁止原則との関係では法的に意味のない概念だとされる[2]．そうだとすれば，交戦国が非交戦国に対して敵対行為や武力行使を行えるか否かについては，伝統的中立制度の枠組みを適用する意味はあまりなく，武力行使禁止原則とその例外（自衛など），という枠組みを適用して判断すればよい——中立国が戦争の局外にとどまることを法的に保護する制度であった中立制度は武力行使禁止原則に埋没する——と言えるのかもしれない．ただし，既に不戦条約が存在した時期である第二次大戦中の国家実行において，交戦国（ドイツやイギリス）の中立国（ノルウェー，オランダ，ベルギーなど）に対する戦争や敵対行為の合法性が，不戦条約による戦争の禁止とその例外としての自衛権，という枠組みではなく，中立制度の枠組みで議論されていたこと（本書210–211頁参照）を想起すれば，武力紛争当事国が武力紛争非当事国に対して行う武力行使や敵対行為の合法性を判断する枠組みとして，中立制度が武力行使禁止原則に埋没しない独自の意義を有する可能性はあり得るかもしれない．他方，②の問題については，伝統的中立制度が武力行使禁止原則に埋没することはないように思われる．つまり，交戦国（武力紛争当事国）が中立国および非交戦国の船舶・貨物を敵船・敵貨として扱うか，中立船・中立貨として扱うかの問題は，武力行使禁止原則を適用しても判断できないように思われ，伝統的中立制度の枠組みが依然として意義を有すると言えるかもしれない[3]．

---

[2] Greenwood, "Concept of War," 301–303. ただし，序章注9）で田中忠の言葉を借りながら述べたように，現代の国際法において「戦争」，「武力行使」，「武力紛争」といった概念にどのような法的効果が帰属するのかは，依然として十分に明らかにされていない．

[3] ただし，現代においても武力紛争当事国が海上捕獲権を行使でき，かつ，海上捕獲に関して敵船・敵貨と中立船・中立貨とが依然として異なる扱いを受けることが前提となる．現代において武力紛争当事国が海上捕獲権を行使できるのか，できるとすればその根拠は何かということは，従来の研究によっても十分に明らかにされていないが，少なくとも国家実行上は，武力紛争当事国により海上捕獲は行われており，武力紛争当事国以外の諸国からも容認されている．真山「第二次大戦後の武力紛争における第三国船舶の捕獲（一）（二）」を参照．

しかし，現代における中立制度の意義について，本当に以上のように考えることが可能なのかは，今後，第二次大戦後の国家実行の綿密な検討に基づいて研究しなければならない課題である．

主要参考文献

I. 未公刊資料

The National Archives (Public Record Office), London.
　Foreign Office and Predecessor: Political and Other Departments: General Correspondence before 1906
　　FO 7/226
　Foreign Office: Political Departments: General Correspondence from 1906–1966
　　FO 371/1883, 2105, 2161, 2164, 2188, 2231, 2278, 2472, 2759
　Foreign Office: Treaty Department and Successors: General Correspondence from 1906
　　FO 372/706

II. 公刊資料

Akten zur deutschen auswärtigen Politik 1918–1945. Baden-Baden: Imprimerie Nationale.

American State Papers. Class 1, *Foreign Relations*. 6 vols. Washington: Gales and Seaton, 1833–59. Reprint, Buffalo, New York: William S. Hein & Co. Inc., 1998.

Bourne, Kenneth, and D. Cameron Watt, eds. *British Documents on Foreign Affairs: Reports and Papers from the Foreign Office Confidential Print*. Frederick, Md.: University Publications of America, 1984–.

Bundesblatt der schweizerischen Eidgenossenschaft. Bern: Stämpfli, 1848–1977.

Churchill, Winston S. *The Second World War*. 6 vols. 3rd ed. London: Cassel & Co. Ltd., 1950–54.

Cobbett's Parliamentary Debates: During the Second Session of the Second Parliament of the United Kingdom of Great-Britain and Ireland, and of the Kingdom of Great-Britain the Twenty-First. London: R. Bagshaw, 1803–20.

Commission nationale pour la publication de documents diplomatiques suisses. *Documents diplomatiques suisses: 1848–1945*. 15 tomes. Bern: Benteli, 1979–.

Deák, Francis, and Phillip C. Jessup, eds. *A Collection of Neutrality Laws, Regulations and Treaties of Various Countries*. 2 vols. Washington, D.C.: Carnegie Endowment for International Peace, 1939. Reprint, Westport, Conn.: Greenwood Press, 1974.

Department of State Bulletin. Washington: United States Government Printing Office, 1939–.

De Visscher, Ch., et F. Vanlangenhove, éd. *Documents diplomatiques belges, 1920–1940: La politique de sécurité extérieure*. 5 tomes. Bruxelles: Palais des Académies, 1964–66.

Du Mont, J. *Corps universel diplomatique du droit des gens*. 8 tomes. Amsterdam: P. Brunel, R. et J. Wetstein, et G. Smith, Henri Waesberge, et Z. Chatelain, 1726–31.

Foreign Office. *British and Foreign State Papers*. 170 vols. London: James Ridgway, 1812–1968.

Foreign Relations of the United States. Washington: United States Government Printing Office, 1861–.

Grewe, Wilhelm G., hrsg. *Fontes historiae iuris gentium*. 3 Bde. Berlin: Walter de Gruyter, 1988–95.

Hackworth, Green Haywood. *Digest of International Law*. 8 vols. Washington: Government Printing Office, 1940–44.

Lauterpacht, H., ed. *Annual Digest and Reports of Public International Law Cases*. London: Butterworth & Co. (Publishers), Ltd., 1940–50.

———. ed. *International Law Reports*. London: Butterworth & Co., 1950–.

League of Nations. *Official Journal*. London: Harrison, 1920–.

———. *Official Journal Special Supplement*. London: Harrison & Sons, 1920–.

Marsden, R. G., ed. *Documents relating to Law and Custom of the Sea*. 2 vols. [London]: Navy Records Society, 1915–16. Reprint, Union, New Jersey: The Lawbook Exchange, 1999.

Martens, Geo. Fred. de. *Recueil de traités d'alliance, de paix, de trève, de neutralité, de commerce, de limites, d'échange etc. et plusieurs autres actes servant à la connaissance des relations etrangères des puissances et états de l'Europe tant dans leur rapport mutuel que dans celui envers les puissances et états dans d'autres parties du globe depuis 1761 jusqu'à présent*. 2e éd. Gottingue: Dieterich, 1817–35.

Ministère des Affaires Étrangères. *Deuxième conférence international de la paix, La Haye 15 juin — 18 octobre 1907: Actes et documents*. 3 tomes. La Haye: Imprimerie Nationale, 1907.

Ministero degli Affari Esteri, Commissione per la pubblicazione dei documenti diplomatici. *I documenti diplomatici italiani.* Roma: Libreria dello Stato, 1952–.

Moore, John Bassett. *A Digest of International Law, as Embodied in Diplomatic Discussions, Treaties and Other International Agreements, International Awards, the Decisions of Municipal Courts, and the Writings of Jurists, and Especially in Documents Published and Unpublished, Issued by Presidents and Secretaries of State of the United States, the Opinions of the Attorneys-General, and the Decisions of Courts, Federal and State.* 8 vols. Washington: Government Printing Office, 1906.

Papers relating to the Treaty of Washington. 6 vols. Washington: Government Printing Office, 1872–74.

Pardessus, J. M. *Collection de lois maritimes antérieures au XVIIIe siècle.* 6 tomes. Paris: Imprimerie Royale, 1828–45.

The Parliamentary Debates: Forming a Continuation of the Work Entitled "the Parliamentary History of England, from the Earliest Period to the Year 1803". New series. London: Printed by T. C. Hansard for Baldwin, Cradock, and Joy, 1820–30.

Parry, Clive, ed. *Consolidated Treaty Series.* 231 vols. Dobbs Ferry, New York: Oceana Publications Inc., 1969–81.

Samwer, Charles, et Jules Hopf. *Nouveau recueil général de traités et autres actes relatifs aux rapports de droit international: Continuation du grand recueil de G. Fr. de Martens.* 2e sér. Gottingue: Librairie de Dieterich, 1876–1910.

Schiemann, von Theodor, hrsg. *Kaiser Nikolaus im Kampf mit Polen und im Gegensatz zu Frankreich und England 1830–1840.* Berlin: Druck und Verlag von Georg Reimer, 1913.

海軍大臣官房編『各国海戦関係法令』1940–43年.

外務省編『日本外交文書』.

III. 著作・論文

1. 外国語文献（アルファベット順）

Accioly, Hildebrando. "Guerre et neutralité en face du droit des gens contemporain." Dans *Hommage d'une génération de juristes au président Basdevant*, 1–9. Paris: Éditions A. Pedone, 1960.

Akashi, Kinji. *Cornelius van Bynkershoek: His Role in the History of International Law.* The Hague: Kluwer Law International, 1998.

Albrecht, Erich. *Über Requisitionen von neutralem Privateigentum, insbesondere von Schiffen.* Breslau: J. U. Kern's Verlag, 1912.

Alvarez, Alejandro. *La grande guerre européenne et la neutralité du Chili.* Paris: A. Pedone, 1915.

Anderson, Olive. "Some Further Light on the Inner History of the Declaration of Paris." *Law Quarterly Review* 76 (1960): 379–385.

Baker, Sherston, revised. *Halleck's International Law: Rules Regulating the Intercourse of States in Peace and War.* London: C. Kegan Paul & Co., 1878.

Balladore-Pallieri, Giorgio. *Diritto bellico.* 2. ed. Padova: CEDAM, 1954.

Bassompierre, A. de. "L'article 10 de la cinquième convention de La Haye." *RDILC*, 3e sér., 4 (1923): 236–246.

Bauslaugh, Robert A. *The Concept of Neutrality in Classical Greece.* Berkeley: University of California Press, 1991.

Baxter, Richard R. "The Legal Consequences of the Unlawful Use of Force under the Charter." *Proceedings of the American Society of International Law* 62 (1968): 68–75.

Belin, J. "La porté de la neutralité américaine." *RGDIP* 43 (1936): 416–436.

Benton, Elbert Jay. *International Law and Diplomacy of the Spanish-American War.* Gloucester, Mass.: Peter Smith, 1968.

Berber, Friedrich. "Die amerikanische Neutralität im Kriege 1939/1941." *ZaöRV* 11 (1942–43): 445–476.

Bergbohm, Carl. *Die bewaffnete Neutralität, 1780–1783: Eine Entwicklungsphase des Völkerrechts im Seekrieg.* Berlin: Puttkammer & Mühlbrecht, 1884.

Bernard, Mountague. *A Historical Account of the Neutrality of Great Britain during the American Civil War.* London: Longmans, Green, Reader, and Dyer, 1870.

Bindschedler, Rudolf L. "Frieden, Krieg und Neutralität im Völkerrecht der Gegenwart." In *Multitudo legum jus unum: Festschrift für Wilhelm Wengler zu seinem 65. Geburtstag,* herausgegeben von Josef Tittel und den Mitarbeitern des Instituts für internationales und ausländisches Recht an der Freien Universität Berlin, 1:27–49. Berlin: Interrecht, 1973.

———. "Die Neutralität im modernen Völkerrecht." *ZaöRV* 17 (1956–57): 1–37.

———. "Neutrality, Concept and General Rules." In *Encyclopedia of Public International Law,* 3:549–553. Published under the auspices of the Max Planck Institute for Comparative Public Law and International Law under the direction of Rudolf Bernhardt. Amsterdam: North-Holland, 1997.

Bisschop, W. R. "The Altmark." *Transactions of the Grotius Society* 26 (1940): 67–82.

Blankart, Franz A. "Der Neutralitätsbegriff aus logischer Sicht." In *Discordia concors:*

Festgabe für Edgar Bonjour zu seinem siebzigsten Geburtstag am 21. August 1968, [herausgegeben von Marc Sieber,] 605–623. Basel: Helbing & Lichtenhahn, 1968.

Blix, Hans. *Sovereignty, Aggression and Neutrality*. Stockholm: Almqvist & Wiksell, 1970.

Bluntschli, J. C. *Das moderne Völkerrecht der civilisirten Staaten als Rechtsbuch dargestellt*. 2. Aufl. Nördlingen: C. H. Beck, 1872.

―――. "Opinion impartiale sur la question de l'Alabama et sur la manière de la résoudre." *RDILC* 2 (1870): 452–485.

―――. "Résolutions proposées à l'Institut." *RDILC* 6 (1874): 581.

Boczek, Boleslaw Adam. "Law of Warfare at Sea and Neutrality: Lessons from the Gulf War." *Ocean Development and International Law* 20 (1989): 239–271.

Bodin, Jean. *Les six livres de la république*. [Paris:] Fayard, 1986.

Boidin, Paul. *La lois de la guerre et les deux conférences de La Haye (1899–1907)*. Paris: A. Pedone, 1908.

Borchard, Edwin. "The Arms Embargo and Neutrality." *AJIL* 27 (1933): 293–298.

―――. "The Attorney General's Opinion on the Exchange of Destroyers for Naval Bases." *AJIL* 34 (1940): 690–697.

―――. "Neutral Embargoes and Commercial Treaties." *AJIL* 30 (1936): 501–506.

―――. "Neutrality." *Yale Law Journal* 48 (1939): 37–53.

―――. "'Neutrality' and Civil Wars." *AJIL* 31 (1937): 304–306.

―――. "Neutrality and Unneutrality." *AJIL* 32 (1938): 778–782.

―――. "The Neutrality Claims against Great Britain." *AJIL* 21 (1927): 764–768.

―――. "The Power to Punish Neutral Volunteers in Enemy Armies." *AJIL* 32 (1938): 535–538.

―――. "Restatement of the Law of Neutrality in Maritime Warfare." *AJIL* 22 (1928): 614–620.

―――. "Sanction v. Neutrality." *AJIL* 30 (1936): 91–94.

―――. "War, Neutrality and Non-Belligerency." *AJIL* 35 (1941): 618–625.

―――. "Was Norway Delinquent in the Case of the Altmark?" *AJIL* 34 (1940): 289–294.

Borchard, Edwin, and Williams Potter Lage. *Neutrality for the United States*. 2nd ed. New Haven: Yale University Press, 1940.

Bothe, Michael. "The Law of Neutrality." In *The Handbook of International Humanitarian Law*, 2nd ed., edited by Dieter Fleck, 571–604. Oxford: Oxford University Press,

2008.

———. "Neutrality at Sea." In *The Gulf War of 1980–1988: The Iran-Iraq War in International Legal Perspective*, edited by Ige F. Dekker and Harry H. G. Post, 205–211. Dordrecht: Martinus Nijhoff Publishers, 1992.

———. "Neutrality in Naval Warfare: What is Left of Traditional Law?" In *Humanitarian Law of Armed Conflict Challenges Ahead: Essays in Honour of Frits Kalshoven*, edited by Astrid J. M. Delissen and Gerard J. Tanja, 387–405. Dordrecht: Martinus Nijhoff Publishers, 1992.

Bottié, F. *Essai sur la genèse et l'évolution de la notion de neutralité*. Paris: Les Édition Internationales, 1937.

Bowett, D. W. *Self-Defence in International Law*. Manchester: Manchester University Press, 1958.

Boye, Thorvald. "Quelques aspects du développement des règles de la neutralité." *RDADI* 64 (1938): 161–228.

———. "Shall a State Which Goes to War in Violation of the Kellog-Briand Pact Have a Belligerent's Rights in respect of Neutrals?" *AJIL* 24 (1930): 766–770.

Bridge, F. R., and Roger Bullen. *The Great Powers and the European State System 1815–1914*. London: Longman, 1980.

Briggs, Herbert W. "Neglected Aspects of the Destroyers Deal." *AJIL* 34 (1940): 569–587.

Bring, Ove. "Commentary (1938 Stockholm Declaration regarding Similar Rules of Neutrality)." In *The Law of Naval Warfare: A Collection of Agreements and Documents with Commentaries*, edited by N. Ronzitti, 839–843. Dordrecht: Martinus Nijhoff Publishers, 1988.

Brown, Philip Marshall. "Malevolent Neutrality." *AJIL* 30 (1936): 88–90.

———. "Neutrality." *AJIL* 33 (1939): 726–727.

Brown, Sidney H. *Der neutrale Charakter von Schiff und Ladung im Prisenrecht*. Zürich: Art Institut O. Füssli, 1926.

Brownlie, Ian. *International Law and the Use of Force by States*. Oxford: Oxford University Press, 1963.

———. "Volunteers and the Law of War and Neutrality." *International and Comparative Law Quarterly* 5 (1956): 570–580.

Bustamante, Antonio S. "The Hague Convention concerning the Rights and Duties of Neutral Powers and Persons in Land Warfare." *AJIL* 2 (1908): 95–120.

Bynkershoek, Cornelius van. *Quaestionum juris publici libri duo*. The Classics of International Law, edited by James Brown Scott. Vol. 1, A Photographic Reproduction of the Edition of 1737, with a List of Errata, and a Portrait of Bynkershoek. Oxford: Clarendon Press, 1930.

Calvo, M. Charles. *Le droit international théorique et pratique: Précédé d'un exposé historique des progrès de la science du droit des gens*. 6 tomes. 5e éd. Paris: Rousseau, 1896.

———. "Examen des trois règles de droit international proposées dans le traité de Washington." *RDILC* 6 (1874): 453–532.

Carre, Henri. *Les incidents de neutralité de la Guerre Russo-Japonaise (année 1904): Étude de droit international public*. Paris: H. Charles-Lavauzelle[, 1904?].

Carter, Alice Clare. "The Dutch as Neutrals in the Seven Years' War." *International and Comparative Law Quarterly* 12 (1963): 818–834.

Castrén, Erik. *Civil War*. Helsinki: Suomalainen Tiedeakatemia, 1966.

———. "Neutralität." *Archiv des Völkerrechts* 5 (1955): 21–40.

———. *The Present Law of War and Neutrality*. Helsinki: Suomalaisen Tiedeakatemia, 1954.

Cavaglieri, A. "Belligeranza, neutralità e posizioni giuridiche intermedie." *Rivista di diritto internazionale*, 2. ser., 8 (1919): 58–91, 328–362.

Chadwick, Elizabeth. "The 'Impossibility' of Maritime Neutrality during World War 1." *Netherlands International Law Review* 54 (2007): 337–360.

———. *Traditional Neutrality Revisited: Law, Theory and Case Studies*. The Hague: Kluwer Law International, 2002.

Chamberlain, Joseph P. "The Embargo Resolutions and Neutrality." *International Conciliation*, no. 251 (1929): 257–295.

Chaumont, Charles Marie. *La conception américaine de la neutralité: Essai sur le droit international de la neutralité aux États-Unis*. Paris: A. Rousseau, 1936.

———. "Nations Unies et neutralité." *RCADI* 89 (1956): 1–59.

Chen, Ti-chiang. *The International Law of Recognition: With Special Reference to Practice in Great Britain and the United States*. London: Stevens, 1951.

Clark, G. N. "Neutral Commerce in the War of the Spanish Succession and the Treaty of Utrecht." *BYIL* 9 (1928): 69–83.

Cohn, Georg. *Neo-Neutrality*. Translated by Arthur S. Keller and Einar Jensen. New York: Columbia University Press, 1939.

———. "Neutralité et Société des Nations." Dans *Les origines et la œvres de la Société des Nations*, édité par P. Munch, 2: 153–204. Copenhague: Gydendalske Boghandel, 1924.

———. "The System of Sanctions of Article 16 of the Covenant and the Future Role of Neutrality." In *Collective Security: A Record of the Seventh and Eighth International Studies Conferences*, edited by Maurice Bourquin, 402–403. Paris: International Institute of Intellectual Co-operation, 1936.

Colombos, C. John. *A Treatise on the Law of Prize*. 3rd ed. London: Longmans, Green and Co., Ltd., 1949.

Coudert, Frederic R. "Non-Belligerency in International Law." *Virginia Law Review* 29 (1942): 143–151.

Crichton, V. M. S. "The Pre-War Theory of Neutrality." *BYIL* 9 (1928): 101–111.

Curtis, Roy Emerson. "The Law of Hostile Military Expeditions as Applied by the United States." *AJIL* 8 (1914): 1–37, 224–255.

D'Astorg, Bertrand. *La neutralité et son réveil dans la crise de la S. D. N.* Paris: Recueil Sirey, 1938.

Deák, Francis. "Neutrality Revisited." In *Transnational Law in a Changing Society: Essays in Honor of Philip C. Jessup*, edited by Wolfgang Friedmann, Louis Henkin and Oliver Lisstzyn, 137–154. New York: Columbia University Press, 1972.

———. "The United States Neutrality Acts: Theory and Practice." *International Conciliation*, no. 358 (1940): 73–114.

Dehn, C. G. "The Problem of Neutrality." *Transactions of the Grotius Society* 31 (1946): 139–149.

Dennis, William Cullen. "The Right of Citizens of Neutral Countries to Sell and Export Arms and Munitions of War to Belligerents." *Annals of the American Academy of Political and Social Science* 60 (1915): 168–182.

Despagnet, Frantz. *Cours de droit international public*. 4e éd. Paris: Recueil Sirey, 1910.

De Visscher, Ch. "De la belligérance dans ses rapports avec la violation de la neutralité." *Transaction of the Grotius Society* 2 (1916): 93–104.

———. "Les lois de la guerre et la théorie de la nécessité." *RGDIP* 24 (1917): 74–108.

Dickson, Edwin D. "Neutrality and the Munitions Traffic." *Proceedings of the American Society of International Law* 29 (1935): 45–51.

Dickson, John. "Neutrality and Commerce." *Proceedings of the American Society of International Law* 29 (1935): 106–116.

Dinstein, Yoram. "The Laws of Neutrality." *Israel Yearbook on Human Rights* 14 (1984): 80–110.

Divine, Robert A. *The Illusion of Neutrality*. Chicago: The University of Chicago Press, 1962.

Doehring, Karl. "Neutralität und Gewaltverbot." *Archiv des Völkerrechts* 31 (1993): 193–205.

Drummond, Donald F. *The Passing of American Neutrality*. New York: Greenwood Press, 1968.

Dumbauld, Edward. "Neutrality Laws of the United States." *AJIL* 31 (1937): 258–270.

Duttwyler, von Herbert E. *Der Seekrieg und die Wirtschaftspolitik des neutralen Staates: Eine Betrachtung des Wirtschaftskrieges zur See und seiner Auswirkungen auf die Neutralen von 1939 bis zur Kapitulation Italiens; Mit Nachträgen bis zur Kapitulation Deutschlands; Mit besonderer Berücksichtigung der Lage der Schweiz und ihrer Hochseeschiffahrt*. Zürich: Polygraphischer Verlag A. G., 1945.

Eagleton, Clyde. "The Duty of Impartiality on the Part of a Neutral." *AJIL* 34 (1940): 99–104.

―――. "Neutrality and Neutral Rights following the Pact of Paris for the Renunciation of War." *Proceedings of the American Society of International Law* 24 (1930): 87–95.

―――. "Revision of the Neutrality Act." *AJIL* 33 (1939): 119–126.

Eckhardt, Curt. "Das Neutralitätsgesetz der Vereinigten Staaten von 1937." *ZaöRV* 8 (1938): 231–256.

Einicke, Paul. *Rechte und Pflichten der neutralen Machte im Seekrieg*. Tübingen: J. C. B. Mohr, 1912.

Erich, Rafael. *Über Allianzen und Allianzenverhältnisse nach heutigem Völkerrecht*. Hensingfors: Buchdruckerei-Aktingesellschaft Sana, 1907.

Les États neutres européens et la Seconde Guerre mondiale: Colloque international organisé par les Instituts d'histoire des Universités de Neuchâtel et de Berne, sous les auspices du Comité international et de la Commission suisse d'histoire de la Seconde Guerre mondiale, Neuchâtel-Berne, 5–9 septembre 1983. Neuchâtel: Éditions de la Baconniere, 1985.

Eustathiadès, Constantin Th. "La première application en Europe de la reconnaissance de belligérance pendant la guerre d'indépendance de la Grèce." Dans *Recueil d'études de droit international en homage à Paul Guggenheim*, 22–43, [Genève,] 1968.

Eysinga, W. J. M. van. "Die Niederlande und das Neutralitätsrecht während des Weltkrieges." *Zeitschrift für Völkerrecht* 16 (1931): 603–632.

Fabela, Isidro. *Neutralité*. Paris: Édition A. Pedone, 1949.

Falconbridge, John Delatre. "The Right of a Belligerent to Make War upon a Neutral." *Transactions of the Grotius Society* 4 (1918): 204–212.

Feldbæk, Ole. "Eighteenth-Century Danish Neutrality: Its Diplomacy, Economics and Law." *Scandinavian Journal of History* 8 (1983): 3–21.

Fenwick, Charles G. *American Neutrality: Trial and Failure*. New York: New York University Press, 1940.

———. "Neutrality and International Organization." *AJIL* 28 (1934): 334–339.

———. "Neutrality and Responsibility." *AJIL* 29 (1935): 663–665.

———. "Neutrality on the Defensive." *AJIL* 34 (1940): 697–699.

———. "The Revision of Neutrality Legislation in Time of Foreign War." *AJIL* 33 (1939): 728–730.

Fiore, Pasquale. *Nouveau droit international public suivant les besoins de la civilisation moderne*. Traduite de l'Italien et annotée par Charles Antoine. 3 tomes. 2e éd. Paris: Durand, 1885–86.

Frankenbach, Carl Otto Heinrich. *Die Rechtsstellung von neutralen Staatsangehörigen in kriegführenden Staaten*. Marburg a. L.: Verlag von Adolf Ebel, 1910.

Freytagh-Loringhoven, Axel Fraiherr von. "Nichtkriegführungen und wohlwollende Neutralität." *Zeitschrift der Akademie für deutsches Recht* 7 (1940): 332–333.

Friede, Wilhelm. "Das amerikanische Neutralitätsgesetz von 1937." *ZaöRV* 7 (1937): 769–792.

Funck-Brentano, Th., et Albert Sorel. *Précis du droit des gens*. 2e éd. Paris: Librairie Plon, 1887.

Gaborit, René. *Questions de neutralité maritime soulevées par la guerre russo-japonaise: L'inviolabilité des eaux neutres, l'asile, le charbonnage en neutres*. Paris: A. Pedone, 1906.

Gabriel, Jürg Martin. *The American Conception of Neutrality after 1941*. Basingstoke: Macmillan Press, 1988.

———. "Die Gegenläufigkeit von Neutralität und humanitären Interventionen." *Schweizerische Zeitschrift für internationales und europäisches Recht* 10 (2000): 219–236.

Galiani, Ferdinando. *De' doveri de' principi neutrali verso i principi guerreggianti, e di questi verso i neutrali, libri due*. [Milano:] [s.n.,] 1782.

Galina, A. "Das Problem der Neutralität im gegenwärtigen Völkerrecht." In *Gegenwartsprobleme des Völkerrechts*, 154–182. Berlin: VEB Deutscher Zentralverlag, 1962.

Gama, Domicio da. "The Neurality Rules Adopted by Brazil." *Annals of the American Academy of Political and Social Science* 60 (1915): 147–154.

García-Mora, Manuel R. *International Responsibility for Hostile Acts of Private Persons against Foreign States*. The Hague: Martinus Nijhoff, 1962.

Gardiner, D. A. "The History of Belligerent Rights on the High Seas in the Fourteenth Century." *Law Quarterly Review* 48 (1932): 521–546.

Gareis, Karl. *Institutionen des Völkerrechts*. Giessen: Verlag von Emil Roth, 1888.

Garner, James Wilford. *International Law and the World War*. 2 vols. London: Longmans, Green and Co., 1920.

―――. "The Pan American Convention on Maritime Neutrality." *AJIL* 26 (1932): 574–579.

―――. "The United States Neutrality Act of 1937." *AJIL* 31 (1937): 385–397.

―――. "The United States 'Neutrality' Law of 1937." *BYIL* 19 (1938): 44–66.

Geffcken. "Die Neutralität." In *Handbuch des Völkerrechts: Auf Grundlage europäischer Staatspraxis*, herausgegeben von Franz von Holtzendorff, 4:605–789. Hamburg: J. F. Richter, 1889.

Gentili, Alberico. *De jure belli libri tres*. The Classics of International Law, edited by James Brown Scott. Vol. 1, A Photographic Reproduction of the Edition of 1612, a List of Errata, and a Photograph of a Monument to Gentili. Oxford: Clarendon Press, 1933.

―――. *Hispanicae advocationis libri dvo*. The Classics of International Law, edited by James Brown Scott. Vol. 1, A Photographic Reproduction of the Edition of 1661, with an Introduction by Frank Frost Abbott, and a List of Errata. New York: Oxford University Press, 1921.

Gervais, André. "La pratique de la neutralité dans la Seconde Guerre mondiale." *Die Friedens-Warte* 48 (1948): 4–17.

Giebler, Richard. *Die rechtliche Stellung der Angehörigen neutraler Staaten im Landgebiete der Kriegführenden*. Königshütte O. -S.: Buchdruckerei R. Giebler, 1911.

Ginsburgs, Goerge. "The Soviet Union, the Neutrals and International Law in World War II." *International and Comparative Law Quarterly* 11 (1962): 171–230.

Gioia, Andrea. "Neutrality and Non-Belligerency." In *International Economic Law and Armed Conflict*, edited by Harry H. G. Post, 51–110. Dordrecht: Martinus Nijhoff Publishers, 1994.

Gioia, A., and N. Ronzitti. "The Law of Neutrality: Third States' Commercial Rights and Duties." In *The Gulf War of 1980–1988: The Iran-Iraq War in International Legal Perspective*, edited by Ige F. Dekker and Harry H. G. Post, 223–242. Dordrecht: Martinus Nijhoff Publishers, 1992.

Goetschel, Laurent. "Neutrality, a Really Dead Concept?" *Cooperation and Conflict* 34 (1999): 113–139.

González, Salvador Rodríguez. "The Neutrality of Honduras and the Question of the Gulf of Fonseca." *AJIL* 10 (1916): 509–542.

Graham, Jr., Malbone Watson. "The Effect of the League of Nations Covenant on the Theory and Practice of Neutrality." *California Law Review* 15 (1927): 357–377.

―――. "Neutrality and the World War." *AJIL* 17 (1923): 704–723.

Greenwood, Christopher. "The Applicability of International Humanitarian Law and the Law of Neutrality to the Kosovo Campaign." *Israel Yearbook on Human Rights* 31 (2001): 111–144.

―――. "The Concept of War in Modern International Law." *International and Comparative Law Quarterly* 36 (1987): 283–306.

―――. "The Relationship between *jus ad bellum* and *jus in bello*." *Review of International Studies* 9 (1983): 221–234.

Gregory, Charles Noble. "Neutrality and the Sale of Arms." *AJIL* 10 (1916): 543–555.

―――. "The Sale of Munitions of War by Neutrals to Belligerents." *Annals of the American Academy of Political and Social Science* 60 (1915): 183–191.

Grewe, Wilhelm G. *Epochen der Völkerrechtsgeschichte*. Baden-Baden: Nomos Verlagsgesellschaft, 1984.

―――. "Der Status der Nichtkriegführung." *Zeitschrift der Akademie für deutsches Recht* 7 (1940): 206–207.

―――. "Wirtschaftliche Neutralität." *Zeitschrift der Akademie für deutsches Recht* 7 (1940): 141–144.

Grob, Fritz. *The Relativity of War and Peace: A Study in Law, History, and Politics*. New Haven: Yale University Press, 1949.

Grotius, Hugo. *De jure belli ac pacis libri tres*. The Classics of International Law, edited by James Brown Scott. Vol. 1, A Photographic Reproduction of the Edition of 1646, with a Portrait of Grotius. Oxford: Clarendon Press, 1925.

Guggenheim, Paul. "Der Neutralitätsbegriff im allgemeinen Völkerrecht und in der internationalen Organisation." In *Internationale Festschrift für Alfred Verdross zum 80. Ge-*

burtstag, herausgegeben von René Marcic, Hermann Mosler, Erik Suy, und Karl Zemanek, 119–128. München: Wilhelm Fink Verlag, 1971.

Gundermann, Dietrich. *Die parteiliche Änderung von Neutralitätsgesetzen nach Kriegsausbruch, dargestellt unter bosonderer Berücksichtigung des US Neutrality Act 1939: Ein Beitrag zu Fragen des Neutralitätsrechtes*. Hamburg[: Alfred Metzner], 1965.

Guttman, Egon. "The Concept of Neutrality since the Adoption and Ratification of the Hague Neutrality Convention of 1907." *American University International Law Review* 14 (1998): 55–60.

Haase, Joachim. *Wandlung des Neutralitätsbegriffes*. Leipzig: Robert Noske, 1932.

Hackwitz, Gunther v. *Die Neutralität im Luftkriegsrecht*. Stuttgart: Ferdinand Enke, 1927.

Haggenmacher, Peter. *Grotius et la doctrine de la guerre juste*. Paris: Presses Universitaires de France, 1983.

Hägglöf, Gunnar. "A Test of Neutrality: Sweden in the Second World War." *International Affairs* 36 (1960): 153–167.

"The Hague Conventions and the Neutrality of Belgium and Luxemburg." *AJIL* 9 (1915): 959–962.

Hall, William Edward. *The Rights and Duties of Neutrals*. London: Longmans Green, and Co., 1874.

———. *A Treatise on International Law*. 2nd ed. Oxford: Clarendon Press, 1884.

Halleck, H. W. *Elements of International Law and Laws of War*. Philadelphia: J. B. Lippincott, 1866.

Hambro, Edvard. "Das Neutralitätsrecht der nordischen Staaten." *ZaöRV* 8 (1938): 445–469.

Hamel, A. van. "Can the Netherlands be Neutral?" *Foreign Affairs* 16 (1938): 339–346.

Hamilton, C. I. "Anglo-French Seapower and the Declaration of Paris." *International History Review* 4 (1982): 166–190.

Hammarskjöld, Hj. L. "La neutralité en général: Leçons données à l'Académie de Droit International de La Haye, Août 1923." *Bibliotheca Visseriana Dissertationum Ius Internationale Illustrantium* 3 (1924): 53–141.

[Harvard Law School.] "Draft Conventions, with Comment, Prepared by the Research in International Law of the Harvard Law School, II. Rights and Duties of Neutral States in Naval and Aerial War." *AJIL Supplement* 33 (1939): 167–817.

[———.] "Draft Conventions, with Comment, Prepared by the Research in International Law of the Harvard Law School, III. Rights and Duties of States in Case of Aggression." *AJIL Supplement* 33 (1939): 819–909.

Haug, Hans. *Neutralität und Völkergemeinschaft*. Zürich: Polygraphischer Verlag, 1962.

Hautefeuille, L. -B. *Des droits et des devoirs des nations neutres en temps de guerre maritime*. 3 tomes. 3e éd. Paris: Librairie de Guillaumin et Cie, 1868.

Heffter, August Wilhelm. *Das europäische Völkerrecht der Gegenwart*. Berlin: Verlag von E. H. Schroeder, 1844.

Heilborn, Paul. *Rechte und Pflichten der neutralen Staaten: In Bezug auf die während des Krieges auf ihr Gebiet übertretenden Angehörigen einer Armee und das dorthin gebrachte Kriegsmaterial der kriegführenden Parteien*. Berlin: Verlag von Julius Springer, 1888.

———. *Das System des Völkerrechts entwickelt aus den völkerrechtlichen Begriffen*. Berlin: Verlag von Julius Springer, 1896.

Heintschel von Heinegg, Wolff. *Seekriegsrecht und Neutralität im Seekrieg*. Berlin: Duncker & Humblot, 1995.

Helfman, Tara. "Neutrality, the Law of Nations, and the Natural Law Tradition: A Study of the Seven Years' War." *Yale Journal of International Law* 30 (2005): 549–586.

Henkin, Louis. "Force, Intervention, and Neutrality in Contemporary International Law." *Proceedings of the American Society of International Law* 57 (1963): 147–173.

Hernández-Sandoica, Elena, and Enrique Moradiellos. "Spain and the Second World War, 1939–1945." In *European Neutrals and Non-Belligerents during the Second World War*, edited by Neville Wylie, 241–267. Cambridge: Cambridge University Press, 2002.

Hershey, Amos S. *The Essentials of International Public Law*. New York: The Macmillan Company, 1912.

———. *The International Law and Diplomacy of the Russo-Japanese War*. New York: The Macmillan, 1906.

———. "Neutrality and International Law." *International Journal of Ethics* 26 (1916): 168–176.

———. "Some Popular Misconceptions of Neutrality." *AJIL* 10 (1916): 118–121.

Higgins, Humphrey. "The Netherlands: Political Antecedents to the German Offensive." In *Survey of International Affairs 1939–1946: The Initial Triumph of the Axis*, edited by Arnold Toynbee and Veronica M. Toynbee, 122–143. London: Oxford University Press, 1958.

Higgins, Pearce A. *The Hague Peace Conferences and Other International Conferences concerning the Laws and Usages of War: Texts of Conventions with Commentaries.* Cambridge: Cambridge University Press, 1909.

Hohfeld, Wesley Newcomb. *Fundamental Legal Conceptions: As Applied in Judicial Reasoning and Other Legal Essays.* Edited by Walter Wheeler Cook. New Haven: Yale University Press, 1923.

Höjer, Torvald. "Der Genesis der schwedischen Neutralität." *Historische Zeitschrift* 186 (1958): 65–79.

Holbraad, Carsten. *Danish Neutrality: A Study in the Foreign Policy of a Small State.* Oxford: Clarendon Press, 1991.

Holland, Thomas Erskine. *Lectures on International Law.* Edited by Thomas Alfred Walker and Wyndham Legh Walker. London: Sweet & Maxwell, Limited, 1933.

Hopper, Bruce. "Sweden: A Case Study in Neutrality." *Foreign Affairs* 23 (1945): 435–449.

Horn, Martin. *Die geschichtliche Entwicklung des neuzeitlichen Neutralitätsbegriffes.* Würzburg: Wissenschaftlicher Werke Konrad Triltsch, 1936.

Huber, Max. "Die Fortbildung des Völkerrechts auf dem Gebiete des Prozess- und Landkriegsrechts durch die II. Internationale Friedenskonferenz im Haag 1907." *Jahrbuch des öffentliches Rechts der Gegenwart* 2 (1908): 470–649.

———. "Neutralitätsrecht und Neutralitätspolitik." *Schweizerisches Jahrbuch für internationales Recht* 5 (1948): 9–28.

———. "Die schweizerische Neutralität und der Völkerbund." Dans *Les origines et l'œvre de la Société des Nations*, édité par P. Munch, 1:68–136. Copenhague: Gyldendalske Boghandel, 1923.

Hübner, M. *De la saisie des batimens neutres ou du droit qu'ont les nations belligérantes d'arrêter les navires des peuples amis.* 2 tomes. La Haye, 1759.

Hufenbecher, Paul. *Die Rechte und Pflichten der neutralen Mächte und Personen im Falle eines Landkriegs: Nach dem V. Abkommen der Zweiten Haager Friedenskonferenz.* Elberfeld: Wuppertaler Akt. Druckerei, 1912.

Hyde, Charles Cheney. "Belgium and Neutrality." *AJIL* 31 (1937): 81–85.

———. "The Hague Convention respecting the Rights and Duties of Neutral Powers in Naval War." *AJIL* 2 (1908): 507–527.

———. "International Co-operation for Neutrality." *University of Pennsylvania Law Review* 85 (1936–37): 344–357.

———. *International Law: Chiefly as Interpreted and Applied by the United States.* 3 vols. 2nd revised ed. Boston: Little, Brown and Company, 1947.

Hyneman, Charles S. *The First American Neutrality: A Study of the American Understanding of Neutral Obligations during the Years 1792 to 1815.* Urbana: University of Illinois, 1934. Reprint, Philadelphia: Porcupine Press, 1974.

———. "Neutrality during the European Wars of 1792–1815: America's Understanding of Her Obligations." *AJIL* 24 (1930): 279–309.

Institut de Droit International. *Annuaire de l'Institut de Droit International* 1 (1877).

International Institute of Humanitarian Law. *San Remo Manual on International Law Applicable to Armed Conflicts at Sea: Prepared by International Lawyers and Naval Experts Convened by the HIIHL.* Cambridge: Cambridge University Press, 1995.

International Law Association. *Report of the Sixty-Seventh Conference Held at Helsinki, Finland, 12 to 17 August 1996.* London, 1996.

———. *Report of the Thirty-Eighth Conference Held at Budapest in the Hungarian Academy of Science, September 6th to 10th, 1934.* London: The Eastern Press, 1935.

Jessup, Philip C. "The Birth, Death and Reincarnation of Neutrality." *AJIL* 26 (1932): 789–793.

———. "Is Neutrality Essential?" *Proceedings of the American Society of International Law* 27 (1933): 134–142.

———. "The 'Neutrality Act of 1939'." *AJIL* 34 (1940): 95–99.

———. *Neutrality, Its History, Economics and Law.* Vol. 4, *Today and Tomorrow.* New York: Columbia University Press, 1936. Reprint, New York: Octagon Books, 1976.

———. "Neutrality Legislation – 1937." *AJIL* 31 (1937): 306–313.

———. "The New Neutrality Legislation." *AJIL* 29 (1935): 665–670.

———. "The Reconsideration of 'Neutrality' Legislation in 1939." *AJIL* 33 (1939): 549–557.

———. "Should International Law Recognize an Intermediate Status between Peace and War?" *AJIL* 48 (1954): 98–103.

———. "Toward Further Neutrality Legislation." *AJIL* 30 (1936): 262–265.

Jessup, Philip C., and Francis Deák. "The Early Development of the Law of Contraband of War I, II, III." *Political Science Quarterly* 47 (1932): 526–546; 48 (1933): 62–93, 334–358.

———. "The Early Development of the Law of Neutral Rights." *Political Science Quarterly* 46 (1931): 481–508.

———. *Neutrality, Its History, Economics and Law.* Vol.1, *The Origins.* New York: Columbia University Press, 1935. Reprint, New York: Octagon Books, 1976.

Johnson, James Turner. *Ideology, Reason, and the Limitation of War: Religious and Secular Concepts, 1200–1740.* Princeton, N.J.: Princeton University Press, 1975.

Karsh, Efraim. *Neutrality and Small States.* London: Routledge, 1988.

Kelsen, Hans. *Principles of International Law.* New York: Rinehart & Company Inc., 1952.

Kent, James. *Commentaries on American Law.* 4 vols. New York: O. Halsted, 1826.

Keppler, Kurt. "Die neue Neutralität der Schweiz." *Zeitschrift für öffentliches Recht* 18 (1939): 505–545.

Kleen, Richard. *Lois et usages de la neutralité.* 2 tomes. Paris: A. Chevalier-Marescq, 1898.

Klüber, Jean Louis. *Droit des gens moderne de l'Europe.* Stuttgart: Librairie de J. G. Cotta, 1819.

Knight, S. M. "Neutrality and Neutralization in the Sixteenth Century: Liège." *Journal of Comparative Legislation and International Law*, 3rd series, 2 (1920): 98–104.

Kohler, Joseph. "Notwehr und Neutralität." *Zeitschrift für Völkerrecht* 8 (1914): 576–580.

Koht, Halvdan. "Neutrality and Peace: The View of a Small Power." *Foreign Affairs* 15 (1937): 280–289.

Kolb, Robert. "Origin of the Twin Terms *jus ad bellum/ jus in bello*." *International Review of the Red Cross*, no. 320 (1997): 553–562.

Komarnicki, Titus. "The Place of Neutrality in the Modern System of International Law." *RCADI* 80 (1952): 395–510.

———. "The Problem of Neutrality under the United Nations Charter." *Transactions of the Grotius Society* 38 (1953): 77–91.

Köpfer, Josef. *Die Neutralität im Wandel der Erscheinungsformen militärischer Auseinandersetzungen.* München: Bernard & Graefe Verlag für Wehrsesen München, 1975.

Kotzsch, Lothar. *The Concept of War in Contemporary History and International Law.* Genève: Librairie E. Droz, 1956.

Kulsrud, Carl J. *Maritime Neutrality to 1780: A History of the Main Principles Governing Neutrality and Belligerency to 1780.* Boston: Little, Brown, and Co., 1936. Reprint, Union, N. J.: Lawbook Exchange, 2000.

Kunz, Josef L. "The Covenant of the League of Nations and Neutrality." *Proceedings of* the *American Society of International Law* 29 (1935): 36–45.

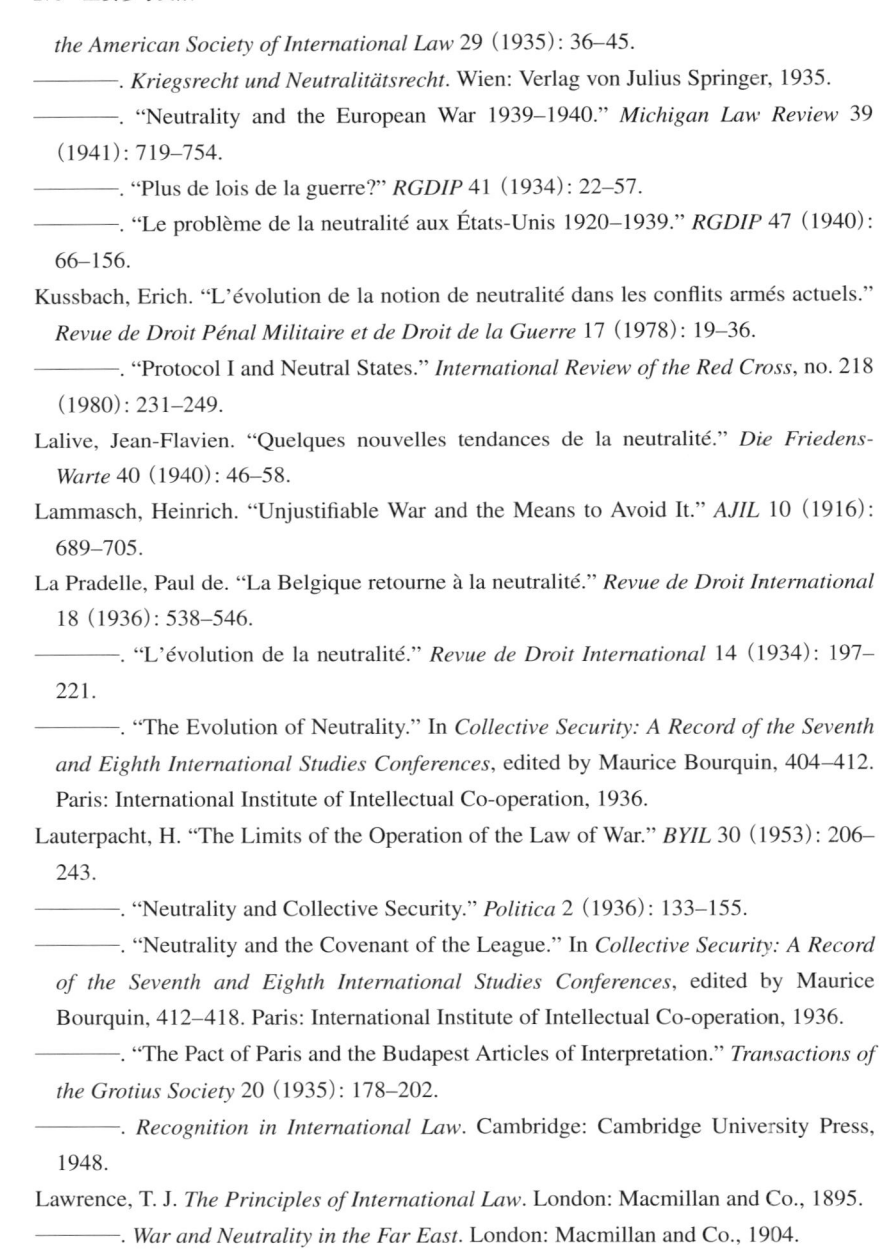

———. *Kriegsrecht und Neutralitätsrecht*. Wien: Verlag von Julius Springer, 1935.

———. "Neutrality and the European War 1939–1940." *Michigan Law Review* 39 (1941): 719–754.

———. "Plus de lois de la guerre?" *RGDIP* 41 (1934): 22–57.

———. "Le problème de la neutralité aux États-Unis 1920–1939." *RGDIP* 47 (1940): 66–156.

Kussbach, Erich. "L'évolution de la notion de neutralité dans les conflits armés actuels." *Revue de Droit Pénal Militaire et de Droit de la Guerre* 17 (1978): 19–36.

———. "Protocol I and Neutral States." *International Review of the Red Cross*, no. 218 (1980): 231–249.

Lalive, Jean-Flavien. "Quelques nouvelles tendances de la neutralité." *Die Friedens-Warte* 40 (1940): 46–58.

Lammasch, Heinrich. "Unjustifiable War and the Means to Avoid It." *AJIL* 10 (1916): 689–705.

La Pradelle, Paul de. "La Belgique retourne à la neutralité." *Revue de Droit International* 18 (1936): 538–546.

———. "L'évolution de la neutralité." *Revue de Droit International* 14 (1934): 197–221.

———. "The Evolution of Neutrality." In *Collective Security: A Record of the Seventh and Eighth International Studies Conferences*, edited by Maurice Bourquin, 404–412. Paris: International Institute of Intellectual Co-operation, 1936.

Lauterpacht, H. "The Limits of the Operation of the Law of War." *BYIL* 30 (1953): 206–243.

———. "Neutrality and Collective Security." *Politica* 2 (1936): 133–155.

———. "Neutrality and the Covenant of the League." In *Collective Security: A Record of the Seventh and Eighth International Studies Conferences*, edited by Maurice Bourquin, 412–418. Paris: International Institute of Intellectual Co-operation, 1936.

———. "The Pact of Paris and the Budapest Articles of Interpretation." *Transactions of the Grotius Society* 20 (1935): 178–202.

———. *Recognition in International Law*. Cambridge: Cambridge University Press, 1948.

Lawrence, T. J. *The Principles of International Law*. London: Macmillan and Co., 1895.

———. *War and Neutrality in the Far East*. London: Macmillan and Co., 1904.

Leistikow, Gunnar. "Denmark's Precarious Neutrality." *Foreign Affairs* 17 (1939): 611–617.

Leite, Joaquim da Costa. "Neutrality by Agreement: Portugal and the British Alliance in World War II." *American University International Law Review* 14 (1998): 185–199.

Leonhard, Alan T., ed. *Neutrality: Changing Concepts and Practices*. Lanham MD: University Press of America, 1998.

Leontiades, Leonidas. "Die Neutralität Griechenlands während des Weltkrieges." *ZaöRV* 2 (1931): 120–170.

Lévy, Roger. "French Neutrality during the Sino-Japanese Hostilities." *Pacific Affairs* 11 (1938): 433–446.

Lifschütz, Alex. "Die Neutralität." *Niemeyers Zeitschrift für internationales Recht* 27 (1918): 40–124.

Liszt, Franz v. *Das Völkerrecht systematisch dargestellt*. Berlin: Verlag von O. Haering, 1898.

Lorimer, James. *The Institutes of the Law of Nations: A Treatise of the Jural Relations of Separate Political Communities*. 2 vols. Edinburgh: Blackwood, 1883–84.

MacChesney, Brunson. "The Altmark Incident and Modern Warfare: 'Innocent Passage' in Wartime and the Right of Belligerent to Use Force to Redress Neutrality Violations." *Northwestern University Law Review* 52 (1957): 320–343.

Machiavelli, Niccolò. *Il principe*. Introduzione e note di Federico Chabod: a cura di Luigi Firpo. 11a ed. Torino: Giulio Einaudi, 1979.

Madariaga, Isabel de. *Britain, Russia, and the Armed Neutrality of 1780: Sir James Harris's Mission to St. Petersburg during the American Revolution*. London: Hollis & Carter, 1962.

Maffert, S. *L'évolution de la neutralité de 1914 à la guerre de 1939*. Paris: Édition A. Pedone, 1943.

Malkin, H. W. "The Inner History of the Declaration of Paris." *BYIL* 8 (1927): 1–44.

Manning, W. M. Oke. *Commentaries on the Law of Nations*. London: S. Sweet, 1839.

Marquina, Antonio. "The Spanish Neutrality during the Second World War." *American University International Law Review* 14 (1998): 171–184.

Martens, George Fréderic de. *Précis du droit des gens moderne de l'Europe*. Nouvelle édition. Éditée par Ch. Vergé. Paris: Guillaumin, 1858.

——. *Précis du droit des gens moderne de l'Europe fondé sur les traité et l'usage*. 2e éd. Gottingue: Librairie de Dieterich, 1801.

―――. *Summary of the Law of Nations, Founded on the Treaties and Customs of the Modern Nations of Europe*. Translated by William Cobbett. Originally published in Latin as: *Primae lineae juris gentium Europaearum practici*. Philadelphia: T. Bradford, 1795. Reprint, Littleton, Colo.: F. B. Rothman, 1986.

Mathieu, Beltran. "The Neutrality of Chile during the European War." *AJIL* 14 (1920): 319–342.

McNair, Arnold D. "Collective Security." *BYIL* 17 (1936): 150–164.

McNair, Lord, selected and annoted. *International Law Opinions*. 3 vols. Cambridge: Cambridge University Press, 1956.

McNair, Lord, and A. D. Watts. *Legal Effects of War*. 4th ed. Cambridge: Cambridge University Press, 1966.

McNeil, John H. "Neutral Rights and Maritime Sanctions: The Effects of Two Gulf Wars." *Virginia Journal of International Law* 31 (1991): 631–643.

Mehr, Farhang. "Neutrality in the Gulf War." *Ocean Development and International Law* 20 (1989): 105–106.

Meyer, Alex. *Das Neutralitätsrecht im Luftkriege: Eine kritische Studie auf Grund der von der Haager Juristenkommission (11. Dez. 1922/ 19. Feb. 1923) aufgestellten Entwürfe*. Berlin: Carl Heymanns Verlag, 1931.

Meyrowitz, Henri. *Le principe de l'égalité des belligérants devant le droit de la guerre*. Paris: A. Pedone, 1970.

Michel, Nicolas. "Le statut juridique de la neutralité suisse à l'épreuve du conflit du Kosovo." *Schweizerische Zeitschrift für internationales und europäisches Recht* 10 (2000): 197–218.

Miele, Alberto. *L'estraneità ai conflitti armati: Secondo il diritto internazionale*. 2 volumi. Padova: CEDAM, 1970.

Morgenthau, Hans J. "The End of Switzerland's 'Differential' Neutrality." *AJIL* 32 (1938): 558–562.

―――. "Neutrality and Neutralism." In Hans J. Morgenthau, *Dilemmas of Politics*, 185–209. Chicago: University of Chicago Press, 1958.

―――. "The Problem of Neutrality." *University of Kansas City Law Review* 7 (1940): 109–128.

―――. "The Resurrection of Neutrality in Europe." *American Political Science Review* 33 (1939): 473–486.

Morris, Roland S. "The Pact of Paris for the Renunciation of War: Its Meanings and Effect in International Law." *Proceedings of the American Society of International Law* 23 (1929): 88–109.

Morrissey, Alice M. "The United States and the Rights of Neutrals, 1917–1918." *AJIL* 31 (1937): 17–30.

Neff, Stephen C. *The Rights and Duties of Neutrals: A General History*. Manchester: Manchester University Press, 2000.

———. *War and the Law of Nations: A General History*. Cambridge: Cambridge University Press, 2005.

Norton, Patrick M. "Between the Ideology and the Reality: The Shadow of the Law of Neutrality." *Harvard International Law Journal* 17 (1976): 249–311.

Nussbaum, Arthur. "Just War: A Legal Concept?" *Michigan Law Review* 42 (1943): 453–479.

Nys, Ernest. "Notes sur la neutralité." *RDILC*, 2e sér., 2 (1900): 461–498, 583–617; 3 (1901): 15–49.

———. "Traités de subside et troupes auxiliaires dans l'ancien droit: Politique des subsides; Emprunts émis au profit d'états belligérants sur les marchés neutres." *RDILC*, 2e sér., 15 (1913): 173–196.

Oeter, Stefan. *Neutralität und Waffenhandel*. Berlin: Springer, 1992.

——— "Ursprünge der Neutralität: Die Herausbildung des Instituts der Neutralität im Völkerrecht der frühen Neuzeit." *ZaöRV* 48 (1988): 447–488.

Ogley, Roderick. *The Theory and Practice of Neutrality in the Twentieth Century*. London: Routledge & K. Paul, 1970.

Oppenheim, L. *International Law: A Treatise*. 2 vols. London: Longmans, Green, and Co., 1905–06.

———. *International Law: A Treatise*. 2 vols. 2nd ed. London: Longmans, Green and Co., 1912.

———. *International Law: A Treatise*. Edited by Ronald F. Roxburgh. 2 vols. 3rd ed. London: Longmans, Green and Co. Ltd., 1920–21.

———. *International Law: A Treatise*. Edited by Arnold D. McNair. 2 vols. 4th ed. London: Longmans, Green and Co. Ltd., 1926, 1928.

———. *International Law: A Treatise*. Edited by H. Lauterpacht. 2 vols. 5th ed. London: Longmans, Green and Co., 1935, 1937.

———. *International Law: A Treatise*. Edited by H. Lauterpacht. 6th ed. London: Longmans, Green and Co., 1940, 1944.

. *International Law: A Treatise.* Edited by H. Lauterpacht. 2 vols. 7th ed. London: Longmans, Green and Co., 1948, 1952.

Ortolan, M. Théodore. *Règles internationales et diplomatie de la mer.* 2 tomes. 4e éd. Paris: H. Plon, 1864.

Ørvik, Nils. *The Decline of Neutrality 1914–1941: With Special Reference to the United States and the Northern Neutrals.* 2nd ed. Plymouth: Frank Cass & Co. Ltd., 1971.

Ottolenghi, Giuseppe. *Il rapporto di neutralità.* Torino: Unione Tipografico-Editrice Torinese, 1907.

Packard, Jerrold M. *Neither Friend nor Foe: The European Neutrals in World War II.* New York: Fire World Publishing, Inc., 1992.

Padelford, Norman J. "Neutrality, Belligerency, and the Panama Canal." *AJIL* 35 (1941): 55–89.

　　　　. "The New Scandinavian Neutrality Rules." *AJIL* 32 (1938): 789–793.

Pares, Richard. *Colonial Blockade and Neutral Rights 1739–1763.* Oxford: Clarendon Press, 1938. Reprint, Philadelphia: Porcupine Press, 1975.

Pelloux, Robert. "L'embargo sur les exportations d'armes et l'évolution de l'idée de neutralité." *RGDIP* 41 (1934): 58–75.

Petrochilos, Georgios C. "The Relevance of the Concepts of War and Armed Conflict to the Law of Neutrality." *Vanderbilt Journal of Transnational Law* 31 (1998): 575–615.

Phillimore, George Grenville. "The Future of Neutrality." *Transactions of the Grotius Society* 4 (1918): 43–70.

Phillimore, Robert. *Commentaries upon International Law.* 4 vols. London: William G. Benning and Co., Law Booksellers, 1854–61.

Phillips, W. Alison, and Arthur H. Reede. *Neutrality, Its History, Economics and Law.* Vol. 2, *The Napoleonic Period.* New York: Columbia University Press, 1936. Reprint, New York: Octagon Books, 1976.

Piédelièvre, R. *Précis de droit international public ou droit des gens.* 2 tomes. Paris: Cotillon, F. Pichon, Successeur, 1895.

Pieper, Ulrike. *Neutralität von Staaten.* Frankfurt am Main: Peter Lang, 1997.

Politakis, George P. "From Action Stations to Action: U.S. Naval Deployment, 'Non-Belligerency', and 'Defensive Reprisals' in the Final Year of the Iran-Iraq War." *Ocean Development and International Law* 25 (1994): 31–60.

　　　　. *Modern Aspects of the Laws of Naval Warfare and Maritime Neutrality.* London: Kegan Paul International, 1998.

———. "Variations on a Myth: Neutrality and the Arms Trade." *German Yearbook of International Law* 35 (1992): 435–506.

Politis, Nicolas. *Neutralité et la paix*. Paris: Librairie Hachette, 1935.

———. "La notion de la neutralité et la Société des Nations." *Scientia* 44 (1928): 259–268.

Pradier-Fodéré, P. *Traité de droit international public européen et américain: Suivant les progrès de la science et de la pratique contemporaines*. 8 tomes. Paris: A. Pedone, Editeur, 1885–1906.

Preuss, Lawrence. "The Concepts of Neutrality and Non-Belligerency." *Annals of the American Academy of Political and Social Science* 218 (1941): 91–109.

Pyke, H. Reason. *The Law of Contraband of War*. Oxford: Clarendon Press, 1915.

Raymond, Gregory A. "Neutrality Norms and the Balance of Power." *Cooperation and Conflict* 32 (1997): 123–146.

Rehm, Hermann. "Die völkerrechtliche Stellung des Verbündeten." *Niemeyers Zeitschrift für internationales Recht* 26 (1916): 118–152.

Reid, Gilbert. "The Neutrality of China." *Yale Law Journal* 25 (1915): 122–128.

Rivier, Alphons. *Principes du droit des gens*. 2 tomes. Paris: Librairie nouvelle de droit et de jurisprudence Arthur Rousseau, 1896.

Rolin-Jaequemyns, M. G. "Les trois règles de Washington." *RDILC* 6 (1874): 561–569.

Rougier, Antoine. *Les guerres civiles et le droit des gens*. Paris: L. Larose, 1903.

Rousseau, Charles. *Le droit des conflits armés*. Paris: Éditions A. Pedone, 1983.

Roxburgh, R. F. "Changes in the Conception of Neutrality." *Journal of Comparative Legislation and International Law*, 3rd ser., 1 (1919): 17–24.

Royen, W. P. J. A. van. *Analyse du problème de la neutralité au cours de l'évolution du droit des gens*. La Haye: Martitus Nijhoff, 1938.

Russell, Frederick H. *The Just War in the Middle Ages*. Cambridge: Cambridge University Press, 1975.

Russo, Jr., Francis V. "Neutrality at Sea in Transition: State Practice in the Gulf War as Emerging International Customary Law." *Ocean Development and International Law* 19 (1988): 381–399.

Sadiford, Roberto. "Das italienische Kriegs- und Neutralitätsgesetz." *ZaöRV* 9 (1939): 605–619.

Sanborn, Frederic Rochwell. *Origins of the Early English Maritime and Commercial Law*. New York: The Century Co., 1930.

Sauser-Hall, Georges. *Des belligérants internés chez les neutres en cas de guerre terrestre*. Genève: Georg & Cie, Libraires-Éditeurs, 1910.

Schätzel, Walter. "Neutralität." *Die Friedens-Warte* 53 (1955): 28–36.

Schaub, Adrian R. "Aktuelle Aspekte der Neutralität." *Schweizerische Zeitschrift für internationales und europäisches Recht* 6 (1996): 353–371.

———. *Neutralität und Kollektive Sicherheit: Gegenüberstellung zweier unvereinbarer Verhaltenskonzepte in bewaffneten Konflikten und These zu einem zeit- und völkerrechtsgemässen modus vivendi*. Basel: Helbing & Lichtenhahn, 1995.

Scheuner, Ulrich. *Die Neutralität im heutigen Völkerrecht*. Köln: Westdeutscher Verlag, 1969.

Schindler, Dietrich. "Aspects contemporains de la neutralité." *RCADI* 121 (1967): 221–321.

———. "L'emploi de la force par un État belligérant sur le territoire d'un État non belligérant." En *Estudios de derecho internacional: Homenaje al profesor Miaja de la Muela*, 2:847–864. Madrid: Editorial Tecnos, 1979.

———. "Kollektive Sicherheit der Vereinten Nationen und dauernde Neutralität der Schweiz." *Schweizerische Zeitschrift für internationales und europäisches Recht* 2 (1992): 435–479.

———. "Der 'Kriegszustand' im Völkerrecht der Gegenwart." In *Um Recht und Freiheit: Festschrift für Friedrich Auust Freiherr von der Heydte zur Vollendung des 70. Lebensjahres*, herausgegeben von Heinrich Kipp, Franz Mayer, und Armin Steinkamm, 555–576. Berlin: Duncker & Humblot, 1977.

———. "La neutralité suisse de 1920 à 1938." *RDILC*, 3e sér., 19 (1938): 433–472.

———. "Neutrality and Morality: Developments in Switzerland and in the International Community." *American University International Law Review* 14 (1998): 155–170.

———. "Probleme des humanitären Völkerrechts und der Neutralität im Golfkonflikt 1990/91." *Schweizerische Zeitschrift für internationales und europäisches Recht* 1 (1991): 3–23.

———. "Die schweizerische Neutralität 1920–1938." *ZaöRV* 8 (1938): 413–444.

———. "State of War, Belligerency, Armed Conflict." In *The New Humanitarian Law of Armed Conflict*, edited by Antonio Cassese, 3–20. Napoli: Editoriale scientifica, 1979.

———. "Transformations in the Law of Neutrality since 1945." In *Humanitarian Law of Armed Conflict Challenges Ahead: Essays in Honour of Frits Kalshoven*, edited by

Astrid J. M. Delissen and Gerard J. Tanja, 367–386. Dordrecht: Martinus Nijhoff Publishers, 1992.

Schlüter, Ferdinand. "Kelloggpakt und Neutralitätsrecht." *ZaöRV* 11 (1942–43): 24–32.

Schmalz, Geheimen Rath. *Das europäische Völker-recht*. Berlin: Duncker und Humblot, 1817.

Schmitt, Carl. *Der Nomos der Erde im Völkerrecht des Jus Publicum Europaeum*. Köln: Greven Verlag, 1950.

———. *Die Wendung zum diskriminierenden Kriegsbegriff*. München: Duncker u. Humbolt, 1938.

Schmitt, Heinrich. *Die Vorgeschichte der in der Pariser Seerechtsdeklaration niedergelegten Grundsätze*. München: Buchdruckerei K. Reger, 1934.

Schmitz, Ernst. "Das Neutralitätsgesetz der Vereinigten Staaten von 1939." *Zeitschrift der Akademie für deutsches Recht* 6 (1939): 667–669.

Schopfer, Sidney. *Le principe juridique de la neutralité et son évolution dans l'histoire du droit de la guerre*. Lausanne: Librairie F. Rouge, 1894.

Schwarzenberger, Georg. "The 'Aid Britain' Bill and the Law of Neutrality." *Transactions of the Grotius Society* 27 (1941): 1–29.

Scott, James Brown. "Foreign Enlistment in the United States." *AJIL* 12 (1918): 172–174.

———. "The Neutrality of the Good Neighbor." *Proceedings of the American Society of International Law* 29 (1935): 1–11.

———. "Neutrality of the United States." *AJIL* 29 (1935): 644–652.

———. "Proposed Amendments to the Neutrality Laws of the United States." *AJIL* 10 (1916): 602–609.

Seidl-Hohenveldern, Ignaz. "Befreiungskriege und Neutralität." In *Studi in onore di Manlio Udina*, 1:645–661. Milano: A. Giuffrè, 1975.

———. "Der Begriff der Neutralität in den bewaffneten Konflikten der Gegenwart." In *Um Recht und Freiheit: Festschrift für Friedrich August Freiherr von der Heydte zur Vollendung des 70. Lebensjahres*, herausgegeben von Heinrich Kipp, Franz Mayer, und Armin Steinkamm, 593–613. Berlin: Duncker & Hunbolt, 1977.

Skubiszewski, K. "Use of Force by States, Collective Security, Law of War and Neutrality." In *Manuals of Public International Law*, edited by Max Sørensen, 739–843. New York: St. Martin's Press, 1968.

Spencer, Warren F. "The Mason Memorandum and the Diplomatic Origins of the Declaration of Paris." In *Diplomacy in an Age of Nationalism: Essays in Honor of Lynn Marshall Case*, edited by Nancy N. Barker and Marvin L. Brown, 44–66. The Hague: Martinus Nijhoff, 1971.

Stark, Francis R. *The Abolition of Privateering and the Declaration of Paris*. New York: AMS Press, 1967.

Steiger, Heinhard, und Michael Schweitzer. "Neutralität." In *Geschichtliche Grundbegriffe: Historisches Lexikon zur politisch-sozialen Sprache in Deutschland*, herausgegeben von Otto Brunner, Werner Conze, und Reinhart Koselleck, 4:315–370. Stuttgart: Klett-Cotta, 1972–97.

Steiner, George A. "Italian War and Neutrality Legislation." *AJIL* 33 (1939): 151–157.

Stimson, Henry L. "Neutrality and War Prevention." *Proceedings of the American Society of International Law* 29 (1935): 121–129.

Stone, Julius. *Legal Controls of International Conflict: A Treatise on the Dynamics of Disputes- and War-Law*. New York: Rinehart & Company Inc., Publishers. 1954.

Strisower, Leo. "Die Geschichte des Neutralitätsgedankens." *Zeitschrft für öffentliches Recht* 5 (1926): 184–204.

Suárez, Francisco. *Selections from Three Works of Francisco Suárez, S. J.: De legibus, ac deo legislatore*, 1612, *Defensio fidei catholicae, et apostolicae adversus anglicanae sectae errores*, 1613, *De triplici virtute theologica, fide, spe, et charitate*, 1621. The Classics of International Law, edited by James Brown Scott. Vol. 1, The Photographic Reproduction of the Selections from the Original Editions, a List of Errata, and a Portrait of Suárez. Oxford: Clarendon Press, 1944.

Telders, B. M. "L'incident de l'Altmark." *RGDIP* 48·49 (1941–45): 90–100.

Ténékidès, C. G. "La neutralité en son état d'évolution actuelle." *RDILC* 20 (1939): 256–285.

Textor, Johann Wolfgang. *Synopsis juris gentium*. The Classics of International Law, edited by Ludwig von Bar. Vol. 1, Reproduction of the First Edition, with Introduction by Ludwig von Bar, and List of Errata. Washington: Carnegie Institution of Washington, 1916.

Theutenberg, Von Bo Johnson. "Die schwedische Neutralität vor dem Hintergrund der modernen Waffentechnologie." *German Yearbook of International Law* 29 (1986): 382–416.

Thomae Aquinatis, S. *Summa theologiae*. Cura et studio Sac. Petri Caramello. 3 vols. [Torino:] Marietti, 1952–56.

Thomas, Charles Marion. *American Neutrality in 1793: A Study in Cabinet Government.* New York: Columbia University Press, 1931.

Thonier, André. *De la contrebande de guerre: Étude de droit international.* Bordeaux: Imprimerie G. Gounouilhou, 1904.

Torrelli, Maurice. "La neutralité en question." *RGDIP* 96 (1992): 7–43.

Trefousse, H. L. *Germany and American Neutrality 1939–1941.* New York: Bookman Associates, 1951.

Truyol y Serra, Antonio. "Zur Entstehungsgeschichte der Neutralitätslehre im neuzeitlichen Staats- und Völkerrechtsdenken: Boteros 'Discorso della neutralità' in seiner Beziehung zur Neutralitätslehre bei Macchiavelli und Bodin." *Österreichische Zeitschrift für öffentliches Recht* 8 (1957–58): 449–460.

Tucker, Robert W. *The Law of War and Neutrality at Sea.* Washington: United States Government Printing Office, 1957.

Turlington, Edgar. *Neutrality, Its History, Economics and Law.* Vol. 3, *The World War Period.* New York: Columbia University Press, 1936. Reprint, New York: Octagon Books, 1976.

Twiss, Travers. *The Law of Nations Considered as Independent Political Communities: On the Rights and Duties of Nations in Time of War.* 2nd ed. Oxford: The Clarendon Press, 1875.

Ullmann, E. von. *Völkerrecht.* Tübingen: Verlag von J. C. B. Mohr (P. Siebeck), 1908.

Vagts, Detlev F. "Neutrality Law in World War II." *Cardozo Law Review* 20 (1998): 459–482.

———. "The Traditional Legal Concept of Neutrality in a Changing Environment." *American University International Law Review* 14 (1998): 83–102.

Vanderpol, Alfred. *La doctrine scolastique du droit de guerre.* Paris: A. Pedone, 1919.

Vattel, E. de. *Le droit des gens, ou principes de la loi naturelle appliqués à la conduite et aux affaires des nations et souverains.* The Classics of International Law, edited by James Brown Scott. Vol. 1, Photographic Reproduction of the Book I and Book II of First Edition (1758), with an Introduction by Albert de Lapradelle. Vol. 2, Photographic Reproduction of the Book III and IV of the First Edition (1758). Washington, D.C.: The Carnegie Institution of Washington, 1916.

Verdross, Alfred von. "La neutralité dans le cadre de l'O. N. U., particulièrement celle de la république d'autriche." *RGDIP* 60 (1957): 177–192.

———. "Neutrality within the Framework of the United Nations Organization." In

Symbolae Verzijl, 410–418. La Haye: M. Nijhoff, 1958.

———. *Völkerrecht*. Berlin: Verlag von Julius Springer, 1937.

Verraes, Fernand. *Les lois de la guerre et la neutralité*. 2 tomes. Bruxelles: Oscar Schepens & Cie, Éditeurs, 1906.

Verzijl, J. H. W. *International Law in Historical Perspective*. Part IX-B, *The Law of Neutrality*. [Leyden:] Sijtohoff & Noordhoff, 1979.

Victoria, Francisci de. *De indis et de ivre belli relectiones*. The Classics of International Law, edited by Ernest Nys. Washington: Carnegie Institution of Washington, 1917.

Waddell, D. A. G. "British Neutrality and Spanish-American Independence: The Problem of Foreign Enlistment." *Journal of Latin American Studies* 19 (1987): 1–18.

Waldkirch, E. v., und Ernst Vanselow. *Neutralitätsrecht*. Stuttgart: W. Kohlhammer, 1936.

Waldock, C. H. M. "The Release of the *Altmark*'s Prisoners." *BYIL* 24 (1947): 216–238.

Walker, Thomas Alfred. *The Science of International Law*. London: C. J. and Sons, 1893.

Walker, Wyndham Legh. "Recognition of Belligerency and Grant of Belligerent Rights." *Transactions of the Grotius Society* 23 (1937): 177–219.

Warren, Charles. "Troubles of a Neutral." *Foreign Affairs* 12 (1934): 377–394.

———. "What are the Rights of Neutrals Now, in Practice?" *Proceedings of the American Society of International Law* 27 (1933): 128–134.

Waultrin, René. "La neutralité scandinave." *RGDIP* 11 (1904): 5–42.

Weiss, André. *The Violation by Germany of the Neutrality of Belgium and Luxemburg*. Paris: Libraire Armand Colin, 1915.

Westlake, John. *International Law*. Part II, *War*. 2nd ed. Cambridge: Cambridge University Press, 1913.

Wheaton, Henry. *Elements of International Law*. The Classics of International Law: The Literal Reproduction of the Edition of 1866 by Richard Henry Dana, Jr., edited, with notes by George Grafton Wilson. Oxford: Clarendon Press, 1936.

———. *Elements of International Law: With a Sketch of the History of the Science*. Philadelphia: Carey, Lea & Blanchard, 1836. Reprint, Union, New Jersey: The Lawbook Exchange, Ltd., 2002.

Wheeler, Gerald John. *Foreign Enlistment Act, 1870, 33 & 34 Vict. c. 90., with Notes of the Leading Cases on This and the American Act*. London: Eyre & Spottiswoode, 1896.

Whitton, John B. "La neutralité et la Société des Nations." *RCADI* 17 (1927): 449–571.

Williams, Jr., Walter L. "Neutrality in Modern Armed Conflicts: A Survey of the Developing Law." *Military Law Review* 90 (1980): 9–48.

Wilson, George Grafton. "The Law of Neutrality and the Policy of Keeping Out of War." *AJIL* 34 (1940): 89.

———. "War and Neutrality." *AJIL* 27 (1933): 725–726.

Wilson, Robert R. "Escaped Prisoners of War in Neutral Jurisdiction." *AJIL* 35 (1941): 519–523.

———. "Neutrality of Eire." *AJIL* 34 (1940): 125–127.

———. "'Non-Belligerency' in relation to the Terminology of Neutrality." *AJIL* 35 (1941): 121–123.

———. "Questions relating to Irish Neutrality." *AJIL* 36 (1942): 288–291.

———. "Some Current Questions relating to Neutrality." *AJIL* 37 (1943): 651–656.

Wiswall, Jr., F. L. "Neutrality, the Rights of Shipping and the Use of Force in the Persian Gulf." *Virginia Journal of International Law* 31 (1991): 619–629.

Wolff, Christian. *Jus gentium methodo scientifica pertractatum*. The Classics of International Law, edited by James Brown Scott. Vol. 1, The Photographic Reproduction of the Edition of 1764 with an Introduction by Dr. Otfried Nippold, a List of Errata, and a Portrait of Wolff. Oxford: Clarendon Press, 1934.

Wolff, Hans-Jürgen. *Kriegserklärung und Kriegszustand nach klassischem Völkerrecht: Mit einem Beitrag zu den Gründen für eine Gleichbehandlung Kriegführender*. Berlin: Duncker & Humblot, 1990.

Woolsey, L. H. "The Fallacies of Neutrality." *AJIL* 30 (1936): 256–262.

———. "Government Traffic in Contraband." *AJIL* 34 (1940): 498–503.

———. "Neutral Persons and Property on the High Seas in Time of War." *Proceedings of the American Society of International Law* 29 (1935): 72–80.

———. "Taking of Foreign Ships in American Ports." *AJIL* 35 (1941): 497–506.

Woolsey, Theodore D. *Introduction to the Study of International Law: Designed as an Aid in Teaching, and in Historical Studies*. 5th ed. New York: Charles Scribner's Sons, 1878.

———. "Les trois règles de Washington." *RDILC*, VI (1874), 559–560.

Wright, Quincy. "Changes in the Conception of War." *AJIL* 18 (1924): 755–767.

———. "The Destruction of Neutral Property on Enemy Vessels." *AJIL* 11 (1917): 358–379.

———. "The Future of Neutrality." *International Conciliation*, no. 242 (1928): 353–372.

———. "The Lend-Lease Bill and International Law." *AJIL* 35 (1941): 305–315.

———. "The Meaning of the Pact of Paris." *AJIL* 27 (1933): 39–61.

———. "Neutrality and Neutral Rights following the Pact of Paris for the Renunciation of War." *Proceedings of the American Society of International Law* 24 (1930): 77–87.

———. "The Outlawry of War and the Law of War." *AJIL* 47 (1953): 365–376.

———. "The Power to Declare Neutrality under American Law." *AJIL* 34 (1940): 302–310.

———. "The Present Status of Neutrality." *AJIL* 34 (1940): 391–414.

———. "Repeal of the Neutrality Act." *AJIL* 36 (1942): 8–23.

———. "Rights and Duties under International Law as Affected by the United States Neutrality Act and the Resolutions of Panama." *AJIL* 34 (1940): 238–248.

———. "The Transfer of Destroyers to Great Britain." *AJIL* 34 (1940): 680–689.

Wylie, Neville, ed. *European Neutrals and Non-Belligerents during the Second World War*. Cambridge: Cambridge University Press, 2002.

Zemanek, Karl. "Ändert sich das völkerrechtliche Neutralitätsrecht und mit ihm die österreichische Neutralität?" *Österreichische Juristen-Zeitung* 47 (1992): 177–182.

———. "Neutralität und Aussenhandel." In *Um Recht und Freiheit: Festschrift für Friedrich August Freiherr von der Heydte zur Vollendung des 70. Lebensjahres*, herausgegeben von Heinrich Kipp, Franz Mayer, und Armin Steinkamm, 759–774. Berlin: Duncker & Hunbolt, 1977.

———. "Wirtschaftliche Neutralität." *Juristische Blätter* 81 (1959): 249–251.

2. 日本語文献 (五十音順)

明石欽司「17世紀オランダの中立通商政策：バインケルスフーク理論の検証」『海保大研究報告 (法文学系)』38巻1・2号 (1992年) 101–123頁.

新井京「イラン・イラク戦争における海上経済戦：その国際法上の意味」『京都学園法学』2・3号 (1999年) 387–431頁.

有賀貞・宮里政玄編『概説アメリカ外交史：対外意識と対外政策の変遷』新版, 有斐閣, 1998年.

飯山幸伸『中立国の戦い』光人社NF文庫, 2005年.

石本泰雄「交戦権と戦時国際法」『上智法学論集』29巻2・3合併号 (1987年) 33–69頁.

———「国際組織と中立」『国際法外交雑誌』55巻1号 (1956年) 27–56頁.

———『国際法研究余滴』東信堂, 2005年.

———『国際法の構造転換』有信堂, 1998年.

―――「国際連合と中立」田畑茂二郎編『国際連合の研究』第 1 巻，有斐閣，1962 年，66–87 頁．

―――「戦争と現代国際法」高野雄一編『岩波講座現代法 12：現代法と国際社会』岩波書店，1965 年，71–108 頁．

―――『中立制度の史的研究』有斐閣，1958 年．

―――「中立制度の成立過程（一）（下）」『国際法外交雑誌』51 巻 5 号（1952 年）31–61 頁，52 巻 3 号（1953 年）63–88 頁．

礒村英司「国連憲章が中立法に与えた影響」『西南学院大学大学院法学研究論集』23 号（2005 年）21–37 頁．

伊藤不二男「刑罰戦争の観念とその理論の形成について」『法文論叢』（熊本大学）3 号（1952 年）1–20 頁．

―――「自衛権の法史」『国際法外交雑誌』59 巻 1・2 号（1960 年）28–55 頁．

―――『スアレスの国際法理論』有斐閣，1957 年．

―――『ビトリアの国際法理論：国際法学説史の研究』有斐閣，1965 年．

入江啓四郎『ヴェルサイユ体制の崩壊』上・中・下巻，共榮書房，1943–44 年．

畝村繁『英米における国際法と国内法の関係』法律文化社，1969 年．

大沢章「国際紛争と中立概念」刑部荘編『野村教授還暦祝賀：公法政治論集』有斐閣，1938 年，697–764 頁．

―――「国際法秩序に於ける制裁と中立（一）〜（四・完）」『国際法外交雑誌』37 巻 4 号（1938 年）1–29 頁，同 5 号 74–97 頁，同 7 号 1–30 頁，同 8 号 36–70 頁．

―――「中立概念の変遷」『法律時報』11 巻 11 号（1939 年）7–12 頁．

太田義器『グロティウスの国際政治思想：主権国家秩序の形成』ミネルヴァ書房，2003 年．

大沼保昭「国際社会における法と政治：国際法学の『実定法主義』と国際政治学の『現実主義』の呪縛を超えて」国際法学会編『日本と国際法の 100 年 第 1 巻：国際社会の法と政治』三省堂，2001 年，1–34 頁．

―――『国際法：はじめて学ぶ人のための』東信堂，2005 年．

―――「戦争」大沼保昭編『戦争と平和の法』補正版，東信堂，1995 年，113–196 頁．

―――『戦争責任論序説：「平和に対する罪」の形成過程におけるイデオロギー性と拘束性』東京大学出版会，1975 年．

大淵仁右衛門「連盟規約と中立概念」『法と経済』9 巻 6 号（1938 年）1–15 頁．

岡義武『国際政治史』岩波書店，1955 年．

奥脇直也「戦争法」大沼保昭編『戦争と平和の法』補正版，東信堂，1995 年，391–446 頁．

河西直也「グロティウスにおける戦争と諸国民の法：正当性と合法性の交錯」『国際法外交雑誌』83 巻 1 号（1984 年）31–63 頁．

川上敬逸「現在における中立の地位」『公法雑誌』7 号 1 巻（1941 年）37–59 頁．

―――「ダストルグ中立形成の歴史的・政治的断面」『関西大学研究論集〔法律・政治篇〕』11 号（1941 年）47–73 頁．

キッシンジャー，ヘンリー・A（岡崎久彦監訳）『外交』上・下巻，日本経済新聞社，1996 年．

金七紀男『ポルトガル史』増補版，彩流社，2003 年．

小谷鶴次「戦争と中立との関係」『外交時報』No. 896（1942 年）20–38 頁．

小森光夫「現代における中立法規の妥当基盤：中立的地位における公平原則の意義と正当化を中心として」村瀬信也・真山全編『武力紛争の国際法』東信堂，2004 年，85–118 頁．

―――「国際法学における伝統的中立と現代の中立」『国際問題』213 号（1977 年）14–37 頁．

斉藤孝『戦間期国際政治史』岩波書店，1978 年．

篠原初枝『戦争の法から平和の法へ：戦間期のアメリカ国際法学者』東京大学出版会，2003 年．

信夫淳平『戦時国際法講義』全 4 巻，丸善，1941 年．

シュミット，カール（新田邦夫訳）『大地のノモス：ヨーロッパ公法という国際法における』慈学社，2007 年．

杉原高嶺「近代国際法の法規範性に関する一考察：戦争の位置づけとの関係において」山手治之・香西茂編『国際社会の法構造：その歴史と現状』東信堂，2003 年，89–116 頁．

杉原高嶺・水上千之・臼杵知史・吉井淳・加藤信行・高田映『現代国際法講義』第 4 版，有斐閣，2007 年．

祖川武夫「カール・シュミットにおける『戦争観念の転換』について（一）」『法学』（東北大学）17 巻 2 号（1953 年）74–101 頁．

田岡良一「安全保障の分類に於ける永世中立の地位」日本法哲学学会『法哲学四季報 6：世界平和の問題』1950 年，50–73 頁．

―――『永世中立と日本の安全保障』有斐閣，1950 年．

―――「国際中立法と米国中立法」田村德治編『佐佐木博士還暦記念：国家及法律の理論』1938 年，215–235 頁．

―――『国際法 III』新版，有斐閣，1973 年．

―――『国際法学大綱』上・下巻，巌松堂書店，1938–39 年．

―――『国際法上の自衛権』補訂版，勁草書房，1981 年．
―――「中立国より交戦国への航空機輸出と海牙十三号条約八条との関係」『法学』（東北帝国大学）6 巻 6 号（1937 年）46–61 頁．
―――「中立の語義に就て」『公法雑誌』1 巻 12 号（1935 年）45–56 頁．
―――「中立領域と交戦国軍用航空機」『法学論叢』（京都帝国大学）31 巻 3 号（1933 年）314–347 頁．
―――「不戦条約の意義」『法学』（東北帝国大学）1 巻 2 号（1932 年）1–35 頁．
高野雄一『国際法概論』上・下巻，全訂新版，弘文堂，1986 年．
―――「戦時封鎖制度論：実力性の概念を中心として（一）〜（九）」『国際法外交雑誌』43 巻 1 号（1944 年）20–71 頁，同 2 号 30–61 頁，同 3 号 28–54 頁，同 4 号 59–82 頁，同 5 号 23–67 頁，同 6 号 12–52 頁，同 8 号 21–46 頁，同 10 号 30–44 頁，同 12 号 1–35 頁．
高橋道敏『安全保障序説』有斐閣，1960 年．
高林秀雄『領海制度の研究：海洋法の歴史』第 3 版，有信堂高文社，1987 年．
竹島博之『カール・シュミットの政治：「近代」への反逆』風行社，2002 年．
立作太郎「アドミラル・グラーフ・シュペー号事件」『国際法外交雑誌』39 巻 7 号（1940 年）49–74 頁．
―――「アメリカ合衆国新中立法要義（一）（二）」『国際法外交雑誌』36 巻 8 号（1937 年）1–30 頁，同 9 号 1–26 頁．
―――「国際法上の戦時中立」立作太郎『現実国際法諸問題』岩波書店，1937 年，77–129 頁．
―――「国際法上の中立の過去，現在及将来」『国家試験』14 巻 4 号（1942 年）21–41 頁，同 5 号 19–32 頁．
―――『国際連盟規約論』国際連盟協会，1932 年．
―――「国際連盟と中立関係」『国家学会雑誌』34 巻 7 号（1920 年）32–41 頁．
―――『戦時国際法論』日本評論社，1931 年．
田中忠「武力規制法の基本構造」村瀬信也・奥脇直也・古川照美・田中忠『現代国際法の指標』有斐閣，1994 年，263–334 頁．
田中英夫編集代表『英米法辞典』東京大学出版会，1991 年．
田畑茂二郎『国際法』上・下巻，有信堂，1954–55 年．
―――『国際法新講』上・下巻，東信堂，1990–91 年．
辻健児「限定中立論：19 世紀前半期の中立理論」『佐賀大学経済論集』26 巻 2 号（1993 年）177–201 頁．
筒井若水『現代国際法論：国際法における第三状態』東京大学出版会，1972 年．

―――『戦争と法』第 2 版，東京大学出版会，1976 年．

―――編集代表『国際法辞典』有斐閣，1998 年．

成瀬治・山田欣吾・木村靖二編『世界歴史大系ドイツ史 1』山川出版社，1997 年．

西平等「神の正義と国家の中立：『グローバルな内戦』に対抗するカール・シュミット」『思想』No. 1020（2009 年）52–75 頁．

―――「戦争概念の転換とは何か：20 世紀の欧州国際法理論家たちの戦争と平和の法」『国際法外交雑誌』104 巻 4 号（2006 年）63–90 頁．

日本国際問題研究所『中立主義の研究』上・下巻，日本国際問題研究所，1961 年．

藤澤巖「不干渉原則とヴァッテルの権威」『千葉大学法学論集』23 巻 2 号（2008 年）290–330 頁．

藤田久一『国際人道法』新版（再増補），有信堂高文社，2003 年．

―――『国際法講義 II：人権・平和』東京大学出版会，1994 年．

［ボーテ，ミヒャエル］(Bothe, Michael)「Jus in bello を巡る諸問題（内戦の武力紛争法，中立法規の現状と今後）」『国際人道法に関するセミナー報告書』［外務省］，2000 年，62–74 頁．

松井芳郎・佐分晴夫・坂元茂樹・小畑郁・松田竹男・田中則夫・岡田泉・薬師寺公夫『国際法』第 5 版，有斐閣，2007 年．

松隈清「コンソラート・デル・マーレ」国際法学会編『国際関係法辞典』第 2 版，三省堂，2005 年，401 頁．

松田竹男「新ガイドライン・周辺事態措置法案の国際法的検討」『法律時報』71 巻 1 号（1999 年）46–50 頁．

真山全「海上経済戦における中立法規の適用について」『世界法年報』8 号（1988 年）17–31 頁．

―――「海上中立と後方地域支援」『ジュリスト』No. 1279（2004 年）20–30 頁．

―――「第二次大戦後の武力紛争における第三国船舶の捕獲（一）（二）」『法学論叢』（京都大学）118 巻 1 号（1985 年）68–96 頁，119 巻 3 号（1986 年）75–94 頁．

―――「日米防衛協力のための指針と船舶の検査」『防衛法研究』22 号（1998 年）109–137 頁．

―――「非交戦状態」国際法学会編『国際関係法辞典』第 2 版，三省堂，2005 年，732–733 頁．

村瀬信也「安全保障に関する国際法と日本（上）（下）」『ジュリスト』No. 1349（2008 年）92–110 頁，No. 1350（2008 年）52–66 頁．

百瀬宏『小国：歴史に見る理念と現実』岩波書店，1988 年．

森肇志「イタリア＝エチオピア戦争」国際法学会編『国際関係法辞典』第 2 版，三省堂，

2005 年,30 頁.
——『自衛権の基層：国連憲章に至る歴史的展開』東京大学出版会,2009 年.
森川幸一「国際法から見た新日米防衛協力法等」『ジュリスト』No. 1160（1999 年）44–52 頁.
——「中立：国連体制と中立は両立するか」奥脇直也・小寺彰編『国際法キーワード』第 2 版,有斐閣,2006 年,218–221 頁.
——「武力攻撃事態海上輸送規制法と国際法」『ジュリスト』No. 1279（2004 年）11–19 頁.
森田桂子「武力紛争時の第三国領域使用の帰結：武力攻撃への該当性の観点から」『防衛研究所紀要』8 巻 2 号（2005 年）31–46 頁.
——「武力紛争の第三国に対する武力行使の正当性」『防衛研究所紀要』7 巻 2・3 号（2005 年）137–156 頁.
柳原正治「いわゆる『無差別戦争観』と戦争の違法化：カール・シュミットの学説を手がかりとして」『世界法年報』20 号（2000 年）3–29 頁.
——『ヴォルフの国際法理論』有斐閣,1998 年.
——「紛争解決方式の一つとしての戦争の位置づけに関する一考察」杉原高嶺編『小田滋先生古稀祝賀　紛争解決の国際法』三省堂,1997 年,2–22 頁.
山内進『掠奪の法観念史：中・近世ヨーロッパの人・戦争・法』東京大学出版会,1993 年.
横田喜三郎「アメリカ中立法の研究：特にその実際的機能について」一又正雄・大平善梧編『中村進午博士追悼記念：時局関係国際法外交論文集』巖松堂書店,1940 年,299–332 頁.
——「アメリカの駆逐艦譲渡」『国際法外交雑誌』40 巻 2 号（1941 年）73–86 頁.
——「アメリカの非中立的中立」『外交時報』No. 870（1941 年）1–9 頁.
——『安全保障の問題』勁草書房,1949 年.
——『海洋の自由』岩波書店,1944 年.
——「非交戦状態の法理（一）（二・完）」『法学協会雑誌』60 巻 4 号（1942 年）545–569 頁,同 5 号 759–781 頁.
和仁健太郎「『中立』観念の起源：16～18 世紀における『中立』」『国際関係論研究』22 号（2004 年）97–123 頁.
——「中立制度に対する戦争違法化の影響：戦間期及び第二次大戦中の学説・国家実行の検討」『国際関係論研究』18 号（2002 年）27–54 頁.
——「伝統的中立制度の成立：18 世紀末～20 世紀初頭における中立」『国際関係論研究』24 号（2005 年）29–57 頁.

あとがき

　ある制度や概念の現代的意義を明らかにするに先立って，まず，その制度・概念がもともとどのようなものだったのかを歴史的に解明・整理しておく必要のある場合は，国際法学においても少なくないように思われる．制度や概念の歴史に関する誤解が原因となって，その制度・概念の現代的意義に関する議論や解釈論上の議論に混乱が生じてしまっている例がしばしばあるからである．そのような場合には，何よりもまず，制度や概念の歴史に関する誤解や混乱を解きほぐしておく作業が必要となる．本書は，国際法上の中立制度についてそうした作業を行ったものである．

　伝統的国際法において他国間に戦争が発生したとき，参戦を選ばない国は自動的に中立国となり，交戦国に軍事的援助を与えることなどを禁止された——従来，伝統的中立制度はこのような制度として理解されてきた．しかし，こうした理解に対しては，参戦してしまえば交戦国への援助は自由となるのに，それよりも重大性の低い援助，つまり参戦に至らない援助が禁止されるというのはおかしいのではないかという疑問ないし違和感を，中立の研究に着手した当初からもっていた．結局，こうした疑問・違和感に対して本書が提示した解答は，交戦国への援助を差し控えることはあくまでも中立の地位を維持するための条件（中立の資格要件）であり，中立の地位にとどまることを望まない国はこの条件を満たす必要はなかった，というものである．

　もっとも，こうした結論に至るであろうことを当初から予想していた訳ではない．むしろ，中立の研究をはじめてからしばらくの間は，戦争の自由が認められた伝統的国際法では交戦国の中立国に対する戦争も自由であって，国家が中立の地位を維持することは法的に保護されていなかったはずだ，と考えていた．したがって，交戦国への援助を差し控えることなどを，国家が中立の地位を維持するための「条件」として説明することも，法的な説明としては無理だろうと考えていた．修士論文執筆時にもそのような考えは変わらなかった．こ

うした考えに変化が生じたのは，博士課程の2年目頃にド・ヴィシェールの1916年論文を発見して読んでからのことである．その後，ド・ヴィシェール論文を読んで得られた視点が正しいことを確信し，さらにそれを論証して論文の形にするにはさらに数年を要した．その結果，ようやく一応の結論として結実したのが，2007年3月に東京大学より博士（学術）の学位を授与された学位論文「伝統的中立制度の本質——戦争に巻き込まれない権利とその条件」であり，本書は同論文に実質的な加筆修正をかなりの程度加えたものである．

　研究は基本的に地道な作業と試行錯誤の繰り返しである．本書の完成に至る過程でも多大な労力と時間を必要とした．しかしそれでも，研究をはじめた当初の疑問が解消され，分からなかったことが分かるようになったことは，大きな喜びだった．もちろん，本書で論じたことが十分説得的に論証されているかどうかは，読者のご批判を待つ他ない．

＊　＊　＊

　本書の刊行に至る過程では，多くの方々にお世話になった．

　大学院修士課程入学以来の指導教員である小寺彰先生には，論文や判決の内在的な読み方，学問における蓄積の重要性，研究テーマについて徹底的に調べることの必要性と重要性など，研究を行う上で必要なあらゆることを一から叩き込んでいただいた．研究の進行が停滞したときには，筆者を叱咤激励するとともに，状況に応じた適切な助言をしてくださった．

　本書の基になった博士論文の作成に当たっては，小寺先生の他，木畑洋一先生と岩沢雄司先生に，論文の構想段階から仕上げに至るまでの長期間にわたって懇切丁寧なご指導をいただいた．博士論文の審査段階では，奥脇直也先生と森川幸一先生から論文の本質を鋭く突く重要なご指摘をいただいた．

　上智大学法学部のゼミでご指導いただいた西村弓先生には，その後もいろいろなことで相談に乗っていただいた．

　2002年には，国際法学会特別企画「石本泰雄先生を囲んで——人と学問」に企画実行委員およびインタビュアーとして参加する幸運を得た．この企画の準備段階では，石本先生に何度かお目にかかって様々なお話を伺い，大きな知的

刺激を受けた．

　この他にも，学界の先生方や同僚の方々にはいろいろな形でお世話になった．特に，研究会での報告や公刊論文，場合によっては未発表の草稿に対していただいたコメントは，研究の内容を改善する上で大きな助けになったし，研究を先に進める上での励みにもなった．また，研究生活に入ったばかりで右も左も分からなかった筆者にとって，周囲に多くの優秀な先輩や研究仲間がいてくれたことは，何よりも幸せなことだった．筆者は，それらの先輩や仲間が様々なテーマに様々な方法で取り組むのを見，時にはその方法を模倣することで，自らのテーマについてどのように研究を進めればよいかを知ることができた．さらに，助教として着任した東大駒場の国際社会科学専攻の先生方と同僚の方々には，すばらしい研究環境を与えていただいた．

　お名前を挙げることのできなかった方を含め，すべての方々にこの場を借りて厚くお礼申し上げたい．

　最後に，本書の出版に際しては，東京大学出版会編集部の斉藤美潮さんに編集作業で大変お世話になった．また，筆者と同世代の研究者であり日頃から何かとお世話になっている許淑娟さんには，校正刷りになる直前の原稿を読んでいただき，いくつもの貴重なご指摘をいただいた．お２人に心からお礼申し上げる．

　なお，本書の刊行に当たっては，独立行政法人日本学術振興会より平成21年度科学研究費補助金（研究成果公開促進費）の交付を受けた．また，本書は，平成15年度・16年度科学研究費補助金（特別研究員奨励費），平成19年度・20年度科学研究費補助金（若手研究（スタートアップ）），および平成21年度科学研究費補助金（若手研究〔B〕）による研究成果の一部を含んでいる．

　　2010年1月　駒場にて

　　　　　　　　　　　　　　　　　　　　　　　　　　　　和仁健太郎

索　引

あ　行

ILA ヘルシンキ規則（海上中立に関するヘルシンキ規則）　7
アメリカ
　駆逐艦供与　214-216
　第二次世界大戦における対イギリス援助　6, 212-222
　武器貸与法　214, 215
アメリカ合衆国憲法
　――第1編第8節10項　77
　――第1編第8節11項　76
アメリカ中立法　77-79, 93, 101-109
　1794年中立法　78, 79, 100, 141
　1817年中立法　79
　1818年中立法　79
　1935年中立法　213
　1936年中立法　213
　1937年中立法　212-214
　1939年中立法　213, 214
アメリカ独立戦争　72
アラバマ号事件　72, 111-118, 141, 148, 152, 164, 165
アルトマルク号事件　147, 200-203
アンガリー権　11
Institut de Droit International → 万国国際法学会を参照
意思国際法　46, 47
意思の法理　109, 110, 216
石本泰雄　10, 67, 157, 232-235, 240
イタリア・エチオピア戦争　195-197
イラン・イラク戦争　2, 6
ヴァッテル（Vattel, Emer de）　42, 46-53, 55, 58-61, 88-91, 128, 168, 242
ヴィトリア（Vitoria, Francisco de）　39, 43, 69
ウィボルグ対合衆国事件　101
ウィリアム・ウォーカー（William Walker）　100
ウェストファリア条約　37
ウェストレイク（Westlake, John）　110, 146, 157
ヴォルフ（Wolff, Christian）　23, 30, 33, 42, 46-50, 52-61, 242
永世中立　9, 15, 16, 150, 186
エーター（Oeter, Stefan）　18, 21, 22, 32
オートフィーユ（Hautefeuille, L.-B.）　151, 159
オッペンハイム（Oppenheim, L.）　92, 167, 168, 171, 177, 181, 182, 225-228, 230, 231, 236
オランダ
　第二次世界大戦における――　205-209

か　行

外交的保護　128
外国軍用品等海上輸送規制法　2
外国入隊法　80-84, 93, 103, 111, 112, 114, 141
海上捕獲 → 捕獲を参照
海上通商自由 → 通商自由を参照
開戦事由（*casus belli*）　145, 155, 156, 228
開戦宣言　156
海戦中立条約　118, 134, 140, 143, 146, 211
　――第1条　140, 171
　――第2条　140, 171, 200
　――第3条　140, 141
　――第4条　140
　――第5条　140, 202
　――第6条　141, 215, 216
　――第7条　124
　――第8条　141, 215, 216
　――第10条　142, 147, 201
　――第12条　142, 201
　――第14条　142
　――第15条　142
　――第16条　142
　――第17条　142
　――第18条　142
　――第19条　143

294　索　　引

　　——第21条　143
　　——第23条　143
カヴァリエーリ（Cavaglieri, A.）　168
合衆国対クインシー事件　108, 109
カナダ反乱（内戦）(1837-38年)　91, 98, 172
ガライス（Gareis, Karl）　155, 156
カロライン号事件　98, 99
韓国
　　日露戦争における——　172, 175, 182
艤装・武装（船舶・私掠船の）　74, 77, 78, 80, 103-108, 141
キューバ独立戦争（第二次）　100
緊急避難　99, 174, 175
ギリシア
　　——独立戦争　87, 88
　　第一次大戦における——　173, 175
グラーフ・シュペー号事件　201
グラン・パラ号事件　106-108
クリューバー（Klüber, Johan Ludwig (Jean Louis)）　166, 167
グレーヴェ（Grewe, Wilhelm G.）　18, 21, 22, 31
クレーン（Kleen, Richard）　123, 154, 168
グロティウス（Grotius, Hugo）　40, 41, 44, 45, 69, 70
軍艦
　　中立港における修理　133, 142
　　中立港における停泊　132, 133, 142, 201
　　中立港における燃料・物資の補給　132, 142
　　中立港への入港　132
　　中立領海の通航　132, 142, 201
軍事的援助（交戦国への）　12, 119, 120, 148, 153, 155, 156, 159, 246
軍事的遠征　93-103, 110, 115, 116
軍事的幇助（非中立的役務）　7, 11
クンツ（Kunz, Josef L.）　10, 231, 232, 234, 235
刑法
　　イタリア——　85
　　オランダ——　85
　　サルディニア——　85
　　スペイン——　85, 86
　　ドミニカ共和国——　85

　　フランス——　85
　　ブラジル——　85
　　ベルギー——　85
　　ボリビア——　85
　　ポルトガル——　85, 86
限定中立　51, 121
　　——肯定説　121, 122
　　——否定説　122, 123
ゲンティリス（Gentilis, Albericus）　41
交戦権　11, 92
交戦国の平等　5, 8, 12, 13, 235, 241, 246
交戦団体承認　87, 88, 90-92, 101, 104
公平義務 → 中立義務を参照
国際連盟規約　186, 187
　　——第12条　187, 197
　　——第13条　188, 197
　　——第15条　188, 197
　　——第16条　188-190, 192, 193, 196-198
国内中立法　80, 87, 119, 198 → 中立法も参照
　　戦争開始後に行う——の変更　215
国連憲章　19
　　——第7章　3
　　——第25条　3, 4
　　——第41条　4
　　——第42条　3
　　——第43条　3
　　——第51条　5, 221, 249
　　——第103条　3, 4
コソボ空爆　2
コンソラート・デル・マーレ　63-65
　　——主義　65, 66

さ　行

差別戦争観　34, 240
三十年戦争　27, 33, 37
参戦の自由　9, 13, 156, 160, 220, 243
サンティシマ・トリニダード号事件　104-106, 124
サンレモ・マニュアル　7
自衛（権）　98, 99, 172, 173, 175, 211, 250
自己保存　98, 99, 172, 174, 175, 202
支持の表明　120, 154, 155, 242, 246
自由船自由貨主義　65, 66

集団安全保障　186, 187, 195–197, 199, 210
集団的自衛権　5, 221, 248, 249
主権　117, 152
周辺事態法　2
シュミット（Schmitt, Carl）　238–243
商業上の冒険（commercial adventure）　105–107, 109, 124
私掠　74, 103, 109
スアレス（Suárez, Francisco）　40, 43
スイス
　──の国際連盟加盟　191–194
　ナポレオン戦争における──　172, 175
ストックホルム宣言（1938年）　198
政治的紛争　227
正戦援助義務　41, 57–59
正戦論　33, 34, 39, 40, 43–48, 54, 57, 69, 166, 167
　──の衰退　167
戦時禁制品　7, 11, 65, 105, 106, 109, 115–118, 123–126, 128, 129, 136, 151, 177, 212, 213, 215, 224, 249
戦争意思　173
戦争区域　151, 249
戦争原因　82, 84, 117, 119, 166, 167, 179–183, 226, 227
戦争行為　110, 120, 154–157, 246
　私的──　97, 103
戦争に巻き込まれない権利　14, 17, 51, 59, 71, 144–148, 153, 170, 176, 179, 185, 191, 220, 245, 246 → 中立にとどまる権利も参照
戦争概念　4, 173, 250
戦争の自由　5, 8, 10, 13, 33, 34
戦争の正当原因　39, 46, 56, 57, 76, 86, 87, 166
戦争（・武力行使）違法化　5, 232–234, 248 → 武力行使禁止原則も参照
戦争への参加　120, 153–157, 246
相当の注意　113, 115, 116, 141
祖川武夫　240
損害賠償　127, 128, 164, 165

た　行

田畑茂二郎　13, 241
チャコ戦争　195

中国
　第一次大戦における──　172, 173, 175
中立
　──概念の起源　23
　──の制度化　22, 38, 39
　完全──　121
　契約的──　22
　限定──　→ 限定中立を参照
　制度的──　22
　不完全──　121
中立違反　156, 159, 163, 165, 216
中立義務（中立国の義務）　10, 11, 126, 155, 157, 158, 176, 177, 232–235
　公平義務　5, 7, 8, 11–14, 235, 246
　避止義務　12
　防止義務　12
　無差別義務　12
　黙認義務　11, 12, 126–128
中立国の諸権利　126, 151, 170, 232
中立国領土通過
　交戦国軍隊の──　129, 136, 190
　傷病者の──　129, 130, 137
中立状（lettre de neutralité）　29
　フランスがロレーヌ公国に与えた──（1596年）　24, 25, 29, 32
中立商業　62, 67, 68 → 中立通商も参照
中立条約　17, 18, 21–38, 49–51, 53, 69, 71
　オーストリア＝ハンガリー・フランス──（1756年）　26, 29–30
　スウェーデン・クールラント公国──（1647年）　25
　スウェーデン・ドイツカトリック諸国──（1632年）　25, 27, 28, 30
　デンマーク・ブランデンブルク選帝侯国・ミュンスター・ブラウンシュヴァイク＝リューネブルク＝ハノーファー公国──（1675年）　25–26
　トリーア選帝侯国・スウェーデン──（1632年）　25, 28, 30
　フランス・オランダ──（1733年）　26, 29
　フランス・スイス──（1689年）　26
　フランス・トスカーナ大公国──（1646年）　25, 29
　フランス・ブラウンシュヴァイク＝リュー

ネブルク公国——(1675 年) 26, 28
フランス・マントヴァ公国——(1658 年) 25
ブルゴーニュ公国の中立に関するフランス・スペイン・スイス条約 (1595 年) 24
ブルゴーニュ公国・フランス・オーストリア——(1522 年) 24
マインツ選帝侯国・フランス——(1647 年) 25
中立水域 63
中立宣言 71, 88, 103, 159
　アメリカ南北戦争におけるイギリスの—— 111
　アメリカ南北戦争におけるフランスの—— 85
　イタリア・エチオピア戦争における—— 195
　第二次大戦におけるアメリカの—— 212
　第二次大戦におけるオランダの—— 205
　第二次大戦におけるスペインの—— 222
　第二次大戦におけるノルウェーの—— 200
　第二次大戦におけるベルギーの—— 205
　第二次大戦勃発時における 40 カ国の—— 199, 210
　チャコ戦争における—— 195
　普仏戦争におけるスペインの—— 86
　フランス革命戦争におけるアメリカの—— 73, 74, 85
中立通商(の自由) 62, 63, 66, 68, 69 → 中立商業，通商自由も参照
中立にとどまる義務(の不存在) 9, 150, 231
中立にとどまる権利 9, 10, 59, 148–152, 224–226, 228, 234, 235, 245 → 戦争に巻き込まれない権利も参照
　——の理論的基礎 166
　——否定説 168–172, 175–177, 230–235
　——を享受するための条件 152–160, 164, 230, 235
中立人 138, 139
中立法 71 → アメリカ中立法，国内中立法も参照
徴発 11, 140
　交戦国商船の—— 164

通商自由 11, 126, 151, 170, 232
敵性 11, 12
敵性感染主義 64
敵対行為 125, 126, 145, 155, 156
テクスター (Textor, Johann Wolfgang) 32, 34, 35, 42
テルセイラ事件 94–97
デンマーク艦隊事件 172–174
同盟 185–187
同盟国 34, 35, 48, 49, 61, 66–69
ド・ヴィシェール (de Visscher, Charles) 17, 169, 178–183, 227, 231
トマス・アクィナス (Thomas, Aquinas) 39

な 行

内戦 79, 87–91, 104
南米スペイン植民地独立戦争 81, 87, 88
日露戦争 172, 182
ニュルンベルク軍事裁判 211
neutralis 23, 42, 43
neutralitas 23, 42, 43
ノルウェー
　第二次世界大戦における—— 200–205

は 行

ハーグ平和会議
　第 1 回——(1899 年) 134
　第 2 回——(1907 年) 135, 170
ハーグ陸戦規則 (1899 年)
　——第 54 条 135, 140
　——第 57 条 131, 135, 137
　——第 58 条 135, 137
　——第 59 条 130, 135, 137
　——第 60 条 135, 137
ハーシェイ (Hershey, Amos S.) 72, 167, 169, 180–183
ハイルボーン (Heilborn, Paul) 178
バインケルスフーク (Bynkershoek, Cornelius van) 43, 47, 48, 52, 53, 60
ハインチェル・フォン・ハイネッグ (Heintschel von Heinegg, Wolff) 14, 15
パリ宣言 (1856 年) 6, 11, 66
ハレック (Halleck, H. W.) 166, 167
万国国際法学会 (Institut de Droit Interna-

索　引　297

tional)　118, 165
非交戦状態　4-8, 222, 223, 247, 248
　──違法説　7, 8, 247, 248
　──合法説　5, 6, 8, 247, 248
　第二次世界大戦におけるイタリアの──　222, 223
　第二次世界大戦におけるエジプトの──　222
　第二次世界大戦におけるスペインの──　222, 223
　第二次世界大戦におけるトルコの──　222
庇護（交戦国軍隊の）　131, 137
避止義務　→ 中立義務を参照
非中立的役務　→ 軍事的幇助を参照
ヒュブナー（Hübner, M.）　42, 45, 50
封鎖　7, 11, 65, 129, 151, 224, 249
　平時──　173, 189
フィオーレ（Fiore, Pasquale）　122, 159
フィリモア（Phillimore, Robert）　122
フォークランド紛争　6
不干渉原則　88
武器貸与法　→ アメリカを参照
不正　39, 40, 44, 55-57, 60, 61, 69, 70
不戦条約　190, 210, 211, 220, 233, 234
　──前文　216, 217, 221
武装中立同盟　65
ブダペスト解釈決議　221, 233
普仏戦争　130, 131
プラディエ＝フォデレ（Pradier-Fodéré, P.）　160
武力行使禁止原則　250 → 戦争（・武力行使）違法化も参照
武力紛争　4, 250
ブリュッセル宣言　130
　──第53条　131, 137
　──第54条　137
　──第55条　130, 137
ブルンチュリ（Bluntschli, Jchann Caspar）　122, 154, 242
ベルギー
　第二次世界大戦における──　205-209
ベルギー中立侵犯事件　15-17, 172, 173
ヘンフィールド事件　74-77
ホイートン（Wheaton, Henry）　87, 89, 90, 168
ボーチャード（Borchard, Edwin）　221, 225, 227-230, 235
ホール（Hall, William Edward）　125
防止義務　→ 中立義務を参照
捕獲　6, 7, 11, 12, 62-70, 123-129, 151, 223, 224, 249, 250
　敵産　63, 151
ボダン（Bodin, Jean）　24
ポーランド反乱（1831年）　90, 91
捕虜　131, 138
ポルトガル
　──内戦（1828年）　94
　第一次世界大戦における──　160-164, 220

ま　行

マキャヴェリ（Machiavelli, Niccolò）　24
マクネア（McNair, Arnold D. (Lord)）　10, 87, 88, 236
マルテンス（Martens, Georg Friedrich von (George Fréderic de)）　121
ミェーレ（Miele, Alberto）　18, 21, 22, 31, 32, 71
無差別義務　→ 中立義務を参照
無差別戦争観　5, 12, 13, 34, 235, 240, 246
メロヴィッツ（Meyrowitz, Henri）　14, 15
黙認義務　→ 中立義務を参照

や　行

横田喜三郎　225, 227-229, 235
ユス・アド・ベルム（jus ad bellum）　153, 243
ユス・イン・ベロ（jus in bello）　153

ら　行

ライト（Wright, Quincy）　182, 183
ラウターパクト（Lauterpacht, Hersch）　12, 236-238, 241-243
ラウラダ号事件　101, 102
リヴィエ（Rivier, Alphons）　151, 169
陸戦中立条約　134, 135, 143, 146, 211
　──第1条　16, 135, 171
　──第2条　136, 171
　──第3条　136, 171

――第 4 条　102, 136, 171
――第 5 条　102, 136
――第 6 条　136
――第 7 条　124, 136
――第 8 条　136
――第 9 条　136, 189, 213
――第 10 条　144, 145
――第 11 条　137
――第 12 条　137
――第 13 条　138
――第 14 条　130, 137
――第 15 条　137
――第 16 条　139
――第 17 条　139
――第 18 条　139
――第 19 条　139, 140
リフシュッツ（Lifschütz, Alex）　177, 178
領域（領土）不可侵　11, 135, 151, 170, 232, 249
ロカルノ条約　186
ロンドン宣言（1909 年）　12

わ　行

ワシントン（3）規則　113–115, 118

著者略歴
1977 年生まれ
1999 年　上智大学法学部卒業
2007 年　東京大学大学院総合文化研究科博士課程修了（博士（学術））
現　在　東京大学大学院総合文化研究科助教

伝統的中立制度の法的性格
──戦争に巻き込まれない権利とその条件

2010 年 2 月 15 日　初　版

［検印廃止］

著　者　和仁健太郎
　　　　（わに　けんたろう）

発行所　財団法人　東京大学出版会
代表者　長谷川寿一
　　　　113-8654　東京都文京区本郷 7-3-1 東大構内
　　　　http://www.utp.or.jp/
　　　　電話 03-3811-8814　Fax 03-3812-6958
　　　　振替 00160-6-59964

印刷所　研究社印刷株式会社
製本所　誠製本株式会社

©2010 Kentaro Wani
ISBN 978-4-13-036138-5　Printed in Japan

Ⓡ〈日本複写権センター委託出版物〉
本書の全部または一部を無断で複写複製（コピー）することは，著作権法上での例外を除き，禁じられています．本書からの複写を希望される場合は，日本複写権センター（03-3401-2382）にご連絡ください．

藤田久一著	国　　連　　法	A5	5600円
藤田久一著	国際法講義Ⅱ　人権・平和	A5	5000円
最上敏樹著	国際機構論　第2版	A5	3200円
柳　赫秀著	ガット19条と国際通商法の機能	A5	6800円
廣瀬和子著	国際法社会学の理論　複雑システムとしての国際関係	A5	5200円
森田章夫著	国際コントロールの理論と実行	A5	6000円
森　肇志著	自衛権の基層　国連憲章に至る歴史的展開	A5	6800円
青木浩子著	国際証券取引と開示規制	A5	7800円
山田哲也著	国連が創る秩序　領域管理と国際組織法	A5	4600円

ここに表示された価格は本体価格です．御購入の際には消費税が加算されますので御了承下さい．